ER
KASP
CHES MEER
Araxes
ASSYRIEN
MESOPOTAMIEN
Chorsabad
Karkemisch
Ninive
Mosul
Nimrud
IRAN
Euphrat
Dura
Bagdad
Sumer
BABYLONIEN
Tigris
Susa
Babylon
Nippur
Persepolis
Ur
Persischer Golf

Stefan Erdmann

Den Göttern auf der Spur

Gentechnik vor 400.000 Jahren

Ama Deus Verlag

AMA DEUS Verlag
Postfach 63
74576 Fichtenau
Tel: 07962-1300
Fax: 07962-710263
www.amadeus-verlag.com

Druck:
Ebner Ulm
Satz und Layout:
Jan Udo Holey
Umschlaggestaltung:
Otto Sandkühler
e-mail: steinhuderwerbeagentur@t-online.de

ISBN 3-9807106-6-1

INHALTSVERZEICHNIS

Dieses Buch widme ich
meinen Eltern,
Elfriede und
Heinz–Günter Erdmann,
in Liebe und Dankbarkeit!

Danksagung

Zum Entstehen und Gelingen dieses Buches haben, neben meiner Familie, viele Menschen beigetragen, die meine Wege besonders in den letzten elf Jahren gekreuzt haben. Dabei denke ich nicht nur an die Forscher, Wissenschaftler, Schriftsteller und Abenteurer, die ich durch meine Recherchen und auf meinen vielen Reisen kennengelernt habe.

Ebenso möchte ich den Forschern und Wissenschaftlern meinen Dank aussprechen, aus deren Werken ich mir erlaubt habe zu zitieren und deren Sachkenntnisse sehr hilfreich und lehrreich für mich waren.

Gewachsen und gereift ist vieles in mir auch bei meiner alltäglichen Arbeit – durch Beobachtung, Beschäftigung und die Auseinandersetzung mit ganz anderen Themen. Ich möchte auch nicht einige meiner engeren Freunde vergessen, die – sagen wir – ein wenig von meiner Arbeit wußten, immer interessiert waren und mit den Jahren immer mehr Fragen gestellt haben, aus denen sich oft interessante und konstruktive Gespräche ergeben haben.

Mein besonderer Dank gilt meinem ägyptischen Freund Fergany Al Komaty und seiner Familie für die jahrelange Gastfreundschaft. In seinem Haus steht mir seit Jahren, während meiner Aufenthalte in Kairo, ein Appartement frei zur Verfügung.

Weiterhin möchte ich mich bei Dr. Sabri, Mohamed Heimeda, Atia Bascha, Dr. Amer, Dennis Warren, Credo Mutwa, Wolfgang Ehbock, Barbara Dyrschka, Christofer Radic, Otto Sandkühler, Judith Slaughter, Wolfgang Sipinski, Natali Hille, Hendrik Wegener, Anya Stössel, Klaus Schaer, Silas Awino, Simon K. O. Nampaso, W., J., S. K. und nicht zuletzt Carolin, für Ihre große Geduld und Ihr Verständnis bedanken.

Nicht zuletzt gilt mein Dank Jan Udo Holey für seine Mithilfe und die Möglichkeit, als Gastautor im Ama Deus Verlag zu schreiben.

EINLEITUNG

Sehr verehrte Leserinnen,
sehr verehrte Leser,

im Spätsommer 1999 begann ich mit der Arbeit an „*Den Göttern auf der Spur*“. Der Großteil meiner Forschungstätigkeit, meiner vielen Recherchen und Expeditionen hat mich seit nunmehr elf Jahren nach Afrika geführt. Dabei war mein größter Schwerpunkt Ägypten, das Land am Nil. Dieser alten Hochkultur und besonders der großen Pyramide von Gizeh gilt bis heute meine besondere Aufmerksamkeit und Motivation. Über kein anderes Bauwerk, das jemals auf Erden errichtet wurde, ist so viel geschrieben worden – es ist ein zeitloses Vermächtnis großer Baumeister. Seit Jahrhunderten versuchen Forscher und Wissenschaftler sie zu entschlüsseln. Erst im letzten Jahrhundert wurde mit zunehmender Erforschung deutlich, mit welcher mathematischen Perfektion die große Pyramide errichtet wurde. Bis heute sind viele Fragen unbeantwortet. Die große Pyramide hat bis heute noch nicht alle ihre Geheimnisse preisgegeben. Doch zu einem Zweck ist sie sicherlich ursprünglich nicht erbaut worden: Als Grabstätte eines Pharaos!

Aber nicht nur die große Pyramide und ihre ungeklärten Fragen werden in diesem Werk Inhalt sein. Die alten Ägypter berichten in ihren Überlieferungen von einem „goldenen Zeitalter“ der ersten Zeit – „*Zep Tepi*“. In dieser weit zurückliegenden Zeit, so die Überlieferungen, haben die „Götter“ noch gemeinsam mit den Menschen auf Erden gelebt.

Im Verlauf des Buches werde ich Ihnen noch ein weiteres Vermächtnis aus dem Land der Pharaonen präsentieren. Dabei steht das Priesterzentrum Heliopolis mit seinen Obelisken im Mittelpunkt. Heliopolis war das bedeutendste Wissenszentrum der Antike mit etwa 13.000 Priestern. Von Heliopolis bis in die heutige Zeit, genauer gesagt, bis in Machtzentren wie Washington oder dem Vatikanstaat, lassen sich geheime Spuren verfolgen. Im Zusammenhang mit der antiken Stadt Heliopolis, ihrer Obelisken und dem Zentrum der katholischen Kirche, dem Vatikanstaat, habe ich im letzten Jahr zwei interessante Entdeckungen machen können. In diesem Zusammenhang wird der Inhalt dieses Buches in den letzten Kapiteln einen erstaunlichen, für viele nicht erwarteten Verlauf nehmen – seien Sie gespannt.

Nach den ersten Jahren und zahlreichen anderen Recherchen, die mich unter anderem auch nach London, Rom, Südamerika, Mittelamerika, Skandinavien, Indien und in den Himalaja führten, habe ich mich bei meinen Nachforschungen besonders auf die Mythen und Überlieferungen afrikanischer Völker konzentriert. Das wiederum war der Startschuß für zahlreiche Recherchen und Exkursionen im großen Afrika. Dadurch habe ich Land und Leute in vielen Ländern auf besondere Weise kennen- und lieben gelernt. Afrika hat mein Leben verändert. Dafür waren auch ein paar nicht geplante Abenteuer erforderlich, die erst im nachhinein mein Leben haben reicher werden lassen. In Afrika unterwegs zu sein, zu recherchieren und in gewisse Gebiete vorzustoßen ist auch heute noch Abenteuer pur und somit nicht immer ganz ohne Gefahren möglich. Dabei traf ich auf Menschen mit außergewöhnlichen Fähigkeiten und Wissen, auf Eingeweihte, Medizinmänner und Sangomas, die noch heute über so erstaunliches Wissen verfügen, daß wir das in unserer zivilisierten Welt überhaupt nicht für möglich halten. Eines habe ich dabei besonders erfahren: wie „klein“ der Mensch doch eigentlich ist und wie groß unser rationales Mißverständnis ist, wenn es alleine nur um die Größe dieses Erdteils geht, geschweige denn um die Größe des Universums und um die Rolle, die unsere Schöpfung und die Menschheit darin spielt.

Auf diesem schönen Kontinent gibt es noch Gegenden, die gänzlich unerforscht sind. In diesen Gebieten leben viele der letzten Buschmänner Afrikas, die von der Jagd leben und im täglichen Konkurrenzkampf mit der Natur sind. Ich habe bewußt „die letzten“ geschrieben, weil durch das immer weitere Vordringen der Zivilisation, die Jagdgebiete der Buschmänner immer mehr eingegrenzt werden.

Stellen Sie sich einmal einen Buschmann im Herzen Afrikas vor. Vor meinen ersten Kontakten mit ihnen, hatte ich mir so meine Vorstellungen von ihrer Lebensweise gemacht. Natürlich hatte ich auch verschiedene Gespräche über sie geführt, mit „zivilisierteren“ Stämmen wie den Maasai oder den Luo beispielsweise. Außerdem hatte ich auch das eine oder andere über die letzten Buschmänner Afrikas gelesen. Nachdem ich in den letzten

Jahren unter anderem in verschiedenen südafrikanischen Ländern, in Tansania, im westlichen Kenia und im nördlichen Uganda mit verschiedenen Stämmen zusammenkam, habe ich besonders zwei Dinge feststellen können: Das Vordringen der Zivilisation und das damit einhergehende Eingrenzen territorialer Gebiete ist für viele Urvölker ein langsamer Untergang. So beschwerlich das Leben und der Alltag bei dem ein oder anderen Stamm erscheint, so frei und zufrieden erschien er mir bei manch anderem. Als ich einmal mit einem befreundeten Maasai und einem jungen Okiek in dessen Wäldern zu Gast war, habe ich gerade diese Erfahrung machen können. Viele dieser Menschen, die „unzivilisiert" in Wäldern leben, sind glücklich und zufrieden mit dem, was ihnen die Natur bietet, auch wenn das für manchen von uns nur schwer vorstellbar ist. Simon, ein Maasai, mit dem ich zusammen bei den Okiek zu Gast war, sagte mir einmal, als wir durch die schöne Gebirgslandschaft im nördlichen Narok fuhren:

„Stefan, schau dir dieses schöne und fruchtbare Land an. Hier haben wir Maasai alles, was wir zum leben brauchen im Überfluß: fruchtbares Land, Wasser und Tiere. Hier können wir ein glückliches Leben führen, ohne Sorgen und Nöte..."

Am Abend, nach getaner Arbeit, machten wir uns auf den Rückweg. Ich hatte mich auf dem Weg nach Uganda, in Kisumu mit einem befreundeten *Luo* verabredet und wollte Simon in seinem Dorf *Enangiperi* absetzen. Etwa zwanzig Kilometer vor seinem Dorf bat Simon mich anzuhalten – es war eine Stunde vor Sonnenuntergang. *„Ich gehe den Rest zu Fuß"*, sagte Simon. *„Um diese Zeit kann man hier sehr gut Tiere beobachten."* Seine Augen glanzten bei dem Wunsch nach Weite und Freiheit. Er wollte einfach allein sein, Tiere beobachten und durch die wunderschöne Landschaft wandern.

Viele Stammesoberhäupter, Medizinmänner und Buschmänner verschiedener Länder Afrikas tragen einen wahren Schatz an Wissen in sich. Durch ihre enge Verbundenheit mit der Natur haben sie sich ein hohes Maß an okkultem Wissen bewahrt. Viele ihrer übersinnlichen Fähigkeiten sind für unser rationales Bewußtsein natürlich nicht mehr erklärbar und werden oft als Unfug oder Hokuspokus abgetan. Heute gibt es immer mehr Naturwissenschaftler, unter ihnen auch viele Mediziner, die sich diesen Dingen öffnen. In Afrika gibt es uraltes Wissen und Naturheilverfahren, die den Menschen auf einfachste Weise und ohne Chemie helfen würden, die verschiedensten Krankheiten zu überwinden, die in unserer zivilisierten Welt mit chemischen Mitteln behandelt werden.

Der Wissensschatz, der mich an den afrikanischen Naturvölkern aber am meisten fasziniert hat, ist ihre Mythologie, ihre uralten Überlieferungen, die weit zurückreichen, bis an den Anfang der Menschheitsgeschichte.

Heute treffen wir im allgemeinen auf zwei verschiedene Versionen über die Vorstellung, wie die Menschheit entstanden ist.

Im Kern stoßen wir dabei sehr oft auf die gleiche Geschichte, nur die Namen verändern sich von Kultur zu Kultur, was auch nicht verwunderlich ist. Verhalten, Beschreibung und Auftrag sind in allen Überlieferungen der Völker gleich – und das nicht nur auf dem afrikanischen Kontinent, sondern weltweit! **Demnach sind die ersten Kulturbringer von den Sternen gekommen, in der „Kindheit“ der Menschheitsgeschichte.** Sie haben den Menschen weltweit Wissen und Kultur gebracht und waren somit wohl ausschlaggebend für eine Beschleunigung in der Menschheitsentwicklung. Afrika ist voll von diesen Überlieferungen.

Die älteste und konkreteste Überlieferung besagt, daß die Erde in den Besitz einer außerirdischen Zivilisation gelangte, die Gold und andere Rohstoffe ausbeutete. Damit der Abbau leichter vonstatten ging, wurde gezielt ein primitiver Arbeiter geschaffen, der *Homo Sapiens*. Demnach wurde der *Homo Sapiens* als Sklavengeschlecht geschaffen. Solange die „Herrgötter“ auf Erden weilten, wurden den Menschen die wichtigsten geistigen Erkenntnisse vorenthalten, um sie für ihre Interessen besser lenken zu können. Diese Version ist nicht phantastisch, wie ich im Verlauf des Buches belegen werde. Es ist vielmehr die *moderne Ansicht* über die Entstehung der Menschheit, die phantastisch klingt! Der Mensch habe sich zufällig aus „kosmischem Staub“ zu Schleim, Fischen, Affen und schließlich zum Menschen entwickelt.

Die Berichte der älteren Version über die Entstehung der Menschheit und außerirdische Kulturbringer lassen sich wie ein roter Faden auf unserem Globus verfolgen. Handelt es sich hier um ein weltweites, archetypisches Mißverständnis?

Natürlich finden wir auch in der ägyptischen Hochkultur, bei den Sumerern, im Zweistromland zwischen Euphrat und Tigris und in unseren christlichen Überlieferungen mehr als genug Hinweise darauf. Sie haben richtig gehört: in der Bibel – genauer gesagt im Alten Testament.

Das Alte Testament beispielsweise, ist den meisten Christen heute nur bruchstückhaft bekannt. Dazu gehören unter anderem die Geschichten von Adam und Eva und dem Garten Eden, die Geschichte um Noah und die Arche, Moses und den Auszug aus Ägypten. Darüber steht der liebe Gott, der für seine Schöpfung ganze sechs Tage brauchte und an eben diesem sechsten Tage den Menschen schuf – die Krönung der Schöpfung. Sind wir wirklich die Krönung der Schöpfung? Oder sind wir ein evolutionärer Fremdling, der sein Auftauchen der Laune einer Gruppe von „Göttern" zu verdanken hat? Meine Spurensuche führte mich auch in den Garten Eden, in das Paradies, das es, so wie es uns immer gerne gesagt wird und als Belohnung für ein redliches Leben versprochen wird, wohl nie gegeben hat.

Ich freue mich, gemeinsam mit Ihnen auf eine kleine, aber spannende Zeitreise zu gehen, auch in geschichtlicher Hinsicht. Gemeinsam werden wir uns auf die Spuren der Götter begeben. Dabei werden Sie einige Überraschungen erleben, und ich kann Ihnen in diesem Zusammenhang auch einige brisante Fakten versprechen.

Dabei gehe ich davon aus, daß Sie nicht immer und sofort mit gewissen Abschnitten des Buches übereinstimmen werden. Sie werden gewisse Passagen des Buches in Frage stellen, anderen werden Sie sofort innerlich zustimmen. Andere Passagen wiederum werden Sie vielleicht kopfschüttelnd ablehnen, zum einen, weil diese Themen neu für Sie sein werden. Seien Sie stets sehr kritisch bei allem, was Sie lesen! Überdenken Sie aber auch kritisch bisher allgemein anerkanntes Wissen. Denn oftmals sind es alte, verwurzelte Dinge, die uns in unserer Entwicklung aufhalten; auch diese gilt es zu prüfen und immer wieder neu zu überdenken.

Eines ist mir an dieser Stelle besonders wichtig, bevor wir uns auf die Spuren der Götter begeben. Wenn Sie vielleicht, das eine oder andere Mal, den Eindruck gewinnen, daß ich mit gewissen Personen, Gruppen oder Organisationen hart ins Gericht gehe, bitte ich um Verständnis und Nachsicht. Es ist nicht meine Absicht *gegen* Personen, Gruppen oder Organisationen zu schreiben – ich schreibe *über* sie!

Ihnen, meine sehr verehrten Leserinnen und Leser, wünsche ich nun viel Spaß und Freude. Ich hoffe, daß ich in Ihnen viele neue Fragen erwekken werde, denn Fragen suchen Antworten. Durch die Suche nach Antworten beginnen wir zu forschen. Nur dadurch können wir einer unserer ureigensten Bestimmungen gerecht werden: Die erfolgreiche Suche nach der Wahrheit.

„Ich habe nur einen Strauß Blumen gepflückt und nichts hinzugefügt, als den Faden, der sie verbindet."

Michel de Montaigne, franz. Essayst
(1533-1592)

Hagenburg, im August 2001

Herzlichst Ihr

Stefan Erdmann

KAPITEL 1
DIE BIBLISCHE SCHÖPFUNG

„Keine Religion ist höher als die Wahrheit."
(H. P. Blavatzky)

Raum- und Zeitgedanken

Bevor wir uns mit den alten Schriftzeugnissen befassen und unweigerlich zu den Schöpfungsberichten der Bibel kommen, um diese genauer zu betrachten, wollen wir einen kleinen Gedankenausflug machen. Diese gedankliche Betrachtung ist in bezug auf die folgenden Kapitel dieses Buches unerläßlich.

Ein jeder Mensch ist bei der Suche nach bestimmten Antworten des Daseins natürlich gewillt, diese zu **begreifen.** Das heißt, er will sie im wahrsten Sinne des Wortes anfassen können, er will sie sehen können. Mit anderen Worten: er will naturwissenschaftliche Beweise, und die beruhen bekanntlicherweise auf der **Logik.**

Die Logik ist die Lehre beziehungsweise die Wissenschaft von der Struktur, den Formen und Gesetzen des Denkens; die Lehre vom folgerichtigen Denken, vom richtigen Schlußfolgern aufgrund gegebener Aussagen; folgerichtiges schlüssiges Denken. Besonders bei den Fragen, die uns im folgenden beschäftigen, nämlich bei der Schöpfungsfrage – also wie der Mensch erschaffen wurde – und der Frage nach möglichen vergangenen Hochkulturen, sollten wir die Logik und die bestehenden Fakten nicht außer Acht lassen.

Nun steht sich der Mensch bei der Suche der wichtigen Antworten zumeist selbst im Weg – durch Vorurteile. Das bedeutet den Verlust der so notwendigen Objektivität. Dem einzelnen Menschen ist dabei kein Vorwurf zu machen, denn schon in den frühesten Sozialisationsphasen bekommen wir auf die vielen und verschiedenen Fragen, die wir als Kinder nun einmal stellen, ungenügende und falsche Antworten. Diese Antworten werden abgespeichert und zu Puzzleteilen des langsam in uns entstehenden Weltbildes.

Würden wir sagen, wenn es um die Entstehung des Universums geht und um die Entstehung unseres Planeten, daß diesbezüglich weitestgehend alles geklärt beziehungsweise wissenschaftlich erforscht ist und daß die Evolutionstheorie des Menschen keine wesentlichen Fragen mehr aufwirft, würden wohl die meisten Leser brav mit dem Kopf nicken. Das Gegenteil ist aber der Fall!

Auch wenn wohl ein jeder, zumeist in der Schulzeit, von der möglichen Entstehung des Universums einmal gehört hat und im Biologieunterricht Grundlagen der Evolutionslehre erfuhr, ist es wohl für viele schwer, diese beiden Punkte in einer kurzen Chronologie aufzuzeigen. Aus den Augen, aus dem Sinn – so ist es leider allzu oft.

Bei der Frage nach der Evolution des Menschen kommen dann unweigerlich Glaube und Religion mit ins Spiel, deren Grundlagen und Hauptaussagen – je nach Konfession – dem Mensch seit frühester Kindheit vermittelt wurden. Gott ist Schöpfer des Himmels und der Erde und schlußendlich auch des Menschen. Diesem sogenannten Kreationismus steht der Evolutionismus gegenüber, der wiederum behauptet, daß sich alles Leben, einschließlich des Menschen, über einen langen Zeitraum hinweg durch Selektion, Veränderung, Auswahl und Anpassung entwickelt hat.

In jedem Fall ist der Mensch die „Krönung der Schöpfung", und diese Meinung ist allgemein weit verbreitet. Frei nach dem Motto der Genesis, wo es da heißt: *„Seid fruchtbar und mehret Euch und füllet die Erde und macht sie Euch untertan..."* Wenn wir uns dann auf dem Erdball umsehen, stellen wir unweigerlich fest, daß der Mensch diese Aufforderung Gottes erfüllt hat. Doch hat unser Schöpfer damit etwa gemeint, daß die Spezies Mensch seine Mitmenschen, seine Brüder und Schwestern, beharrlich unterdrücken, nach Hautfarbe unterscheiden, Hunger und Unterdrückung fördern statt abstellen und ständig neue Kriege führen soll? Krankheit, Krieg und Drogen sind mittlerweile die größten „Unternehmen" beziehungsweise Geschäfte auf unserem Planeten – traurig, aber wahr!

Ist der Mensch einfach nur aus der Art geschlagen, oder ist er eine Fehlsteuerung der Evolution? Ist der Mensch vielleicht doch nicht das Ergebnis der Evolution? Gab es in grauer Vorzeit eine Manipulation an dem auf der Erde lebenden Urmenschen durch fremde Intelligenzen? Hierzu gibt es auf allen Kontinenten Überlieferungen und zudem schriftliche Zeugnisse, wie wir noch sehen werden.

Vom rein evolutionären Gedanken her setzt sich höhere Intelligenz gegenüber geringerer durch. Nun ist der Mensch nicht das einzige intelligente Lebewesen auf der Erde. Unsere nächsten Verwandten sind die Schimpansen, Gorillas und Orang Utans, so meinen zumindest die Evolutionisten. Nicht nur die drei genannten, auch viele andere Arten sind vom Aussterben bedroht, und zwar, weil der Mensch der „Aufforderung Gottes" unweigerlich folgte. Die Folge menschlichen Expansionsdranges, das Vordringen in immer neue Territorien und Wissensgebiete, bedeutet auch heute im 21. Jahrhundert Unterdrückung und Ausbeutung. So ist es schon seit Beginn der Geschichtsschreibung. Überall endete die Ausbeutung mit der Sklaverei, und das bis zum heutigen Tag. Heute sind wir mehr „Sklave" denn je. Führt man sich nur einmal vor Augen, was den Menschen Tag für Tag über die Medien vermittelt wird, sind wir wohl abhängiger als wir denken! Evolution oder Fehlsteuerung?

Eines können wir prognostizieren, nämlich, daß im Falle des Menschen die hohe Wahrscheinlichkeit besteht, daß ihm seine Intelligenz zum Verhängnis wird. Wenn wir so weitermachen, dann werden wir unseren schönen Planeten wieder in seine Atome zerlegen. Ist der Mensch doch eine Fehlsteuerung oder sogar, zumindest zu Teilen, ein evolutionärer Fremdling? Seinem Verhalten nach zu urteilen ist er eines wohl nicht, nämlich die „Krönung der Schöpfung" im religiösen Sinne.

Betrachten wir die Zeit, die Entstehung des Universums und die der Erde, fangen wir an zu begreifen, wie klein wir im Grunde sind. Von Krone kann da nicht mehr die Rede sein, nicht einmal mehr von einem kleinen, unbedeutenden Sandkorn. Heute haben Astrophysiker eine klare Vorstellung von der Entstehung unseres Sonnensystems. Es soll sich vor zirka 4,5 Milliarden Jahren aus einer Gaswolke gebildet haben, durch die Einwirkung von Schwerkraft, Magnetfeldern oder anderen Ursachen (Wissenschaftler sprechen hier von einer sogenannten „Störfront"). In der Folge kam es zu einer Verdichtung dieser „Urwolke". Durch diese lokale Verdichtung wurde mit zunehmender Geschwindigkeit immer mehr Materie gebildet. Aus modernen Berechnungen hat sich ergeben, daß dieser Prozeß „nur" etwa zehn Millionen Jahre gedauert hat. Mit zunehmender Zeit und Verdichtung wurde die Sonne so heiß, daß die Kernfusion einsetzen konnte. Erst damit waren die Voraussetzungen geschaffen, daß sich unsere Planeten bilden konnten. Um die Sonne herum kreiste ein sogenannter Sonnennebel, eine verdichtete Masse aus Staub und Gas. Aus winzigen Staubkörnchen wuchsen winzige, wenige Zentimeter große Klumpen zusammen, welche die Sonne umkreisten. Daraus wurden immer größere Klumpen. Bedingt durch die Schwerkraft, entstanden aus ihnen Asteroiden und Kometen. Heute ist das mittlerweile durch modernste Computersimulation leicht zu veranschaulichen. Was hier in ein paar Sätzen kurz chronologisch aufgezeigt wurde, war ein Prozeß von Milliarden (!) von Jahren. (In Bezug auf das tatsächliche Alter der Erde gibt es bis heute große Widersprüche. In Kapitel 6 werde ich auf diesen Punkt wieder zu sprechen kommen.)

Die Sonne wird ein „Weißer Zwerg"...

Schon bis hierher wird deutlich, daß bei dem Versuch, Zeit und Raum zu verstehen und zu begreifen, unsere Vorstellungskraft oder zumindest der Glaube daran auf Grenzen stößt. Doch was uns bleibt, ist eben in erster Linie die Logik, das folgerichtige Denken und Veranschaulichen.

Die Sonne ist nur ein Stern mittlerer Größe in unserer Milchstraße. Sie hat einen Durchmesser von 1,4 Millionen Kilometern, das entspricht dem 109fachen Erddurchmesser. Die Entfernung zur Erde beträgt im Durchschnitt 149,6 Millionen Kilometer. Die Temperatur im Sonnenkern beträgt etwa 15,5 Millionen Grad Celsius. Die durchschnittliche Oberflächentemperatur beträgt 5.800 Grad Celsius, und die Gesamtstrahlung der Sonne beträgt etwa 380.000 Kilowatt. Es gibt nur wenige Gebiete in der Astronomie, die so gut erforscht sind wie die Entwicklung der Sonne. Schon heute vermuten Wissenschaftler, daß die Kernprozesse zum Erlöschen kommen werden. Zunächst bedeutet das, daß die Sonne in den nächsten fünf Milliarden Jahren ziemlich gleichmäßig strahlen wird, wobei allerdings ihre Energieproduktion zunächst unmerklich langsam, dann aber immer schneller ansteigt. Schließlich wird sich die Sonne zu einem „Roten Riesen" aufblähen, der seine inneren Planeten verschlingen wird. Nachdem die Kernprozesse erloschen sein werden, wird die Sonne kein eigenes Licht mehr produzieren, sondern nur noch ausglühen. Ihr Radius wird dann mit etwa 16.000 Kilometern nicht viel größer sein als der Radius der heutigen Erde. Zum Ende dieses Prozesses wird die Sonne, das stelle man sich einmal vor, eine Sternleiche sein, ein sogenannter „Weißer Zwerg“. Was bis dahin aus der Erde geworden ist, wissen die Astronomen heute noch nicht. In jedem Fall wird auf der Erde kein Leben, wie wir es kennen, mehr existieren – begrenzte, ungekrönte Schöpfung! Aber seien Sie beruhigt, bis dahin werden wohl noch mehr als acht Milliarden Jahre vergehen.

Doch der Mensch glaubt beharrlich, er sei die Krönung der Schöpfung. Wie dem auch sei, bei logischer Betrachtung und Veranschaulichung unserer Galaxis und des Universums, stoßen wir auf Grenzen und auf die unbedingte Schlußfolgerung, daß es sich nicht um eine menschliche Tugend handelt, wenn es um unsere wirkliche „Größe“ geht und um unsere „Einmaligkeit“ und Bedeutung in unserer Milchstraße, die nur ein kleiner Teil des Universums ist.

Stellen Sie sich vor, Sie stehen irgendwo auf unserem blauen Planeten Erde, mit dem Kopf nach unten (denn so ist es ja in Wirklichkeit), mitten im unendlichen All. Dieser winzige Planet Erde, auf dem sie gerade stehen, ist Teil unseres Sonnensystems, das sich am Rande unserer Galaxis, der Milchstraße, befindet. In dieser Milchstraße existieren mehr als 100 000 000 000 (100 Milliarden!) Sterne. Einer davon ist unsere Sonne, die in nicht weniger als etwa acht Milliarden Jahren ein kleiner *weißer Zwerg* sein wird – eine Sternleiche! Bei allem Respekt vor unserer wundervollen Schöpfung, sind wir, unsere Schöpfung und auch unsere Menschheit, ein winzig kleiner, fast bedeutungsloser Punkt im Universum, wie etwa ein kleines Sandkorn irgendwo an irgendeinem Strand unseres Planeten – nicht mehr und nicht weniger, nicht bedeutender und auch nicht größer ist unsere Rolle und Funktion in unserem Universum!

Übrigens schätzt man die Sterne im Weltall auf 10 Trilliarden (eine 1 mit 22 Nullen) bis 10 Quadrillionen (eine 1 mit 25 Nullen). Würde man für das Alter des Weltalls 20 Milliarden Jahre zu Grunde legen, wäre es in Sekunden weniger als eine Trillion (eine 1 mit 18 Nullen) Sekunden alt. Demnach gibt es mindestens 10.000mal mehr Sterne/Sonnen im Weltall, als dieses in Sekunden alt ist, maximal 10.000.000mal mehr. Das würde bedeuten, daß der Urknalltheorie zufolge, in jeder Sekunde mindestens 10.000 Sonnen entstehen müssen, was heute von Wissenschaftlern nicht beobachtet wird. Zudem kann heute nicht beantwortet werden, was den Sonnen-Entstehungsprozeß zum Erliegen gebracht hat.

Unternehmen Sie mit mir noch einen kleinen Gedankenausflug ins All. Stellen Sie sich vor, Sie stehen mit ihren Füßen am Äquator in Tansania, am Fuße des großen Kilimanjaro. Während Sie scheinbar stillstehen, drehen Sie sich in Wirklichkeit mit der Erde um ihre eigene Achse, in einer Geschwindigkeit von mehr als 1.600 Kilometern pro Stunde. Natürlich merken Sie das nicht, deshalb unser kleiner Gedankenausflug.

Festhalten, unser Flug geht weiter. Während Sie sich gemeinsam mit der Erde um die eigene Achse drehen, rast unser Planet noch in einer abenteuerlichen Geschwindigkeit von etwa 30 Kilometern pro Sekunde (!) um die Sonne. Ist Ihnen schon schwindelig? Während Sie den letzten Absatz gelesen haben, sind Sie etwa 1.350 Kilometer weiter auf der Erde um die Sonne geflogen, mitten durchs All. Für den letzten Satz brauchten Sie etwa 180 Kilometer...

Andere Planetensysteme, andere Menschheiten...

Nach unseren Gedankenausflügen ins All, landen wir wieder mit beiden Füßen auf der Erde und stehen der logischen und notwendigen Frage gegenüber, ob noch andere „Menschheiten" oder erdähnliche Planeten im weiten All existieren könnten. Aller Wahrscheinlichkeit nach und aus rein logischen Gesichtspunkten heraus, kann die Frage nur mit einem *„Ja"* beantwortet werden.

Der Astronom Stephen H. Dole hat bereits in den achtziger Jahren in einer Untersuchung mit Hilfe von Computersimulation versucht, den Nachweis zu erbringen, ob die Bildung von Planetensystemen alltäglich ist oder nicht. Dole legte Masse und Dichte einer Gas- und Staubwolke zugrunde, wie sie vor der Entstehung unseres Sonnensystems existiert haben könnte. Nach den vom Computer erarbeiteten Daten über die notwendigen Voraussetzungen, also über Schwerkraftauswirkungen, zufällige Bewegungsabläufe, Kollisionsprozesse und dergleichen mehr, kalkulierte der Computer die Ergebnisse. Dole spielte das Gas- und Staubwolkensystem in den verschiedensten Varianten durch, mit dem Ergebnis, daß in jedem einzelnen Fall Planetensysteme entstanden, die unserem Sonnensystem auf verblüffende Weise glichen. Die simulierten Sonnensysteme setzten sich jeweils aus einem Zentralgestirn mit sieben bis vierzehn Planeten zusammen. Es gab fast in jedem der simulierten Modelle einen Planeten, dessen Zusammensetzung und Entfernung vom Zentralgestirn etwa den Werten unserer Erde entsprach. Zur Überprüfung der erhaltenen Daten, fütterte Dole den Computer mit dem Diagramm unseres echten Sonnensystems und mischte diese Daten mit den simulierten. Die Übereinstimmung zwischen unserem Sonnensystem und den simulierten Modellen war so groß, daß er sie praktisch nicht unterscheiden konnte. Stephen H. Dole kam zu dem Ergebnis, daß wir nicht das einzige bewohnte Sonnensystem in unserer Milchstraße sein können. Aller Wahrscheinlichkeit nach müssen auch in anderen Galaxien zahlreiche Planetensysteme entstanden sein.

Im Jahre 1999 wurde Doles Forschungsarbeit endgültig bestätigt. Nach elfjähriger Forschungsarbeit in Colorado und auf Hawaii, entdeckten US-Astronomen ein dem unseren sehr ähnliches Sonnensystem. Sein Zentralstern ist der ***Ypsilon Andromedae.*** Er ist etwa drei Milliarden Jahre alt und „nur“ 44 Lichtjahre von der Erde entfernt. Nach derzeitigem Erkenntnisstand wird er von mindestens drei Planeten umkreist. Der innere umkreist seine „Sonne“ (Ypsilon Andromedae) in etwa 4,6 Tagen, der mittlere benötigt 242 Tage und der äußere Planet etwa 3,5 bis 4 Jahre. Die Entdecker des ***Ypsilon-Andromedae-Systems,*** Paul Butler und Geoff Marcy, vermuten noch einen weiteren Planeten in diesem „Sonnensystem“. Die Astronomin Debra Fischer von der Universität in San Francisco erklärt: *„Die Entdekkung liefert den endgültigen Beweis, daß es außerhalb unseres Sonnensystems noch weitere mit planetaren Begleitern gibt.“*

Im August 2000 wurde bei einer Tagung der Internationalen Astronomischen Union in Manchester die Entdeckung von gleich zehn neuen Planeten außerhalb unseres Sonnensystems bekanntgegeben.

Der amerikanische Professor Willy Ley spricht von dem Minimalwert von 18.000 Planeten, auf denen sich in unserer Milchstraße eine Humanoiden-Rasse entwickelt haben könnte. Mit wie vielen Menschheiten wir in unserer Milchstraße überhaupt zu rechnen haben, wurde in der berühmten Gleichung der ***Green-Bank-Konferenz*** festgelegt. Nach dem Maximalwert haben wir in unserer Milchstraße mit fünfzig Millionen Menschheiten zu rechnen, der Negativwert wird noch mit vierzig Millionen angegeben. Zugegeben, das sind Zahlen, die unsere menschliche Vorstellungskraft sprengen, aber wie können wir das auch begreifen, wenn wir uns vor Augen führen, wie klein der Mensch im Grunde ist oder anders ausgedrückt, wie unendlich und groß das All ist.

Der Nobelpreisträger Sir Francis Crick schätzt allein die Zahl der Planeten in unserer Milchstraße, auf denen Leben hätte entstehen können, auf etwa einhundert Millionen. Weiter schlußfolgert Crick, daß die Gesamtzahl der Galaxien im Universum auf einhundert Milliarden geschätzt wird. Folgerichtig könnten demnach Milliarden von Planeten existieren, auf denen sich Leben, in der Form und der Entwicklung wie wir es kennen, gebildet hat. Erst kürzlich wurden durch das VLT (Very Large Telescope) in Chile interessante Bilder eingefangen.

Es wurde eine etwa siebzig Millionen Lichtjahre von unserer Erde entfernte neue Galaxie entdeckt. Die Wissenschaftler vermuten, daß die Galaxie mindestens zweimal so groß wie unsere Milchstraße ist und aus etwa vier Billionen Sonnen besteht.

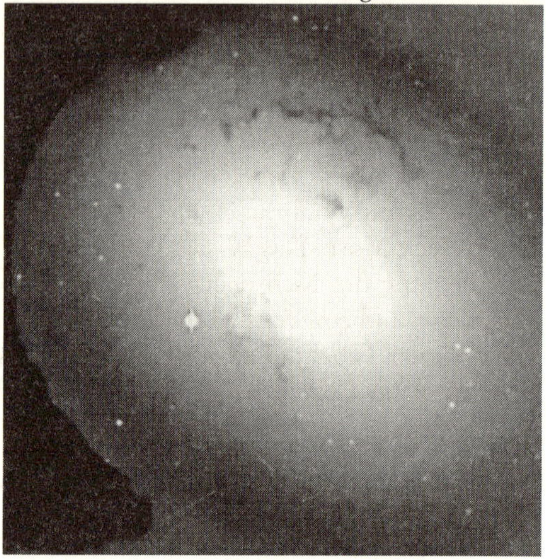

Bild 1:
Eine neue Galaxie – siebzig Millionen Lichtjahre von unserer Erde entfernt. Die Galaxie ist mindestens zweimal so groß wie unsere Milchstraße und besteht aus vier Billionen Sonnen.

Feststeht, daß es im Universum unvorstellbar viele Planeten- und Sonnensysteme geben muß, die unserem gleichen. Bei einem geschätzten Alter des Universums von bis zu zwanzig Milliarden Jahren ist die Sonne ein Stern erst der dritten Generation. Kulturen, die auf älteren Systemen entstanden sind, hatten im besten Fall ein paar Milliarden Jahre (!) zur Verfügung, um sich weiterzuentwickeln. Die menschliche Vorstellungskraft reicht bei weitem nicht aus, um sich die buchstäblich unbegrenzten Möglichkeiten solcher Hyperzivilisationen zu vergegenwärtigen.

Wir sollten uns endlich darüber klarwerden, daß wir wohl nur ein Sonnensystem, nur eine Menschheit von Millionen oder sogar Milliarden sind.

Eines steht in jedem Falle fest, die Krönung der Schöpfung ist weder unser Planet noch unsere Evolution samt Homo Sapiens. Davon können wir getrost ausgehen.

Moses – Hohepriester aus Heliopolis

„Am Anfang schuf Gott Himmel und Erde,
und die Erde war wüst und leer...“ (Genesis)

Jeder kennt wohl die ersten Worte der Schöpfungsgeschichte aus dem ersten Buch Mose. Das Wissen um das Leben Moses ist aus verschiedenen Gründen für die Menschen von ganz besonderer Bedeutung. Er wurde auserwählt und eingeweiht, er sprach mit dem allmächtigen Gott, er führte das Volk der Israeliten aus der ägyptischen Knechtschaft, ihm überreichte Gott die zehn Gebote und gab ihm schließlich noch die Bauanleitung für die Bundeslade.

Nun ist es natürlich müßig darüber zu diskutieren, ob dieser Moses überhaupt eine historische Person war. Viele Wissenschaftler stellen das in Frage. Aus welchem Grund sie das tun, ist bis heute nicht wissenschaftlich beantwortet worden. Die rein geschichtlichen Fakten – die schriftlichen Überlieferungen – sprechen eindeutig für Moses als historische Person.

Die Geschichte Moses und der Israeliten steht natürlich in direktem Zusammenhang mit der 19. Dynastie der Ägypter. Das Leben und Wirken Moses ist zeitlich ebenso schwer einzuordnen wie seine historische Beweisbarkeit. Anzunehmen sind die Regierungszeiten Ramses II (1290-1224 v.Chr.) und seines Vaters, des Pharao Seti I (1302-1290 v.Chr.). Dazu gibt es archäologische Beweise, durch den Archäologen Sir Flinder Petrie, in einer vor zirka einhundert Jahren gefundenen Grabstele. Durch sie läßt sich der Auszug der Israeliten aus Ägypten auf den Zeitraum von zirka 1300 bis 1200 v.Chr. bestimmen. Einer dieser Pharaonen befahl, jeden neugeborenen Israeliten zu töten.

Das Schicksal wollte es so: Moses wurde gerettet. Nachdem der Säugling von der Mutter in einem Binsenkorb am Flußufer ausgesetzt worden war, fand ihn die Tochter des Pharao. Sie hatte Mitleid mit dem Kind und entschloß sich, es aufziehen zu lassen.

Als junger Mann hatte Moses ein Schlüsselerlebnis. Er sah, wie ein Ägypter einen Israeliten verprügelte. Moses kam dem Israeliten zu Hilfe und erschlug den Ägypter. Er mußte in die Wüste fliehen. Es kam die Zeit, daß ein „Engel" zu ihm sprach, aus einem Dornbusch, der brannte ohne zu verbrennen. Der „Engel" teilte Moses mit, daß er die Kinder Israels retten und in das Land führen werde, wo Milch und Honig fließen. Zunächst reagierte Moses überrascht und unsicher auf die Ankündigung seiner Berufung. Er bezweifelte, daß die Israeliten ihm überhaupt Glauben schenken geschweige denn folgen würden. Seine Zweifel begründete er auch mit seiner Schwerfälligkeit zu reden. Doch Gott zeigte ihm drei Wunder, welche die Israeliten überzeugen würden und wies ihn an, das Reden seinem Bruder Aaron zu überlassen.

Gesagt, getan – die Geschichte nahm ihren Lauf. Es kommt immer mehr zu Begegnungen und Gesprächen zwischen Gott und Moses; der Beginn einer langen intensiven Zusammenarbeit. Moses erhält praktisch einen Leitfaden, freies Geleit und Schutz für seinen Auszug aus Ägypten, bis er schließlich in den Bergen des Sinai landet und auf einem Berg zweimal die Gesetzestafeln mit den „Zehn Geboten" bekommt, die Gott persönlich aufgeschrieben hatte!

Letztlich findet das Volk, dank Moses, den Weg in das gelobte Land. Moses selbst wird das wohl nicht mehr erlebt haben. Im Deuteronomium (5. Buch Moses) wird berichtet, daß Moses im Alter von einhundertzwanzig Jahren starb. Wo genau, wird nicht beschrieben:

„Und er begrub ihn im Tal, im Lande Moab gegenüber Bet-Pegor. Und niemand hat sein Grab erfahren bis zum heutigen Tag." (5. Mose 34,6)

Bild 2:
Moses, in der Hand die „Steinernen Tafeln" mit den Zehn Geboten.

Die Geschichte Mose zu bewerten ist sicherlich schwierig, denn sie ist in viele Richtungen auslegbar. Sprach Moses mit Gott? Schaute Moses Gottes Angesicht? Muß sich ein allmächtiger Gott so präsentieren beziehungsweise offenbaren? Unserem rationalen Denken kann diese Vorstellung nicht standhalten. Doch mit wem sprach Moses wirklich? Aufgrund der Vielzahl der beschriebenen Begegnungen mit Gott, können wir diese ja nicht einfach als Visionen abtun, um es letztlich für den heutigen Menschen passend zu machen. Es gibt aber noch einen viel größeren Haken in dieser geschichtlichen Überlieferung. Im weiteren Verlauf des Auszuges („Exodus") beziehungsweise der Geschichte werden die Israeliten angewiesen, Völker und Stämme ausnahmslos zu vernichten. Was ist das für ein Gott, der *„sein auserwähltes Volk"* zu Völkermord auffordert oder sogar zwingt? Im Alten Testament ist das zudem kein Einzelfall. Insgesamt finden wir mehr als siebzig Völker- und Massenmorde, dabei sind die vielen Einzelmorde, Raubzüge, Massenvergewaltigungen und sonstigen Verbrechen, wie beispielsweise Inzucht, nicht mitgerechnet. Ist das nicht erschreckend? Eines will ich diesen erschreckenden Tatsachen noch hinzufügen: Bei aufmerksamem Studium des Alten Testamentes stellen wir zudem fest, daß es bei fast keinem der vielen Verbrechen Verurteilungen beziehungsweise Bestrafungen gab.

In jedem Fall ist die Geschichte des jüdischen Volkes und ihres Wissens im wesentlichen mit dem der Ägypter mehr als verwurzelt. Das läßt sich durch das Alte Testament bestätigen, denn dort begegnen wir dem Wort *Ägypten* einige hundert Male, im Vergleich dazu begegnen wir dem Wort *Israel* nur ein einziges Mal in der ägyptischen Chronologie.

Der ägyptische Pharao Echnaton, alias Amenophis der IV. (1350-1333 v.Chr.), führte in Ägypten den Monotheismus (*Ein-Gottglaube*) ein. Von nun an wurde nur noch der „Gott" Aton als Gott verehrt. Einige Wissenschaftler erkennen in Echnaton und Moses sogar ein und dieselbe Person, denn Zentrum des Wissens und der Einweihung war das Wissenszentrum der Hohepriester in Heliopolis. Immerhin war Moses mehr als zwei Jahrzehnte lang Priester in Ägypten, und dafür kam eben als „Schulungszentrum" nur Heliopolis in Frage.

Ein ägyptischer Hohepriester aus Heliopolis war Manetho. Er lebte im 3. Jahrhundert v.Chr.. Seine Herkunft ist heute unumstritten; er gilt als geschichtlich gesicherte Person. Als Priester von Heliopolis war er in die Hieroglyphen und in die Geheimlehre eingeweiht. Ihm werden einige umfangreiche Werke zugeschrieben. Sein Hauptwerk ist die „Aigyptiaka", eine Geschichte Ägyptens in mehreren Bänden, mit den Ergebnissen all seiner Forschungen. Es bildete wohl die beste historische Quelle über das alte Ägypten. Leider ist das Original nicht mehr vorhanden. Wir besitzen nur noch Zusammenfassungen und Abschriften, die jüdische Geschichtsschreiber, wie Josephus im 1. Jahrhundert n.Chr., Julius Africanus um 220 n.Chr. und der Bischof Eusebius von Caesarea um 320 n.Chr., angefertigt haben.

Der Letzte, um etwa 800 n.Chr., war kein Geringerer als der byzantinische Mönch Georgios. Natürlich ist davon auszugehen, daß im Laufe der Jahrhunderte mehr oder weniger wichtige Inhalte durch die Übersetzer verändert wurden.

Vom Original sind unter anderem auch noch Königslisten erhalten, auf die ich noch zu sprechen kommen werde.

So berichtet Manetho in seinem Werk: *„Moses, Sohn des Stammes Levi, erzogen in Ägypten und eingeweiht in Heliopolis, wurde ein* ***Hohepriester*** *der Bruderschaft unter der Regentschaft von Pharao Amenophis* (Echnaton)." (35)

Das beweist auch die Apostelgeschichte (7, 22), in der es heißt:

„Und Moses wurde unterwiesen in aller Weisheit der Ägypter, und war mächtig in Worten und Werken."

Bild 3:
Echnaton, Kolossalfigur aus dem zerstörten Atontempel von Karnak.

Auch der berühmte Psychoanalytiker Sigmund Freud befaßte sich in den dreißiger Jahren des vergangenen Jahrhunderts mit der Person Moses und seinen Wurzeln im alten Ägypten. In seinem Werk über Moses und den Monotheismus macht er den Leser auf einen wichtigen Aspekt aufmerksam: Der jüdische Name für *Gott*, ***Adonai***, wird zu ***Aton***, wenn man die Buchstaben ins Ägyptische überträgt. Auch das aus Hygienegründen erstmals in Ägypten praktizierte Ritual der Beschneidung, hat seine Wurzeln im Land der Pharaonen und wurde von den Hebräern übernommen. Auch Freud kam zu dem logischen Schluß, daß Moses ein Ägypter am Hof von Echnaton gewesen ist.

Dieser Pharao Echnaton traf in seinem fünften Regentschaftsjahr eine sowohl geschichtlich als auch religiös einmalige Entscheidung. Er erklärte den Sonnengott ***Aton*** zum einzigen und alleinigen Gott und gab vor, daß fortan nur noch dieser angebetet werden durfte. Seinen eigentlichen Namen Amenophis IV lehnte er ab und benannte sich eigenmächtig in ***Ech-n-aton*** um. Er zog samt seiner Gefolgschaft vom traditionellen Zentrum der ***Amun***-Verehrung in Theben in das dreihundert Kilometer nördlich gelegene ***et-Tellel-Amarana***, wo er ***Achet-Aton***, den ***Horizont des Aton***, als neue Hauptstadt seiner Religion gründete. Echnaton war noch in die alte Geheimlehre eingeweiht. Ohnehin galt der oftmals vielleicht mißverständlich gefürchtete Pharao als großer Eingeweihter, Mystiker und Träumer.

Das Wissen und die Wurzeln der Israeliten haben also, wie wir bereits erörtert haben, einen klaren Verlauf gehabt – sie kamen aus Ägypten, dem Land der Pharaonen, mehr noch aus deren mächtigen Priesterzentren, allen voran Heliopolis.

Doch zurück zu Moses. War es wirklich Gott, der zu Moses sprach? War Gott sein Auftraggeber? Gab Gott den Befehl zu Mord und Totschlag? Sicherlich nicht! Aber wer war es dann? So ungewiß, vieldeutig und zum Teil zweifelhaft die Geschichte Moses ist, so verhält es sich auch mit dem Punkt, ob Moses die fünf Bücher überhaupt verfaßt hat.

Die ersten fünf Bücher Moses, die sogenannten „Pentateuch" (griech.: *fünf Rollen*) liefern uns eine umfangreiche Geschichte von der Erschaffung des Menschen bis zum Auszug der Israeliten ins „gelobte Land". Die fünf Bücher sind aufgeteilt in die Bücher **„Genesis"** (griech.: *Ursprung, Entste-*

hen, Schöpfung), **„Exodus“** (griech.: *Abzug, Auszug aus Ägypten*), **„Leviti-kus“** (lat.: *kultische Lehren und Vorschriften der Leviter*), **„Numeri“** (lat.: *Zahlen aufgrund der Volkszählungen*) und **„Deuteronomium“** (griech.: *zweites Gesetz*, hebr.: *Rückschau*).

Doch wurden die Mosesbücher nun wirklich von ihm persönlich verfaßt? Die Bibel gibt das klar zu verstehen – was bleibt ihr auch anderes übrig. Geschichtlich und historisch betrachtet ist es sehr müßig, darüber zu diskutieren. Wie bereits erörtert, ist aus rein geschichtlicher Betrachtung von Moses als historischer Person auszugehen, was ja keinesfalls heißen muß, daß er alle fünf Bücher verfaßt hat. Im Fall des ersten Buches „Genesis“ ist das wohl ausgeschlossen, wie ich noch belegen werde, da die Verfasser der biblischen Genesis auf ältere Quellen zurückgegriffen haben, die wohl unzweifelhaft aus dem Zweistromland kamen. Aber dazu später mehr.

Bei den Büchern 2 bis 4 kann der Verfasser durchaus Moses gewesen sein. Er berichtet über sein bewegtes Leben, über historische Begebenheiten und seine „göttlichen“ Begegnungen. Das Deuteronomium (griech.: *zweites Gesetz*), im Hebräischen *Debarim* (*Rückschau*), das als das „5. Buch Moses“ bezeichnet wird und zur jüdischen „Ur-Bibel“ gehört, kann wiederum von Moses selbst nicht verfaßt sein. Das ergibt sich aus einer von den Mosesbüchern 2 bis 4 stark abweichenden literarischen Struktur, die auch noch in deutschen Übersetzungen erhaltengeblieben und somit nachprüfbar ist. Das Deuteronomium wurde 621 v.Chr. bei einer Renovierung im Jerusalemer Tempel gefunden. Nach heutiger Lehrmeinung treffen wir bei der Suche des Verfassers des fünften Buches auf zwei jüdische Glaubensgruppen, die *Jahweisten* (Gottesbezeichnung *Jahwe = Herr*) und die *Elohisten* (Gottesbezeichnung *Elohim = Götter*). Der Zeitpunkt der Niederschrift ist zwischen 700 und 900 v.Chr. anzusetzen.

Ein anderer Kandidat, der als Verfasser in Frage käme, ist der Prophet Joshua. Zum einen, weil er eine historisch gesicherte Person ist, die um zirka 1200 v.Chr. in Efraim (Mittelpalästina) gelebt hat und zum anderen, weil das Joshuabuch direkt an das Deuteronomium, das „5. Buch Moses“, anschließt.

Lange Geheimhaltung

Im 16. Jahrhundert gab es in England nur eine lateinische Übersetzung der Heiligen Schriften, die für die Priesterschaft bestimmt war, ähnlich wie zum Beispiel im alten Ägypten und anderen alten Kulturen. Es war also eine elitäre Gruppe, die lesen und schreiben durfte (!) und die geheimen Schriften über den Schöpfer, seine Götter und Engel kannte. Da die breite Masse der Bevölkerung unwissend war, hatte sie keine Kontrolle über das, was ihr von den Priestern berichtet wurde. In der Hand der Priester lag die Verantwortung und Macht, dem Volk die Berichte so wahrheitsgetreu wie möglich zu übermitteln beziehungsweise weiterzusagen.

Warum Passagen im Laufe der Jahrhunderte bewußt immer weiter verändert wurden, um den Menschen letztlich ein ganz anderes Bild zu vermitteln, ist nicht mehr nachvollziehbar. In jedem Fall ist es wohl geheimen und elitären Gruppen zweitausend Jahre lang gelungen, die Schriften, bis zu den ersten Übersetzungen in England und Deutschland, den anderen Menschen vorzuenthalten. Bei diesen Schriften handelt es sich, wie wir noch sehen werden, um sehr, sehr junge Schriften. Solange die Geheimhaltung gelang, gab es nur wenige Exemplare, meist von verschiedenen Autoren.

Bild 4: Martin Luther

Die Verkaufszahlen der Bibel sind sehenswert. Die Bibel, und das steht außer Frage, ist das Buch der Bücher, der Bestseller schlechthin. Heute ist die Bibel für jedermann rund um den Erdball erhältlich. In mehr als 1.600 Sprachen ist sie übersetzt worden. Weltweit sind mehr als 750 Millionen Bibelausgaben verkauft worden. Das ist kontrovers genug, wenn man sich nochmals vor Augen hält, daß es bis ins 15. Jahrhundert „elitären Gruppen" überaus wichtig erschien, die Überlieferungen geheimzuhalten und sie insbesondere dem Volk vorzuenthalten.

Natürlich darf hierbei der Name Martin Luther (1483-1546) nicht unerwähnt bleiben. Er war Wegweiser für die Christenheit, ein „Freiheitskämpfer" wenn man so will. Luther hatte sich dem Einfluß der römisch-katholischen Kirche widersetzt, mit dem Ziel, eine einheitliche Übersetzung zu schaffen, die für jedermann zugänglich ist. Im Jahre 1534 war sein primäres Ziel mit der ersten zu Wittenberg erschienenen „Lutherbibel" erreicht. Diese Reformation, nennen wir sie eine Verbesserung des bisher Bestehenden, bestand ja im wesentlichen darin, daß Luther die Bibel ins „Deutsche" übersetzte und so die Macht der römisch-katholischen Kirche dem Willen des Volkes nicht mehr standhalten konnte.

Bereits vorher existierten einige niederdeutsche Bibeln, und bereits im Jahre 1466 wurde durch den Straßburger Drucker Johann Mentelin eine vollständige Bibel herausgegeben. Zwischen dem 8. und 10. Jahrhundert erschienen in verschiedenen europäischen Ländern einzelne Bibelausgaben. Im 4. Jahrhundert entstand eine Bibelausgabe von Bischof Ulfilas – eine gotische Übersetzung. Fast zeitgleich gab Papst Damsus im Jahre 383 n.Chr. eine Bibel in lateinischer Sprache in Auftrag. Der Übersetzer war Eusebius Hieronymus. Die Übersetzung von Hieronymus basierte zum einen auf der Septuaginta (lat.: *siebzig*; nach der Legende von 72 Gelehrten verfaßt), – der wichtigsten griechischen Übersetzung des Alten Testaments – und zum anderen auf dem hebräischen „Urtext". Seine Übersetzung „Vulgata" (lat.: *volkstümlich*) wurde zu der wichtigsten und wegweisenden lateinischen Bibelausgabe. Im Jahre 1546 auf dem Konzil in Trient wurde sie von den Kirchenoberen schließlich zur offiziellen „Richtbibel" erklärt.

Neue und wichtige Entdeckungen sind beispielsweise die Schriftrollen von Qumran. Sie wurden im Jahre 1946 von einem Beduinen namens Muhammad adh-Dhib in einer Höhle am Westufer des Toten Meeres entdeckt. Die alten Schriften sind zumeist auf Papyrus und Tierhaut geschrieben. Nach wissenschaftlichen Datierungsmethoden, hier nach Radiokarbonverfahren, werden die Schriftrollen auf zirka 250 v.Chr. datiert.

Die Qumranschriften bestätigen bereits vorhandene biblische Schriften, doch darüber hinaus enthalten sie eine Vielzahl außerbiblischer Schriften, die völlig neue biblische Texte enthalten. Bis heute wird den Schriftrollen von Qumran viel zu wenig Aufmerksamkeit beigemessen, ganz zu schweigen von einer fachlichen Diskussion, Aufarbeitung und möglichen Einbeziehung in das vorhandene biblische Werk.

Viele Wissenschaftler und Forscher behaupten, daß es sich bei der langen Geheimhaltung und der bewußten Veränderung der alten Überlieferungen um die größte Irreführung und Manipulation der Menschheitsgeschichte handelt, und das wohl nicht ganz zu unrecht.

Betrachten wir das erste Buch der Genesis aus naturwissenschaftlicher Sicht, scheint der biblische Schöpfungsbericht auf den ersten Blick eher eine Mischung aus Phantasie und Science-Fiction des 21. Jahrhunderts zu sein. Andere Schöpfungsberichte und Überlieferungen verschiedener Kulturen, auf die wir später noch zu sprechen kommen und die in Wort und Schrift wesentlich älter sind als die biblischen Überlieferungen, werden disqualifiziert und als geringfügig abgestuft. Mit welchem Recht wird das Erbe und Wissen dieser alten Kulturen mit Füßen getreten?

Im Falle des Buches „Genesis“ wird von „Urtexten“ gesprochen, die es wahrscheinlich nie gegeben hat. Auf jeden Fall haben Wissenschaftler heute keine endgültigen wissenschaftlichen Beweise dafür, daß es solche Urtexte gegeben hat. Die Schriften, die uns heute vorliegen, sind Abschriften von Abschriften, und diese sind ebenfalls Abschriften von noch älteren Abschriften. Es ist erwiesen, daß in jeder neuen Übersetzung bewußte Veränderungen vorgenommen wurden. Es entstanden neue Deutungen. Vor allem aber entstand ungewollt eine Unmenge an Übersetzungsfehlern.

Insgesamt handelt es sich um eintausendfünfhundert Abschriften und keine, wohlgemerkt keine, stimmt mit einer anderen Abschrift überein.

Der Zürcher Spezialist Dr. Robert Kehl vermerkte dazu:

„Es ist oft genug vorgekommen, daß die gleiche Stelle von einem Korrektor im einen und von dem anderen gerade wieder im entgegengesetzten Sinne korrigiert oder zurückkorrigiert worden ist, je nachdem, welche dogmatische

Auffassung in der betreffenden Schule vertreten worden ist. Jedenfalls entstand schon durch die vereinzelten, aber noch mehr durch die planmäßigen Korrekturen ein völlig unentwirrbares Textchaos.“ (73)

Jeder Leser kann sich selbst davon überzeugen. Wenn er dazu die Evangelien Matthäus, Markus und Lukas aufschlägt und verschiedene Texte und Aussagen miteinander vergleicht, wird er auf viele Widersprüche und entgegengesetzte Aussagen treffen.

Wußten Sie eigentlich, daß keiner der Evangelisten ein Zeitzeuge Jesu war? Keiner, der mit Jesus zusammenlebte, ihn begleitete und ihm „nachfolgte“, hat je etwas über ihn niedergeschrieben – leider! Erst nach der Zerstörung Jerusalems im Jahre 70 durch den römischen Kaiser Titus (39-81 n.Chr.) begann jemand, Aufzeichnungen über Jesus und seine Gefolgschaft anzufertigen.

Übersetzungsfehler im „Urtext“

Einer der bekanntesten der sogenannten „Urtexte“ ist der **„Codex Sinaiticus“**. Er stammt aus dem 4. Jahrhundert und wurde von Konstantin von Tischendorf im Jahr 1844 auf der Sinaihalbinsel im Katharinenkloster gefunden. Dieser Text enthält zirka sechzehntausend Korrekturen von sieben Übersetzern.

Friedrich Delitsch, Bibelexperte und Verfasser eines hebräischen Wörterbuches, stellte zirka dreitausend Abschreibfehler fest!

Einige Stellen wurden mehrmals geändert und durch einen neuen Text ersetzt. Nimmt man alle „Urtexte“ zusammen, die heute vorliegen, dann zählt man über achtzigtausend Abweichungen.

Daher muß noch berücksichtigt werden, daß es nur die Abänderungen sind, die heute noch festzustellen sind. Doch warum all diese Fehler? Die vielen tausend

Bild 5:
Der „Codex Sinaiticus“ aus dem Katharinen kloster (4. Jahrhundert).

Abweichungen? Warum diese Geheimhaltung? Warum wurden Menschen umgebracht, die daran interessiert waren, das Wort Christi allen Menschen zukommen zu lassen? Hat nicht gerade Letzterer gepredigt, daß alle Menschen vor dem Angesicht Gottes gleich sind? Es kann nicht im Sinne Jesus und des allmächtigen Gottes gewesen sein, daß die vielen Übersetzungsfehler – gewollt oder ungewollt – und die zweifellos bewußten Korrekturen durch Kirche und Theologen (und nicht durch Gott!) stattfanden. Wir müssen uns ernsthaft die Frage stellen, ob es Zufall oder Unwissenheit war. Oder war es Absicht einer elitären einflußreichen Gruppe, das Volk, das heißt den einfachen Menschen, zu manipulieren, um es steuerbar und letztlich abhängig zu machen?

Gegen Ende des 13. Jahrhunderts verfaßte der Jude Moses bar Svem Tor de Leòn aus Guadalajara das geheimnisvolle Werk **„Sfer ha Sohar“** (*Buch des Glanzes*). Es wird vermutet, daß es auf einem noch viel älteren Buch aus dem 2. Jahrhundert basiert, das von Simeon ben Jouchai verfaßt wurde. Daraus geht hervor, daß es im alten Israel einen Geheimkult gab und daß den einflußreichen Mitgliedern die Geheimnisse der älteren biblischen Texte bekannt waren. Heutzutage ist nicht mehr bekannt, wann dieser geheimnisvolle Kult entstand. Hauptinhalt des Kabbalakultes war die Entschlüsselung der fünf Bücher Mose, also im besonderen wohl auch das Rätsel der Schöpfung. Im Laufe der Jahrhunderte ist das Wissen um diese geheimnisvolle Kultgemeinschaft wieder verlorengegangen. Es ist also anzunehmen, daß es eine geheime elitäre Gruppe gab, wie zum Beispiel den Kabbalakult, die Veränderungen eingeleitet und zum Beispiel die fünf Bücher Mose bewußt verändert hat.

Bild 6:
Schriftgelehrter beim Übertragen eines althebräischen Textes.

Möglicherweise gab es noch mehr als eine Gruppe – das kann heute aber nicht mehr bewiesen werden. Es fällt besonders ins Gewicht, daß sich die Theologie im Laufe der Jahrhunderte immer wieder gewandelt hat und die mächtigen Kirchenfürsten auf nachchristlichen Konzilen nachweislich, nach der jeweiligen theologischen Ideologie, Inhalte der Bibel festgelegt und andere Inhalte wiederum bewußt aussortiert haben.

Es ist eine bemerkenswerte Leistung, wenn wir uns nochmals vor Augen halten, daß es den Kirchenoberen und elitären Gruppen fast zweitausend Jahre lang (!) gelang, die Heilige Schrift dem Volk vorzuenthalten. Doch warum all das? Dahinter muß doch ein weit größerer Grund stecken. Zum einen sicherlich eine gehörige Portion Unwissenheit der Kirchenoberen, dabei denke man nur an den großen Naturwissenschaftler Galileo Galilei (1564-1642). Er widerlegte das eintausendfünfhundert Jahre bestehende geozentrische Weltbild von Claudius Ptolemäus (zirka 100-170 n.Chr.), in dessen System die Erde der Mittelpunkt des Universums war. Galilei widersprach nicht nur dem geozentrischen Weltbild Ptolemäus, sondern unterstrich und bewies durch eigene wissenschaftliche Beobachtungen das heliozentrische Weltbild des Nikolaus Kopernikus (1473-1543), demzufolge nicht die Erde, sondern die Sonne der Mittelpunkt des Universums ist.

Damit widersprach er nicht nur Ptolemäus, sondern in erster Linie der römisch-katholischen Kirche, der Bibel und somit „Gottes Wort“. Galilei wurde am 22. Juni 1633 verurteilt, zwar nicht zu der in solchen Fällen üblichen Strafe – Tod auf dem Scheiterhaufen –, aber er mußte seinen „Irrtümern“ abschwören, sie verfluchen und verwünschen. An diesem Beispiel, und es gibt noch viele andere, sehen wir zum einen, wie es um den naturwissenschaftlichen Horizont der Geistlichkeit zur damaligen Zeit stand und zum anderen, welche Macht sie in ihrer großen Unkenntnis ausübte. Im übrigen hat es im Falle Galilei fast 360 Jahre (!) gedauert, bis die katholische Kirche sich offiziell für ihre Zuwiderhandlung entschuldigte. Am 31. Oktober 1992 gab Johannes Paul II. in einer Rede vor der Päpstlichen Akademie der Wissenschaften offiziell zu, daß Galileo Galilei 1633 zu Unrecht verurteilt worden war:

Bild 7: Galileo Galilei

„Der Irrtum der Theologen von damals bestand am Festhalten an der Zentralstellung der Erde in der Vorstellung, unsere Kenntnis der Strukturen der physischen Welt wäre irgendwie vom Wortsinn der Heiligen Schrift gefordert.“

Der Papst weiter:
„Ein schmerzliches Mißverständnis gehört nun der Vergangenheit an.“ (116)

Macht beruht bekanntermaßen auf Vernunft, und die Unwissenheit der Kirchenoberen war im Laufe der Jahrhunderte sicherlich die eine Seite der Medaille. Die andere Seite war vermutlich ein systematisches und zielgerichtetes Verändern und Sortieren der Heiligen Schriften.

Elitären oder „eingeweihten“ Gruppen und Männern, wie beispielsweise dem schon erwähnten Simeon ben Joachai, standen undenkbar viele altjüdische Schriften und Übersetzungen zur Verfügung, und davon ist nur ein verhältnismäßig geringer Teil in die Bibel aufgenommen worden. Die „Heiligen Schriften“ der Bibel werden in zwei Teile aufgeteilt:

1. Die „kanonisierten“ Schriften und
2. die „nicht kanonisierten“ Schriften.

Unter den „kanonisierten“ Schriften verstehen wir die heute allgemein gültige Bibelfassung des Alten Testaments mit den Mosesbüchern, den Büchern der Propheten, den Psalmen etc. und des Neuen Testaments mit den vier Evangelien bis zur Offenbarung des Johannes. Andere, „nicht kanonisierte“ Bücher waren beispielsweise die Himmelfahrt des Moses, das Buch Henoch, die Bücher Esra, das Buch vom Leben Adam und Evas und das Buch der Jubiläen. Die „nicht kanonisierten“ Bücher wurden von den Kirchenoberen unbegründet abgelehnt und nicht in die Heilige Schrift aufgenommen. Dabei handelt es sich um sage und schreibe über 120 (!) Bücher. Die dringende Notwendigkeit, den Kanon der Bibel zu überdenken steht wohl außer jeder Frage. Nicht einmal den Ansatz, eine etwaige Diskussion darüber zu führen, haben wir bisher vernommen.

Um es nochmals kurz und knapp auf den Punkt zu bringen: Viele „nicht kanonisierte“ Schriften passen nun einmal nicht in das heutige kirchliche und religiöse Weltbild, und dieses „Heute“ gilt wohl auch für das „Gestern“!

Die Kirchenoberen entschieden auf den ersten nachchristlichen Konzilien, was in der Bibel zu stehen hat und was nicht. Bücher, die nicht in das theologische Weltbild paßten, wurden systematisch abgelehnt. Aber wir werden noch sehen, auch anhand alttestamentarischer Schriften, wie zum Beispiel dem ersten Buch Moses, daß die Kirchenoberen wohl doch nicht immer, wenn überhaupt, systematisch vorgegangen sind.

Der Hohepriester Henoch

Wir werden uns noch etwas näher mit Henoch befassen. Er ist und bleibt nun einmal einer der „Lieblinge“ von Forschern und Autoren.

Hier ein Beispiel im Falle des „nicht kanonisierten“ Buches Henoch. Der Name *Henoch* bedeutet *der Eingeweihte, der Einsichtige, der Kundige.* Er wurde vom biblischen „Gott“ persönlich in die Mysterien und Geheimnisse eingeweiht, denn *„Henoch wandelte beständig mit den Elohim“*.

James Bruce (1730-1794) entdeckte auf einer Reise in Äthiopien drei Exemplare des Henochbuches. Die äthiopische Kirche ignorierte wohl die Anordnung der obersten Kirchenherren, und so landete das Henochbuch im Kanon der abessinischen Kirche. Außerdem tauchte auch noch eine slawische Fassung auf. Nach wissenschaftlicher Meinung entstand das Original im zweiten vorchristlichen Jahrhundert. Bei Henoch begegnen wir unter anderem auch den sogenannten *Gottessöhnen* (wie auch im 1. Buch Moses 6, 1-4), auf die wir in diesem Kapitel noch zu sprechen kommen. Sie wurden hier in *Engel* umbenannt. Von diesem Abstieg der *Göttersöhne* (oder *Engel*) wird bei Henoch im 7. und 8. Kapitel ausführlich berichtet:

„Es begab sich in diesen Tagen, als die Menschen sich vermehrt hatten, daß herrliche und schöne Töchter ihnen geboren wurden. Und da die Engel, die Söhne des Himmels, diese sahen, entbrannten sie in Liebe zu ihnen und sagten: „Kommt, laßt uns Weiber wählen unter den Nachkommen der Menschen und mit ihnen Kinder zeugen.“ Da sprach Sam-Jaza, ihr Anführer: „Ich befürchte, daß ihr euch von diesem Plane abschrecken lasset und ich alleine für ein so schweres Vergehen büßen muß.“ Aber sie erwiderten und sprachen: „Wir schwören alle und verpflichten uns durch gegenseitige Eide, unseren Vorsatz nicht zu ändern, sondern unser Vorhaben auszuführen.“ Da schworen sie alle untereinander und verpflichteten sich durch gegenseitige Eide. Ihre

Zahl betrug 200, die hinabstiegen auf Ardis, den Gipfel des Berges Armon. Da nahmen sie Weiber, ein jeder wählte für sich, sie näherten sich ihnen und wohnten mit ihnen und lehrten sie Zauberei, Beschwörungen und Anwendung von Wurzeln und Bäumen. Außerdem lehrte Azaziel die Menschen, Schwerter und Messer, Schilde und Brustharnische zu machen, die Anfertigung von Spiegeln, Armbändern und Schmuck, den Gebrauch von Schminke, die Verschönerung der Augenbrauen, den Gebrauch von Steinen jeder kostbaren und auserwählten Art und Farbe, so daß die Welt ganz verändert wurde. Gottlosigkeit nahm zu. Hurerei breitete sich aus, und sie sündigten und verdarben alle auf ihrem Wege. Amarzarak lehrte alle Zauberei und den Gebrauch von Wurzeln, Armers lehrte das Lösen des Zaubers, Barkajal die Beobachtung der Sterne, Akibeel die Zeichen, Tamiel lehrte Astronomie und Asaradel die Bewegung des Mondes...“

Doch wer war dieser Henoch, dessen Überlieferungen zudem überhaupt nicht in unser heutiges Religionsmodell passen? Dreimal dürfen Sie raten, wo unser Zeitpfeil im Falle Henochs wieder landen würde. Im alten Ägypten, bei den Hohepriestern von Heliopolis – wo auch sonst!

Er war wohl kein anderer als der ägyptische Weisheitsgott und Kulturbringer Thoth, bei den Griechen Hermes alias Hermes Trismegistos genannt. Weitere Namen sind Thauti, Surid oder Saurid, Idris, Onuris und eben der biblische Enoch oder Henoch.

Auch das Buch Henoch, das können Sie sich wohl denken, ist den Kirchenoberen ein viel zu großer Dorn im Auge. Wie diese in solchen Fällen vorgehen, haben wir bereits erfahren, und sie stehen auch in diesem Falle ihrer Lieblingsbeschäftigung in nichts nach. Außer dem Ausschluß und der Nichtbeachtung, wird von Träumen und Visionen gesprochen – frei nach dem beliebten Motto: Der Gläubige wird es schon schlucken.

Der oftmals zu unrecht belächelte Schweizer Erfolgsautor Erich von Däniken bringt es auf den Punkt:

„...Die Autorschaft des Buches Henoch dem vorsintflutlichen Henoch abzusprechen, ist eine Schande für die Exegese. Es ist auch ein haarsträubendes Beispiel für die Manipulation der Gläubigen. Die sollen gefälligst schlucken, was andere vorkauen. Natürlich wird auch noch versucht, den peinlichen Henochtext als Vision zu verkaufen. Unter dem Stichwort „Vision“ wird alles

verdaut, was über den Verstand geht (oder das jeweils aktuelle religiöse Weltbild ins Wanken bringt; A.d.V.). *Verschwiegen wird von den Visionsanhängern, daß Henoch ausdrücklich festhält, er sei wach.*" (36)

Henoch verbrachte etwa siebzig Jahre seines Lebens unter Menschen. Die anderen 295 Jahre wurde er von den Elohim (*Göttersöhne*) gelehrt und vorbereitet, um zu den Menschen zurückzukehren und als „göttlicher Lehrmeister" zu vermitteln. Die Henochbücher und andere „nicht kanonisierte" Bücher, wie zum Beispiel das „Buch der Jubiläen", schildern uns interessante Fakten von den Anfängen der Spezies Adams, dem realen Wirken der Elohim, den „Göttersöhnen" der biblischen Abschriften, und vielen anderen „unglaublichen" Begebenheiten, die sich in grauer Vorzeit, in der Kindheit der Menschheitsentwicklung, abgespielt haben müssen.

Das Leben und die Geburt Henochs haben wohl einen ganz normalen Verlauf gehabt. Es ist in jedem Falle nichts über eine außergewöhnliche oder „nicht irdische" Geburt verzeichnet. Jared und sein Weib Baraka zeugten Henoch, so berichtet das Buch der Jubiläen 5, 16. Weiter erfahren wir, daß die Elohim mit eben diesem Henoch etwas Besonderes planten:

„*Dieser ist nun der erste von den Menschenkindern, von denen, die auf der Erde geboren sind, die Schrift und Wissenschaft lernten.*" (Buch der Jubiläen 5, 16)

Aussagen, die klarer nicht sein können! Henoch zeugte gemeinsam mit seinem Weib Edni einen Sohn – *Metusalah.*

Den Großteil seines Lebens verbrachte Henoch fernab von seiner Familie bei den *Göttersöhnen*, den Elohim. Nur etwa fünf bis sechs Aufenthalte hat es laut Überlieferung gegeben. Passend dazu belegt das slawische Henochbuch mit *Regim*, *Riman*, *Ufhan*, *Khermion* und *Gaidal* weitere Söhne Henochs und mit *Namos* eine Tochter.

„*Und er war nun bei den Engeln Gottes sechs Jubiläen von Jahren* (zirka 300 Jahre), *und sie zeigten ihm alles, was auf der Erde und in den Himmeln ist... und er schrieb alles auf.*" (Buch der Jubiläen 4, 21-22)

Weiter wird berichtet:

„*Und er ward weggenommen unter den Menschenkindern...*" (Buch der Jubiläen 4, 23)

„...und niemand von den Menschenkindern wußte, wo er verborgen war, wo er sich aufhielt, und was mit ihm geworden war. Alles was er während seines Lebens unternahm, geschah mit den Wächtern und den Heiligen.“ (Henoch 12, 1-2)

Es gibt weitere detaillierte Beschreibungen über Reisen und das Leben bei den Elohim. Ich möchte nicht anfangen, Sie zu langweilen und werde versuchen, im Falle unseres allerseits so beliebten Henoch nicht noch weiter auszuschweifen als nötig, obwohl es – zugegeben – interessant wäre. Folgender Auszug aus dem Buch der Jubiläen ist besonders interessant. Während seines Aufenthaltes bei den Elohim erfuhr er etwas sehr Wichtiges, was ihm quasi mit auf den Weg gegeben wurde (Henoch 14, 24; 15, 1):

„Da kam einer der Heiligen zu mir, weckte mich auf, ließ mich aufstehen und brachte mich zu dem Tor; ich aber senkte mein Antlitz... und ich hörte seine Stimme: Fürchte dich nicht, Henoch; tritt herzu und höre meine Rede.“

Die Stimme fuhr fort und sprach zu Henoch:

„Geh hin und sprich zu den Wächtern des Himmels, die dich gesandt haben, um für sie zu bitten: Warum habt ihr den Himmel verlassen, bei den Weibern geschlafen, euch mit den Menschentöchtern verunreinigt, euch Weiber genommen und wie die Erdenkinder getan und Riesensöhne gezeugt? Obwohl ihr heilig wart, habt ihr durch das Blut der Weiber euch befleckt, mit dem Blute des Fleisches Kinder gezeugt, nach dem Blute der Menschen begehrt und Fleisch und Blut hervorgebracht...“ (Henoch 15, 2-4)

Die Elohim waren sehr verärgert über das Verhalten einiger aus ihren Reihen, eben über jene, die sich mit den Erdentöchtern amüsiert hatten...

Zum Ende seines Lebens, nachdem Henoch den Großteil bei den Elohim verbracht hatte, kehrte er ein letztes Mal zu seiner Familie zurück, um seine Mission zu erfüllen:

„Jene... Heiligen aber brachten und setzten mich auf der Erde nieder und sagten zu mir: Verkünde alles deinem Sohn Metusalah...“ (Henoch 81, 5)

Er hatte gewissermaßen klare Vorgaben, auch in zeitlicher Hinsicht, so lesen wir in Henoch 81, 6:

„Ein Jahr werden wir dich bei deinen Kindern lassen, bis du wiederum stark geworden bist, damit du deine Kinder belehrst, es ihnen aufschreibst und

all deinen Kindern Zeugnis ablegst; im zweiten Jahr werden wir dich aus ihrer Mitte fortnehmen.“

Henochs Aufgabe war es, all sein Wissen, das er von den Elohim vermittelt bekam, an seine Nachkommen weiterzugeben:

„Und nun, mein Sohn Metusalah, erzähle ich dir dies alles und schreibe es für dich auf; ich habe dir alles enthüllt und dir die Bücher, die alle diese Dinge betreffen, übergeben.“ (Henoch 82, 1)

Henoch weiter zu Metusalah:

„Und nun rufe mir alle deine Brüder und versammle mir alle Söhne deiner Mutter...“

Henoch hatte seine Mission erfüllt, wie ihm befohlen wurde. Er gab all sein Wissen an seine Nachkommen weiter, darunter befand sich auch schon sein Großsohn Lamesch (Metusalahs Sohn):

„Darauf gab mir mein Großvater Henoch in einem Buche die Lehre aller Geheimnisse... die ihm gegeben worden waren...“ (Henoch 68, 1)

Zum Ende des 20. Jahrhunderts wird in unseren Gotteshäusern überwiegend das Neue Testament zitiert beziehungsweise als Vorlage für Predigten verwendet. Warum auch nicht? Die Worte Jesu, die überliefert wurden – zum Beispiel aus der Bergpredigt, die einundzwanzig Briefe, die Apostelgeschichte und das Johannesevangelium –, sind ohnegleichen in der Weltliteratur, geprägt von Liebe, Frieden und Weisheit. Ganz anders verhält es sich mit dem Alten Testament und mit den von mir auszugsweise zitierten Passagen aus „nicht kanonisierten“ Büchern der frühen Christenheit. Hier gibt es eine Fülle von okkulten Berichten, Geheimnissen und Überlieferungen. Es wird immer wieder von einem zornigen Gott oder Schöpfer gesprochen, von Krieg und Vernichtung durch Gottes Auftrag. Im Garten Eden spricht Gott sogar einen Fluch gegenüber Adam und Eva aus. Gott flucht?!

Der Gott des Alten Testaments kann nicht der Gott des Neuen Testaments sein und umgekehrt! Von Dämonen, die vom Himmel herabsteigen und ihr Unwesen treiben, wird berichtet. Verfolgung, Mord und Totschlag sind im Alten Testament bald an der Tagesordnung! Die Söhne Gottes kamen vom Himmel herab und verkehrten und paarten sich mit den Töchtern der Erde. Neben Henoch finden auch Entführungen im Falle Abrahams und Hesekiels statt – in Luftfahrzeugen (!). Und da können sich Theologen und Wissenschaftler drehen und wenden wie sie wollen, es ist und bleibt Tatsache! Auch von „himmlischen Wagen" oder Flugkörpern wird detailliert berichtet. Ganz zu schweigen von dem Mysterium der Bundeslade und dem heiligen Gral. Daß die Lade existiert hat (und noch existiert!), daran ist wohl kaum zu zweifeln. Sie ist im besonderen ein Relikt, das Forscher und Abenteurer bis zum heutigen Tage zutiefst bewegt.

Laut dem biblischen Schöpfungsbericht benötigte Gott sechs Tage, um sein geplantes Werk, die Erde, die Elemente, Flora und Fauna und zu guter Letzt den Menschen, zu erschaffen:

„Gott betrachtete das Werk, das er geschaffen hatte, und er hatte Freude daran: alles war sehr gut." (1. Mose 1,3)

So entstanden Himmel und Erde mit allem was lebt. Am siebten Tag hatte Gott sein Schöpfungswerk vollendet und ruhte von seiner Arbeit aus. Deshalb segnete er den siebten Tag und erklärte:

„Dieser Tag ist heilig, er gehört mir." (1. Mose 2, 2-3)

Es wird deutlich, daß der oder die Übersetzer sich ein leibhaftiges Gottesbild aufgebaut haben, zumindest paßt in diese phantastische und aus naturwissenschaftlicher Sicht unreale Schöpfungsgeschichte ein „menschlicher" Gott hinein. Dieser Gott, oder richtiger ausgedrückt, diese „Götter" oder „Götterwesen" schufen nun den Menschen, vorher aber bedienten sie sich der Elemente, schufen das Vieh, wilde Tiere und alles, was auf dem Boden kriecht. Und dann betrat der Mensch die Bühne.

Wir lesen (Gen. 1, 26-27):

„Und Gott sprach: Lasset uns den Menschen machen, ein Bild, das uns gleich sehe. Und Gott schuf den Menschen ihm zum Bilde, zum Bilde Gottes schuf er ihn. Und er schuf sie als Mann und Frau."

Die Veränderungen der alten Texte durch die Vielzahl von Abschriften und die zum Teil beabsichtigten Änderungen, werden nicht nur in dem obigen Bibelauszug klar; es beginnt schon in den ersten Sätzen der Genesis deutlich. Die Originalfassung, also das hebräische „Original", sprach immer in der Mehrzahl (*Plural*) und nicht in der Einzahl (*Singular*) vom Schöpfer Gott. Hier ist, versehentlich oder absichtlich, eine Veränderung vorgenommen worden. Besonders deutlich wird das im zweiten Satz des oben zitierten Verses, denn schon im zweiten Satz wird noch in der Mehrzahl gesprochen. In den sogenannten „Urtexten" wurde immer von *Elohim* gesprochen, und das heißt übersetzt aus dem semitischen *Götter*, *Gottheiten* oder *Götterwesen*. In der Einzahl hätten die alten Schriftgelehrten, wenn sie wirklich von einem Gott hätten sprechen wollen, für Gott das Wort *El* (Singular) verwendet! Da sie das aber nicht getan haben, sollten wir grundsätzlich davon ausgehen, daß es sich tatsächlich um eine Gruppe von Göttern oder Götterwesen handelte. Im Akkadischen heißt *El* übrigens *Ilu*, im Arabischen *ilah* (Alah?).

Schon hier wird deutlich, daß, wenn wir Teile des Alten Testaments einer genaueren Untersuchung unterziehen und die „nicht kanonisierten" Schriften hinzuziehen, die heutige Darstellung von Kirche und Theologie in sehr vielen Punkten mehr als fragwürdig erscheint. Auf der anderen Seite finden wir bei genauerer Untersuchung viele Hinweise auf unseren Ursprung und dessen Bedeutung. So finden wir bei der Etymologie des Wortes *Gott* interessante Hinweise. *Gott* leitet sich vom germanischen Begriff *Guda* ab und der beziehungsweise das hatte ursprünglich sächliches Geschlecht, weil es nämlich männliche und weibliche Gottheiten zusammenfaßte. Die Wurzel liegt möglicherweise im germanischen Verb *Ghutóm*, das bedeutet *anrufen*. Hieraus folgt, daß das Wort *Gott* im Ursprung nicht als personifiziert betrachtet wurde. Erst im Christentum wurde auch hier eine nicht unerhebliche Veränderung vorgenommen, und es entstand „der" personifizierte Gott. Es ist nur verständlich, daß es für so manchen Leser schwer sein wird, sein festes und moralisches Weltbild zu überdenken. Den Menschen ist über Jahrhunderte hinweg ein religiöses Weltbild vermittelt worden, ohne das Recht und die Möglichkeit, es überhaupt in Frage zu stellen und überprüfen zu dürfen. Passend hat Albert Einstein einmal gesagt: *„Es ist leichter, einen Atomkern zu spalten, als ein menschliches Vorurteil."*

Das Wort *Elohim* kommt noch 66mal in der Schöpfungsgeschichte vor. In den heute vorliegenden „offiziellen" hebräischen Texten des Alten Testaments, in den **„Biblia Hebraica"**, kommt das Wort *Elohim* sage und schreibe über zweitausendmal vor. Das ist ein starker Hinweis darauf, daß es sich am „Anfang“ der Schöpfung nicht um „den lieben Gott“ handelte, sondern um eine Gruppe hochintelligenter Wesen!

Doch zurück zum sechsten Tag, an dem der Mensch erschaffen wurde. Kurios ist, daß es in der Bibel noch einen zweiten abweichenden Schöpfungsbericht gibt (Genesis 2, 7):

> *„Und Gott der Herr machte den Menschen*
> *aus einem Erdkloß (Erde, Lehm, Schlamm)*
> *und er blies ihm ein den lebendigen Atem*
> *in seine Nase und also war der Mensch eine*
> *lebendige Seele.“*

Einmal wird also berichtet, daß der Mensch – Mann und Frau – nach dem Bilde Gottes erschaffen wurde, und ein paar Verse weiter ist von der Frau gar nicht mehr die Rede, da wird Adam aus Lehm, Erde oder Staub geformt. Aber wie ist es nun wirklich gewesen?

Genmanipulation durch die Elohim?

Wie wir im vorherigen Abschnitt festgestellt haben, hatten die Kirchenoberen vermutlich doch kein System beziehungsweise kein planvolles Vorgehen, wenn es darum ging, die richtigen Bibelinhalte für das Volk auszuwählen – wenn es denn ihre Absicht war. Des weiteren kommt hinzu, daß wir glücklicherweise seit verhältnismäßig kurzer Zeit über interessante und bedeutende Schriftzeugnisse aus dem Zweistromland verfügen. Wie wir in Kapitel 2 aufzeigen werden, beweisen diese Schriftzeugnisse, daß viele Passagen des Alten Testaments, insbesondere die Schöpfungsgeschichte und der Sintflutbericht der Bibel, bereits eintausend bis eintausendfünfhundert Jahre vor der Niederschrift der biblischen Schriften bei den Völkern im Zweistromland bekannt waren. Dabei ist nicht einmal geklärt, ob es nicht selbst für diese Schriften ältere Vorlagen gab. Es ist aber wohl davon auszugehen, denn die sumerische Kultur hatte bereits 3500 v.Chr. einen hohen Entwicklungsstand. Nur geht dieser hohen Kultur anscheinend kein entsprechender Entwicklungszeitraum voraus, der immerhin auch Jahrhunderte, wenn nicht sogar Jahrtausende, hätte betragen müssen. Von Wissenschaftlern erhält man oftmals nur ein Achselzucken, solange nicht ein neuer entscheidender „Spatenstich“ erfolgt oder neue Artefakte ans Tageslicht kommen, und das nicht nur bei Feldforschung oder gezielten Expeditionen. Ich bin sicher, daß auch noch in vielen Archiven von Museen und in Privatsammlungen nichtsahnend das eine oder andere wichtige Artefakt auf seine Entdeckung wartet.

Doch zurück zu den vorliegenden Fakten. Wie wir erfahren haben, war das Wort *Gott* im ursprünglichen Sinn nicht die Bezeichnung für eine Person (Schöpfer), zudem belegen die älteren biblischen Vorlagen und „Urtexte“ immer eine Gruppe von „Göttern“ (*Elohim* = *Götter*, *Gottheiten*, *Götterwesen*).

Diese „Götter“ erschufen laut Schöpfungsbericht den Menschen nach ihrem „Bilde“. In Zusammenhang mit anderen Hinweisen, verdichtet sich die Vermutung auf das Eingreifen und eine gezielte Genmanipulation in der frühen Menschheitsgeschichte.

Heute, zu Beginn des 21. Jahrhunderts, steckt die Genforschung sicherlich noch in den Kinderschuhen, zumindest offiziell, doch wird es, schneller als wir denken, bald zu einer recht alltäglichen Sache heranwachsen. Doch was ist es, das Mensch und Wissenschaft bei dem Gedanken, daß wir nicht alleine in unserem Universum sind, erschüttert und zugleich fasziniert? Ist es möglich, daß es schon vor langer Zeit, in der Wiege der Menschheitsgeschichte, hochzivilisierte Kulturen gab, die sich auf der Erde ansiedelten und den auf der Erde lebenden Primaten (Affenmenschen) genetisch manipulierten? Wir werden dieser Frage nachgehen.

Schließlich und endlich liegen uns schriftliche Zeugnisse hierfür vor und das immerhin auch in deutlichen Ansätzen in der Bibel. Eben diese biblischen Ansätze haben ihren Ursprung, wie ich bereits erwähnt habe, im Zweistromland zwischen Euphrat und Tigris. Hier sind die Wurzeln des biblischen Schöpfungsberichtes. Demzufolge waren die Elohim außerirdischen Ursprungs und zugleich die ersten Herrscher über die frühzeitlichen Menschen. Ihr Eingreifen führte zur gezielten Erschaffung des Menschen.

Wir wollen nun einen Blick auf das **„Enuma Elisch“** werfen, die Schöpfungsgeschichte aus dem Zweistromland zwischen Euphrat und Tigris. Wir werden sehen, daß hier mehr als nur ein Verwandtschaftsverhältnis zwischen dem Schöpfungsbericht der Bibel und dem Schöpfungsbericht der alten Babylonier besteht.

KAPITEL 2
DER VERLORENE PLANET TIAMAT

„Und Kusch zeugte den Nimrod, dieser war der erste Gewaltherrscher auf Erden... Und der Anfang seines Reiches war Babel, Eresch, Akkad und Kalne im Lande Sinear."
(Genesis 10, 8-10)

„Und nach dem großen Welteneinsturz ordnete ich wieder des Himmels kreisförmige Bahnen."
(Das Ägyptische Totenbuch, Kap. 17)

Die ältesten Schriften werden im Zweistromland entdeckt

Auf den Spuren der Götter führt unsere Reise uns zurück nach Sinear. Dem, was heute als sumerische Kultur bezeichnet wird, begegnen wir in Rom und auch bei den alten Griechen, denen ihrerseits viel Wissen aus dem alten Ägypten zugetragen wurde.

Von der alten ägyptischen Kultur trennen uns beinahe 5.500 Jahre. Jahrhundertelang nahmen Wissenschaftler und Gelehrte an, den Ursprung der fruhesten Menschheitskultur gefunden zu haben. Heute wissen wir jedoch, daß es im Zweistromland, im heutigen Irak zwischen Euphrat und Tigris, lange vor der ägyptischen Kultur eine noch ältere Kultur gab.

Es ist Sinear, Schinar, die alte Kultur der Sumerer! Die ersten Ausgrabungen fanden vor zirka einhundertfünfzig Jahren statt, also erst Mitte des 19. Jahrhunderts.

Der Engländer Sir Austen Henry Layard erhielt 1840 vom britischen Museum den ersten Ausgrabungsauftrag. Layards Ziel war ein konischer Erdhügel im Zweistromland. Unter riesigen Hügeln (im Hebräischen auch *Tells* genannt) vermutete man, auch untermauert durch alte Legenden, die

Überreste alter Städte. Von den Einheimischen wurde der erste Hügel, den Layard freilegte, *Birs Nimrud* genannt. Doch was verbarg sich unter den sogenannten *Tells*?

Es stellte sich heraus, daß es die Überreste einer antiken Stadt waren; es war das assyrische Militärzentrum *Kalach.* Layard hatte den richtigen Riecher! Bei einer weiteren Ausgrabung legte er *Ninive* frei, die Hauptstadt des assyrischen Reiches. Zur selben Zeit entdeckte der Franzose Paul Emile Botta bei Korsabad ein Zikkurat aus dem assyrischen Reich, das dem mächtigen König Sargon zugeordnet wurde.

Motiviert durch die Grabungserfolge, wurden immer weitere „biblische“ Städte freigelegt. Südöstlich von Babylon fanden die Archäologen *Akkad*, die Hauptstadt des akkadischen Reiches (2350-2200 v.Chr.), südlich davon die Stadt *Kisch* und weiter südöstlich in Warka wurde *Uruk* entdeckt. Viele dieser Ausgrabungen bestätigen Passagen des Alten Testaments, in dem einige der Städte Erwähnung finden. Zum Erstaunen der Archäologen wurden die Städte älter, je weiter die Forscher nach Südosten vordrangen. Spätestens jetzt stellte sich heraus, daß es eine Kultur im Zweistromland gab, die noch älter war als die frühesten Funde der ägyptischen Kultur. Mit den Ausgrabungen der alten „biblischen“ Städte wurden auch die bislang ältesten schriftlichen Zeugnisse unserer Vorfahren gefunden: mehrere tausend Tontafeln und viele alte Rollzylinder.

Bild 8:
Austen Henry Layard, 1849

Diese Entdeckung war eine Sensation! Sie wird allerdings bis zum heutigen Tage von vielen „Fachleuten“ und gerne auch von Vertretern der theologischen Fakultät geringgeschätzt – mit gutem Grund, aber darauf komme ich noch zu sprechen!

Bild 9: Ein *Tell* in Mesopotamien – Blick auf Eridu

An dieser Stelle sei die Frage erlaubt, mit welchem Recht das älteste Schriftgut der Menschheit geringgeschätzt, abqualifiziert und einfach in das „Reich“ der Mythen und Legenden verlegt wird?

Es liegt auf der Hand, daß die alten Schriften nicht in unser heutiges Weltbild passen – schon gar nicht in das religiöse Weltbild unserer Zeit. Vieles spricht heute dafür, daß die biblischen Schriften bewußt manipuliert wurden, um die Völkerschaften über Jahrhunderte hinweg möglichst einfach zu lenken und zu beeinflussen. Aus naturwissenschaftlicher Sicht existieren ohnehin nur wenige, dünnhäutige Knochenfunde, die dem „unwissenden“ Menschen heute präsentiert und „vorgesetzt“ werden. Das Menschengeschlecht wird möglicherweise mit zunehmendem „Alter“ und „Wissen“ die bisher nicht beantworteten Fragen beantworten können und wird erforschen, wo sein möglicher Ursprung liegt.

Mit allem Respekt gegenüber der Forschung und dem Mut einiger Pioniere sollten wir weitere Fragen stellen und mit der entsprechenden Beweisführung nach Antworten suchen. Wir sollten nicht aus lauter Arroganz und Eigennutz Theorien (die auf schriftlichen Zeugnissen beruhen!), nur weil sie nicht in unser heutiges Weltbild passen, unbegründet abweisen und in das Reich der Mythen verlegen – ohne gegenteilige Beweise!

Doch zurück zu den Tontafeln und Rollzylindern aus dem Zweistromland! Die Informationen waren umfangreich und gaben uns plötzlich ein sehr klares Bild der Gesellschaft wieder: Alte Verträge, Gesetzestexte, höfische Anordnungen, Heiratsurkunden, medizinische Verordnungen, philosophische und theologische Schriften und historische Überlieferungen. Besonders interessant waren die Schöpfungsgeschichte und die möglicherweise älteste Sternkarte der Geschichte.

Die von Layard entdeckte Bibliothek des Assurbanipal hat besonders viel Licht in unsere verschleierte Vergangenheit gebracht! In der alten Bibliothek in Ninive wurden zirka fünfundzwanzig Tontafeln gefunden. Nun spricht die Zahl Fünfundzwanzigtausend zunächst für einen großen Fund – das ist es sicherlich auch. Auf der anderen Seite ist es nur ein kleiner Rest der Bibliothek von Ninive.

Viele andere Bibliotheken sind im Laufe der Jahrhunderte zerstört worden: Persepolis wurde angesteckt, als Alexander der Große die Stadt eroberte, 83 v.Chr. verbrannten viele Schriftschätze beim Brand von Rom, 146 v.Chr. zerstörten die Römer eine Bibliothek in Karthago mit über fünfzigtausend Schriften, die Schriften der Minoer auf der Insel Kreta wurden größtenteils zerstört, das älteste Schriftgut der Ägypter aus den Priesterzentren in Memphis und Heliopolis ging verloren, und der wohl größte Verlust entstand durch den Brand der Bibliothek von Alexandria, in dem nach Überlieferungen etwa 700.000 Schriftrollen verlorengingen.

Die zumeist bewußte Vernichtung ging oftmals mit Machtwechseln, Unruhen und Kriegen einher. Die *Häuser des Wissens und der Zeit* stellten eine zu große Gefahr für die neuen Herrscher da. Die *Stadt der Bücher* des Königs Sargon von Uruk mit akkadischen und sumerischen Schriften wurde komplett zerstört, ebenso wie die Bibliothek von Nippur. Wenige aber bedeutende Reste, die Assurbanipal archivierte, fanden die Archäologen in Lagasch und wie bereits erwähnt in Ninive.

Assurbanipal war ein kluger und wissensdurstiger Herrscher. Er hatte seinen Schriftgelehrten den Auftrag erteilt, alle überlieferten alten Texte und Schriften zusammenzutragen, zu übersetzen und eine Zweitschrift davon anfertigen zu lassen.

Aus den heutigen Übersetzungen geht hervor, daß viele dieser alten Schriften aus einer älteren Sprache übersetzt wurden: *„übersetzt“* oder *„aus der Sprache von Schumer“*, heißt es dort. Aus einer der persönlichen Inschriften Assurbanipals geht folgendes hervor:

„Der Gott der Schriftgelehrten hat mir die Gabe verliehen, mich auf meine Kunst zu verstehen. Ich bin in die Geheimnisse des Schreibens eingeweiht worden. Ich kann auch die schwierigen Tafeln auf sumerisch lesen. Ich verstehe auch die rätselhaften in Stein gemeißelten Wörter aus den Tagen vor der Flut.“ (66)

Henry Rawlinson übersetzte die Keilschriften und kam zu dem Ergebnis, daß der akkadischen Sprache noch eine vorangegangen sein muß.

Im Jahre 1869 erklärte der Orientalist Julius Oppert, daß er das Rätsel über die Herkunft der alten Schriften gelöst habe. Auf den Kopien aus der Bibliothek von Ninive hatte er zwei Hauptsprachen entziffern können. Eine davon war das Akkadische, die jüngere der beiden Hauptsprachen. Die andere Sprache war älter und war eine Schriftform aus der alten sumerischen Kultur, wie Oppert feststellte.

Die zeitlichen Schätzungen der ersten einfachen Schriftformen belaufen sich auf das Ende des vierten vorchristlichen Jahrtausends. Wie wir es heute von anderen früheren Kulturen kennen, war das Schreiben und Lesen auch in der frühen sumerischen Kultur nur einer kleinen Zunft vorbehalten. Der Großteil der Bevölkerung war des Lesens und Schreibens unkundig.

Die Sumerer begannen Ton zu kleinen quadratischen Tafeln zu formen, die nur ein paar Zentimeter groß waren. Dann wurde mit einem spitzen Gegenstand die Schrift in die Tafeln geritzt, und schließlich wurden die Tafeln in einem Ofen ge-

Bild 10:
Assurbanipal (883-859 v.Chr.)
Wandrelief, British Museum London

brannt. Im Laufe der Jahrhunderte wurde die Schrift von den Gelehrten immer weiter entwickelt. Aus den einfachen Piktogrammen entstand die Keilschrift. Aber noch in der jüngeren Silbenschrift der Akkadier war der Ursprung der sumerischen Schrift zu erkennen und nachweisbar.

Wie bereits erwähnt, hatten die jüngeren mesopotamischen Kulturen, die Babylonier, die Assyrer und die Akkadier, allen voran Assurbanipal, viel von dem alten Kulturgut und den epischen Erzählungen aus der frühen Geschichte der sumerischen Kultur übersetzt. Viele dieser Kopien beziehen sich noch auf die Jahrhunderte vor der Flut und vor der Gründung des sumerischen Reiches. Das bedeutendste Schriftzeugnis ist das „Atrahasis-Epos“, das in einem gut erhaltenen Zustand ist. Einer Fassung der sumerischen Königsliste zufolge war Atrahasis der Sohn von Ubara-Tutu, dem König von Schuruppak (dem heutigen Tell Fara in Zentralmesopotamien), der im Gilgamesch-Epos als Vater von Utnapischtim bezeichnet wird. Sowohl Atrahasis (*der ausnehmend Weise*) als auch Utnapischtim (*der das Leben fand*) sind die Vorläufer des biblischen Noah. Es gibt auch einen „sumerischen Noah“: *Ziusadra* (*langes Leben*).

Bild 11:
Die beiden „Atrahasis-Tafeln“, deren Urschrift um 1700 v.Chr. in Babylon entstand, beschreiben die Erschaffung des Menschen als „Minameln“ durch die Anunnaki und die Sintflut.

Die sumerische Kultur

Werfen wir nun einen kurzen Blick auf die sumerische Kultur. Was wissen wir eigentlich über dieses Volk, das bereits vor 6.000 Jahren existierte? Den Beginn der sumerischen Kultur datiert die Wissenschaft auf zirka 3800 bis 4000 v.Chr.. In dieser Zeit besiedelten die Sumerer das Zweistromland zwischen Euphrat und Tigris im heutigen Irak. Nicht wenige Forscher treffen gern die Aussage, daß es den Anschein hat, als sei diese Kultur plötzlich auf der Weltbühne erschienen, ohne sichtbare und wissenschaftlich belegbare, vorangegangene Entwicklungsstadien. Die Sumerer hatten bereits ein Kanalisations- und Bewässerungssystem, eine moderne Architektur und Baukultur, sie betrieben Schiffahrt, betrieben regen Außenhandel, die Agrarkultur war bereits entwickelt, ebenso ein modernes Schulsystem, sie hatten ein Verwaltungssystem, Pharmazeuten und Mediziner.

Die im 19. Jahrhundert entdeckte Stadt Nippur ist Zeugnis für eine moderne Großstadt Jahrtausende vor unserer Zeit (!), die all das bestätigt. Zentral in der Stadt stand das *Haus der Häuser* oder *das Haus zu Ehren der Götter*, das *Zikkurat*. Der siebenstöckige Tempelbau war heilig; er war das Observatorium der Priester und Astronomen und jederzeit für den Besuch der Götter – oder eines bestimmten Gottes – vorbereitet.

Übrigens war die erste Pyramide der Ägypter auch ein Zikkurat, das aber erst achthundert Jahre später in Sakkara entstand (Vorläufer der „richtigen“ Pyramiden, wie zum Beispiel der Cheops-Pyramide).

Bild 12:
Zwei Beispiele für Rollzylinder;
rechts daneben jeweils das abgerollte Bild.

Dank der Entzifferung der Keilschriften vor erst verhältnismässig kurzer Zeit, haben wir heute einen deutlichen Einblick in die sumerische Kultur und kommen aus dem Staunen nicht mehr heraus.

Die medizinischen Kenntnisse waren weit entwickelt. So ließ sich durch die Tontafeln und durch Modelle, die Organe darstellen, beweisen, daß die sumerischen Ärzte in Behandlung, Therapie und operative Eingriffe eingeweiht beziehungsweise geschult waren. Die Medizin teilte sich in drei Bereiche auf: ***Bultitu*** (*Therapie*), ***Schirpir bel imti*** (*Chirurgie*) und ***Urti masch masch sche*** (*Geburt und Affirmation*). Daß die sumerischen Ärzte schon Operationen am Gehirn vorgenommen haben, geht aus Grab- und Skelettbefunden hervor. Der Patient konnte zwischen zwei Ärzten wählen, zwischen einem Wasserarzt (*A.ZU*) und einem Ölarzt (*IA.*). Die Indikation, Behandlung und Therapie basierte auf umfangreichem Wissen in der Naturmedizin.

Daß die Sumerer in Mathematik und Astronomie hohe Kenntnisse besaßen, geht ebenfalls aus den Funden hervor. Ich behaupte an dieser Stelle – und ich werde das in späteren Passagen über die ägyptische Priesterschaft darlegen –, daß die heutige Mathematik die „Tochter" der frühzeitlichen Astronomie ist. Wie die Bezeichnung bei den alten Astronomen auch gewesen sein mag, der erste Zweig, der sich im Laufe der Zeit absonderte, wurde zur Astrologischen Fakultät. Diese Fakultät, die über Jahrhunderte zu den führenden wissenschaftlichen Fakultäten zählte, ist über die Jahrhunderte immer mehr verlorengegangen. Bis ins Mittelalter wurde Astrologie noch an den Universitäten gelehrt, bis es schließlich durch den Druck von Staat und Kirche verboten und aus den Lehrplänen gestrichen wurde. Nur kurze Zeit später wurden Menschen für das Studium der Astrologie sogar verurteilt und umgebracht – wegen Ketzerei und Gotteslästerung, kaum zu glauben, aber wahr!

Die sumerische Mathematik basierte auf dem ***Sexagesimalsystem*** mit der Grundzahl 60. Sie unterteilten den aus 12 Tierkreiszeichen bestehenden Zodiak, den wir heute noch benutzen, in jeweils 30 Grad ein. Bis zum heutigen Tage benutzen wir ihre entwickelte Berechnung für den Kreis (360 Grad), Stunden (2 x 12 = 24), Tage, Wochen, Monate und das Kalenderjahr (325,24 Tage). Das griechische Wort ***Gaia*** (lat.: *Gaeo*), was *Göttin der Ernte* bedeutet, ist eine Ableitung vom sumerischen ***KI*** oder ***GI*** (*Wort, Erde*). Das Bildzeichen dafür ist ein horizontales, von acht vertikalen Linien durchkreuztes Oval. Die Ableitung des Wortes verwenden wir in unserer Sprache noch in Wörtern wie zum Beispiel *Geo-metrie*, *Geo-logie* oder *Geo-graphie*.

Das bereits erwähnte Atrahasis-Epos ist ein bedeutendes altes Schriftzeugnis, das von der Zeit vor der Flut und der Entwicklung des Menschen auf der Erde berichtet. Das Epos berichtet über die Anunnaki (*Jene, die vom Himmel auf die Erde kamen*), die vor zirka 450.000 Jahren von einem fremden Planeten zur Erde kamen, um Gold abzubauen. Die Anunnaki kamen vom „verlorenen Planeten“ Nibiru.

Noch vor einhundertfünfzig Jahren, als die Existenz der sumerischen Kultur nicht bekannt war, hätten wir uns für eine derart gewagte Theorie viel Hohn und Spott eingehandelt. Bis zum heutigen Tag ist es gewissen einflußreichen Gruppen gelungen, die bekannten Tatsachen ohne jegliche gegenteilige Beweiskraft abzuwerten und zu diskreditieren, aus welchen Gründen auch immer.

Dank Assurbanipal und vielen anderen Gelehrten und Pionieren stehen uns heute die Übersetzungen der Tontafeln und Rollzylinder zur Verfügung. Diesen Fakten sollten wir mit dem nötigen Respekt entgegentreten!

Allem Anschein nach besaßen die Sumerer umfangreiches Wissen über unser Sonnensystem. Viele Wissenschaftler behaupten wohl nicht ganz zu unrecht, daß es sich bei einem der akkadischen Rollsiegel um eine alte Sternkarte handelt. Die Rollzylinder waren eine Erfindung der alten Sumerer, heute vergleichbar mit einer Druckpresse. Es waren kleine Zylinder, die gewöhnlich aus Halbedelsteinen bestanden. Sie waren zirka 2,5-7,5 cm lang und zwei Finger breit. In die Oberfläche der Zylinder wurden Motive eingeritzt. Nachdem die Zylinder in weichem Ton abgerollt wurden, ergab

Bild 13:
Die sogenannten älteste „Sternkarte“ der Welt auf einem akkadischen Rollsiegel, zirka 2300 v.Chr..
Das Bild zeigt das Rollsiegel „VA 243“ nach Abrollen in Ton.

sich ein fortlaufendes Muster. Diese Technik wurde in allen späteren Kulturen im Zweistromland verwendet (Babylonier, Assyrer, Akkadier).

Die Zylindersiegel stellen Szenen aus dem täglichen Leben dar, so zum Beispiel mythologische Szenen, geschichtliche Ereignisse und Handlungen, die sich laut den Siegeln Jahrhunderte und Jahrtausende vor der Herstellung der Rollzylinder ereignet haben.

Die alte „Sternkarte“

Die mittlerweile weltweit bekannte „Sternkarte VA/243“ aus dem Pergamonmuseum in Berlin ist nicht der einzige schriftliche Beleg für das astronomische Wissen der Akkadier und ihrer Vorfahren, sicherlich aber der interessanteste bezüglich des astronomischen Wissens der alten Kulturen aus dem Zweistromland. Unser Sonnensystem, so wie es uns heute bekannt ist, wurde von den alten Astronomen auf den Rollzylindern maßstabsgerecht dargestellt.

Bild 14: Das Rollsiegel „VA/243“

Daß die „Sternkarte“, wie viele Wissenschaftler heute behaupten, bewußt so für die Nachwelt dargestellt wurde, also als Sternkarte, bezweifele ich. Vielmehr handelt es sich hier wohl „nur“ um eine tatsächliche Handlung aus dem Leben (dem Himmelsgott ***Enlil*** werden zwei Ziegen geopfert), in der das Sonnensystem zwar eine Rolle spielt, aber einen inhaltlichen Aspekt hat beziehungsweise darstellt – eben in dieser Handlung!

Durch weitere Darstellungen aus dem Leben der Priester und der Astronomen werden unsere Vermutungen diesbezüglich nachhaltig bestätigt.

Die „Sternkarte VA/ 243" zeigt uns in der richtigen Reihenfolge: den kleinen Merkur, in der gleichen Größe die Venus und die Erde, den Mond (Satellit der Erde), den Mars und die deutlich größeren Planeten Jupiter und Saturn, die Zwillingsplaneten Uranus und Neptun und zuletzt den Pluto. Im Unterschied zu unserem heutigen Sonnensystem (Abb. 1), zeigt die alte „Sternkarte" der alten Astronomen einen unbekannten Planeten zwischen Jupiter und Mars (Abb. 2).

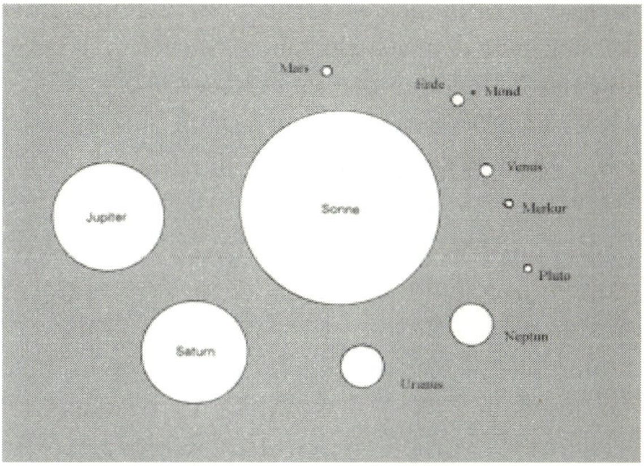

Abb. 1: Das Sonnensystem, wie es uns heute bekannt ist.

Aus dieser „Sternkarte" geht deutlich hervor, daß die Astronomen der alten sumerischen Kultur den Aufbau unseres Universums mit allen Planeten kannten. Von unserem heutigen Kenntnisstand aus betrachtet würde das bedeuten, daß unsere Vorfahren über Wissen verfügten, das uns erst in den letzten einhundert Jahren zuteil wurde oder besser gesagt *wieder* zuteil wurde. Heute blicken wir überheblich und besserwissend auf die „Alten" herab. Wir sind der Meinung, daß die Menschen der Antike, der noch älteren Kulturen Ägyptens und der des Zweistromlandes im Vergleich zu uns heute frühzeitliche und primitive Völker waren, die einen ebenso naiven Glauben hatten, zumindest in bezug auf das Universum und die Religion. Tatsache ist aber, daß uralte Völker und Kulturen über erstaunliches Wissen verfügten

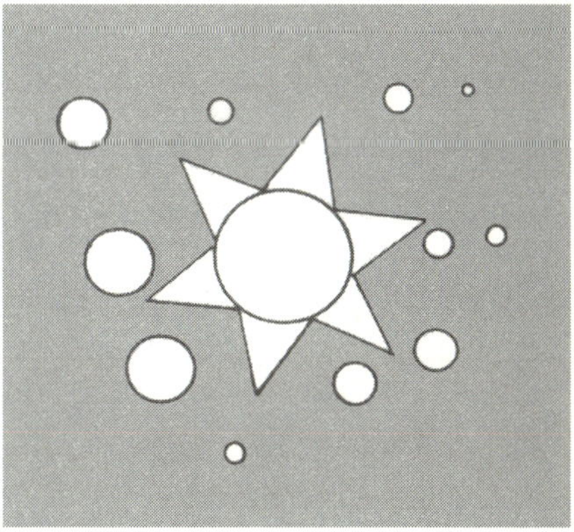
Abb. 2:
Das Sonnensystem mit einem zusätzlichen unbekannten Planeten.

und uns wohl auch heute noch in vielen Dingen nicht nur rätselhaft erscheinen, sondern an Wissen überlegen sind.

Auch wenn heutige Wissenschaftler verschiedener Fakultäten das bestreiten (nicht aber widerlegen können!), ist es eine erwiesene Tatsache, daß den alten Astronomen der Aufbau unseres Universums bekannt war! Doch erst nachdem der Physiker Isaak Newton im Jahr 1671 das Spiegelteleskop entwickelte, war die Voraussetzung geschaffen, die Planeten Uranus (durch Friedrich Wilhelm Herschel im Jahre 1881), Neptun (durch Johann Gottfried Galle im Jahre 1846) und Pluto (durch Clyde Tombough im Jahre 1930) zu entdecken. Von nun an zählte unser Universum neun Planeten, dazu die Sonne und den Erdsatelliten Mond, also elf Himmelskörper! Es ist erstaunlich genug, daß auf der alten „Sternkarte" Uranus, Neptun und Pluto zu sehen sind, die wir erst aufgrund unserer modernen Technik in den letzten Jahrhunderten entdeckt haben.

Auf dem alten akkadischen Rollsiegel war noch ein weiterer, ein zwölfter Planet verzeichnet, nämlich zwischen unserem Nachbarplaneten Mars und dem Jupiter. Heute ist zwischen Mars und Jupiter eine auffallend große Lücke, in der sich ein Asteroidengürtel befindet (Abb. 3).

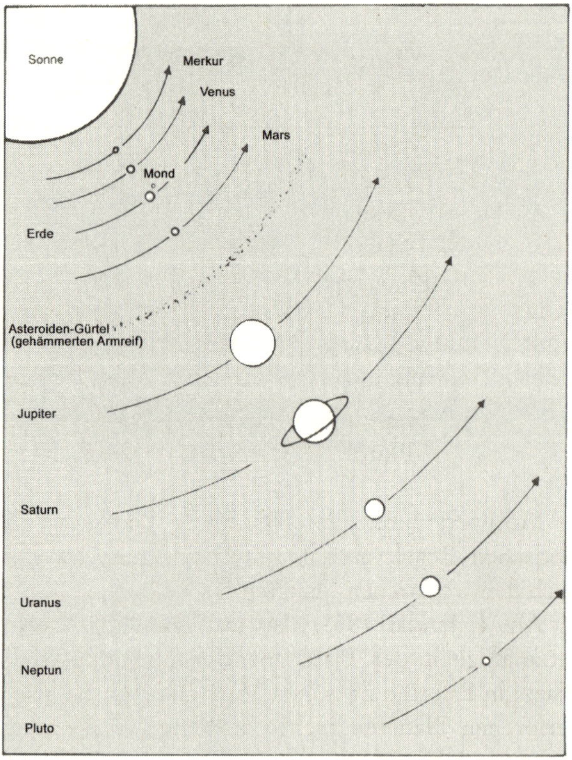

Abb. 3: Unser Sonnensystem mit dem Asteroidengürtel

Gegen Ende des 18. Jahrhunderts, also noch vor der Entdeckung des Neptuns (1846), hatte der Astronom Titius im Jahre 1766 herausgefunden, daß es für die Entfernungen der Planeten untereinander eine mathematische Formel gibt. Nach genauerer Untersuchung legte Bode dieses Abstandsgesetz im Jahre 1772 mit der sogenannten Titius-Bodschen Regel fest. Das Abstandsgesetz sagte folgendes aus: Wenn (a) die Durchschnittsentfernung der Erde von der Sonne ist (149.600.000 km = AE = astronomische Einheit), ergeben sich für die Entfernungen folgende Werte: n = ∞ 0,1,2,3,4,5,6,7,8 , a = 0,4 x 3,0 x 2^n, wobei n = ∞ 0,1,2,3,... ist. Tabellarisch dargestellt verdeutlicht uns dies, daß der zwölfte Planet in jedem Fall rein rechnerisch durch die Titius-Bodsche Regel Bestätigung findet.

Planet	n	A Gesetz Nach Bode	Wirkliche Entfernung in AE
Merkur	∞	0,4	0,39
Venus	0	0,7	0,72
Erde	1	1,0	1,00
Mars	2	1,6	1,52
Phaeton	**3**	**2,8**	**2,77**
Jupiter	4	5,2	5,20
Saturn	5	10,0	9,54
Uranus	6	19,6	19,18
Neptun	7	38,8	30,06
Pluto	8	77,2	39,40

Motiviert durch die erstaunliche Berechnung und Aussage der Titius-Bodschen Regel, begann schon vor rund zweihundert Jahren die Suche nach dem verlorenen Planeten.

Am 1. Januar 1801, also fast drei Jahrzehnte nachdem Bode die Gesetzmäßigkeit der Planetenentfernungen feststellte, entdeckte Giuseppe Piazzi in Palermo zwischen Mars und Jupiter, also genau dort, wo man den verlorenen Planeten suchte beziehungsweise vermutete und er auch rein rechnerisch hingehört, einen Planetoiden von 768 km Durchmesser, den er *Ceres* taufte.

Im Jahre 1804 waren es bereits vier kleine Planetoiden, die er in der Mars-Lücke entdeckt hatte. Bis zum heutigen Tage haben Astronomen zirka dreitausend Planetoiden entdeckt, die in einem Planetoidengürtel die Sonne umkreisen. Von russischen Astronomen wurde dem sogenannten zwölften Planeten der Name ***Phaeton*** (nach dem griechischen Sonnengott ***Helios***) gegeben. Viele Wissenschaftler nehmen heute an, daß es sich bei dem Planetoidengürtel, der die Sonne umkreist, tatsächlich um einen ehemaligen Planeten handelt. Wenn es ihn tatsächlich gegeben hat, muß sich eine große Katastrophe ereignet haben. Eine Explosion wird dabei ausgeschlossen. Wären die Stücke in alle Richtungen geflogen, so hätte sich der uns bekannte Planetoidengürtel nicht bilden können. Die andere Möglichkeit wäre die eines Zusammenpralls mit einem anderen Planeten oder Planetoiden. Dieser zweite Planetoid (oder Planet) ist aber nicht vorhanden. Selbst wenn er in Stücke gesprengt worden wäre, ist die Masse der die Sonne umkreisenden Planetoiden sicherlich für einen und erst recht für zwei Planeten zu klein. Bei zwei Planeten hätten diese (nach einem Zusammenstoß) außerdem ihre axiale Umdrehung um die Sonne beibehalten müssen, aber es gibt eben nur einen Planetoidengürtel!

Hat sich eine Katastrophe ereignet, so wie es der griechische Mythos überliefert (und viele andere Aufzeichnungen verschiedener Kulturen)? Hier war es ***Phaeton***, der Sohn des griechischen Sonnengottes. ***Phaeton*** wollte den großen Sonnenwagen lenken, konnte die Rösser aber nicht bändigen und kam der Erde zu nahe. Dadurch kam es zu einer großen Feuerkatastrophe auf der Erde. Außer sich vor Zorn, schleuderte Zeus seinen Sohn in den Erdianos, den Fluß, der die Seelen der Toten in die Unterwelt führt.

Die Lösung führt womöglich zu dem Wissen, das durch die alten Tontafeln aus babylonischer Zeit überliefert wurde. Dieses Schöpfungsgedicht (**„Enuma Elisch“**) ist ein langer Text auf sieben Tafeln. Das Werk der babylonischen Schöpfung war nicht in sechs Tagen vollendet wie die Schöpfung der Bibel, die um Jahrtausende jünger ist. Vielmehr handelt es sich um sechs Schöpfungstafeln (und nicht Tage!), die von der Entstehung unseres Sonnensystems, der Erde und der Menschheit berichten. Auf der siebten Tafel wird die Freude der babylonischen Gottheit über ihre Leistungen beschrieben.

Die Genesis vor der Genesis

Eines der herausragenden Werke zu diesem Thema ist sicherlich das Buch „Der zwölfte Planet“ von Zecharia Sitchin(5). Der weltweit anerkannte Altertumsforscher lernte in Palästina, wo er aufwuchs, Alt- und Neuhebräisch sowie weitere semitische und europäische Sprachen. Er studierte das Alte Testament und die Geschichte und Archäologie des Nahen Ostens. Zecharia Sitchin lebt und arbeitet heute in den USA als Altertumsforscher. Er beschreibt in seinem Werk „Der zwölfte Planet“ die Entstehung unseres Sonnensystems und später die kosmische Katastrophe, in welcher der zwölfte Planet (***Tiamat***) zerstört wurde und unsere Erde entstand.

Bild 15: Zecharia Sitchin

Sitchins Interpretation der Keilschrifttexte hat ein neues Bild auf die menschliche Frühgeschichte geworfen. Die Sonne wurde von den Sumerern ***Apsu*** (*der von Anfang an da war*) genannt, der Merkur hieß ***Mummu*** (*Apsus Ratgeber und Gesandter; einer, der geboren wurde*). Dann kam der „alte“ Planet ***Tiamat*** (*Jungfrau des Lebens*) hinzu, danach folgte die Venus, die ***Lahamu*** (*Herrin der Schlachten*) hieß. Der Mars hieß ***Lahmu*** (*Gott des Krieges*), der Jupiter hieß ***Kischar*** (*Erster oder Größter des festen Landes*) und der Name für Saturn war ***Anschar*** (*Größter des Himmels*). Uranus hieß bei den Sumerern ***Anu*** (*der des Himmels*), und Neptun hieß ***Nudimmud*** (*schöpferischer Künstler*).

Im ersten Schöpfungsakt müssen die „Götter“ (Planeten) noch erscheinen beziehungsweise entstehen. Es wird berichtet, daß zu Beginn nur ***Apsu*** (*der von Anfang an da war*), ***Mummu*** (*einer, der geboren wurde*) und ***Tiamat*** (*Jungfrau des Lebens*) vorhanden waren (Abb. 4).

„Als in der Höhe der Himmel noch keinen Namen hatte und
unten auf der Erde benannt war,
das Nichts, aber uranfänglich Apsu ihr Erzeuger

Mummu und Tiamat – sie, die alle gebar,
ihre Wasser wurden vermischt.
Noch hatte sich kein Schiff gebildet, kein
Sumpfland war erschienen.
Keiner der Götter zum Sein gebracht,
keiner trug einen Namen, ihr Schicksal war unbestimmt.
Dann geschah es, daß Götter inmitten entstanden." (5)

Am „Uranfang" gab es also nur drei „Götter" (Planeten) im weiten Raum:

Apsu (Sonne), ***Mummu*** (Merkur) und ***Tiamat*** (der Planet, durch den später die Erde entstand). Diesen „Uranfang" könnten wir auch zu recht mit der „ersten göttlichen Dreifaltigkeit" interpretieren.

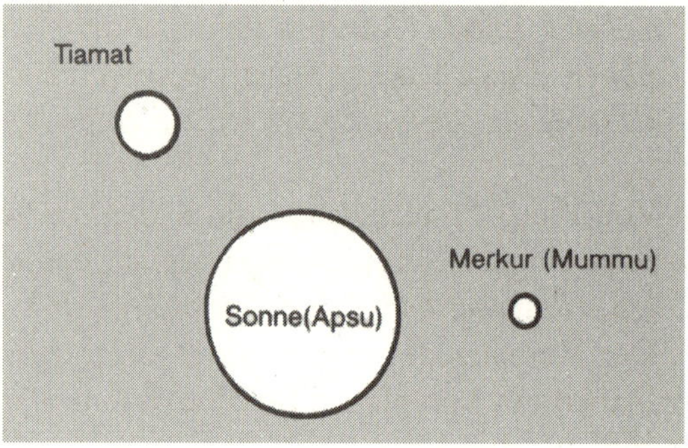

Abb. 4

Die Lebenselemente waren vorhanden und wurden vermischt. Mit den oben genannten Elementen oder Bausteinen des Lebens müssen Molekularverbindungen von Wasserstoff, Kohlenstoff, Stickstoff, Schwefel und so weiter gemeint sein, die die Voraussetzung für organisches Leben sind. ***Apsu***, der „uranfängliche" göttliche Vater, ***Mummu***, der Gesandte, der Götterbote und die jungfräuliche Göttin ***Tiamat*** bilden die Pyramide des Lebens!

Danach bildeten sich weitere Planeten („Götter") zwischen ***Apsu*** und ***Tiamat***:

„Dann geschah es, daß Götter inmitten entstanden: Gott Lahmu und Göttin Lahamu wurden hervorgebracht, beim Namen wurden sie genannt."

Es wurden weitere „Götter" geboren, das heißt, Planeten entstanden im Universum. Ein weiteres „Planetenpaar" entstand mit ***Kischar*** (Jupiter) und *Anschar* (Saturn), und nach langer Zeit entstand das letzte Paar mit *Anu* (Uranus) und *Nudimmud* (Neptun).

> „*Ehe sie* (Venus und Mars) *an Alter und ihre vorgeschriebene Größe erreicht hatten, bildeten sich Gott Anschar und Gott Kischar und übertrafen sie* (an Größe).
> *Als die Tage sich verlängerten und die Jahre sich mehrten, wurde Gott Anu ihr Sohn – ein Rivale seiner Ahnen. Dann zeugte Anschars erstgeborener Sohn, Anu, als seinesgleichen und nach seinem Bilde Nudimmud.*“

Von Pluto ist auch schon die Rede. Die Sumerer haben ihn nicht hinter Neptun eingezeichnet, sondern neben dem Saturn, dessen Satellit er war (*Gaga – Ratgeber oder Gesandter des Anschar*).

Der Vorgang des ersten Aktes des Schöpfungsepos schließt sich, und wir haben ein komplettes Sonnensystem, das aus der Sonne und weiteren neun Planeten besteht (Abb. 5).

Im zweiten Akt wird berichtet, daß es in der neu geschaffenen Planetenfamilie zu Unruhen kam. Durch die gegensätzlichen Anziehungskräfte gerieten die Planeten aneinander. Sie näherten sich Tiamat und bedrohten somit den Urkörper Apsu und seinen Gesandten Mummu (Merkur). Durch die Unregelmäßigkeit Tiamats wurden diese besonders gefährdet.

Apsu war erbost und faßte den Entschluß, „*die Wege*“ (die Planetenbahnen) zu zerstören. Er beriet sich mit seinem Gesandten Mummu (Merkur). Alle anderen Götter stimmten dem Plan zu; nur ***Ea*** nicht. Er riet, „*Schlaf über Apsu zu senken*“, zeichnete „*eine getreue Weltkarte*“ und belegte die Urwasser des Sonnensystems mit einem göttlichen Bann. Der Urvater Apsu verlor an Schöpfungskraft. Somit kehrte Frieden ein.

Im dritten Akt der Schöpfung oder der Entstehung des Universums (wir sprechen hier von einem Zeitraum von Milliarden von Jahren!) gab es dann eine große Himmelsschlacht, hervorgerufen durch einen Eindringling. Es war der **Nibiru**, oder auch ***Marduk***, wie ihn die Babylonier nannten. Seine ursprüngliche Bahn wurde verändert, so die alten Schriften, als er unserem Sonnensystem zu nahe kam. So wurde er durch die Anziehungskraft des äußeren Planeten Neptun (Ea) hineingezogen. Passend dazu berichten die alten Texte:

„Der ihn erzeugte war Ea (Neptun).“

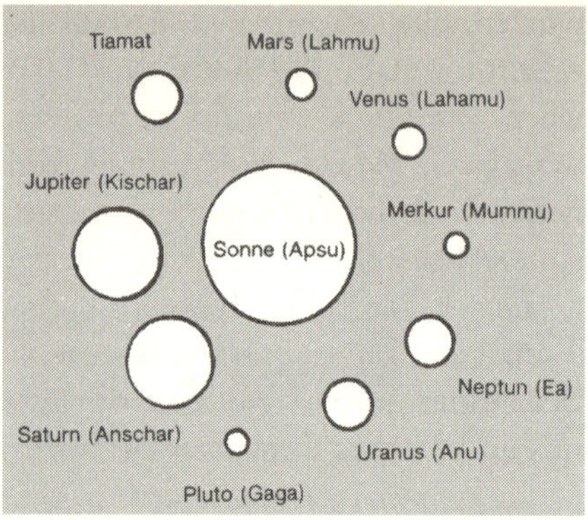

Abb. 5

Im weiteren wird der Eindringling umfassend beschrieben:

„Verführerisch war seine Gestalt,
strahlend der Blick seiner Augen,
edel sein Gang, Herrscherkraft wie von alters her...
Großartig erhaben war er über die Götter...
Alle übertreffend...
Er war der höchste der Götter, überragend an Größe.
Seine Glieder waren riesig, er ragte hoch auf.“

Aus den alten Texten müssen wir schließen, daß es sich bei dem Eindringling **Marduk** (Nibiru) um einen großen Planeten gehandelt haben muß, größer als Saturn und Jupiter. Beim Eintreten in unser Universum löste er durch die Anziehungskraft Neptuns große Veränderungen aus. Als Marduk (Nibiru) den Planeten näherkam, *„überhäuften sie ihn mit ihren erschreckenden Blitzen“*. Er zog weiter auf seiner Bahn *„bekleidet mit dem Glorienschein von zehn Göttern“*. Hier muß die Rede von Apsus Familie sein (Apsu und die neun Planeten).

Das Eindringen Marduks löste bei den anderen Himmelskörpern viele Katastrophen aus. Das könnte die Erklärung für viele ungeklärte Fragen sein, die die modernen Astronomen noch nicht beantworten konnten, so zum Beispiel die verschiedenen, zum Teil gegensätzlichen Umlaufbahnen der Planeten, die verschiedenen Neigungswinkel anderer Planeten (zum Beispiel Uranus) oder warum die Umlaufbahn **Tritons** (dem großen Mond Neptuns) rückläufig ist. Es wäre auch eine Erklärung beziehungsweise Bestätigung dafür, daß Pluto tatsächlich einmal der *„Gesandte des Saturns“* war und durch die starken Manipulationen des Nibiru aus der Bahn geworfen und zu einem eigenständigen Planeten wurde beziehungsweise ernannt wurde. Als Marduk dann in die Nähe von Anu (Uranus) kam, wurde ein Stück von ihm abgerissen, welches ihn im folgenden als Satellit umkreiste. Marduk nahm nicht die übliche Bahn an, wie die anderen Planeten des Sonnensystems – er bewegte sich entgegengesetzt im Uhrzeigersinn (Abb. 6).

Der Eindringling bewegte sich immer mehr ins Zentrum, direkt auf Tiamat zu. Eine Katastrophe war nicht mehr abwendbar. Sein Eindringen rief immer größere Störungen hervor. Neben Tiamat waren besonders Venus und Merkur davon betroffen.

„Er rief Störungen hervor, störte Tiamat,
die Götter wurden unruhig, wie von einem
Sturm geschüttelt."

An dieser Stelle ist die alte Tafel beschädigt, so daß wir nur noch auszugsweise erfahren, was der herannahende Planet anrichtete und wie sich das auf Tiamat auswirkte: ...schwächte ihre Lebenskraft... stach sie in die Augen... (Tiamat) ging verzehrt umher...

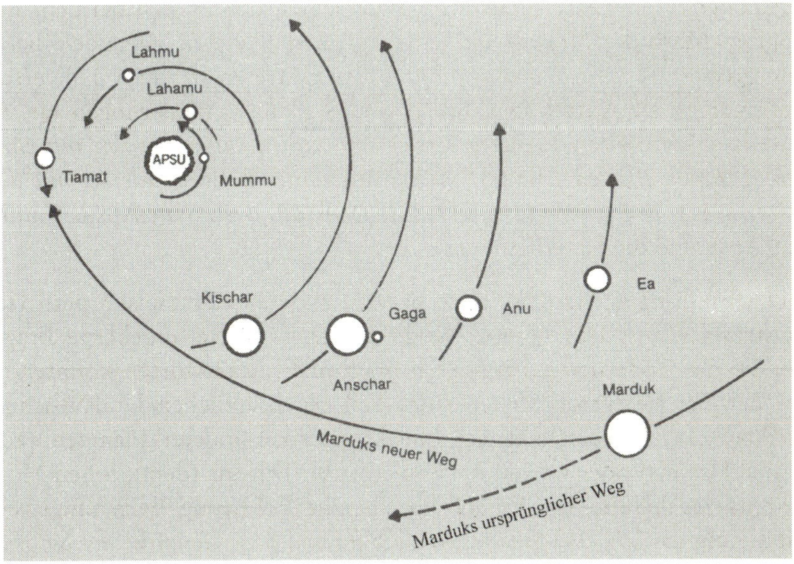

Abb. 6

Dann wird von elf *„knurrenden Ungeheuern"* berichtet. Hier sind wohl die Satelliten gemeint, die entstanden, als durch den nahenden Planeten Stücke aus Tiamat herausgerissen wurden.

*„...die sich von ihrem Körper trennten und
sich neben Tiamat weiter bewegten..."*

Tiamat trat dem anstürmenden Marduk tapfer entgegen und *„krönte sie* (die Satelliten) *mit Glorienschein"*, auf daß sie wie „Götter" aussahen!

Der Hauptsatellit Tiamats ist ***Kingu*** und spielt eine wichtige Rolle in der alten Kosmologie.

*„Sie erhob Kingu in ihre Mitte und machte ihn groß.
Die hohe Befehlsgewalt des Kampfes
vertraute sie seinen Händen an."*

Kingu stellte sich Marduk entgegen. Die anderen Planeten waren außer sich vor Wut. Sie billigten Tiamat nicht das Recht zu, einfach neue Planeten zu erschaffen. Ea wollte Kingu erschlagen und bat dafür bei Anschar (Saturn) um Erlaubnis. Die Antwort geht aus den Tafeln nicht mehr hervor, da die entsprechende Tafel an dieser Stelle zerbrochen ist. Keiner der „Götter" war bereit, mit Tiamat zu kämpfen! Marduk zog weiter an Anschar (Saturn) vorbei. Da hatte dieser eine Idee:

*„Er, der mächtig ist, soll unser Rächer sein;
er, der ein kühner Kämpfer ist: MARDUK, der Held!"*

Marduk war einverstanden, stellte aber eine Bedingung:
*„Wenn ich in der Tat als euer Rächer
Tiamat vernichten soll, beruft eine
Versammlung ein, macht mich zur
obersten Gottheit!"*

Die anderen „Götter" waren froh, daß sich jemand gefunden hatte, der den Kampf mit Tiamat aufnahm. *„Marduk ist König!"*, riefen sie. *„Geh und schneide Tiamat das Leben ab!"*

Die „Götter" (Planeten) hatten das „Schicksal" Marduks bestimmt! Sie zogen ihn mit vereinter Kraft immer weiter ins Zentrum, Tiamat entgegen, so daß es für ihn keinen Ausweg mehr gab. Es kam zur Schlacht mit Tiamat!

Marduk bewaffnete sich mit *„Flammen, Blitzen und einem Netz"*. Seine Hauptwaffe waren die vier Winde (die Satelliten), die sich beim Vorbeiziehen am Uranus gebildet hatten. Als Marduk an Saturn und Jupiter vorbeikam und ihrer Anziehungskraft ausgesetzt war, brachte er noch drei weitere Satelliten hervor: den *bösen Wind*, den *Wirbelwind* und den *unvergleichlichen Wind*.

Mit sieben Winden war er bewaffnet und zog mit seinem *„Sturmwagen"* in den Kampf gegen Tiamat. Doch dann kam er plötzlich vom Kurs ab.

„Sein Lauf wurde unsicher,
er verlor die Richtung, er handelte verwirrt."

Seine Begleiter, die Satelliten, wurden unsicher und fürchteten sich vor dem großen Kingu.

„Als die Götter, seine Helfer,
die neben ihm marschierten,
den tapferen Kingu sahen, wurde ihr
Blick verschwommen."

Doch sie konnten sich ihrem „Schicksal" nicht widersetzen. Die Schlacht wird in dem alten Epos folgendermaßen geschildert:

„Der Herr breitete sein Netz aus, sie einzufangen.
Mit dem bösen Wind peitschte er ihr Gesicht.
Als Tiamat ihren Mund öffnete, ihn zu verschlingen,
jagte er den bösen Wind hinein, so daß sie die
Lippen nicht schließen konnte.
Die heftigen Sturmwinde griffen dann ihren Bauch an;
Ihr Körper schwoll, ihr Mund war weit geöffnet.
Er schoß einen Pfeil ab, er zerriß ihren Bauch,
er schnitt in ihr Inneres, zerfetzte ihren Schoß.
Als sie ihm derart unterlegen war, löschte er ihren
Lebensatem aus."

Die beiden großen Planeten, die große Tiamat und der Eindringling Marduk, stießen nicht direkt zusammen, wie oft fälschlicherweise angenommen wird (Abb. 7). Die Kollision wurde durch Marduks Satelliten ausgelöst (durch seine *Winde*).

Tiamats Schicksal war aber noch nicht endgültig entschieden, ebenso das Schicksal Kingus, welcher der Anführer beziehungsweise der Herrscher der Satelliten Tiamats war.

„Nachdem Tiamat besiegt war, brach ihre Heerschar (Satelliten) *auseinander. Die Götter, ihre Helfer, die neben ihr marschiert waren, zitterten vor Furcht, machten kehrt, um ihr Leben zu retten."*

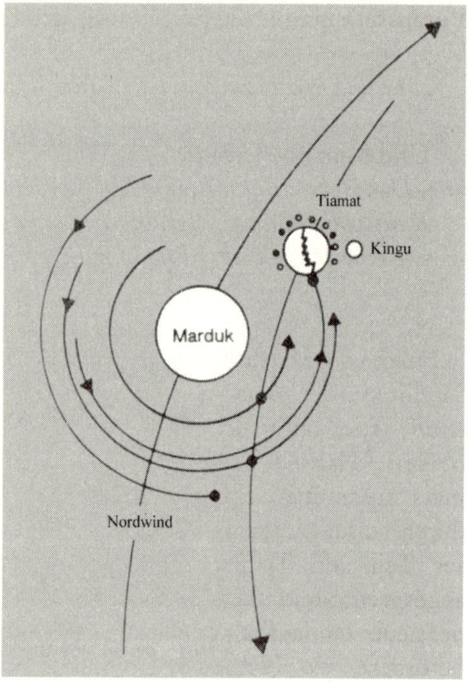

Abb. 7

Dieses Ereignis liefert uns die Erklärung, warum sich die Kometen meist in sehr exzentrischer Ellipse um die Sonne bewegen. Außer Pluto kreisen die Kometen (die für das freie Auge kaum sichtbar sind) in einem fast runden Kreislauf um die Sonne und außerdem im Uhrzeigersinn! Hieraus kann abgeleitet werden, daß der Eindringling Marduk sie nach der Katastrophe in sein *„Netz"* zog und mit auf seine Bahn nahm, die, wie wir wissen, auch im Uhrzeigersinn verläuft.

„Ins Netz geworfen, waren sie eingefangen, die ganze Schar der Dämonen, die an ihrer Seite marschierten, er warf sie in Fesseln, band ihnen die Hände, so eingesponnen, konnten sie nicht entfliehen."

Von nun an war Marduk gezwungen und hatte eine feste Bahn um die Sonne (Apsu). Kingu, den einstigen Satelliten Tiamats, hatte er an sich geheftet. Dieser folgte Marduk auf seinem Weg um die Sonne, was bedeutet, daß beide zum Schauplatz der Schlacht zurückkehrten, und das war die Voraussetzung für die Erschaffung der Erde.

„Marduk kehrte zu Tiamat zurück, die er besiegt hatte."

Und dann passierte es:
„Der Herr stand still, ihre leblosen Körper zu betrachten.
Kunstvoll plante er, das Ungeheuer zu zerteilen, und
wie eine Muschel ward sie in zwei Teile gespalten."

Einer von Marduks Satelliten (der *Nordwind*) stieß mit der oberen Hälfte Tiamats zusammen. Dadurch wurde ein grosser Teil von Tiamat abgesprengt und in eine neue Umlaufbahn befördert, wo bisher noch kein anderer Planet kreiste.

Es war die Erde – sie war erschaffen! (Abb. 8)

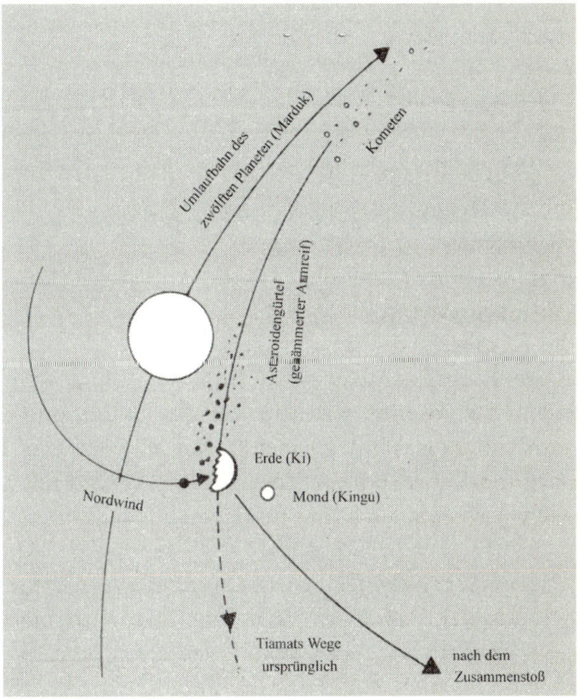

Abb. 8

„Der Herr traf auf Tiamats Hinterteil,
mit seiner Waffe schnitt er ihr den Kopf ab,
durchtrennte ihre Blutkanäle
und befahl dem Nordwind,
ihn zu unbekanntem Ort zu tragen."

Nach dem zweiten Umlauf zerstörte Marduk die untere Hälfte von Tiamat, die noch übriggeblieben war.

„Die Hälfte (untere Hälfte) *hängte er auf als Schirm für den Himmel:*
Er kettete sie aneinander, als Wächter bestellte er sie.
Er bog Tiamats Schwanz, das große gehämmerte
Band als Armreif zu formen."

Die Trümmerstücke, die durch den letzten Zusammenstoß zwischen Marduk und Tiamat und durch die vollständige Sprengung Tiamats entstanden, wurden zu einem *„Armreif"* am Himmel, der einen Schirm zwischen den inneren und äußeren Planeten bildet (Abb. 9). *„Das große gehämmerte Band"* wird es genannt. Das ist das, was wir heute als Asteroidengürtel bezeichnen. Die fünfte Tafel der Schöpfung gibt interessante Hinweise auf die weitere Entwicklung der Erde.

„Als Tiamats Kopf seine Stellung hatte,
errichtete er darauf Berge.
Er erschloß Quellen, die Regengüsse abzuziehen.
Aus ihren Augen ließ er Tigris und Euphrat frei.
Aus ihren Brustwarzen formte er die hohen Berge,
bohrte Brunnen, das Wasser der Quellen fortzutragen."

Dann *„ließ Marduk den göttlichen Mond erscheinen, die Nacht zu bezeichnen und die Tage jeden Monats zu bestimmen"*.

In dem alten Text wird der Mond *SCHESCH.KI* (*Himmelsgott, der die Erde beschützt*) genannt.

Marduk hatte Kingu, den einstigen Satelliten Tiamats, nicht zerstört. Nachdem Marduk seinen ersten Umlauf vollendet hatte und zum Schlachtfeld zurückkam, bestimmte er Kingus Schicksal:

„Und Kingu, der oberste unter ihnen (den Satelliten),
ließ er zusammenschrumpfen;
Zum Gott DUG.GA.E machte er ihn.
Er nahm ihm die Tafel der Geschicke,
die nicht rechtens sein war.“

Damit muß die selbständige Umlaufbahn Kingus gemeint sein. Die wurde ihm von Marduk genommen. Zusammengeschrumpft blieb Kingu ein „Gott“, ein Planet unseres Sonnensystems. Es ist anzunehmen, daß Kingu mitgezogen wurde, als die obere Hälfte Tiamats abgesprengt, in eine neue Umlaufbahn geschleudert und zur Erde wurde. Bei dieser Absprengung ist Kingu, der Satellit, mit hinausgezogen worden und wurde der Satellit der neuen Erde, also unser Mond!

Nachdem die Schlacht endgültig beendet war und Erde und Mond als die letzten Götter entstanden, *„durchquerte er* (Marduk) *abermals den Himmel und überwachte seine Gebiete“.*

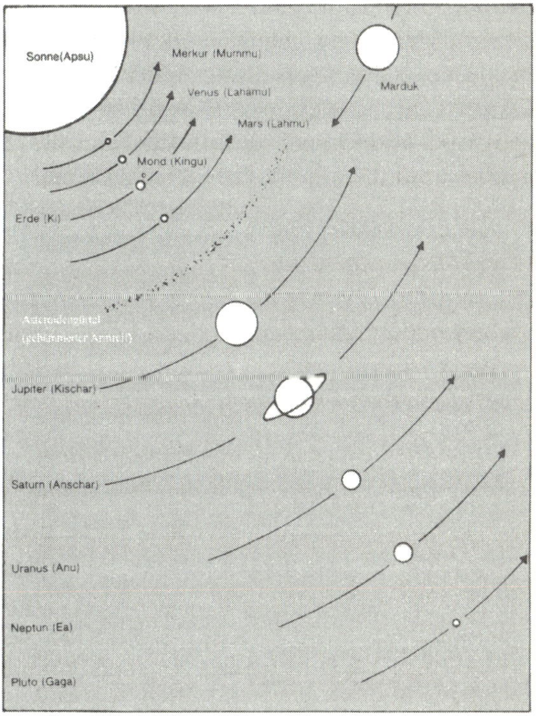

Abb. 9

Einer fehlt aber noch im großen Ensemble – es ist Pluto. Es wird berichtet, daß Marduk seine Aufmerksamkeit auf *„die Wohnung Nudimmuds“* (Neptun) richtete, um das endgültige „Schicksal“ Gagas, des ehemaligen Satellitens von Anschar (Saturn), festzusetzen.

Marduk verwies Pluto (den Satelliten) *„an einen verborgenen Platz in der Tiefe“* und vertraute ihm das Amt eines *„Ratgebers der Wassertiefe“* an. Er erhielt einen neuen Namen ***US.MI*** (*der den Weg weist*). Somit wurde er zu unserem äußersten Planeten.

Interessanterweise ist im alten Epos noch zu lesen, daß Marduk sich einmal getröstet hat und äußerte:

„Die Wiege der Himmelsgötter
will ich kunstvoll verändern,
in zwei Gruppen sollen sie geteilt werden.“

Das hat er in der Tat. Tiamat wurde von ihm zerstört, die Erde und der Mond entstanden und Pluto verließ als Satellit den Saturn und wurde ein selbständiger Planet mit eigener Umlaufbahn. Durch die Katastrophe teilte Marduk den Himmel in zwei Gruppen auf, in die *innere Gruppe* (Merkur, Venus, Erde, Mond und Mars) und die *äußere Gruppe* (Jupiter, Saturn, Uranus, Neptun und Pluto), getrennt durch den Asteroidengürtel.

Durch das **„Enuma Elisch“**, die alten Tafeln, die als *Epos der Schöpfung* bekannt sind, wird uns die Entstehung unseres Sonnensystems überliefert und werden zusätzlich viele noch ungeklärte Fragen der Wissenschaftler beantwortet.

Zusammenfassung

Bevor ich im nächsten Kapitel die Schöpfungsgeschichte mit dem Schöpfungsbericht der sechs Tafeln aus Ninive vergleiche, werde ich die Schöpfungsgeschichte der Sumerer kurz zusammenfassen:

Zunächst wird über das Universum berichtet, bestehend aus drei Planeten (Sonne, Merkur und Tiamat). Nachdem weitere Planeten entstanden sind, bestand das Sonnensystem aus der Sonne und neun Planeten. Dann drang ein weiterer Planet (Nibiru) vom Außenraum in unser Sonnensystem ein. Er zog vorbei an Neptun, Uranus und Saturn. Durch sein Eindringen und die sich dadurch verändernden Gravitationskräfte aller Planeten, kam es zu großen Explosionen und Katastrophen, durch die neue Satelliten entstanden. Dann kam es zum Zusammenstoß zwischen Tiamat und einem der Satelliten Nibirus. Nachdem der Eindringling (Nibiru) einen weiteren Umlauf um die Sonne absolviert hatte, kam es zur zweiten und letzten Kollision. Einer der Satelliten Nibirus sprengte den oberen Teil Tiamats ab. Dieser Teil wurde in eine neue Umlaufbahn geschleudert und riß dabei einen Satelliten (Kingu) mit. Sie blieben ein Paar und wurden Erde und Mond.

In dieser kurzen Zusammenfassung wird uns durch die alten Kulturen des Zweistromlandes beschrieben, wie unser Sonnensystem entstanden ist. So weit geht der biblische Schöpfungsbericht nicht zurück. Wir können davon ausgehen, daß dieser eine spätere Abschrift des Schöpfungsberichtes aus dem Zweistromland ist.

Des weiteren ist davon auszugehen, daß der biblische Schöpfungsbericht sehr jung ist. Nur noch wenige Aspekte der umfangreichen Beschreibung der Schöpfung des Universums bis hin zum Auftauchen des Menschen, die wir von den Sumerern kennen, sind in der Bibel erhalten geblieben. Der gleiche Ursprung der Schöpfungsgeschichte ist allerdings unübersehbar! Aus der Bibel wird folgendes berichtet (1. Mose 1,1-2):

„Am Anfang schuf Gott Himmel und Erde.
Und die Erde war wüst und leer, und es war finster auf der Tiefe;
und der Geist (oder Atem) *Gottes schwebte über dem Wasser.“*

Aus der älteren sumerischen Version erfahren wir, daß in den Urzeiten Sonne, Merkur und Tiamat das Sonnensystem bildeten. Die Erde existierte noch gar nicht. Sie ist erst nach dem Zusammenprall zwischen Nibiru (Marduk) und Tiamat entstanden.

Auf der ersten Tafel der mesopotamischen Schöpfung finden wir also die Bestätigung, daß es die Erde noch nicht gab. Auch in der Bibel mußte die Erde am „Anfang“ erst noch von Gott erschaffen werden. Der babylonische Text hierzu:

„Als in der Höhe der Himmel noch keinen Namen hatte und die Erde drunten noch nicht benannt war, als nichts war, außer dem Urschöpfer Apsu (Sonne), *Mummu* (Merkur) *und Tiamat* (die Jungfräuliche), *die sie alle gebar. Ihre Wasser wurden gemischt, kein Schiff hatte sich bisher gebildet, kein Sumpfland war erschienen.“* (5)

Der alte Text aus dem Zweistromland führt uns noch weiter zurück, berichtet von der Urzeit und beschreibt unser Sonnensystem, wie es in den

Anfängen aussah und sich weiter entwickelte. Die biblische Version berichtet von der „Urzeit“ nicht mehr. Sie beginnt unmittelbar bei der Himmelsschlacht und den daraus resultierenden Nachwirkungen.

Wie bereits erwähnt, muß die Erde von Gott erst noch erschaffen werden. *„Am Anfang schuf Gott Himmel und Erde.“* Zu einer gewissen Zeit am „Anfang“ existierte die Erde also noch gar nicht.

„Und die Erde war wüst und leer und es war finster auf der Tiefe.“

Erst durch die Absprengung ist der obere Teil der Tiamat, der dann die Erde wurde, in die Umlaufbahn geworfen worden und bekam einen neuen Neigungswinkel. Erst dann begann die Erde, sich um ihre eigene Achse zu drehen und erhielt den Umlauf um die Sonne. Erst da war die „Zeit“ entstanden, also Tag, Nacht und Jahr. Vorher war es noch *„finster auf der Tiefe“*. Viele Bibelversionen verwenden immer noch den Begriff *unendliche Tiefe* oder *aus der Tiefe*, was auf hebräisch (in der Original-Bibel) ***Tehom*** heißt und der sumerischen Bezeichnung ***Tiamat*** sehr nahe kommt. Wir finden zum Beispiel bei dem Propheten Jesaja einen Hinweis auf *Tehom*. Jesaja berichtet aus der Vorzeit (vor der Zeit...!), in der der Herr *„den Erhabenen schnitzte, das Seeungeheuer durchbohrte und das Gewässer der Tehom trockenlegte“*.

Besonders interessant und aussagekräftig ist die Formulierung *„der Geist Gottes schwebte über dem Wasser“*. Hier weise ich zunächst darauf hin, daß diese Textstelle in alten Übersetzungen auch mit *„ein gewaltiger Sturm* (Atem) *sauste über das Wasser“* übersetzt wird.

Hiermit könnte der *„Nordwind“* gemeint sein, der Satellit des Nibiru, der mit dem Eindringling Nibiru aus der Tiefe kam und sich auf Tiamat (den wasserreichen Planeten) zubewegte. Es handelt sich hier um einen bruchstückhaften Auszug aus der sumerischen Vorlage, der in die Bibel aufgenommen wurde. Warum es hier zu einer Zerstückelung kam, ist nicht mehr nachvollziehbar. Hierbei sollten wir allerdings auch nicht den langen Zeitraum vergessen sowie den ständigen Wandel von Kultur und Sprache. Dazu kommen die vielen, über die Jahrhunderte veränderten theologischen Inhalte von Staatsapparaten und Kirche und – nicht zuletzt – der Einfluß von elitären und einflußreichen Gruppen.

Im nächsten Absatz der biblischen Version ist die große Himmelsschlacht schon vorbei.

„Gott sprach: Es werde Licht und es ward Licht,
sah, daß das Licht gut war, da schied Gott, das
Licht von der Finsternis und nannte das Licht Tag
und die Finsternis Nacht." (Genesis 1, 3-5)

Nach dem Zusammenprall des Satelliten („*Nordwind*") mit dem oberen Teil Tiamats, wurde der Teil, der die Erde wurde, abgesprengt und in eine neue Umlaufbahn geworfen. Wie schon erwähnt, war die „Zeit", also Tag, Nacht und Jahr, die Umläufe der Erde um die eigene Achse, die des Mondes und so weiter, erst jetzt entstanden. Somit war auch das Licht (der Tag) durch die neue Position und den neuen Neigungswinkel zur Sonne entstanden. Es ist im wahrsten Sinne des Wortes „Licht geworden" durch die neue kosmische Situation beziehungsweise Stellung von Erde, Mond und Sonne.

„Da wurde aus Abend und Morgen der erste Tag." (Genesis 1,5)

Die Zeit, die zwischen diesen Ereignissen verstrich, müssen wir natürlich relativieren, denn es gibt nur spärliche Hinweise über die Zeit in der Bibel, wie zum Beispiel in Psalm 90:

„Denn tausend Jahre sind vor deinen (Gottes) *Augen*
wie der Tag, der gestern vergangen ist."

Diese Aussage relativiert die Ereignisse der Schöpfung. Die Zeiträume, über die wir hier sprechen, sind Zeiträume, wo unsere Vorstellung von Zeit längst aufgehört hat, uns ein plausibles Bild zu formen.

Die Parallelen zwischen der biblischen Version und der sumerischen Vorlage sind jedoch verblüffend.

Als nächstes berichtet die Bibel, ebenso wie die sumerische Vorlage, von dem Asteroidengürtel, der durch die Absprengung entstanden ist. Im sumerischen „Original" wird es wie folgt beschrieben:

„Ihre andere Hälfte hängte er auf als Schirm über
den Himmel, fügte alles zusammen, als Wächter
bestellte er sie.
Er bog Tiamats Schwanz, um das große Band gleich
einem Armreifen zu formen.“ (5)

In der biblischen Version wird die Bildung des Asteroidengürtels folgendermaßen beschrieben:

„Und Gott (Elohim) *sprach: Es werde eine Feste*
(Gewölbe) *zwischen den Wassern und die sei ein*
Unterschied zwischen den Wassern. Da machte Gott
die Feste und schied das Wasser unter der Feste
von dem Wasser über der Feste.“ (Genesis 1,6-7)

Nach Professor Sitchin haben die Bearbeiter der Genesis das hebräische ***Schama'mi*** als *Himmel* übersetzt, als wäre er infolge der Zertrümmerung des Planeten Tiamat entstanden und das Wort ***Raki'a*** als *Gewölbe*, mit der Erklärung, es gäbe im Hebräischen zwei Bezeichnungen für den Himmel. Aber tatsächlich heißt ***Raki'a*** übersetzt: *Er hämmerte den Armreifen.* Das hebräische Wort ***Schama'mi*** bedeutet nicht *Himmel.* Es besteht aus zwei Wörtern, nämlich ***Scham*** und ***ma'mi*** und bedeutet: *wo die Wasser waren.* Es wird also in den alten Texten erzählt, daß der Himmel eine bestimmte Stelle war, wo Tiamat und ihre Wasser waren und wo sich nun der Asteroidengürtel (*„ein gehämmertes Band“*) befindet.

Und das geschah nach der alten Überlieferung, als der Eindringling Nibiru das zweite Mal zum Ort des Geschehens (zu Tiamat) zurückkehrte – *„Am zweiten Tage“*, wie es in der Bibel berichtet wird!

Unsere Planeten sind durch den Asteroidengürtel in zwei Gruppen eingeteilt worden: Die terrestrischen Planeten sind die inneren (unteren) Planeten und „oben“ sind die gashaltigen äußeren Planeten. Bis vor verhältnismäßig kurzer Zeit dachten Wissenschaftler, daß die oberen Planeten kein Wasser besitzen. Bei den inneren Planeten nahm man an beziehungsweise ging davon aus, daß nur die Erde Wasser besitzen konnte.

Erst die Weltraummission von *Mariner 10* Mitte der siebziger Jahre lüftete das Geheimnis. Merkur war der Sonne zu nahe, um noch Wasserlöcher zu haben. Auch die Venus hielten die Wissenschaftler zunächst für wasserlos. Dann aber stellten amerikanische und sowjetische unbemannte Raumsonden fest, daß die extreme Hitze ihrer Oberfläche (zirka 300 Grad Celsius) nicht durch die Sonne entsteht, sondern durch einen Treibhauseffekt: Die Atmosphäre besteht zu neunzig Prozent aus Kohlendioxyd und die Wolken, die sie umgeben, aus Schwefelsäure. Aus diesem Grund sitzt die Sonnenwärme praktisch in einer Falle und kann in der Nacht nicht abstrahlen. Die hohe Temperatur würde sämtliches Wasser verdampfen lassen, wenn es vorhanden wäre. Die Analyse ergab, daß es früher auf der Venus Wasser gab. Außerdem sind früher Ozeane und Seen vorhanden gewesen, wie durch Radargeräte ermittelt wurde. Die Atmosphäre, so wurde durch die Wissenschaftler festgestellt, enthielt Wasserdampfspuren!

Die Ergebnisse zweier weiterer unbemannter Raumsonden (*Pioneer*) *Venus 1* und *2*, bestätigten, daß die Venus einstmals von zehn Meter tiefem Wasser bedeckt war. Die Zeitschrift *Science* berichtete im Mai 1982, daß die Venus einstmals mindestens einhundertmal so viel Wasser gehabt haben muß wie heute in Gasform.

Nun zum oberen der inneren Planeten, dem Mars. Noch in den sechziger Jahren bestätigten unbemannte Raumsonden, daß der Mars geologisch leblos sei. Die überraschende Wende kam 1971 mit dem Flug der Raumsonde *Mariner 9*. Die Ergebnisse waren höchst erstaunlich. Die Aufnahmen bestätigten, daß der Mars übersät ist mit Vulkanen, Canyons und ausgetrockneten Flußbetten. Geologen, wie zum Beispiel Harald Nasrusky, analysierten die Ergebnisse und kamen zu dem Schluß, daß Wasser bei der Entwicklung des Planeten Mars in frühester Vergangenheit eine wesentliche Rolle gespielt haben muß. Bestätigt wurden die *Mariner-9-Ergebnisse* durch die *Viking-1-* und *Viking-2-Missionen*, die fünf Jahre später stattfanden. Hier wurden Flüsse, Wasserkanäle, runde Schmelzformationen im Eisboden der Äquatorregionen, verwitterte und erodierte Felsen, Seen und Teiche entdeckt. Die Wissenschaftler bestätigten, daß die Marsatmosphäre Wasserdampf enthält. Nach vorsichtigen Schätzungen verdampfen pro Tag zirka 100.000 Liter. Nach der *Viking-Mission* im September 1977 war unter anderem zu lesen, daß *„vor langer Zeit eine riesige Überschwemmung die Marslandschaft zerklüftet hat und eine riesige Wassermenge das Land überschwemmt hat und große Kanäle ausgehöhlt wurden."* (3)

Nach neuesten Erkenntnissen schätzen Wissenschaftler, daß die Zeit, in der der Mars noch Wasser aufwies, zirka vier Milliarden Jahre zurückliegen muß. Die stummen Zeugen sind in jedem Fall die riesigen erloschenen Vulkane. Bei dieser vulkanischen Aktivität wurden Wasserstoff, Kohlenmonoxid, Dioxid und Stickstoff, die vorher unter der Oberfläche gebunden waren, als Gase freigesetzt. Die Atmosphäre muß in dieser vergangenen Zeit zumindest so dicht gewesen sein, daß Wasser im flüssigen Zustand auf der Marsoberfläche existieren konnte.

Die Marsforschung sorgt in der Öffentlichkeit seit jeher für besonderes Interesse. Nach dem „Pannenjahr" 1999 wurde das Marsprogramm 2000 vorangetrieben und verbuchte schon Mitte des Jahres neue Ergebnisse. US-Wissenschaftler gaben bekannt, mit Hilfe der Sonde *Global Surveyor* kleine, relativ junge Kanäle auf der Planetenoberfläche entdeckt zu haben, die nur durch fließendes Wasser entstanden sein können. Anders als fast drei Jahrzehnte lang angenommen, meinen heute auch kritische Forscher, daß im Untergrund sogar heute noch Wasservorkommen existieren könnten. Die *Global Surveyor* nahm Fotos von Gesteinsformationen auf. Demnach bestand der Mars zum Teil aus ähnlichem Sedimentgestein wie die Erde. Die geologische Beschaffenheit des Mars war *„weitaus dynamischer als bisher vermutet"*, interpretierte der federführende Wissenschaftler Michael Malin die aufgenommenen Bilder. Einige der Fotos zeigten Formationen *„mit hunderten und hunderten identisch dicker Schichten. So etwas ist fast ausgeschlossen ohne Wasser"*, erklärte Malin. Er schließt die Entstehung des Sedimentgesteins durch Wind- oder vulkanische Aktivität praktisch aus. Malin sieht Anzeichen dafür, daß sich die von Asteroiden gerissenen Krater in der wärmeren Anfangszeit des Mars mit Wasser anfüllten. Die Seen seien später nach einem starken Klimawandel ausgetrocknet.

Wie wir sehen, stimmen also die Aussagen der alten Sumerer und die späteren Abschriften der Bibel in diesem Punkt, daß sich nämlich *„unter der Feste"* (Asteroidengürtel) außer dem Planeten Erde noch andere wasserhaltige Planeten befinden.

Aber wie sah es *„über der Feste"* aus? Bis vor wenigen Jahrzehnten wurde allgemein noch angenommen, daß die äußeren Planeten (Jupiter, Saturn,

Uranus, Neptun und Pluto) gashaltige Planeten seien, was ausschloß, daß sie Wasser besitzen. Erstaunlich ist, daß die Sumerer die äußeren Planeten kosmologisch beschrieben haben und daß sie wohl auch wußten, wie wir gleich sehen werden, daß jene äußeren Planeten durchaus Wasser besaßen.

An dieser Stelle eine kurze Erläuterung zu meiner Aussage über die kosmologischen Kenntnisse der Sumerer:

Uranus hieß bei den Sumerern ***Kakkab Schanamma***, der Zwillingsplanet ***En.Ti.Masch.Sig***, was soviel heißt wie *Planet mit der Farbe des hellen grünlichen Lebens*. Sein Zwilling Neptun, von den Sumerern ***Hum.ba.*** genannt, wurde mit der Farbe einer „Sumpflandvegetation" verglichen. Bis zu den endgültigen Beweisen durch die Weltraumsonden, hatte man über diese Vergleiche aus den alten Schriften gelächelt.

Auch das kosmologische Wissen der alten Sumerer und Babylonier war erstaunlich. Jupiter hieß ***Kischar*** (*Größter des festen Landes*), der Saturn hingegen hieß ***Anschar*** (*Größter oder Erster des Himmels*). Das ist astronomisch durchaus korrekt, denn Jupiter ist mit zirka 142.750 Kilometern Durchmesser der größte Planet unseres Sonnensystems. Saturn ist mit zirka 120.000 Kilometern Durchmesser deutlich kleiner, aber das Ringsystem des Saturns kommt auf einen Durchmesser von zirka 272.000 Kilometern. Somit ist Jupiter der Größte des festen Landes und Saturn der Größte des Himmels.

Nun zurück zu der Beweissuche der „*Wasser*" über dem Gewölbe, das heißt der äußeren Himmelskörper. Durch die Raumsonde *Voyager 2* kamen diesbezüglich im Jahre 1977 erstaunliche Ergebnisse zutage. Es gelang den NASA-Ingenieuren, die Sonde durch die Gravitationskraft zuerst vom Saturn zum Uranus und dann vom Uranus zum Neptun zu befördern.

Die Oberfläche des Uranus schimmerte in einer grünlich-bläulichen Farbe. Die Daten der Astronomen widerlegten endgültig den bisherigen Wissensstand, daß Uranus ein Gasplanet sei. Seine Dichte von zirka 1,27 Gramm erwies sich als zu schwer. In seinem Inneren vermuteten die Wissenschaftler nun einen festen Kern aus Metall und Gestein. Zudem schienen weitere Substanzen wie Methan, Ammoniak oder Wasser, zu Wolken und zu Eiskristallen gefroren zu sein.

Nun zum Planeten Neptun, die letzte Station der *Voyager-Mission* im August 1989: Sein Anblick muß überwältigend gewesen sein! Im Vergleich zum Uranus, der in einem grünlichen Blau schimmerte, leuchtete der Neptun in einem Blaugrün, für das Wolken aus Methan-Eiskristallen verantwortlich waren.

Die sechstausend Jahre alten Himmelsbeschreibungen über die „Götter" (Planeten) der Sumerer und die daraus resultierenden Abschriften der Babylonier, die dann Grundlage der biblischen Schöpfung waren, bestätigten sich als korrekt – auch in diesem Fall –, da sich nämlich auch über dem Gewölbe (*„über der Feste"*) Wasser befindet.

„Und Gott machte das Gewölbe (Asteroidengürtel),
das die Wasser, die unter dem Gewölbe sind,
von den Wassern trennt, die über den Gewölben sind.
Und es geschah so." (Genesis 1, 6-7)

Die Spurensuche nimmt weiter ihren Lauf. Somit finden wir auch die logische Erklärung der Verse der Genesis. So zum Beispiel die Entstehung der Vegetation, die erst in der neuen Umlaufbahn möglich war, durch den Fall der „neuen Erde" nach der Absprengung von Tiamat. Erst jetzt begann die „Zeit der Erde" zu ticken.

Jetzt drehte sich die Erde um die eigene Achse, hatte den geregelten Umlauf um die Sonne und den ständigen Begleiter, den Mond – die Zeit der Erde war geboren, also auch der eigentliche Beginn des Lebens und der Vegetation auf unserem Planeten.

Zusammenfassend ist bis hierher festzuhalten, daß die biblische Version der Schöpfungsgeschichte ursprünglich von den Sumerern verfaßt wurde. Ebenso haben wir, durch unseren Vergleich und die Gegenüberstellung wesentlicher Passagen aus der Bibel mit dem babylonischen Epos, feststellen können, daß dieses tatsächlich der Fall ist, eben nur mit dem Unterschied, daß die alte Version des **„Enuma Elisch"** noch umfangreicher ist als die spätere Abschrift der biblischen Version. In jedem Fall geht sie viel weiter zurück bezüglich der Schöpfung unseres Sonnensystems. Diese Passagen wurden in der Bibel schon nicht mehr berücksichtigt oder waren zu diesem Zeitpunkt der Niederschrift nicht mehr bekannt oder existent.

Deutlich erkennbar ist, wie wir sehen konnten, die Pluralisierung des ursprünglichen ***Elohim*** (Götterwesen). Hier ist eine Absicht wohl nicht wegzudiskutieren; bis zum heutigen Tage ist nicht einmal über eine Revidierung dieser deutlichen Fehler gesprochen worden – warum?

Der astronomische Gehalt, der selbst noch in der Genesis (zum Beispiel Genesis 1, 6-7) enthalten ist und klar und deutlich die Entstehung des Asteroidengürtels beschreibt und sogar zusätzlich noch über die Beschaffenheit der inneren und äußeren Planeten berichtet, ist Beweis genug dafür, daß die Sumerer über außergewöhnlich hohes Wissen verfügten – vor 6.000 Jahren! Sie berichten über Ereignisse, die mehrere Milliarden Jahre zurückliegen.

Bevor wir uns nun der Entstehung oder Erschaffung des Menschen auf der Erde zuwenden – Adam und Eva –, wollen wir uns kurz vor Augen führen, was das alte mesopotamische Schöpfungsepos über die ***Anunnaki*** (*Jene, die vom Himmel auf die Erde kamen*) berichtet. Mit ihnen kommt laut **„Enuma Elisch“** der Mensch auf die Weltbühne – Adam und Eva werden erschaffen.

KAPITEL 3
DIE ANUNNAKI BESIEDELN DIE ERDE

„Der Herr der wässrigen Tiefe, der König Enki...
baute sein Haus...
In Eridu baute er das Haus auf der Sandbank...
Der König Enki... hat das Haus gebaut;
Eridu, wie ein Berg, erhob er aus der Erde;
auf einen guten Platz hatte er es gebaut.“

(Enuma Elisch)

„Ich will einen niedrigen Arbeiter hervorbringen,
‚Mensch‘ sei sein Name.
Ich will einen primitiven Arbeiter erschaffen;
er soll im Dienst der Götter stehen,
auf daß sie es leichter haben.“

(Enuma Elisch)

Enki und die ersten Anunnaki landen in Eridu

Aus dem babylonischen Epos der Schöpfung geht hervor, wie und wann die „Götter“ auf die Erde kamen.

Die ersten „Götter“ kamen auf den Beschluß ihres Anführers Marduk auf die Erde. Dieser wartete aber, bis der Boden der Erde trocken und hart genug war, um den erfolgreichen Beginn einer Bautätigkeit zu gewährleisten.

„Im tiefen Oben, wo ihr gewohnt habt,
habe ich das Königshaus des Oben erbaut.
Nun werde ich sein Gegenstück im Unten erbauen.“ (5)

Aus den Überlieferungen geht auch ein möglicher Grund dafür hervor:

„Vom Himmel ihr hinabsteigt zur Versammlung,
soll euch ein Ruheplatz für die Nacht aufnehmen.
Ich will ihn Babylon nennen – das Tor der Götter.“

Der Planet muß den „Göttern" – in Anbetracht der substantiellen Beschaffenheit (zum Beispiel das Vorhandensein von lebensspendendem Wasser in der Atmosphäre, feste und grüne Vegetation) und der Ökosphäre (optimale Sonnennähe) – als besonders geeignet erschienen sein. Die Erde wurde von ihnen ausgewählt!

Doch halten wir uns kurz vor Augen, wie die Mutter Erde damals beschaffen war: Sie stand inmitten der zweiten großen Eiszeit (vor 430.000-480.000 Jahren). Ein Drittel der damaligen Landmasse muß mit Eis bedeckt gewesen sein. Geregnet hat es sehr wenig. Der Meeresspiegel lag während der großen Eiszeiten (die erste begann vor etwa 600.000 Jahren) nach Schätzungen bis zu zirka 250 m tiefer als heute. Das liegt daran, daß damals auf dem festen Land sehr viel Wasser in Eisform gebunden war. Wo sich heute Meer und Küsten befinden, war zur damaligen Zeit trockenes Land.

Für die Kolonisation der ersten Anunnaki eigneten sich die großen Flußebenen, wie zum Beispiel die Ebenen von Nil oder Euphrat und Tigris.

Die sumerischen Königslisten beschreiben die Niederlassungen und Regierungszeiten der ersten zehn Anunnaki-Herrscher vor der großen Flut. Die Zeit wird hier in ***Shar*** gemessen (1 Shar = 3.600 Jahre). Von der ersten Landung bis zur Sintflut waren laut den Texten 120 Shar vergangen. In dieser Zeit umkreiste der Nibiru die Sonne 120mal – das entspricht 432.000 Erdenjahren. Beim 120. Mal passierte es, daß durch die starke Anziehungskraft des Nibirus ein Gletscher der Antarktis in die Südmeere rutschte, wodurch eine große Flutwelle – die Sintflut – über die Erde hereinbrach. Die Sintflut, die in der Bibel ausführlich geschildert wird und deren Berichte aus den weit älteren sumerischen Quellen stammen, hat stattgefunden; davon ist aufgrund der Überlieferungen auszugehen.

Die sumerische Königsliste ist eine chronologische Aufstellung von Herrschern, Städten und Ereignissen. Die Sumerer berichten, daß vor zirka 450.000 Jahren die Anunnaki (*Jene, die vom Himmel auf die Erde kamen*) auf die Erde kamen, um Gold zu suchen, das dringend für den Fortbestand auf ihrem Heimatplaneten benötigt wurde. Die erste Gruppe der Anunnaki bestand aus fünfzig Personen. Sie landeten im Arabischen Meer und machten sich auf in Richtung Mesopotamien, wo am Rande der Sümpfe die erste Siedlung der Erde (***Eridu** – in der Ferne erbautes Haus*) erbaut wurde.

Der Name *Eridu* ist in verwandter Form noch in einigen Sprachen zu finden, so zum Beispiel im Althochdeutschen in dem Wort *Erda*, auf deutsch *Erde*, auf englisch *earth*, mittelenglisch *erthe*, und geht man zeitlich und geographisch zurück, bedeutet *Erde* im Aramäischen ***Artha***, ***Ereds***, ***Erd*** oder ***Ertz*** und auf hebräisch ***Eretz***.

Bild 16: Die sumerische Königsliste

Die sumerischen Texte vermitteln uns einen klaren Eindruck von den ursprünglichen Siedlungen der Anunnaki und der Reihenfolge und Gründung der ersten Städte:

„Nachdem das Königtum vom
Himmel herabgesenkt worden war,
nachdem die gepriesene Krone,
der Thron des Königtums herabgesenkt worden waren,...
die Regeln vollkommen... die göttlichen Riten...
gründete fünf Städte an reinen Orten, rief ihre Namen
legte sie an als Mittelpunkte.
Die erste dieser Städte, ***ERIDU****, gab er Nudimmud,*
dem Führer.
Die zweite, BAD-TIBIRA, gab er Nugig.
Die dritte, LARAK, gab er Pabilsag.
Die vierte, SIPPAR, gab er dem Helden Utu.
Die fünfte, SCHURUPPAK gab er Sud.“ (5)

Der Name des ersten „Gottes“ auf der Erde, der das erste „göttliche“ Königshaus von *„Eridu“* und den anderen vier Städten plante, ist leider unleserlich. Andere Texte stimmen aber in diesem Punkt überein und benennen ***Enki*** (*Herr des Bodens*), auf akkadisch ***EA*** (*Herr der Wassertiefe*), als den ersten großen Anführer. Er hatte auch den Beinamen ***Nudimmud*** (*der Dinge machen kann*). Er war Weiser und Kulturbringer, ein ausgezeichneter Naturwissenschaftler, Lehrer und Ingenieur. Enki war der Sohn von ***Anu*** (*An*), dem Herrscher des Nibiru und der Göttin ***Nummu***. Er bestimmte den ersten Ort am Rande des Sumpflandes und sagte: *„Hier lassen wir uns nieder."* Fortan war Eridu Enkis Herrschersitz und Hauptkultstätte.

„Der Herr der wässrigen Tiefe, der König Enki...
baute sein Haus...
In Eridu baute er das Haus auf der Sandbank...
Der König Enki... hat ein Haus gebaut;
Eridu, wie ein Berg, erhob er aus der Erde;
auf einen guten Platz hatte er es gebaut."

An einer anderen Stelle berichtet Enki persönlich über den Augenblick, in dem er sich das erste Mal der Erde näherte:

„Als ich mich der Erde näherte,
war vieles überschwemmt.
Als ich mich ihren grünen Wiesen näherte, ließ ich
Haufen und Hügel aufschütten. Mein Haus baute ich
auf einem reinen Platz... Mein Haus – sein Schatten
erstreckt sich über den Schlangensumpf...
Die Karpfen wedeln mit ihren Schwänzen darin
Zwischen den kleinen Stengeln des Gizi-Rohrs."

Die alten Texte sind voll von detaillierten Beschreibungen über Enki und die erste Gruppe der Anunnaki. In den Versen wird auch die Beziehung zu seinem Vater ***Anu***, seiner Schwester ***Ninti*** und seinem Bruder ***Enlil*** berichtet.

Weiter berichten die Texte, wie die Anunnaki das Land nach einem festgelegten Plan und einer strengen Ordnung besiedelten. Die zweite Gruppe der Anunnaki bestand aus 600 Personen. (Mit Enki, dem ersten Kulturbringer, werden wir uns im siebten Kapitel des Buches näher befassen.) Es gibt weltweit und unabhängig voneinander interessante Berichte und Überlieferungen über die ersten Kulturbringer. Wir werden der Frage nachgehen, ob diese ersten Kulturbringer Menschen aus „Fleisch und Blut" waren wie wir. In jedem Fall wird Enki immer als **„Fischmensch“** dargestellt (Bild 17).

In der sumerischen Mythologie wird von einem Fischmenschen namens ***Oannes*** (altsyrisch: *Fremdling*) berichtet, der aus dem Meer entstieg. Auch er wird als erster Kulturbringer beschrieben. Möglicherweise handelt es sich hier um die gleiche Person oder um eine Gruppe von Kulturbringern. Wer waren diese Fischmenschen oder Amphibien?

Alten Berichten von dem Archivar Alexander Polyhistor aus Milet zufolge (1. Jh. n.Chr.), der sich seinerseits auf den Baalpriester Berossos bezog (3. Jh. v.Chr.), glich der gesamte Körper dieser Fischmenschen dem eines Fisches. Unter dem Fischkopf hatten sie einen anderen Kopf, und unten am Körper hatten sie Füße, die unterhalb des Fischschwanzes angewachsen waren. Die Stimme und die Sprache waren menschlich. Die Fischmenschen, so wird berichtet, begaben sich zur Nacht ins Meer zurück. Bei den Menschen haben sie keine Nahrung zu sich genommen. Laut Berossos tauchte nach Oannes ein anderes Wesen namens ***Odakon*** (bzw. *Dagon*) aus dem Eritreischen Meer auf. Berossos bezeichnete die Fischmenschen mit dem Namen ***Annedoti***, was soviel wie *scheußlich* und *abstoßend* bedeutet. Weitere Eigennamen der Fischmenschen waren Euedokos, Eneugamos, Eneuboulos und Anementos.

Bild 17: Assyrisches Relief mit Gestalt im Fischgewand

Nach erhaltengebliebenen Fragmenten, die auf den ägyptischen Philologen Helladios zurückgehen, kam ein Mann namens *Oe* aus dem Persischen Golf. Er hatte einen fischähnlichen Körper und soll in einem fliegenden Ei gelandet beziehungsweise in das Meer gefallen, vorher aber von *„leuchtendem Aussehen“* gewesen sein.

Wir sehen, daß es viele schriftliche Zeugnisse gibt, die unabhängig voneinander über Kulturbringer berichten, die Amphibien glichen. In verschiedenen Berichten wird erwähnt, daß diese Wesen zeitweise immer wieder ins Meer zurückgingen.

Da es sonst den Rahmen dieses Buches sprengen würde, machen wir an dieser Stelle einen kleinen zeitlichen Sprung zum „Aufstand der Anunnaki“, denn erst durch sie beginnt die Geschichte von Adam und Eva!

Der Aufstand der Anunnaki

Nachdem die Anunnaki viele Jahre in *„Abzu“* (*tiefe Lagerstätte*) unter schwersten Bedingungen Gold abgebaut hatten, wurde ihre Unzufriedenheit immer größer. Zu dieser Zeit, so geht aus den alten Quellen hervor, war der Mensch noch nicht auf der Erde.

„Als die Götter gleich den Menschen die Arbeit
verrichteten und sich abplagten, war die Mühe groß,
die Arbeit schwer, der Mühsal war viel.“ (5)

Es gab einen Aufstand, als Enkis Bruder Enlil die Lagerstätte besuchte:

„Die Götter setzten ihr Werkzeug in Brand,
sie setzten ihre Äxte in Brand, sie zogen zum Tor
des Helden Enlil. Es war Nacht, als sie sein Haus
umzingelten, aber der Gott Enlil wußte es nicht.“

Es wurde ein Rat der „Götter“ einberufen. Auch der große Herrscher Anu kam vom Nibiru herab und stand den Anunnaki bei:

„Wessen bezichtigt ihr sie? Ihre Arbeit war schwer,
ihre Mühsal groß! Ihre Klagen waren im Himmel zu
hören.“

Dann fand Enki die Lösung: Ein *Lulu*, ein primitiver Arbeiter, mußte erschaffen werden!

„Laßt ihn das Joch tragen,
laßt ihn die mühsame Arbeit der Götter verrichten!"

Die Anunnaki stimmten zu und waren einverstanden mit der Erschaffung eines „Arbeiters":

„Mensch soll sein Name sein", sagten sie.
„Sie riefen die Göttin, die Hebamme der Götter,
die Weise Mami, baten sie, Du, Göttin der Geburt,
schaffe Arbeiter! Schaffe einen einfachen Arbeiter,
der das Joch tragen soll! Laß die Arbeiter das Joch
der Götter tragen."

Nachdem *Mami* den Menschen schuf, sagte sie zu den Anunnaki:

„Ihr habt mir eine Aufgabe übertragen, ich habe sie
vollendet... Ich nehme euch die schwere Arbeit und
auferlege sie dem Arbeiter, dem Menschen.
Ich habe euch das Joch genommen,
ich habe euch die Freiheit gegeben."

Ein anderer Text aus dem Epos der Schöpfung lautet:

„Ich will einen niedrigen Arbeiter hervorbringen
„Mensch" sei sein Name. Ich will einen primitiven
Arbeiter erschaffen; er soll im Dienst der Götter
stehen, auf daß sie es leichter haben."

Die Lösung – der „Lulu amelu"

Es geht klar aus den Bezeichnungen und Beschreibungen der Sumerer und Babylonier hervor, daß der erste Mensch künstlich erschaffen wurde, und zwar zu einem Zweck: Er sollte für die „Götter" arbeiten. Er sollte fortan ihr Joch tragen, deshalb heißt er bei den Sumerern auch ***Lulu amelu*** (*primitiver Arbeiter*). Doch wann könnte das geschehen sein?

Auch das geht aus den alten mesopotamischen Texten recht deutlich hervor. Der Aufstand der Anunnaki, denen die körperliche Arbeit zu schwer geworden war, hinterläßt auch genaue zeitliche Hinweise. Vierzig Perioden lang erduldeten sie die schwere Arbeit – Tag und Nacht:

„Zehn Perioden lang erduldeten sie die schwere Arbeit;
zwanzig Perioden lang erduldeten sie die schwere Arbeit;
dreißig Perioden lang erduldeten sie die schwere Arbeit;
vierzig Perioden lang erduldeten sie die schwere Arbeit.“ (5)

In den alten Texten wurde das Wort ***ma*** verwendet, das von den meisten Forschern mit *Jahr* übersetzt wurde. Tatsächlich bedeutet es aber *etwas, das sich ständig wiederholt*, so wie zum Beispiel der Zyklus, in dem die Erde in einem Jahr um die Sonne wandert. Der Umlauf des Planeten der Anunnaki – ***Nibiru*** – dauerte allerdings ein ***Shar***, das sind 3.600 Erdenjahre (Abb. 10).

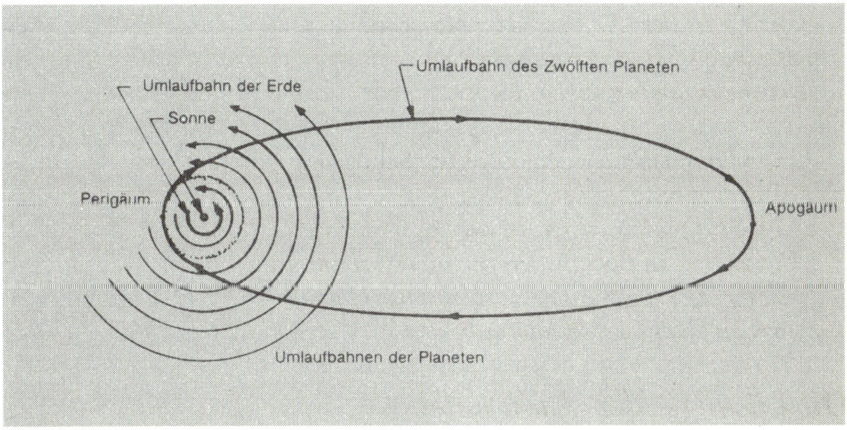

Abb. 10

Zirka 144.000 Jahre (also vierzig Shar) nach der Landung, die vor zirka 450.000 Jahren stattgefunden haben muß, hat demnach der Aufstand der Anunnaki stattgefunden. Das würde bedeuten, daß der ***Homo Sapiens***, unser Vorfahre, also vor zirka 300.000 Jahren erschaffen wurde. Zu diesem Zeitpunkt hat die Entwicklung auf der Erde ihren normalen Verlauf gehabt, das heißt, Entwicklung und Selektion fanden statt, so wie uns das die darwinsche Evolutionstheorie vermittelt. Diese Evolutionstheorie Darwins ist bis zum heutigen Tag die wissenschaftliche Basis, die in allen Lehrplänen Grundlage ist und somit auch an sämtlichen Schulen gelehrt wird.

In Kapitel 6 dieses Buches werden wir die Evolutionstheorie Darwins näher betrachten. Es sei vorab lediglich erwähnt, daß der Darwinismus keine endgültig bewiesene naturwissenschaftliche Theorie ist. Dabei macht den Naturwissenschaftlern besonders Kopfzerbrechen, daß zwischen dem Übergang vom Primaten zum Menschen, also zum ***Homo Sapiens***, ein viel zu kurzer Zeitraum liegt. Genau dieser Übergang, der in Fachkreisen auch als ***missing link*** bezeichnet wird, ist bis heute nicht geklärt.

Gerade in diesem Punkt, nämlich dem plötzlichen Auftreten des ***Homo Sapiens***, liefern uns die mesopotamischen Schriften das mögliche fehlende Bindeglied. Außerdem dienten die alten Schriften als Vorlage der biblischen Genesis. Demnach wurde der erste Mensch (Adam) von den Anunnaki-Göttern künstlich erschaffen. Es fand also eine Manipulation statt, durch die eine enorme Beschleunigung in der Entwicklung des Menschen erfolgte. Wie ich bereits dargelegt habe, stimmt auch der zeitliche Rahmen der Manipulation durch die Anunnaki mit der Entwicklungstheorie überein.

Die Manipulation der Anunnaki-Götter an dem auf der Erde vorhandenen Ur- oder Affenmenschen, ist eine mögliche Erklärung für das sogenannte ***missing link***, das durch die naturwissenschaftliche Forschung noch nicht bewiesen beziehungsweise gefunden werden konnte. Es war ***Enki*** (***Ea***), der laut den alten Texten die entscheidende Idee hatte. Nachdem er von den „Göttern" geweckt wurde und ihm der Entschluß mitgeteilt wurde, daß ein „***Adamo***" zu formen sei, antwortete er:

„Das Geschöpf, dessen Namen ihr genannt, es existiert.
Wir müssen es mit dem Bild der Götter verbinden." (5)

Der Affenmensch, der bereits auf der Erde existierte, schien den Anunnaki für ihr Vorhaben, einen modernen Sklaven zu schaffen, geeignet zu sein.

„Monster" und Mischwesen

Nehmen wir weiter Einblick in die alten Überlieferungen, so erfahren wir, daß die Anunnaki wohl viel Zeit benötigten, um das richtige „Bild", das heißt die richtige genetische Mischung zu finden. Von ihren Anfängen bis zum ersten „Adam", verging ein langer Zeitraum.

Führen wir uns vor Augen, daß Wissenschaftler selbst in unserer heutigen „hoch-modernen" Zeit im Bereich der genetischen Manipulation und des Klonens viele, viele Versuche benötigen, bis sie das „perfekte" Ergebnis vorliegen haben, so ergeben die alten Überlieferungen auch in dieser Hinsicht einen Sinn.

Ähnlich wie bei uns heute muß es demnach auch bei den Anunnaki-Göttern gewesen sein. Auch sie benötigten geraume Zeit für Versuche, um ein „perfektes" Ergebnis zu erzielen.

Ich erinnere mich an meinen Biologieunterricht: Wir haben versucht, die Gesetze der Reinerblichkeit nach Georg Mendel nachzuweisen, indem wir Fliegenrassen kreuzten. Bis zum wissenschaftlichen Nachweis der Reinerblichkeit, waren mehrere Kreuzungen nötig. Ähnlich muß es auch den Anunnaki vor einigen hunderttausend Jahren ergangen sein, sicherlich mit dem Unterschied, daß uns im Biologiekurs die Ergebnisse Mendels bereits vorlagen und wir praktisch im Vorfeld einen Leitfaden hatten.

Anders läßt es sich nicht erklären, daß nicht nur die alten Überlieferungen aus Mesopotamien umfangreich von Versuchen, Kreuzungen und von Mischwesen berichten. Auch in vielen anderen Kulturen und Überlieferun gen wurden die Babylonier beziehungsweise die alten Sumerer auch in diesem Punkt bestätigt. Wir müssen davon ausgehen, daß es eine Zeit der Versuche und Experimente gab, bis die „Götter" die richtige „Mischung" und die richtige Methode für die ersten „Adams" gefunden hatten. Das sumerische Wort für Mensch war ***Lu*** (*Arbeiter*, *Diener*). Die Bezeichnung ***Lulu*** stellt eine Mischung aus beidem dar!

Es kam also die Zeit der Versuche und des Probierens. Es entstanden Mutationen, Mischwesen und Tiermenschen. Trotz klarer Beschreibungen in alten Überlieferungen der Sumerer und auch anderer Kulturen weltweit, können wir nicht mehr exakt nachvollziehen, wie viele Versuchsjahre und -jahrzehnte vergingen; zudem fehlen uns entsprechende Artefakte.

Bild 18 und 19:
Schwarzer Obelisk des Assyrer-Königs Salamasars:
Menschtiere werden an der Leine geführt.

Die alten Texte aus dem Zweistromland liefern möglicherweise den fehlenden Beleg oder das sogenannte ***missing link*** zwischen den Kreationisten und Evolutionisten. Die allmähliche Entwicklung und Selektion nach Darwin ist als Prozeß grundsätzlich plausibel. Zu dem Zeitpunkt, als die Anunnaki zur Erde kamen, existierte der Affenmensch bereits – er war ein Produkt der Evolution! Die spätere Manipulation durch die Anunnaki-Götter beschleunigte den Entwicklungsstand des vorhandenen Affenmenschen um ein Vielfaches. Wir sprechen hier von einem Zeitraum, das heißt von einer Entwicklungsdauer bis hin zum Affenmenschen, der Jahrmillionen gedauert haben könnte. Die alles entscheidende Frage ist, ob der Affenmensch überhaupt ohne *„das Bild der Götter“* den Entwicklungsstand des Homo Sapiens hätte erreichen können!

Der von uns geführte Erklärungsansatz für das ***missing link*** oder das fehlende Bindeglied in der Evolutionslinie, ist bis zum heutigen Tage der einzige Erklärungsansatz für das größte naturwissenschaftliche Problem unserer Zeit.

Der Mensch ist von den Anunnaki-Göttern nicht aus dem Nichts erschaffen. Er existierte also bereits. Er mußte nur auf ein höheres Intelligenz- und Handlungsniveau gebracht werden, indem sie ihn mit dem *„Bild der Götter verbanden“*. Die „Götter“ haben so mit dem Menschen einen ewigen Bund geschlossen. In einer alten Sage der Sumerer heißt es:

Bild 20 und 21:
Mischwesen auf assyrischem Wandrelief

„Als die Menschen erschaffen wurden,
kannten sie Brot als Nahrung nicht
und kannten keine Gewänder.
Sie aßen Pflanzen mit dem Mund wie Schafe,
tranken Wasser aus einem Graben."

Im Gilgemesch-Epos wird ebenfalls von einem Tiermenschen gesprochen. Sein Name ist ***Enkidu***, der spätere Freund und Begleiter Gilgameschs.

„Zottig behaart ist sein ganzer Leib,
ausgestattet mit Haupthaaren ist er wie eine Frau.
Er kennt weder Familie noch Heimat;
mit den Gazellen nährt er sich von Gras;
mit den wilden Tieren ringt er an den Wasserstellen;
an den wimmelnden Geschöpfen im Wasser
erfreut sich sein Herz."

Sein Freund Gilgamesch wird in diesem Epos als Riese angesehen, zu einem Drittel Mensch und zu zwei Drittel göttlich!

Wie schon erwähnt, finden wir viele Hinweise auf die fremdartigen Kreaturen oder Mischwesen. Sicherlich ist es uns heute in Anbetracht der Genforschung und des Klonens ein leichtes, uns derartige Wesen vorzustellen. Nicht nur aus unseren heutigen Laboren kennen wir das, auch die Medien sind voll davon!

Bild 22:
Mischwesen: Sphinx-Darstellung aus Ägypten

Die „ersten Mischwesen“ zu Beginn des 21. Jahrhunderts? Sicherlich ist das nur eine Frage der Zeit. Natürlich wird hier öffentlich über Ethik und Moral gesprochen, doch – wissen wir denn, was hinter verschlossenen Türen längst geschieht? Ende des letzten Jahres war es offiziell in den Medien und „online“. Demnach hatten *„australische und amerikanische Gentechniker laut den Informationen der Umweltorganisation Greenpeace Zellen von menschlichen Embryonen in Eizellen von Schweinen verpflanzt und wollten dieses Vorgehen patentieren lassen.“* Es wurde festgehalten, *„daß Embryonen jeglicher Art dabei verwendet werden können – von Vögeln, Fischen, Reptilien, Säugetieren oder Menschen. Das Patent soll laut Greenpeace auch für Chimären gelten, Mischwesen aus Mensch und Tier.“* Die Forscher haben demnach bereits menschliche Embryozellen und Eizellen von Schweinen fusioniert und die daraus entstandenen Embryos bis zum 32-Zellen-Stadium wachsen lassen.

Die Frage ist, ob hier etwas Neues entwickelt wurde oder ob sich hier nur etwas wiederholt. Ist es so, daß wir – die Menschen – uns quasi an etwas wiedererinnern und es aus einem hinteren Teil unseres noch so unerforschten Denkapparates oder aus unserem Bewußtsein hervorholen? Wenn wir die Wiederholung in Betracht ziehen, müssen wir uns jedoch von dem allzu typischen menschlichen Gedanken lösen, daß wir die Ersten und die Einzigen und die „Größten“ sind!

Stellen Sie sich vor, der Mensch verschwindet in absehbarer Zeit wieder von der Bildfläche, was ja durchaus denkbar ist. Durch eine weltumgreifende Katastrophe (zum Beispiel Atomkrieg oder Klimakatastrophe) bleibt nur noch ein verschwindend kleiner Teil der Spezies Mensch auf unserem Planeten erhalten, der sich plötzlich wieder auf einem „Steinzeitniveau“ befindet. Wir bräuchten vermutlich Jahrtausende um unsere derzeitige Zivilisationsstufe wieder zu erreichen. In dieser Zeit würden viele Mythen und Legenden verschiedener Kontinente, Länder und Völker „überleben“. Aber das wäre, wie man sich leicht vorstellen kann, nur ein Tropfen auf dem heißen Stein. Nach zehn, zwanzig oder vielleicht sogar hunderttausend Jahren würden die Menschen dieser neuerlichen Zivilisationsstufe wohl ähnlich reagieren, wie wir das heute tun, wenn uns verschiedene Forscher und Wissenschaftler weismachen wollen, daß es vor unserer offiziellen Geschichtsschreibung schon Hochkulturen gab, die uns an Wissen überlegen waren. Wir sind auf keinen Fall einmalig und vermutlich auch nicht „die Ersten", davon sollten wir zumindest ausgehen und das bei der Bewertung dieser schwierigen Fragen nicht außer Acht lassen.

Nicht nur auf Abbildungen und alten Reliefdarstellungen finden wir viele Mischwesen. In Ägypten sind ganze Prozessionswege mit Mischwesen (***Sphingen***) gepflastert.

Der Kirchenfürst Eusebius berichtete im 4. Jahrhundert v.Chr. über Mischwesen, die ihre Existenz (göttlichen) Launen zu verdanken hätten. So berichtete er:

> *„Mit Schenkeln von Ziegen und Hörnern am Kopfe,*
> *noch andere, pferdefüßige, und andere von Pferdegestalt*
> *an der Hinterseite und Menschengestalt an der*
> *Vorderseite. Erzeugt hätten sie* (die „Götter") *auch*
> *Stiere, menschenköpfige und Hunde, vierleibige,*
> *deren Schweif nach Art der Fischschwänze rückwärts*
> *in den Hinterteilen hervor lief, auch Pferde mit*
> *Hundeköpfen..."* (36)

Eusebius hat diese Beschreibungen aus Überlieferungen des babylonischen Priesters Berossos übernommen, und eben auf diesen babylonischen Rollsiegeln finden wir viele Darstellungen von Mischwesen, Zwittern, geflügelten Menschen oder von den von Eusebius beschriebenen Menschen mit Ziegenbeinen.

Der Grieche Hesiod schreibt in seiner „**Theogonie**" (mythische Lehre, oder Vorstellung von der Entstehung und Abstammung der Götter), daß es einst schreckliche Monster gab, die von den „Göttern" erschaffen wurden.

Der bekannte ägyptische Geschichtsschreiber Manetho, berichtet in seinem umfangreichen Geschichtswerk über die Pharaonen, die königlichen und göttlichen Zeiten und Dynastien und über Mischwesen, die von den „Göttern" selbst erschaffen wurden.

Letztlich ist die Sphinx von Gizeh wohl ein Beispiel par excellence für die Zeit der Mischwesen, in jedem Fall aber ein Symbol für den tierischen und göttlichen Aspekt, der in der Menschheit gebunden ist. Die Sphinx symbolisiert diesen Prozeß beispiellos, das heißt die Verbindung zwischen dem Irdischen und dem Göttlichen oder besser gesagt dem geistigen Aspekt. Hinzu kommt, daß bis heute nicht eindeutig geklärt ist, wann die Sphinx erbaut wurde. Zudem ist es wohl neben der großen Pyramide das Bauwerk, das die Wissenschaftler und Forscher in den vergangenen Jahrtausenden am meisten interessiert und sie zu den unglaublichsten Spekulationen geführt hat.

KAPITEL 4
DIE ERSCHAFFUNG DES MENSCHEN

„Ihr seid nicht ausgeartet, meine Kinder.
Seid arbeitsam und faul
und grausam mild, freigebig mild!
Gleichet alle euern Schicksals Brüdern,
gleichet den Tieren und den Göttern!“
(Johann Wolfgang von Goethe)

„Als die Menschen erschaffen wurden,
kannten sie Brot als Nahrung nicht
und kannten keine Gewänder.
Sie aßen Pflanzen mit dem Mund
wie Schafe.“
(Enuma Elisch)

Der erste Adam wird erschaffen

Nun kommen wir zurück zum sechsten Tag der Schöpfung, auf den ich bereits im ersten Kapitel einging, mit dem so bekannten Bibelvers, in dem beschrieben wird, wie „Gott“ den Menschen aus einem Erdenkloß formte und ihm den Atem des Lebens einhauchte (Genesis 2, 7):

„Und Gott der Herr machte den Menschen aus einem Erdenkloß (Erde, Lehm, Schlamm) *und er blies ihm ein den lebendigen Atem in seine Nase und also ward der Mensch eine lebendige Seele.“*

Besonders in diesem Bibelvers wird der sumerische Ursprung und die eigentliche Bedeutung klar, wenn wir erfahren haben, was die alten Texte überliefern. Wie wir bereits festgestellt haben, wurde das Wort *Gott* in den „Urtexten“ mit ***Elohim*** (*Götterwesen*) übersetzt – die Elohim machten den ersten Menschen (Adam) aus einem Erdenkloß (Erde, Schlamm, Lehm...).

In den mesopotamischen Fassungen ist *Nin.ti* („Herrin des Lebens") die Muttergöttin. *Ti* bedeutet im sumerischen aber auch „Rippe" , so daß der Name *Nin.ti* auch „Herrin der Rippe" bedeuten könnte.

In akkadischer Sprache bedeutet *ti* auch „Lehm". In Hebräisch, der-Sprache der Bibel, ist *ti* der Schlamm, und *bos* ist das entsprechende Synonym dafür, abgeleitet von *bisa* (Sumpf) und *besa* (Ei). Daraus könnte man wiederum auch ableiten, daß sich die Elohim den ersten Adam aus einem „Ei" schufen.

Hier wird noch etwas anderes deutlich, nämlich daß Adam kein Eigenname ist und für den ersten Menschen steht, so wie es viele Theologen gerne sehen und zum Teil auch vermitteln. Vielmehr ist Adam der Begriff für eine Gruppe oder „Menschheit", die erschaffen wurde oder für den Akt der besonderen Erschaffung durch die Anunnaki-Götter eben – hierfür spricht der alte Wortstamm des Wortes „Adama".

In der mesopotamischen Überlieferung wird berichtet, daß ***Enki*** und die Muttergöttin ***Nin.ti*** in ein Haus gehen, um den Menschen zu erschaffen: *das Haus des* ***Schim.ti*** (*das Haus, wo Schicksale bestimmt werden*). Das Wort ***Schim.ti*** ist vom sumerischen Wort ***Shi.im.ti.*** abgeleitet. Das wiederum bedeutet *Atem, Wind, Leben*, also wörtlich: *Das Haus, wo der Wind* (Atem) *eingeatmet wird*. Das deckt sich, wie wir unzweifelhaft erkennen, mit der biblischen Beschreibung. Es ist verständlich, daß wir in den alten Überlieferungen aus dem Zweistromland mehr über die Erschaffung von Adam und Eva erfahren. Einerseits haben wir erfahren, daß der biblische Schöpfungsbericht zu großen Teilen auf mesopotamischen Überlieferungen beruht beziehungsweise eine Abschrift davon ist, zum anderen liegt das sicherlich an der Zeitspanne, die bis zur Niederschrift verstrich und an den sich über die Jahrhunderte ständig wandelnden theologischen Werten und Inhalten.

So enthalten die alten Texte deutliche Hinweise darauf, wie das „Blut" (wir einigen uns hier auf Blut) beschaffen sein mußte. Enki bestimmte, daß das Blut eines ihrer Götter verwendet werden mußte.

„Aus seinem Blut machten sie die Menschheit,
auferlegten ihr den Dienst, die Götter zu befreien...
Es war eine unfaßbare Arbeit." (5)

Die Bedeutung des Blutes der Götter wird in alten Texten noch hervorgehoben. Es war das Grundlegende oder der wesentliche Bestandteil – gemeint waren wohl die speziellen Erbfaktoren. Die alten Texte verwenden das Wort ***TE.E.MA.*** (*das, was die Erinnerung bindet*). In der akkadischen Fassung wurde hier der Begriff ***etemu***, was mit *Geist* zu übersetzen ist, verwendet.

Aller Wahrscheinlichkeit nach, wurde die Eizelle eines weiblichen Homo erectus mit dem Samen eines Anunnaki im Hause des ***Schimti*** befruchtet. Das befruchtete Ei wurde dann in ***Nintis*** Gebärmutter eingepflanzt. ***Ninti*** bekam übrigens später den Namen ***Mami*** – Mutter! Nach der Verpflanzung dauerte es wohl zehn Monate, bis ***Ninti*** den „ersten" Menschen zur Welt brachte, und das wohl unter schwierigen Bedingungen.

Die Tafel, die hierüber berichtet, ist nicht mehr gut erhalten. Deshalb ist der Text nur fragmentarisch:

„Ninki... zählte die Monate...
Als der zehnte Monat abgelaufen war,
kam die Herrin, deren Hand öffnet.
Ihr Antlitz strahlte vor Freude.
Ihr Haupt war bedeckt.
...machte eine Öffnung;
das, was der Schoß enthält, kam hervor."

Abb. 11: Geburt des „ersten" Menschen auf einer assyrischen Zylinderdarstellung

Die Göttin war überglücklich und schrie:

„Ich habe es geschaffen!
Meine Hände haben es gemacht!“

Der erste Homo Sapiens war erschaffen (Abb. 11).

Dieser war als Arbeiter oder Sklave erschaffen, um die schwere Arbeit für die „Götter“ zu verrichten – er sollte von nun an ihr Joch tragen! Von Eva, also der Frau, war an dieser Stelle noch gar nicht die Rede – auch nicht in der biblischen Version der Erschaffung des Menschen.

In der biblischen Version wird klar geäußert, daß „Adam“ zu einem bestimmten Zweck erschaffen wurde. Auch hier sollte er den Göttern dienen und für sie arbeiten:

„Und so nahm Gott der Herr den Adam und
setzte ihn in den Garten, damit er ihn anbaue
und pflege.“ (Genesis 2, 15)

Langsam wird uns nun deutlich, warum von Eva noch nicht die Rede ist. Auch in der Bibel wird berichtet, daß Adam eine Zeitlang allein in Eden war – wie lange, wissen wir nicht!

Feststeht aber, daß die Anunnaki einen Mustermenschen erschaffen haben, und da er ihnen zusagte, wurde er vervielfältigt:

„Die Weisen und Gelehrten
doppelsieben Geburtsgöttinnen waren versammelt.
Sie gebaren Männer, sie gebaren Frauen.
Die Geburtsgöttin brachte den Wind
des Lebensodems hervor.“

Weiter wird von der Einteilung in zwei Gruppen berichtet, vielleicht ein spärlicher Hinweis auf die Geschlechter.

„Ninki zwickte vierzehn Lehmstücke ab,
sieben legte sie nach rechts,
sieben legte sie nach links.
Dazwischen legte sie die Form."

Und weiter:
„Paarweise wurden sie vollendet,
paarweise wurden sie in ihrer Gegenwart
vollendet.
Die Geschöpfe waren Menschen –
Geschöpfe der Muttergöttin."

Hier wird von einer gezielten Produktion berichtet. Die „primitiven Arbeiter" waren nicht fortpflanzungsfähig. Leider sind die alten Tafeln, auf denen erzählt wird, wie die „primitiven Arbeiter" Fruchtbarkeit erlangten, bisher nicht auffindbar. Es gibt assyrische Tafeln, die sich auf das Fruchtbarwerden der Menschen beziehen. Leider sind auch diese Tafeln an wesentlichen Stellen stark beschädigt, so daß eine Rekonstruktion heutzutage nicht mehr möglich ist.

Wie in der sumerischen Version, wird auch in der biblischen Version Adam zunächst allein erschaffen. Von Eva ist nicht die Rede!

In Kapitel 1, Vers 26-27 der biblischen Version wird vom gleichzeitigen Erscheinen Adams und Evas gesprochen. Betrat Eva also möglicherweise erst später die Weltbühne? Dieses Hin und Her in der biblischen Version soll uns an dieser Stelle nicht weiter stören. Dabei sollten wir bedenken, daß zwischen den biblischen Texten und ihren sumerischen Vorlagen mindestens zweitausend Jahre liegen. Vermutlich stammen die ersten Seiten der biblischen Version von verschiedenen Autoren.

Als Adam schon in Eden war und dort arbeitete und das Land bestellte, kam Eva, seine Frau!

Adam war also im Garten Eden, der fälschlicherweise immer als Paradies gedeutet wird. Wir können davon ausgehen, daß es sich bei dem biblischen Wort *Eden* um das in den mesopotamischen Mythen genannte *E.DIN* handelt, womit wohl ein Bereich in Mesopotamien gemeint ist, im Zweistromland zwischen Euphrat und Tigris.

Abb. 12: Gott Chnum formt die ersten Menschen auf einer „Töpferscheibe“
Abb. 13: Göttin Hathor bei der Arbeit an der „Töpferscheibe“

Die Bezeichnung Paradies kommt im Alten Testament überhaupt nicht vor. Vielmehr ist es eine Abweichung vom persischen ***Pardes***, was *Park* oder *Garten* bedeutet oder dem altpersischen ***pairidaeza***, was soviel wie *umzäunter Garten* bedeutet! Das biblische Wort *Eden* kommt aus dem sumerischen und kann mit *Ebene* oder *Steppe* übersetzt werden.

Wie bereits erwähnt, erklärt die biblische Version, daß Adam in Eden für „Gott“ (Elohim/Götterwesen) gearbeitet hat. Auch hier gibt es in den alten mesopotamischen Mythen Parallelen:

> *„Nachdem Anu, Enlil, Enki und Sud die Schwarz-*
> *köpfe* (Menschen) *erschaffen haben, vervielfältigten*
> *sie blühende Vegetation im ganzen Land, kunstvoll*
> *erschufen sie vierbeinige Tiere. In E.DIN setzten sie sie.“* (36)

Diese mesopotamischen Parallelen sind besonders für die uns heute vorliegenden naturwissenschaftlichen Ergebnisse von großer Bedeutung, wie ich noch belegen werde.

Auch in dem oben genannten Vers ist von einem Paradies nichts zu erkennen. Von diesem Gedanken sollten wir uns ein für allemal lösen. Es gab kein Paradies! Adam mußte in Eden (***E.DIN***) arbeiten, denn dazu wurde er schließlich von den „Göttern“ erschaffen!

Die Bibel berichtet dann weiter, daß es nicht gut ist, daß Adam allein ist! Hier wird also eindeutig berichtet, daß ihm, als Adam schon in Eden ist (wie lange, wissen wir nicht) und wohl seine Arbeit verrichtete, *„eine Gehilfin"* gemacht wird.

„Es ist nicht gut, daß der Mensch allein sei;
ich will ihm eine Gehilfin machen, die um ihn sei." (Genesis 2,18)

Eva betritt die Weltbühne

Auch hier wurden von den Übersetzern Veränderungen vorgenommen. Für das Wort *Gehilfin* oder *Helferin* wurde oftmals *Gefährtin* eingesetzt. Das Wort *Gehilfin* ergibt in bezug auf den Sinn und Zweck der Menschen (für die Götter zu arbeiten) viel mehr Sinn. Eva kam dazu, um ihm (Adam) zu helfen! Das bedeutet, daß beide (Adam und Eva) vorher vermutlich an getrennten Orten gearbeitet haben.

Natürlich müssen wir uns die Frage stellen: Warum Eva, die Frau? Die Anunnaki-Götter hätten ihm auch einen weiteren Adam als Gehilfen zur Seite stellen können. Natürlich kann es auch sein, daß Adam nicht der einzige war, der in Eden arbeitete, wovon man grundsätzlich auch ausgehen sollte, denn Adam war nicht die Beschreibung einer einzelnen Person, sondern es war die Bezeichnung für eine Gruppe. Vermutlich sind diese Überlieferungen Teile eines Berichtes, in dem es um die Fortpflanzung der Menschen ging. Es war die Zeit gekommen, in der die Entwicklung oder Erprobung erreicht war und in der die Menschen fruchtbar wurden und nicht mehr nur Hybriden waren, die nicht fortpflanzungsfähig sind.

Wie Eva erschaffen wurde, ist um so erstaunlicher. Hier wird in der Bibel folgendes berichtet:

„Da ließ Gott der Herr (Elohim/Götterwesen)
einen tiefen Schlaf fallen auf den Menschen,
und er entschlief. Und nahm seiner Rippen eine
und schloß die Stelle zu mit Fleisch.
Und Gott (Elohim/Götterwesen) *baute ein Weib aus*
der Rippe, die er von dem Menschen nahm,
und brachte sie zu ihm." (Genesis 2, 22-23)

Hier wird erneut von einer Manipulation gesprochen. Es wird ein operativer Prozeß beschrieben. Im nächsten Vers wird die Verwunderung Adams ausgedrückt:

„*Das ist doch Bein von meinem Beine*
und Fleisch von meinem Fleische;
man wird sie Männin heißen, darum daß
sie vom Manne genommen ist." (Genesis 2, 23)

Sicherlich ist das mit der Rippe nicht zu wörtlich zu nehmen. Vergessen wir dabei nicht, daß Jahrtausende vergingen, bis die alten Texte in der biblischen Version entstanden. Viele der Übersetzer und „Kopierer" waren sich womöglich über Sinn und Inhalt zahlreicher Passagen nicht mehr im klaren. Unter anderem, weil eben einzelne Passagen im Zusammenhang nicht mehr eindeutig zu deuten waren. Vermutlich hielten sich die Übersetzer an die Tradition und übersetzten die alten Texte beharrlich. Die alten Überlieferungen helfen uns auch hier deutlich weiter. Das hebräische Wort für *Eva* ist *Cheva* (sumerisch: *Chawa*), was übersetzt bedeutet: *die aus Leben ist* oder *die Leben schafft*!

Eva wurde aus „Leben" beziehungsweise aus Adam erschaffen, das heißt, sie stammt von Adam ab und taucht erst viel später in der Genesis auf!

Eine andere Stelle aus der biblischen Version wollen wir uns noch einmal vor Augen halten:

„*Und Gott* (Elohim/Götterwesen) *sprach:*
Lasset uns Menschen machen
ein Bild, das uns gleich sei...
Und Gott (Elohim/Götterwesen) *schuf den Menschen*
ihm zum Bilde, zum Bilde Gottes schuf er ihn
und er schuf sie als Mann und Frau." (Genesis 1, 26-27)

Halten wir uns vor Augen, daß der Text monotheisiert wurde, und das wohl absichtlich, wie im ersten Kapitel erörtert wurde.

Ursprünglich hatte hier eine Gruppe von Götterwesen den Entschluß gefaßt, den Menschen zu erschaffen. Sie schufen die Menschen nach ihrem eigenen Bild. Wie wir bereits aus den alten Überlieferungen erkennen konnten, hatten die Anunnaki hiermit die Absicht verfolgt, den vorhandenen Affenmenschen – durch die genetische Manipulation mit ihren eigenen Genen – auf ein entsprechendes Entwicklungsniveau zu heben. Die Arbeiter oder Sklaven, die sie schufen, mußten entsprechende Fähigkeiten haben, um ihre schwere körperliche Arbeit zu verrichten.

Interessante Hinweise finden wir in einigen unbekannten geschichtlichen Quellen, durch die wir auf einen reptilischen Ursprung der ersten Menschenpaare schließen können. Besonders beachtenswert ist das natürlich hinsichtlich des ersten Kulturbringers **Enki**, über den ich bereits im dritten Kapitel berichtet habe. Enki war von reptilischer Natur. In dem Werk von R. A. Boulay, benutzt dieser hauptsächlich alte hebräische Schriften, die die alten Hebräer absichtlich – wegen der enthaltenen Peinlichkeiten – aus der Bibel wegließen. Dazu gehörten zum Beispiel die Bücher der Jubiläen, drei Henochbücher, die Qumran-Rollen, die Lehren gnostischer jüdischer Sekten, die zu Jesus Zeit existierten und ebenso die Haggada (eine Sammlung mündlicher rabbinischer Überlieferungen). Aus eben dieser Haggada zitiert Boulay eine Geschichte von Adam und Eva:

„Das erste Ergebnis war, daß Adam und Eva
nackt wurden. Zuvor war ihr Körper mit einer
***hornigen Haut überzogen (?)** und in die Wolke*
der Herrlichkeit gehüllt gewesen. Kaum hatten
sie das ihnen auferlegte Gebot übertreten, als die
Wolke der Herrlichkeit und die hornige Haut von
ihnen abfielen und sie dastanden, in Nacktheit und Scham.“ (36)

Weiter zitiert Boulay auch eine gnostische Version von Adam und Eva:

„Nun glaubte Eva den Worten der Schlange.
Sie betrachtete den Baum. Sie nahm etwas von
seinen Früchten und aß sie und gab auch ihrem
Manne davon, und auch er aß. Dann öffnete sich ihr
Geist. Denn als sie aßen, schien ihnen das Licht der
Erkenntnis: Sie wußten, daß sie bezüglich ihres Wissens
nackt waren. Als sie ihre Schöpfer sahen, verabscheuten
sie sie, denn sie waren tierischer Gestalt.
Sie verstanden sehr viel.“(36)

Zum einen finden wir in diesen Texten einen Hinweis auf einen möglichen reptilischen Charakter Adams und Evas, zum anderen erneute Hinweise auf eine Gruppe, die die ersten Menschenpaare erschuf. Hier wird deutlich beschrieben, daß diese „Götter" Mischwesen waren. Nun wird uns einmal mehr bewußt, warum die frühen Christen viele alte Schriften entfernt haben. Könnte dies das Auftauchen der Anunnaki belegen und ihre Manipulation am „Urmenschen" erklären?

In der heutigen Zeit sind derartige Theorien natürlich nicht gern gesehen, besonders von der orthodoxen Wissenschaft nicht, ganz zu schweigen von der christlichen Kirche und nicht zuletzt von den anderen führenden Religionen der Erde. Es ist gar nicht absehbar, welche Konsequenzen die Verbreitung dieses Wissens nach sich ziehen würde. Bevor wir auf diesen interessanten Punkt näher eingehen werden, beleuchten wir im nächsten Kapitel zunächst einmal die Evolutionslehre von Charles Darwin, die, wie wir belegen werden, einige Mängel aufweist.

Auch die Götter sind in Eden...

Offensichtlich kam es zwischen den beiden Brüdern Enlil und Enki zum Streit, obwohl beide über eigene Herrschaftsgebiete verfügten. Enlils Zuständigkeitsbereich war in Mesopotamien, während Enki weiter südlich in E.ABZU regierte und den Bergbau vorantrieb. Es ist anzunehmen, daß der „neue Adam" Anlaß zum Streit gab. Als Enlil sah, wie gut der neue Arbeiter funktionierte, erhob er natürlich auch Anspruch auf ihn. So läßt sich auch logisch erklären, wie und warum Adam nach E.DIN kam. Enlil holte ihn in den „Garten Eden", damit er fortan für die „Götter" arbeite. So steht es auch in der Bibel (Genesis 2, 15):

„*Und Gott* (Elohim/Enlil) *setzte*
den Menschen in den Garten Eden.
Er übertrug ihm die Aufgabe
ihn zu pflegen und zu schützen."

Es ist davon auszugehen, daß Enki die genetische Manipulation der Hybriden weiter vorantrieb und die Menschen erst geraume Zeit später fortpflanzungsfähig wurden.

„Mit großem Verständnis
vervollkommnete er ihn,
Weisheit hatte er ihm verliehen...
Ihm hatte er Wissen gegeben,
ewiges Leben hatte er ihm nicht gegeben.“

Damit ist wohl die Frucht der Erkenntnis des Guten und des Bösen gemeint, worüber die Bibel berichtet. Es schien Enlil und einigen anderen „Göttern“ nicht zu passen, daß aus dem eigentlichen Vorhaben, einen primitiven Arbeiter zu schaffen, ein Mensch wurde, der dann auch noch fortpflanzungsfähig wurde. Das war allein den „Göttern“ bestimmt. Enlil hatte Angst, daß Enki als nächstes vielleicht einfallen würde, Adam ewiges Leben zu verleihen. Hatte Enlil daraufhin vor, den erschaffenen Menschen wieder zu vernichten? Enlil beschwerte sich bei seinem Vater. Daraufhin, so wird berichtet, wurde Adam (Adapa) vor den Thron Anus geführt, auf dem Planeten Marduk. Von seinem Führsprecher Enki wurde er gewarnt und zugleich vorbereitet.

„Adapa du wirst vor Anu, den Herrscher treten...
Wenn du vor Anu stehst,
wenn sie dir das Todesbrot anbieten,
darfst du es nicht essen.
Wenn sie dir das Todeswasser anbieten,
darfst du es nicht trinken.“

Daß Eden nicht das Paradies oder der Garten der Glückseligkeit war, sondern eine Ebene oder ein fruchtbarer Landstrich in Mesopotamien (*E.DIN*), wo Domestizierung und Kultivierung, also möglicherweise eine Agrarkultur war, habe ich bereits erwähnt. Mit dem Garten Eden verbinden wir Menschen auch das Paradies nach dem Tod – ein Ort der Glückseligkeit. Davon war in der Bibel nie die Rede. Das ist eine Erfindung! Diese Erfindung ist den Menschen immer gut verkauft worden, quasi als Belohnung für ein gehorsames und rechtschaffenes Leben. Der Preis dafür war Anbetung und Verehrung eines leibhaftigen „Gottes“ beziehungsweise einer Göttergruppe. Wir sollten uns klar vor Augen halten, daß die alten Texte (und eben auch die Bibel) berichten, daß Eden im Gebiet der Quellen von Euphrat und Tigris gelegen hat – ein realer Ort auf der Erde also! Das wiederum belegt einmal mehr den Ursprung beziehungsweise die Abschrift der biblischen Version von den babylonischen und letztendlich wohl von den sumerischen Texten. Das „Paradies" war ohne Zweifel ein Ort in Mesopotamien! Adam, das geht auch aus der biblischen Version hervor, existierte bereits vor dem „Garten Eden". Die Frau (Eva) hingegen nicht – sie wurde erst erschaffen, als Adam schon im „Garten Eden" lebte. Wir erfahren auch, warum „Gott" (Elohim – Götterwesen) Adam „nahm" und in den Garten setzte:

„...damit er ihn anbaue und pflege." (Genesis 2, 15)

Wir wollen den sogenannten „Sündenfall" nicht bis ins kleinste Detail beleuchten, jedoch einige Punkte betrachten, aus denen das Vorhandensein der Elohim im „Paradies" in Mesopotamien aus den alten Schriften – und demzufolge auch aus der biblischen Version – klar hervorgeht.

Während Adam bereits im Garten Eden beziehungsweise in dieser fruchtbaren Gegend in Mesopotamien lebte und arbeitete, betrat irgendwann auch Eva die Weltbühne und lebte und arbeitete als „Gehilfin" Adams in Mesopotamien. Dann kam der besagte „Sündenfall", der die Götterwesen erzürnte und sie veranlaßte, Adam und Eva aus dieser Gegend zu vertreiben. Was auch immer passiert war, es muß schwerwiegend gewesen sein und veranlaßte die Götterwesen, nach Eden zu kommen.

„Und sie hörten die Stimme Gottes des Herren, der im Garten ging, da der Tag kühl geworden war. Und Adam versteckte sich hinter seinem Weibe vor dem Angesicht Gottes des Herrn unter die Bäume des Herrn und Gott der Herr rief Adam und sprach zu ihm: Wo bist du? Und er sprach: Ich hörte Deine Stimme im Garten und fürchtete mich, denn ich bin nackt, darum versteckte ich mich." (Genesis 3,8-10)

Es wird in der „Ur-Genesis" nicht einmal über den Umstand gesprochen, warum „Gott" durch den Garten wandelte. Es ist laut biblischer Version auch davon auszugehen, daß „Gott", bevor er Adam rief, gar nicht wußte, was bereits geschehen war (der Sündenfall).

Aufschlußreich ist ein Auszug aus einem der „apokryphen Bücher“ der Bibel. Diese Schriften sind nicht in den Kanon der Bibel aufgenommen worden, obwohl sie in der Frühzeit den selben heiligen Stellenwert besaßen – hiervon ist auszugehen! Insgesamt wurden von rund achtzig Evangelien nur vier in das Neue Testament übernommen, das ist sehr auffällig!

In der Schrift der „Apokalypse des Moses“ wird genau berichtet, wie „Gott“ nach Eden in das „Paradies“ reiste:

> *„Als wir die Erzengel trompeten hörten, da dachten*
> *wir: Gott* (Elohim/Götterwesen) *kommt ins Paradies,*
> *um uns, Adam und Eva zu richten; deswegen*
> *fürchteten wir uns und suchten Versteck. Gott aber*
> *fuhr zum Paradies in einem Cherubwagen* (?!);
> *die Engel priesen ihn. Als Gott das Paradies betrat, da*
> *schlugen alle Bäume wieder aus dem Bezirke Adams*
> *wie in einem und Gottes Thron ward aufgestellt beim*
> *Lebensbaum.“* (Apokalypse des Mose)

Besonders interessant ist hier, daß „Gott“ (Elohim/Götterwesen) sich in einem sonderbaren Wagen („*Cherubwagen*“) fortbewegte beziehungsweise herumflog! Über derartige „Wagen“ oder „Flugobjekte“ berichtet unter anderem auch der Prophet Jesaja.

Aufgrund der schwerwiegenden Verfehlung Adams und Evas, kommt es zur Vertreibung aus Eden und zur Bestrafung Evas:

> *„Und zum Weibe sprach er: Ich will dir viel*
> *Schmerzen schaffen, wenn du schwanger wirst.*
> *Du sollst mit Schmerzen wieder gebären und dein*
> *Verlangen soll nach deinem Manne sein,*
> *und er soll dein Herr sein.“* (Genesis 3,16)

Was war in Mesopotamien im „Paradies“ beziehungsweise im Garten Eden passiert, daß die Götter so verärgert waren? Wir können auch aus diesen Passagen ersehen, daß die biblische Version „abgeschrieben“ wurde und somit an die alten Überlieferungen aus Mesopotamien angelehnt ist und auch mit der Erschaffung des Menschen durch die Anunnaki-Götter zusammenhängt, die immer wieder in Eden (E.DIN) auftauchten und verkehrten.

Wir müssen uns vor Augen führen, daß die wenigen Seiten der biblischen Version über einen Zeitraum von vielen Jahrtausenden berichten, also einem undenkbar langen Zeitraum! Von den ersten Versuchen, den auf der Erde lebenden Primaten durch Manipulation auf ein höheres Niveau zu heben, bis zu dem Zeitpunkt, an dem die Anunnaki schließlich den Adam, den *Homo Sapiens*, durch Einpflanzung einer befruchteten Eizelle in die Gebärmutter einer Anunnaki-Göttin erschufen, verging eine lange Zeit.

Dann erst wurden laut alten schriftlichen Überlieferungen weitere Exemplare vervielfältigt, bevor die erschaffenen Menschen fortpflanzungsfähig wurden. In diesem Zusammenhang ist die Tatsache interessant, daß Eva zunächst gar nicht in Eden war, sondern erst noch erschaffen wurde. Auch das wäre ein Beweis dafür, daß die ersten Exemplare der „Adams" Hybriden waren und in Eden lebten und arbeiteten.

Nachdem der Mensch aus dem „Garten Eden" vertrieben worden war, erteilte jemand den Befehl, östlich von Eden Wächter aufzustellen. Vorher wurde noch von „Gott" persönlich ein Fluch ausgesprochen, der von nun an auf Adam und Eva lasten sollte:

> *„Den Eingang des Gartens ließ Gott*
> (Elohim/Götterwesen) *durch die Cheruben*
> *und das flammende Schwert bewachen.*
> *Kein Mensch sollte mehr zum*
> *Baum des Lebens gelangen."* (Genesis 3,24)

Außerdem wird berichtet, daß Adam, als er Eden verließ, einen Beutel mit Gewürzen, Samen und Früchten mitnahm.

Bei unserem kurzen Ausflug in das „Paradies" nach Eden in Mesopotamien wird eines ganz deutlich, nämlich daß auch hier Hinweise auf die Anunnaki-Götter zu finden sind. Zum einen ist der „Garten Eden", wie wir bereits erörtert haben, zu keiner Zeit der Ort der Glückseligkeit gewesen, zu dem er bis zum heutigen Tage gemacht wird – das ist eine Erfindung und ein großer Irrtum zugleich. Eden war in der Vergangenheit ein realer, historischer Ort, das sagen selbst die Bibel und die ihr vorangegangenen älteren Schriften aus dem Zweistromland. Zum anderen ist Adam, wie ich schon dargelegt habe, kein Eigenname für den ersten Menschen, sondern eine Beschreibung für eine Menschengruppe oder ein Menschengeschlecht. Unter diesem Gesichtspunkt wird um so mehr deutlich, daß Eden ein kultivierter Ort war, an dem das „Geschlecht Adams“ gelebt und gearbeitet hat, unter der Herrschaft der Götter, die laut den alten Überlieferungen dieses erste Menschengeschlecht künstlich, das heißt durch Genmanipulation erschaffen haben.

KAPITEL 5
RIESEN, TITANEN UND DER GROSSE GILGAMESCH

„Geheime Dinge hat er gesehen,
was verborgen den Menschen ist, kennt er.
Er hat sogar achrichten gebracht von den
Zeiten vor der Sintflut.
Er unternahm auch die Reise ins Ferne,
beschwerlich und unter Schwierigkeiten.
Er kehrte zurück und schrieb seine Mühsal
auf eine steinerne Säule."

(Gilgamesch-Epos)

Die „Göttersöhne" der Bibel

In den biblischen Texten, in den alten mesopotamischen Texten und in vielen anderen Überlieferungen weltweit wird über große Männer, Riesen und Titanen gesprochen, die geherrscht haben und bis heute nichts an Faszination und Interesse eingebüßt haben. Im dritten Kapitel wurde beschrieben, wie die „Göttersöhne" auf die Erde herabkamen und sich mit den Töchtern der Erde paarten:

> *„In jenen Tagen gab es auf Erden die Riesen, und auch später noch, nachdem sich die Göttersöhne mit den Menschentöchtern eingelassen hatten und diese ihnen Kinder geboren hatten. Das sind die Helden der Vorzeit, die berühmten Männer."* (Genesis 6,4)

In einigen Überlieferungen wird auch von Gewaltigen und Titanen gesprochen. Interessant ist auch der Text aus der Bibel der Deutschen Bibelgesellschaft von 1982. Hier wird berichtet:

> *„Damals, und auch später noch, lebte auf der Erde das Geschlecht der Riesen. Sie waren aus der Verbindung der Göttersöhne mit den Menschentöchtern hervorgegangen und sind als die großen Helden der Vorzeit bekannt."*(36)

Erschreckend ist dagegen die Aussage „Gottes“ in Genesis 6, Vers 7. Dort beklagt er sich über das sündige und böse Verhalten der Menschen, die er erschaffen hat. Er sagte:

„Ich will die Menschen wieder ausrotten – und nicht nur die Menschen, sondern alle Tiere, die auf dem Land und in der Luft leben. Es wäre besser gewesen, wenn ich sie gar nicht erst geschaffen hätte.“

Das tat er dann schließlich auch. Es kam die Sintflut (das Gericht „Gottes“ über die bösen Menschen), und mit ihr wurde auch das Geschlecht der Riesen auf der Erde vernichtet.

Auch in der mesopotamischen Überlieferung wird interessanterweise auf die Sintflut hingewiesen. Hier ist der eigentliche Grund für die Sintflut der Streit beziehungsweise die Interessenkonflikte zwischen Enlil und Enki, den beiden Söhnen Anus. Enlil war nicht einverstanden damit, daß Enki die Menschen so vervollkommnete und sie letztlich sogar fruchtbar und fortpflanzungsfähig machte. Die Befürchtung Enlils ging möglicherweise noch weiter. Er hatte vermutlich Angst, daß Enki dem Menschen die Unsterblichkeit verlieh.

Jeder kennt wohl die Geschichte von David und Goliath (1. Samuel 17, 4), in der über den drei Meter großen Goliath berichtet wird:

„Da trat aus den Reihen der Philister ein einzelner Krieger hervor. Er hieß Goliath und stammte aus Gat. Er war über drei Meter groß...“

In Davids Philisterkämpfen wurde weiter von Riesen berichtet:

„...als er (David) *vom Kampf erschöpft war, versuchte ein Riese, namens Jischbi-Benob, ihn zu töten.“*

Später, in Vers 20, wird von einem weiteren Riesen mit sechs Fingern an jeder Hand und sechs Zehen an jedem Fuß berichtet. Insgesamt wurde hier von vier Riesen gesprochen.

Im Alten Testament gibt es noch weitere Verse, in denen das Geschlecht der Riesen eine Rolle spielt.

Die Riesen waren demnach reale Lebewesen auf der Erde, und sie standen wohl auch in Beziehung zu den Elohim (*Götterwesen*) und sind aus den Kreuzungen zwischen Menschen und „Göttern" hervorgegangen. Waren sie ein Produkt der Schöpfung der Anunnaki-Götter?

Wir finden auf dem ganzen Erdball – in Berichten, Sagen und Überlieferungen – Geschichten mit und über Riesen: in den Sagen der Eskimos, die Griechen nannten sie Zyklopen, und in den indischen Sagen werden sie Daityas genannt. Wir finden Überlieferungen in Asien, in Südamerika und in alten Berichten vieler anderer Naturvölker.

So finden wir zum Beispiel in den mesoamerikanischen Mythen und Überlieferungen, beispielsweise bei den Azteken, interessante Hinweise und Berichte über die Erschaffung von Himmel und Erde. Die Azteken berichten über vier Welten oder Sonnen. ***Tezcatlipoca***, der Stammesgott der Azteken und Bruder des ***Quetzalcoatl***, herrschte über die erste Erdsonne, die von Riesen bevölkert wurde. Die Riesen waren so stark, daß sie Bäume mit den bloßen Händen ausreißen konnten.

Gilgamesch – der König, der unsterblich werden wollte...

Einer der bekanntesten und ältesten Berichte über Riesen, Tyrannen oder eben die großen Herrscher der Vorzeit, ist sicherlich der von Gilgamesch. Jeder hat wohl schon einmal etwas über den „Gottmensch" aus dem Zweistromland gehört, der sich in die Unterwelt aufmachte, um die Unsterblichkeit zu erlangen.

Wir wollen uns nun kurz den alten Schriften aus dem Zweistromland zuwenden, die über den „unsterblichen" König berichten. Der in akkadischer Sprache abgefaßte Bericht über Gilgamesch ist in zweierlei Hinsicht zu beachten. Zum einen in bezug auf die Tatsache, daß die Anunnaki Einfluß auf die Menschen ausübten und eine Manipulation beziehungsweise Vermischung dieser Anunnaki-Götter mit den Affenmenschen stattfand.

Der zweite interessante Punkt in diesem alten Bericht ist die Tafel XI, auf der wir dem biblischen Noah begegnen (hier heißt er ***Utnapischtim***), der Gilgamesch Einzelheiten über die Flut (die Sintflut) erzählte, womit wir ein weiteres Indiz dafür hätten, daß die späteren biblischen Schriften Abschriften der Berichte aus Mesopotamien sind!

Grundlage meiner Ausführungen sind die zwölf Tafeln in akkadischer Sprache, die aus Assurbanipals Bibliothek in Ninive stammen. Sie wurden in den Ruinen des Tempels von Nabu in der Palastbibliothek gefunden. Die zwölf Tafeln entsprechen jeweils einem Kapitel. Bis die Forscher letztlich herausgefunden hatten, daß es sich bei der Fassung um die Geschichte von Gilgamesch handelt, verging einige Zeit, und es mußten einige Mißverständnisse erkannt und ausgeräumt werden. Zunächst hielt man den König für den biblischen Nimrod und bezeichnete die zwölf Tafeln eine Zeitlang folglich als Nimrod-Epos. Erst nach weiteren Funden stellte sich heraus, daß es sich bei dem König um ***GIL.GA.MESCH*** handelt.

Heute können wir mit Sicherheit sagen, daß dieser Gilgamesch etwa um 2800-2600 v.Chr. Herrscher von Uruk war, zur Zeit der ersten Dynastie. Nach der sumerischen Königsliste hat dieser Gilgamesch 126 Jahre lang regiert! (Andere Quellen sprechen von einer Regierungszeit von über dreihundert Jahren.)

Er war zu zwei Drittel göttlich und zu einem Drittel Mensch. Seine Mutter war die „Göttin“ ***Ninsun*** und sein Vater der König ***Lugalbanda***. Die sumerische Königsliste gibt hier an, daß sein Vater ein Hohepriester aus Kullab war.

Gilgamesch war ein weiser und wissender Herrscher. Eine seiner größten Taten war der Bau der Stadtmauer von Uruk, die in dem Epos erwähnt wird. Von einem späteren Herrscher des Stadtstaates Anam wird das bestätigt. In seinem Bericht über den von ihm veranlaßten Wiederaufbau der Stadtmauer, bezeichnet er diese als ein altes Werk Gilgameschs.

Bild 23: Die Sintflut-Tafel mit dem Gilgamesch-Epos

Dieser Gilgamesch, der zumindest aufgrund seiner Abstammung den Status eines Halbgottes hatte, verfügte, wie zum Beispiel ***Assurbanipal***, über großes Wissen über geheime Dinge, und auch hier finden wir klare Hinweise auf die Sintflut und auf eine Zeit vor dieser.

„Geheime Dinge hat er gesehen,
was verborgen den Menschen ist, kennt er.
Er hat sogar Nachrichten gebracht
von der Zeit vor der Sintflut.
Er unternahm auch die Reise ins Ferne,
beschwerlich und unter Schwierigkeiten.
Er kehrte zurück und schrieb seine Mühsal
auf eine steinerne Säule." (2)

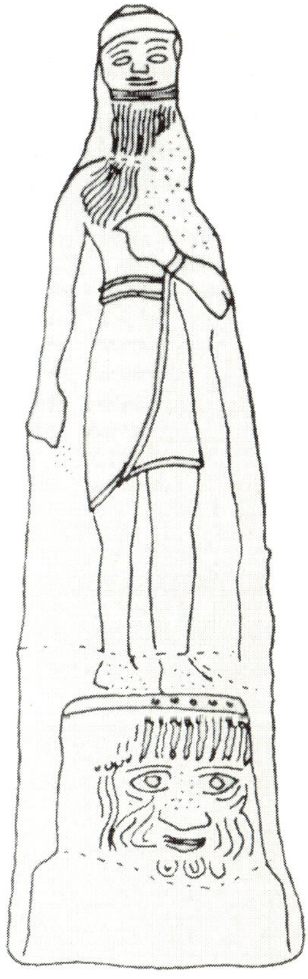

Abb. 14:
Eine mögliche Darstellung Gilgameschs auf dem Kopf des besiegten Chambaba

Zu einer weiteren zentralen Figur wird der Tiermensch ***Enkidu***, der erst erschaffen werden sollte – als Rivale für Gilgamesch. Die Einwohner Uruks riefen Aruru, die Mutter der „Götter" und baten sie darum. Und auch hier finden wir, ähnlich wie im Schöpfungsbericht, Anzeichen für das Eingreifen der „Götter", wobei auch hier das Anliegen an eine „Göttin" herangetragen wird (im Schöpfungsepos war Ninti die Geburtsgöttin!).

„Aruru wusch sich die Hände,
kniff sich Lehm ab,
warf ihn draußen hin.
EN.KI.DU., den gewaltigen, schuf sie,
einen Helden, einen Sprößling der Nachtstille,
mit Kraft beschenkt von Ninutra." (66)

Daß Enkidu ein Tiermensch war, wird in weiteren Ausführungen deutlich.

„Mit Haaren bepelzt am ganzen Leibe;
mit Haupthaaren versehen wie ein Weib...
Das wallende Haupthaar, ihm wächst
wie der Nisaba.
Er kennt weder Familie noch Heimat;
mit den Gazellen verzehrt er das Gras,
mit den wilden Tieren ringt er an den
Wasserstellen.
An den wimmelnden Geschöpfen im Wasser
erfreut sich sein Herz.“(5)

Ich habe diesen Vers schon im Vorfeld zitiert, in Verbindung mit den Mischwesen in Kapitel 3.

Dieser wilde und primitive Mensch mußte erst noch gezähmt werden. Dies übernimmt die Dirne ***Schamhat***. Nachdem Enkidu sie sechs Tage und sieben Nächte geliebt hat, ist er ein anderer Mensch!

Schamhat war es auch, die Enkidu überzeugen wollte, daß Gilgamesch sein Freund sein kann. Und so kam es dann auch, nachdem Enkidu nach Uruk ging, um den großen Gilgamesch herauszufordern. Es kam zu einem Ringkampf, der mit der Einsicht der beiden Männer endete, daß sie nicht dafür bestimmt waren zu kämpfen, sondern Freunde zu werden.

Gilgamesch offenbarte dann seinem Freund Enkidu seine Angst vor dem Tod. Enkidus Augen füllten sich mit Tränen, *„weh ward ihm ums Herz“*. Dann rät Enkidu ihm, die Wohnung im Zedernwald (Sitz der „Götter“) aufzusuchen. (Dieser Ort wird im Osten Mesopotamiens lokalisiert.) Dort müsse er erst das Ungeheuer ***Chumbaba*** besiegen, bevor ihm der Rang eines „Gottes“ verliehen und er Unsterblichkeit erlangen würde. Der Tod sei nun einmal den Menschen vorbehalten, die Unsterblichkeit aber den „Göttern“.

„Als die Götter den Menschen erschufen,
teilten sie den Tod der Menschheit zu,
nahmen das Leben für sich in die Hand.“

Die beiden Helden machen sich auf den Weg. Vorab wird aus den alten Texten auch berichtet, woher Enkidu weiß, daß die Götterwohnung im Zedernwald zu finden ist:

„Ich erfuhr es, mein Freund, im Steppenland,
da umher ich streifte mit den Tieren.
Auf sechzig Doppelstunden liegt unberührt der
Wald. Wer ist es, der hinab in sein inneres steige?
Chumbaba, sein Brüllen ist wie eine Flut,
Feuer sein Rachen, sein Atem der Tod...
Zu bewachen den Zedernwald hat Enlil ihn als
Schrecknis bestimmt für die Sterblichen!
Und wer hinab in den Wald steigt –
Lähmung packt ihn!"

An dieser Stelle weise ich darauf hin, daß ich schon in Kapitel 3 über Streit zwischen Enki (*EA*) und seinem Bruder Enlil berichtet habe. Enlil war erbost darüber, daß Enki die Menschen so weit entwickelt hatte, daß sie den „Göttern" gleich wurden, indem sie fruchtbar wurden.

Wir können uns heute ebenfalls eine Vorstellung davon machen, wie der „Wächter" Chumbaba ausgesehen haben mag. Auf einem Tontopf, der vermutlich aus Sippar stammt, befindet sich eine Inschrift, die besagt, daß es sich um Chumbaba handelt. Sein Gesicht ist mit Fettwülsten überzogen; er bietet einen abstoßenden und furchteinflößenden Eindruck (Abb. 15).

Die Tafel, die über das Gilgamesch-Epos berichtet, bietet einen aufregenden und packenden Erlebnisbericht. Gilgamesch und Enkidu sind nach dem langen Marsch erschöpft und begeben sich zur Ruhe. Doch mitten in der Nacht wachen Gilgamesch und Enkidu erschrocken auf:

„Warum bin ich nur so entsetzt...
Freund, das war, was ich sah, und es war entsetzlich;
Auf schrieen die Himmel, das Erdreich dröhnte!
Der Tag erstarrte, die Finsternis kam heraus,
aufblitzte ein Blitz, Flammen schossen auf!
Dann verschwand die Glut, das Feuer erlosch.
Und alles Herniederfallende wurde zu Asche."

Was sahen Enkidu und Gilgamesch in der Nacht? Blitze, Flammen und Asche, die herunterfiel? Nicht zu unrecht wird auch hier vielfach von Forschern darauf hingewiesen, daß es sich um ein Fahrzeug handeln könnte – welcher Art auch immer.

Tief beeindruckt – aber dennoch mit Mut und Willen – gingen die beiden Helden weiter und erreichten den Eingang zu dem geheimen Ort, und es kam – wie es kommen mußte – zum Kampf zwischen Gilgamesch und Chumbaba, den ersterer schließlich mit der Hilfe des „Gottes" ***Schamasch*** gewann, wie berichtet wird.

Chumbaba fleht um sein Leben, aber Enkidu bringt Gilgamesch dazu, ihm den Todesstoß zu versetzen.

Auf der VI. Tafel wird dann darüber berichtet, wie Gilgamesch nach Uruk zurückkehrt und die „Göttin" ***Ishtar*** um seine Gunst bemüht ist. Über die „Göttin" Ishtar wird interessanterweise berichtet, wie sie in einem ***Mu*** (Fluggerät) herumfliegt:

> *„Herrin, die du in deinem Mu fröhlich dich schwingst in Himmelshöhen. Über alle die ruhenden Orte fliegt sie in ihrem Mu."* (2)

Hier wird ganz offensichtlich von einem Fluggerät berichtet. Das Wort ***Mu*** kommt von dem semitischen Wort ***Schem*** und hat zwei Bedeutungen: Als ***Schu-mu*** kann es *das, wodurch man im Gedächtnis bleibt* heißen, aber auch *das, was ein* ***Mu*** *ist.* Beide Begriffe beschreiben einen konischen Gegenstand, entweder ein Flugobjekt der „Götter" oder einen Gedenkstein oder eine Stele. Dieses Mu, ob damit nun ein Fluggerät gemeint ist oder nicht, ist in jedem Fall der Vorläufer des Obelisken, der wenig später in Ägypten von großer Bedeutung wurde.

Abb. 15:
Das Gesicht Chumbabas, des Riesen aus dem Zedernwald

Gilgamesch widersetzt sich der Versuchung der schönen Ishtar, woraufhin diese wütend in den Himmel emporsteigt und Anu auffordert, den Himmelsstier zu schicken, um Gilgamesch zu töten. Auch diesen Kampf gewinnen die beiden Helden Enkidu und Gilgamesch.

Auf Tafel VII wird von Enkidus Tod berichtet. Gilgamesch bricht es fast das Herz, seinen treuen Freund verloren zu haben. So wird auf Tafel IX berichtet, daß er ziellos durch die Steppe irrt, voller Angst, den Tod erleiden zu müssen.

Er entschließt sich, ***Utnapischtim*** (den biblischen Noah) aufzusuchen, der zusammen mit seiner Frau die große Flut überlebt haben soll und das Geheimnis des ewigen Lebens kennt. Die Reise, so wird berichtet, ist voller Abenteuer und Gefahren: Löwen lauern an den Gebirgspässen, und das Tor zum steil aufragenden Berg Maschu, durch das er hindurch muß, wird von Skorpionmenschen bewacht.

„Deren Furchtbarkeit ungeheuer ist,
deren Anblick Tod ist, deren großer
Schreckensglanz Berge überfällt...“(13)

Gilgamesch findet den Weg und muß, so wird berichtet, das Innere eines Berges durchschreiten. Er trifft die Prophetin ***Siridu***, die ihm weiterhilft. Nach weiteren Strapazen trifft er schließlich und endlich ***Utnapischtim***. Auf Tafel X findet ein Gespräch zwischen Utnapischtim und Gilgamesch statt:

„Warum, Gilgamesch, vermehrst du die Klage?
Der du aus Fleisch der Götter und Menschen
herrlich gestaltet bist...?“

Er weist ihn darauf hin, daß man dem Tod nicht entgehen kann:

„Möchte da etwa jemand den Tod sehen,
jemand des Todes Angesicht,
jemand des Todes Ruf hören?
Und doch ist es der grimmige Tod,
der die Menschen abknickt!
Irgendwann errichten wir ein Haus!
Irgendwann siegeln wir ein Testament!
Irgendwann teilen wir Brüder!
Irgendwann herrscht Haß im Lande!

Irgendwann führt das Hochwasser des
angeschwollenen Flusses (etwas) davon.
Libellen treiben flußab!
Ein Antlitz, das in die Sonne sehen könnte,
gibt es seit jeher nicht.
Der Schlafende und der Tote,
wie gleichen sie einander!
Das Bild des Todes zeichnen sie nicht!"

Die XI. Tafel beginnt damit, daß Gilgamesch fragt, warum er und Utnapischtim sich äußerlich gleichen, obwohl der eine sterblich und der andere unsterblich ist. Auf diese Frage hin erzählt Utnapischtim die Geschichte von der Flut. Jeder Leser, der ein wenig mit dem biblischen Bericht über Noah und die Sintflut vertraut ist, wird unweigerlich deutliche Parallelen zur akkadischen Fassung aus dem Gilgamesch-Epos feststellen.

Auch hier – ähnlich wie in der biblischen Version – ist es „Gott" (Elohim/Götterwesen) und auch im Atrahasis-Epos sind es die „Götter", die beschließen, die Menschen zu bestrafen.

Deutlich ist die Parallele zum Atrahasis-Epos, denn auch hier ist es Enki (***EA***), der Utnapischtim warnt – vor dem, was die „Götter" beschlossen haben! So sendet er ihm eine Botschaft:

„*Mann von Schuruppak, Sohn Ubara-Tutus!*
Reiß ab das Haus, erbau ein Schiff,
laß fahren Reichtum, dem Leben jag nach!
Besitz gib auf, dafür erhalt das Leben!
Heb hinein allerlei beseelten Samen ins Schiff!"

Ein großes Schiff, dessen Maße präzise angegeben sind, wird gebaut und zu Wasser gelassen. Weiter berichtet Utnapischtim detailliert über sein Handeln, die hereinbrechende Flut und wie er und alle, die sich auf der „Arche" befanden, überlebten. Utnapischtim und seine Frau wurden danach von Enki für unsterblich erklärt:

„*Ein Menschenkind war zuvor Utnapischtim.*
Uns Göttern gleiche fortan Utnapischtim und sein Weib!"

Zu guter Letzt wird Gilgamesch doch das Geheimnis der Unsterblichkeit offenbart, nämlich der geheime Standort einer Pflanze. Wer von ihr ißt, verjüngt sich! Gilgamesch findet die Pflanze und macht sich zurück auf den Weg nach Uruk. Bevor er Uruk erreicht, rastet er mit seinem Begleiter *Urschanabi*. Er steigt in einen Brunnen mit kaltem Wasser, um sich zu waschen. Eine Schlange riecht den wohltuenden Duft und trägt die Pflanze davon. Da setzt sich Gilgamesch weinend hernieder. Er erkennt, daß es ihm verweigert ist, unsterblich zu sein.

Das Gilgamesch-Epos ist in jeder Hinsicht beeindruckend und ohnegleichen in unserem schriftlichen Erbgut – auch in wissenschaftlicher Hinsicht!

Viele Inhalte bestätigen und unterstreichen Passagen aus dem Atrahasis-Epos über die Schöpfung beziehungsweise die Erschaffung des Menschen durch die Anunnaki-Götter. Nicht zuletzt durch das Gilgamesch-Epos findet sich ein zweiter Beweis dafür, daß es Meinungsverschiedenheiten zwischen Enki (*EA*) und seinem Bruder gegeben haben muß. Es wird vermutet, daß es sich – wie im Schöpfungsbericht – um den Punkt der Fruchtbarwerdung Adams und Evas handelte. Gilgamesch war ein Göttersohn von übergroßer Gestalt, und schon durch seine genetischen Grundlagen war ihm ein höheres Alter bestimmt als den Erdenmenschen. Diese Tatsache finden wir infolgedessen nicht nur bei Gilgamesch. Auch bei anderen biblischen Personen wie Abraham, Henoch, Methusalem und so weiter wird von biologischen Lebenserwartungen berichtet, die einige Jahrhunderte umfassen.

Enlil wollte nicht, daß die Menschen den „Göttern" gleich werden. Das hatten sie Enki (*EA*) zu verdanken. Daher paßt es auch, daß Enki Utnapischtim vor der Strafe der „Götter" bezüglich der Sintflut gewarnt hat. Auch hier wird wieder deutlich, daß die biblische Genesis eine Abschrift alter Berichte und Texte aus dem Zweistromland ist.

Geht es hier um eine alte Göttersage beziehungsweise um einen Mythos, oder handelt es sich bei dem Gilgamesch-Epos um einen Tatsachenbericht? Aufgrund der Vergleiche und Parallelen zu anderen schriftlichen Überlieferungen und auch zu der biblischen Abschrift, letztlich aber aufgrund der Tatsache, daß Gilgamesch nun einmal vor zirka 5.000 Jahren als Herrscher von Uruk gelebt hat, ist von einem Tatsachenbericht auszugehen. Alles andere, also eine Verlegung dieses Epos in das Reich der Mythen – wie das viele Wissenschaftler heute mit Vorliebe tun, weil es nun einmal nicht in „unser Weltbild“ paßt – ist unbegründet und unwissenschaftlich!

Weltweite Überlieferungen – Sintflut und Götterboten

Über den ganzen Erdball verteilt findet sich in den verschiedensten Kulturen und Berichten alter Völker die „Legende“ über eine große Flut. Es gibt keinen Zweifel: Die große Flut fand statt!

Neben den Überlieferungen aus dem Zweistromland (Gilgamesch) und den Überlieferungen der Bibel (Noah), finden wir auch bei den Azteken, bei den Mayas, im Hinduismus, bei den Hopi-Indianern und bei vielen anderen Naturvölkern die Bestätigung für eine große Flut. Die Überlieferungen über kosmische Katastrophen und die große Flut könnten ganze Bibliotheken füllen. Um so interessanter und verblüffender ist die Ähnlichkeit der verschiedenen Überlieferungen. Szenerie und Inhalt sind immer die gleichen. In der einen Überlieferung heißt der Hauptdarsteller Noah (so wie in der Bibel) und in der anderen Utnapischtim (wie im Gilgamesch-Epos), in einer weiteren Ziusudra (bei den Sumerern) und in wieder einer anderen Atrahasis (bei den Akkadern). Es ist ein roter Faden, dem man unweigerlich folgt.

Weltweit finden wir unsagbar viele Überlieferungen und Berichte von den göttlichen Kulturbringern und vom Ursprung der Menschheit.

Im heiligen Buch des Koran (7. Sure) ist zu lesen, daß das Paradies auf einem anderen Planeten lag. Es wird als *Al-Araf – die Zwischenmauer* – bezeichnet. Eine Mauer, die das obere (Himmel) und das untere (Erde) trennt.

„*Wir haben euch geschaffen,*
dann euch gestaltet, und darauf zu
den Engeln gesagt: Verehrt den Adam.“

Das taten sie, bis auf einen ***Iblis*** – den Satan – er weigerte sich!
Auch hier kam es zum „Sündenfall“, weil Adam und Eva
die verbotene Frucht aßen. Der Herr war erbost. Allah aber sprach:

„Hinab mit euch! Einer ist des anderen Feind. Auf der Erde sei fortan eure Wohnung und Nahrung auf unbestimmte Zeit. Auf ihr sollt ihr leben und sterben und wieder hervor gehen.“ (36)

Sind demnach Adam und Eva im „Himmel“, das heißt auf einem anderen Planeten erschaffen worden und erst dann auf die Erde gekommen? Dem Koran nach könnte es so gewesen sein. Oder gab es sogar einen „himmlischen“ und dann einen „irdischen“ Adam?

Die Bibel berichtet an einer Stelle über einen „irdischen“ und einen „himmlischen“ Adam:

„Der erste Mensch ist aus Erde, ist Staub;
der zweite Mensch stammt aus dem Himmel.“ (Kor. 15, 47)

Andere Hinweise des Koran wiederum belegen außerdem eine künstliche Befruchtung:

„Siehe, wir erschufen den Menschen aus einer Samenmischung, ihn zu prüfen und wir gaben ihm Gehör und Gesicht.“ (76. Sure, Vers 2)

In einem anderen Vers wird ebenfalls von der Erschaffung des Menschen gesprochen:

„Erschaffen hat er den Menschen aus einem Samentropfen...“ (16. Sure, Vers 4)

Ein weiterer Auszug aus dem heiligen Buch des Islam handelt ebenfalls von einer künstlichen Erschaffung des Menschen:

„Er ist's, der euch erschuf aus Staub, als dann aus einem Samentropfen, dann aus geronnenem Blut; als dann läßt er euch als Kindlein hervorgehen...“(36)

Verbindungen zu den älteren Schriftzeugnissen aus dem Zweistromland sind auch hier erkennbar und anzunehmen. In jedem Fall gibt es auch in dem heiligen Buch des Islam Hinweise auf eine mögliche außerirdische Herkunft des Menschen und auch für eine künstliche Erschaffung. Erinnern wir uns daran, daß das Wort ***El*** (*Gott*) im Akkadischen ***Ilu*** und im Arabischen ***ilah*** bedeutet, woraus sicherlich das heutige ***Alah*** abgeleitet ist.

Die Azteken

Auch die Azteken berichten uns von verschiedenen Menschenrassen. Hier wird von dem Kulturbringer ***Quetzalcoatl*** berichtet, wie er nach Mictlan in die Unterwelt geht, denn er benötigt für die Erschaffung der Menschen von ***Mictlantecuhtli*** und seiner Gemahlin die Gebeine der menschlichen Ahnen. ***Quetzalcoatl*** erwiderte ***Mictlantecuhtli*** auf die Frage, was er damit wolle:

„Die Götter wünschen, daß jemand die Erde bewohne."

Nachdem ***Quetzalcoatl*** aus der Unterwelt entkommen ist, begibt er sich mitsamt seiner kostbaren Beute nach ***Tamoanchen***, dem geheimnisvollen Ort des Beginns. Dort mahlt die alte „Göttin" ***Cihuacoatl*** (oder: Schlangenfrau) die Gebeine, die sie in ein besonderes Keramikgefäß gibt. Die „Götter" versammeln sich um das Gefäß und lassen ein wenig von ihrem Blut auf das Knochenmehl tropfen. Das heutige Menschengeschlecht ist also aus einer Mischung aus gemahlenen Gebeinen, Fischmenschen und dem Opferblut der „Götter" erschaffen – so die Azteken.

Die Parallelen zu den sumerischen Überlieferungen sind nicht zu übersehen, denn auch hier ist ersichtlich, daß die Erschaffer über die Bedeutung des Blutes und des Knochens (Knochenmark!) Bescheid wußten.

Auch die Mayas berichten von verschiedenen Weltschöpfungen. Die beiden Schöpfer sind hier unter anderem ***Gucunatz***, die gefiederte Schlange aus den Tiefen des Meeres und ***Huracan***; er steht oben am Himmel, in Gestalt dreier Blitze.

Die beiden Schöpfergötter brauchten mehrere Versuche und hatten, so wird berichtet, zunächst Mißerfolge bei der Erschaffung der Menschen. Sie modellierten aus Ton, also auch hier spiegeln sich die Überlieferungen aus dem Zweistromland und den späteren Abschriften der Bibel wider, zum einen die künstliche Erschaffung und zum anderen das Merkmal Erde, Lehm oder Schlamm.

Auch hier wird von der Vernichtung einer Zwischenrasse durch eine Flut berichtet. Erst als die Erde von den Dämonen befreit war (nach der Flut), gelang die Erschaffung der „richtigen Menschen".

Die Hopis

Nicht weit von den Mayas und Azteken, finden wir bei den Hopi-Indianern einen wahren Schatz an Wissen. Auch hier wird von mehreren Welten oder Rassen berichtet. Die erste Welt wurde durch Feuer zerstört und die zweite durch Eis. Immer überlebten Menschen, und so kamen die Menschen von der ersten Welt in die zweite und von der zweiten Welt in die dritte Welt. Die hieß ***Kasskara***, was soviel wie *Mutterland* bedeutet. Der größte Teil dieses Erdteiles lag südlich des Äquators. In der Überlieferung durch den „Weißen Bär" ist interessanterweise auch von Atlantis die Rede. In dieser dritten Welt – Kasskara – gab es nämlich einen Kontinent, der östlich lag und deshalb „Land im Osten" genannt wurde – ***Talàwaitichqua***.

Die Hopis berichten über eine hohe Technologie der Atlanter, die wir bis heute nicht wieder erreicht haben. Es gab einen langen, grausamen Luftkrieg zwischen Kasskara und Atlantis – die dritte Welt ging unter und versank im Ozean! Ebenso interessant ist die Überlieferung der Hopis über die ***Kachinas*** (*hohe Wissende*). Diese hohen Wissenden waren schon seit Menschengedenken da; schon seit der ersten Welt. Dort hatten sie ***Kyàpchina*** geheißen. Sie waren die Götterwesen, die Kulturbringer, die aus dem Weltraum kamen. Sie kamen aber nicht aus unserem Planetensystem. Der Hopi-Name für diesen Planeten ist ***Tòonàotanna***, das heißt soviel wie *Bund der Planeten* oder *Band der zwölf Planeten*.

Hier finden wir die Parallele zum Nibiru, der auf seiner 3.600 Jahre dauernden Umrundung ein sogenanntes Planetenband bildete.

Bild 24 und 25:
Mit den Kachina-Puppen halten die Hopi-Indianer ihr Wissen von den göttlichen Kulturbringern lebendig.

Die Flugkörper der Kachinas wurden auch *fliegende Schilder* genannt. Sie flogen mit Magnetkraft, so die Hopi-Überlieferung. Sie hatten verschiedene Größen und Namen. Eines wurde von den Hopis ***Pàatoowa*** genannt – *das Objekt, das über Wasser fliegen kann*.

Bevor Kasskara und Atlantis untergingen, hatten die Kachinas eine „neue Welt" entdeckt, die gerade aus dem Wasser aufstieg (Topka). Es fand eine systematische Übersiedelung statt, schon bevor es zum endgültigen Untergang Kasskaras kam.

Die Eskimos

In einer Legende der Eskimos vom Noatah-Fluß in Alaska, finden wir wiederum eine interessante Überlieferung über die Erschaffung des Menschen. Die Legende berichtet über ein Wesen namens ***Tulungersag***, das die Eskimos auch *Vater Rabe* nennen. Hier wird von einer Zeit und einem Ort (Erde) im Himmel berichtet. Zu Beginn dieser Zeit formte dieser Vater Rabe eine Gestalt aus Lehm(!), die ihm gleich war. Dieser „Mensch" gefiel Vater Rabe aber nicht, so daß er ihn in einen Abgrund warf, wo er zum bösen Geist wurde.

Tulungersag interessierte sich irgendwann für den Abgrund, in den er die ersten Menschen geworfen hatte. Er schickte einen kleinen Sperling in diesen Abgrund hinein, um diesen zu erforschen. Der Vogel brachte ihm die Nachricht, daß da unten ein neues Land liegen würde, *„das gerade begonnen hatte, eine feste Kruste zu bilden..."*. Hier wird wohl eine frühe Zeit unserer Erde beschrieben. ***Tulungersag*** verwandelte sich in einen Raben, stieg hinab in die Tiefe und gelangte so auf unsere Erde.

Laut den Überlieferungen der Eskimos bestand kein großer Unterschied zwischen Mensch und Tier! Die Menschen konnten zu Tieren werden und Tiere zu Menschen. Die Schöpfungslegende berichtet weiter, daß dieser ***Tulungersag*** die Menschen auf der Erde in allerlei Dingen des täglichen Lebens unterrichtete. Er war also der erste Lehrer und Kulturbringer, ähnlich wie Enki im Zweistromland.

Die Hindus

Das Buch des ***Dzyan*** ist ebenfalls eine uralte Überlieferung, wahrscheinlich die älteste Anthropogenese. Diese alte Sanskrit-Schrift berichtet, zum Teil deutlicher als die alten Überlieferungen aus Mesopotamien und der Bibel, von der Erschaffung der Menschen, von mehreren Rassen und von dem Kontakt zwischen „Göttern" und Menschen. Es gibt vermehrt Hinweise auf „Wassermenschen", die wir in einem späteren Kapitel noch ausführlich behandeln werden. Das Buch berichtet detailliert über verschiedene Rassen, die die Erde in der Vorzeit bevölkert haben.

„Die Erde sprach: Herr des strahlenden Angesichts,
mein Haus ist leer...
Sende deine Söhne, um das Rad zu bevölkern.
Da sprach der Herr des strahlenden Angesichts:
Ich werde dir ein Feuer senden,
wenn dein Werk begonnen ist...
Sie wollte keine Söhne des Himmels rufen,
sie wollte keine Söhne der Weisheit verlangen.
Sie schuf aus ihrem eigenen Schoße.
Sie brachte Wassermenschen hervor,
schrecklich und böse..." (85)

Weitere Rassen kamen hervor und gingen wieder unter.

„...Da wuchsen die dritte und die vierte Rasse stolz in die Höhe. Wir sind die Könige, wir sind die Götter. Sie nahmen sich die Weiber, die schön anzusehen waren von den Gemütlosen, den Schwachköpfigen. Sie brachten Ungetüme hervor..." (85)

Die Ähnlichkeit dieses letztgenannten Verses zu dem uns schon bekannten Vers (Genesis 6, 1-4) aus der Genesis ist verblüffend. Auch dort wird von Göttersöhnen gesprochen, die auf die Erde herabkommen und sich mit Menschentöchtern paaren.

Das heilige Buch der Hindus berichtet, daß die „Götter" nach einer kosmischen Katastrophe selbst begannen, die Menschen zu formen. Auch hier wird berichtet, daß mehrere Versuche vonnöten waren, bis das richtige Exemplar gefunden wurde.

Auch Mißgebildete und Mutanten wurden hervorgebracht! Dann kam, wie auch nicht anders zu erwarten, eine große Flut. Die Menschen, die übriggeblieben sind, sind der heutigen Rasse zuzuordnen! Die „Götter" flogen in Luftfahrzeugen, in *Vimanas*, herum:

„Ein Apparat, der sich aus innerer Kraft bewegt, wie ein Vogel, ob auf der Erde, im Wasser oder in der Luft, heißt Vimana...“
(Maharishi Bharadwaja, Intern. Akademie für Sanskrit-Forschung)

Verschiedene indische Überlieferungen bieten mit die weltweit detailliertesten Beschreibungen von Flugmaschinen. In einigen Kapiteln finden wir auch Beschreibungen von der Kleidung der Astronauten und von verschiedenen Metallen und Legierungen zur Konstruktion der Vimanas.

Madame Helena Blavatzky berichtet in ihrem herausragenden Lebenswerk *„Die Geheimlehre“*, daß es auch in der jüdischen Tradition der Kabbala zwei Adams gab. Einen „himmlischen“, der zur Erde hinabstieg und einen „irdischen“ Adam, den Tiermenschen, der sich auf der Erde entwikkelte.

Verbreitet auf dem ganzen Globus finden wir Überlieferungen von Götterwesen, die vom „Himmel“ auf die Erde kamen und die ersten Menschen erschufen. Sie waren die ersten Kulturbringer. Weltweit wird von einer großen Flut berichtet, die plötzlich über die Menschheit hereinbrach. Von Riesen, Helden und Mischwesen wird berichtet, von „Göttern“, die sich mit den Menschentöchtern paarten.

Fossile Überreste von Mischwesen

Riesen, Helden, Mischwesen und „Götter“ – das ist doch alles reine Phantasie, höre ich die Kritiker leise denken. Dann werde ich ihnen jetzt einmal ein paar höchst erstaunliche naturwissenschaftliche Fakten präsentieren, die belegen, daß all die Mythen und Legenden von Fabel- und Mischwesen keine reinen Phantasieprodukte sind. Es hat sie gegeben! Dabei will ich an dieser Stelle gar nicht versuchen, die Frage zu beantworten, ob sie das Ergebnis des Eingreifens einer fremden Zivilisation auf unserem Planeten waren oder ein reines Produkt unserer Evolution. Alleine die Tatsache, daß es Mischwesen gegeben hat, deren Existenz durch fossile Funde bestätigt wird, läßt die vielen, Jahrtausende alten Überlieferungen in einem ganz andern Licht erscheinen.

Der amerikanische Paläontologe Professor Bob Slaughter berichtet in seinem Buch „Fossil Remains Of Mythical Creatures" (*Versteinerte Überreste mythischer Geschöpfe*) über sensationelle Entdeckungen.

Professor Slaughter war fünfundzwanzig Jahre lang Professor der Paläontologie und Direktor am Shuler Museum. Während dieser Zeit veröffentlichte er drei Bücher. Von 1971 bis 1972 war er Präsident der Texas Academy of Science. Hier erhielt er für seine herausragenden wissenschaftlichen Beiträge unter anderem eine Auszeichnung vom Amerikanischen Verband der mineralogischen Wissenschaft. Viele seiner Expeditionen und Feldforschungen in Europa, Ägypten, im Mittleren Osten und Mittelamerika wurden von verschiedenen wissenschaftlichen Gesellschaften und Universitäten unterstützt.

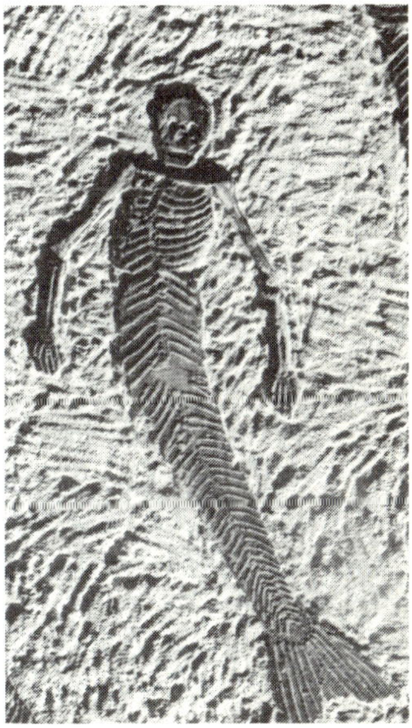

Bild 26 und 27:
Links die Steinplatte mit den fossilen Überresten von Seejungfrauen;
rechts die fossilen Überreste (Nahaufnahme) einer pazifischen Seejungfrau.
Bei der Nahaufnahme wird deutlich, wie menschenähnlich diese Geschöpfe waren.

Professor Slaughter berichtet in seinem Buch beispielsweise über Entdeckungen in Mittelamerika, an der Kanalfüllung aus der Gatune Formation, an der Nordseite des Panamaischen Kanals. Während einer Untersuchung mit den Geologen Bob und Jay Stewart, entdeckte die Studentin Jennifer Lezak – während eines Spazierganges – eine Steinplatte mit einem Schwarm von kleinen Seejungfrauen. Auf der Steinplatte (Bild 26 und 27) fanden die Wissenschaftler 34 vollständige Fossilien. Da die Steinplatte scheinbar der Teil einer noch größeren war, vermuteten die Wissenschaftler, daß es wahrscheinlich hunderte davon gab.

Es ist unübersehbar, daß diese Mischwesen zum Teil Menschen und zum Teil Fische sind. Das ist kein Einzelfall. Slaughter liefert uns in seinem Buch eine Vielzahl an für uns heute ungewöhnlichen fossilen Überresten mythischer Lebewesen. Jetzt werden sich einige Leser sicherlich die Frage stellen – und das zurecht –, warum man in den Medien über derartige Dinge nie etwas hört. Diese Frage habe ich in den letzten Jahren sehr oft hören müssen. Glauben Sie mir, das ist nur ein Tropfen auf den heißen Stein. Die wissenschaftlichen Erkenntnisse in diesen Bereichen sind sicherlich umfangreicher, als man die Öffentlichkeit wissen läßt – das ist eine „Goldene Regel"!

Aber sehen Sie selbst, was Wissenschaftler in den vergangenen Jahrzehnten gefunden haben. Bereits im Jahre 1970 entdeckte Professor Slaughter in Port Aransas in Texas, gemeinsam mit seinem Freund und ehemaligen Studenten Walter Sohl, fossile Überreste einer kleinen Seejungfrau. Nach der Laboruntersuchung der Wissenschaftler, wurde die Seejungfrau folgendermaßen beschrieben: *„Der Schädel, die Arme und die Schultern sind sehr menschenähnlich, aber sie sind klein. Dasselbe gilt auch für die Rippen, nur die Wirbel vom Kopf bis zum Schwanz sind konkav* (hohl, nach innen gewölbt) *und ähneln einem Fisch..."*(27)

Eine andere überraschende Entdeckung machte der Wissenschaftler, als er mit einem Kollegen in England war, um dort nach fossilen Säugetieren aus der Kreidezeit zu suchen. Was Slaughter gemeinsam mit Jill Alexander in Cliff End (im Südosten Englands) fand, war sensationell. Sie entdeckten eine neue Gattung und Spezies (Homopteryx nanus). Die beiden Skelette (Bild 28) zeigen ein männliches und ein weibliches Skelett mit Flügeln.

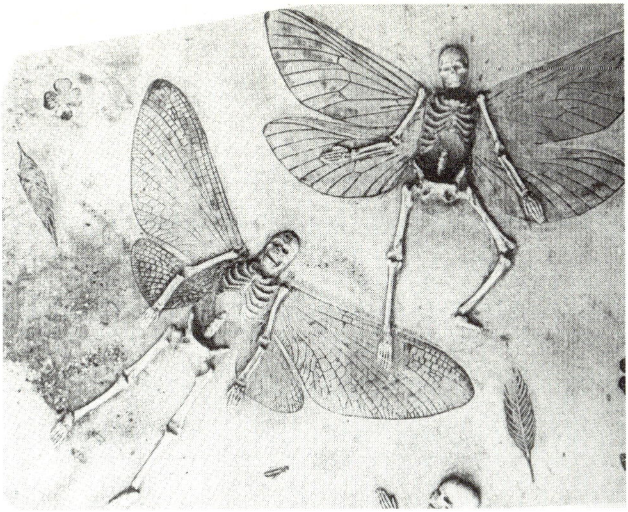

Bild 28:
Die Feen aus Cliff End

Die insektenförmigen Flügel der beiden Wesen sind so verschieden, daß manche Zoologen behaupten, daß es sich vielleicht sogar um zwei verschiedene Spezies handelt. Professor Slaughter selbst schließt das, aufgrund der Seltenheit fossiler Feen, klar aus.

Ich möchte Ihnen an dieser Stelle noch über eine andere fossile Entdekkung berichten. Auch hierbei handelt es sich um eine neue Gattung und Spezies (Primopteryx carrolli). Es ist ein vollständiges Skelett, das 1972 im Libanon, etwa dreißig Kilometer von Beirut entfernt, entdeckt wurde.

Die Kreatur ist zirka neunzig Zentimeter groß. Der Schädel ist affenähnlich, obwohl die Größe vom Gehirn und die Skelettproportionen menschenähnlich sind. Zusätzlich zu den normalen Armen und Beinen hat das Wesen Flügel (Bild 29). Nach Abschluß der Untersuchungen wurde unter anderem auch Dr. Mohamed Mocmon, Professor für Altgeschichte, für die weiteren Erklärungen hinzugezogen:

„Meiner Meinung nach scheint es sich hier um eine mythische Kreatur zu handeln. In Mesopotamien wurde sie Pazuzu genannt. Die alten Assyrer nannten sie Isusu. Ich vermute, daß es sich hier um dieselbe Kreatur handelt. Die schriftlichen Überlieferungen unterscheiden sich. In manchen wird dieser Dämon als ein Überbringer von Krankheiten dargestellt. Die anderen sagen, daß er gegen die Überbringer von Krankheiten kämpfte. Deswegen wurde er

Bild 29:
Das menschenähnliche Skelett mit Armen und Flügeln; in der Mitte ein Schutzschild. Rechts daneben ist ein Schwert zu erkennen.

oft dort gesehen, wo es Epidemien gab. Noch andere behaupten, daß er einfach ein Vandale und ein Schwindler war und daß er mit seinem Schwert Säcke mit Wasser öffnete. Die Größe von diesem Exemplar, das Schwert und seine Fähigkeit zu fliegen, das paßt alles zu Isusu."

Auch Radiokarbontests unterstrichen die Beschreibungen von Dr. Mocmon. Dem Ergebnis nach stammen die fossilen Reste etwa aus der Zeit von 750-250 v.Chr.. In dieser Zeit befand sich das assyrische Reich in seiner Spätphase.

Durch die naturwissenschaftlichen Beweise für einige der mythischen Wesen, durch die fossilen Funde von Naturwissenschaftlern wie beispielsweise Professor Bob Slaughter, lassen sich Berichte und Überlieferungen von Riesen, Titanen, Gilgamesch und Göttersöhnen sicherlich nicht endgültig und im einzelnen beweisen. Doch erscheinen sie jetzt mit Sicherheit in einem anderen Licht und liefern uns einen klaren Hinweis darauf, daß es diese mythischen Wesen wirklich gegeben hat. Mehr noch: Es ist eine Botschaft an die Wissenschaft, mit alten Überlieferungen und Mythen konstruktiver umzugehen.

Professor Slaughter schreibt hierzu:

„Die Evolution ist genauso bewiesen, wie die Schwerkraft... Als Paläontologe kann ich mir nur sehr schwer vorstellen, wie es zu einer Seejungfrau kommen konnte. Die Fische und die Säugetiere waren voneinander viel zu lange getrennt, als daß sie sich kreuzen konnten. Dasselbe gilt auch für die Ziegen und die Menschen (zum Beispiel Pan). Wenn ich die mythischen Figuren als echte Kreaturen betrachten muß, dann kann ich es nur aus folgenden Gründen machen. Ich bin Rod Serlings für die Idee dankbar, daß es mehrere Existenzebenen gibt, die gleichzeitig bewohnt werden. Es kann nicht bewiesen werden, aber ich glaube, daß diese Idee fast die einzige Erklärung dafür ist, warum es Kreaturen von unmöglichen Kombinationen gibt. Auf der anderen Ebene können andere Gesetze herrschen, und eine mythische Kreatur kann eine lange Evolution und einen vollständigen fossilen Beweis haben, aber weil sie auf der anderen Ebene existieren, können wir sie nicht erforschen..."

Bild 30:
Pazuzu, der akkadische Sturmdämon; hier wird er als Mischwesen dargestellt. Das akkadische Reich erstreckte sich bereits in der Zeit von etwa 2300 bis 2200 v.Chr..

Zusammenfassung

An dieser Stelle schließen wir den Kreis und führen uns zusammenfassend noch einmal folgende Punkte vor Augen:

Im ersten Kapitel haben wir die deutlichen Mängel, insbesondere die vielen Abschreibe- und Übersetzungsfehler der biblischen Autoren festgestellt. Bewußte Manipulation und Geheimhaltung fand zirka zweitausend Jahre lang statt. Eine weitere Erkenntnis unserer Darlegung ist, daß die biblische Version der Genesis wiederholte Abschriften von um Jahrtausende älteren Texten und Überlieferungen aus dem Zweistromland sind. Besonders deutlich wird das, neben dem biblischen Schöpfungsbericht, auch bei dem biblischen Sintflutbericht und Noah, der in den vorbiblischen Kulturen ebenso bekannt war, nur unter einem anderen Namen (Ziusudra, Utnapischtim, Atrahasis).

In den biblischen Vorlagen des Zweistromlandes finden wir noch interessante Hinweise auf die Entstehung beziehungsweise auf eine Frühzeit unseres Universums. Die alte „Sternkarte" der Akkadier läßt vermuten, daß schon im Zweistromland – also Jahrtausende vor den alttestamentarischen Niederschriften – die Gelehrten über einen, in Urzeiten noch existierenden zwölften Planeten unseres Sonnensystems Bescheid wußten. Aus ihren Überlieferungen geht klar hervor, daß dieser durch eine kosmische Katastrophe zerstört wurde. Erst durch diesen Zusammenstoß ist ein Teil des zerstörten Planeten, der heute die Erde bildet, abgesprengt und in eine neue Umlaufbahn geschleudert worden.

Die Anunnaki besiedelten die Erde zunächst, um Gold abzubauen. Mit ihnen kamen die großen Kulturbringer und Lehrer auf die Erde (Enki, Enlil und so weiter), über die es weltweit in den großen Kulturen und Naturvölkern Belege gibt, nicht zuletzt in den Kulturen des Zweistromlandes. Als die Arbeit zu schwer wurde, „erschufen" die Anunnaki den Menschen. Der Affenmensch lebte bereits auf der Erde und hatte sich durch natürliche Auslese und Selektion entwickelt. Mit diesem Typus verbanden die Anunnaki-Götter ihr Blut und führten ihn somit durch ihre genetische Manipulation auf eine höhere Entwicklungsstufe. Nach Zeiten des Probierens und der Versuche, war der „erste Arbeiter", der Mustermensch, der „erste Adam" erschaffen: der Homo Sapiens!

Der erste Mensch diente den Anunnaki-Göttern als Arbeiter. Wir haben festgestellt, daß in der Genesis und in den Vorlagen aus dem Zweistromland immer von einer „Göttergruppe" die Rede war, die in E.DIN, im Zweistromland, tätig war. Es war nie nur von einem einzelnen „Gott" die Rede! Diese Göttergruppe können die Anunnaki-Götter gewesen sein – Überlieferungen und Schriftzeugnisse sprechen überzeugend dafür!

Der manipulierte Affenmensch, aus dem sich der Homo Sapiens entwickelte, ist das mögliche fehlende Bindeglied in der Entwicklungslehre der Menschheit. Bis heute gibt es keinen endgültigen naturwissenschaftlichen Beweis für die darwinsche Entwicklungslehre – zumindest nicht für das plötzliche Auftauchen des Homo Sapiens. Seinem plötzlichen Erscheinen auf der Weltbühne geht nicht der notwendige Entwicklungszeitraum voraus. Diese nicht vorhandene oder zu kurze Entwicklungsspanne vom Affenmenschen zum Homo Sapiens ist nicht endgültig bewiesen (das sogenannte missing-link). Hierzu werde ich in Kapitel 6 Stellung nehmen und auch Mängel der darwinschen Entwicklungslehre aufzeigen. Die fossilen Funde, über die ich in diesem Kapitel berichtet habe, widerlegen die Evolutionstheorie nicht – im Gegenteil. Dennoch belegen die Fossilien VON Mischwesen einmal mehr, daß es in der Evolution unserer Spezies auf unserem Planeten bis heute viele ungeklärte Fragen gibt.

KAPITEL 6
DER ERSTE MENSCH KOMMT AUS AFRIKA

„Nach vorn zu schreiten, ohne zu wissen, woher man kommt, ist ein Unding."
(Robert Temple, Das Sirius-Rätsel)

Die Evolution nimmt ihren Lauf

Wie umfangreich das Thema Evolution ist, kann sich wohl ein jeder denken, ganze Bibliotheken sind zu diesem Thema schon zusammengeschrieben worden. Zu allem Mißverständnis ist die Evolutionstheorie im allgemeinen schon zur Evolutionslehre avanciert. Sie ist eine Theorie und zudem eine verhältnismäßig junge, mit einigen offenen Fragen und Widersprüchen. Daß der feste Gesetzcharakter der vermeintlichen „Lehre" immer noch aufrechterhalten und nicht zumindest teilweise revidiert wird, ist doch sehr bedenklich.

Ich stelle die Evolutionstheorie oder auch den Darwinismus vom Grundsatz her nicht in Frage. Wir befinden uns in einem stetigen evolutionären Fortentwicklungsprozeß. Dennoch steht die Evolutionstheorie bekanntermaßen nach dem heutigen Erkenntnisstand auf sehr wackeligen Füßen. Neben den Fakten der antiken Überlieferungen liegen fossile Funde vor, die die Evolutionstheorie in zentralen Punkten widerlegen.

Die zentrale Frage, die durch die Evolutionstheorie bislang nicht beantwortet werden konnte, ist beispielsweise die der **Intelligenzwerdung des „Urmenschen"**. Es gibt keine sichtbare und belegbare Entwicklungsstufe zwischen dem „Affenmenschen" (Homo erectus) und dem Homo Sapiens, die notwendig gewesen wäre. Erst dieses sogenannte ***missing link***, das fehlende Bindeglied, wird uns endgültig über unsere wirkliche Herkunft Auskunft geben können. Letztlich wird es die Frage endgültig beantworten, die sich mittlerweile so viele Wissenschaftler und Forscher stellen, ob möglicherweise im Frühstadium, in der „Kindheit" der Menschheitsentwicklung, eine gezielte genetische Manipulation am „Urmenschen" stattfand. Die Beantwortung kann hier nur aus verschiedenen Lagern erfolgen. Zum einen ist es die Altertumsforschung und somit die Betrachtung der uns heute vorliegenden Überlieferungen über die ältesten Kulturen und die zugrundeliegenden schriftlichen Zeugnisse. Aufgrund der Ausführungen in den ersten Kapiteln dieses Werkes, könnte die Frage nach einer möglichen gezielten genetischen Manipulation in der grauen Vorzeit, mit einem *„Ja"* beantwortet werden. Auch in den noch folgenden Kapiteln, wird unsere Spurensuche unter anderem in das alte Ägypten und in das Herz Afrikas führen, wo unsere These von der frühzeitlichen genetischen Manipulation weiter bestätigt werden wird.

Die weltweiten Überlieferungen und die schriftlichen Belege sprechen eine deutliche Sprache, das ist unumstritten. Dennoch gibt es eine Vielzahl von Wissenschaftlern, die diese Fakten bei ihren Untersuchungen gar nicht erst berücksichtigen. Natürlich sind politische und vor allem wirtschaftliche Interessen bei der endgültigen Klärung der Menschheitsentwicklung (insbesondere der Baustein der „Intelligenzwerdung" des Urmenschen) wohl von nicht unbedeutender, zentraler Bedeutung.

Vorab nur ein kleiner Beleg dafür. Der Neodarwinismus stellt beispielsweise eine Art offizielles Glaubenssystem in der US-Regierung dar. Jeder amerikanische Wissenschaftler, der einen Zuschuß für ein Forschungsvorhaben beantragt, hat im Falle einer Unterstützung die Auflage, von dem darwinistischen Dogma nicht wesentlich abzuweichen. Schönes freies Amerika! Auch in Großbritannien war nahezu jeder Wissenschaftler der letzten fünfzig Jahre überzeugter Darwinist. Erst in den vergangenen Jahren haben sich die „Tore" geöffnet. Immer mehr Wissenschaftler brechen das alte Dogma, zeigen in alternativen Publikationen die Mängel auf und stellen neue Sichtweisen dar.

Das Ergebnis ist natürlich weitreichender als wir denken, zumindest nach außen hin. Dieses unbestrittene Dogma hat einen unvorstellbaren Einfluß auf politische Entscheidungen, ebenso in der medizinischen Forschung, Pharmaindustrie sowie der Multimilliarden-Dollar-Industrie der naturwissenschaftlichen Forschung. Bei dem Gedanken und der Vermutung, was hinter verschlossenen Türen erforscht wird und bereits erforscht wurde, wird unsere Vorstellungskraft wohl ihre Grenzen erreichen, zumindest zum jetzigen Zeitpunkt unserer Entwicklung. Die Wissenschaft und Forschung (die hinter den verschlossenen Türen) wird um Generationen weiter sein, das ist unumstritten – das war immer so und wird wohl auch in der Zukunft so sein.

Die Kritiker der Theorie der „Beschleunigung" der Evolution durch ein gezieltes Eingreifen von „außen" argumentieren gern mit der Behauptung, die Ontogenese (Einzelentwicklung) des Menschen, die während des Heranwachsens des Embryos im Mutterleib gewissermaßen die ganze Stammesgeschichte der Wirbeltiere wiederholt, zeige keine Hinweise für solche künstlich erfolgten Eingriffe. Und das ist in der Tat auch richtig, denn wir tragen alle eine 500 Millionen Jahre währende Geschichte in uns. Der menschliche Embryo bildet in seinem frühen Stadium Kiemenspalten aus, wie wir sie von den Fischen her kennen. Auch das Herz ist anfänglich nur ein einfacher Schlauch und erreicht seine endgültige Gestalt über Zwischenstadien, die den Ausbildungsformen bei Amphibien und Reptilien entsprechen. Der Mensch wiederholt als Embryo also gewissermaßen im Zeitraffertempo die wichtigsten Phasen seiner „Urvergangenheit". Hier sind keine Indizien für eine Mutation und ein gezieltes Eingreifen zu finden, denn wenn wir uns den Zeitpfeil der Entwicklung unserer Spezies vor Augen halten, müssen wir beachten, daß, wenn es denn eine gezielte Manipulation gegeben hat, diese erst nach Jahrmillionen der Entwicklung an dem Urmenschen erfolgt ist, also erdgeschichtlich betrachtet erst vor verhältnismäßig kurzer Zeit. Dieses Eingreifen könnte demzufolge zu einer „Beschleunigung" und somit zu dem plötzlichen Auftauchen des Homo Sapiens geführt haben. Es können also logischerweise im Verlauf der Ontogenese keine Hinweise auf eine künstlich vorgenommene Genmanipulation in Erscheinung treten.

Die Hypothese, daß unsere Zivilisation auf diesem Planeten nicht die erste ist, hat mit den Jahrhunderten nicht an Aktualität verloren und wird, dank unserer Entwicklung in den letzten Jahrzehnten, immer wahrscheinlicher. Wir erleben seit einigen Jahren genau das, was sich möglicherweise in ähnlicher Weise zu Beginn der menschlichen Frühentwicklung auf unserem Planeten abgespielt hat. Wir erforschen gezielt, in isolierten Versuchswelten und unter erdähnlichen Bedingungen die Möglichkeit, auf anderen Planeten leben zu können wie beispielsweise „Biosphäre II" in Tucson, Arizona. Am 26. September 1991 begaben sich acht Wissenschaftler in ein gläsernes Forschungslabor, um dort – hermetisch abgeschlossen von der Außenwelt – zwei Jahre zu leben und sich diversen Forschungsaufgaben zu widmen. Ziel des Projektes war es, herauszufinden, ob der Mensch das

Umweltsystem unserer Erde künstlich errichten und aufrechterhalten könne.

Eine andere Kontroverse ist nach wie vor die Frage nach der Genauigkeit der Datierung. Der Wissenschaftsautor Richard Milton fand bei seinen Recherchen heraus, daß die Geologie ein verheimlichtes Gebot besitzt, das besagt, daß die Erde alt zu sein hat – egal welche Faktoren und Belege dafür vorliegen. Wissenschaftler, die sich dem Dogma entgegenstellten, wurden in der Vergangenheit stets als Spinner abgetan, die die wissenschaftlichen Fakten nicht berücksichtigt haben.

Beispiel: Entstehung der Meeresfauna

Nach der orthodoxen Lehrmeinung soll die Erde etwa 4,6 Milliarden Jahre alt sein. In diesem Zusammenhang gehen Wissenschaftler davon aus, daß sich in den Urmeeren spontan vor etwa 3 Milliarden Jahren die ersten Lebensformen gebildet haben, die sich durch zufällige Mutation und natürliche Selektion im Laufe von Jahrmillionen weiterentwickelten. Daß sich heutzutage in den Weltmeeren kein neues Leben mehr spontan entwickelt, liegt den Evolutionisten zufolge daran, daß sich die Umweltbedingungen geändert haben, seitdem sich in der „Ursuppe" spontan die ersten Aminosäuren bildeten. Diese haben wiederum mittels eines unbekannten Prozesses das erste Eiweißmolekül gebildet. Der günstigste Zeitpunkt hierfür war, so die Evolutionisten, bei der Geburt der Ozeane gegeben. Das war demzufolge vor etwa 3,8 Milliarden Jahren.

Die Obergrenze für diese spontanen Neubildungen ist offenbar gekennzeichnet durch den frühesten Fossilienfund. Vor relativ kurzer Zeit war dieser Zeitpunkt wissenschaftlich nicht genau zu bestimmen, bis Hans Dieter Pflug und H. Jaeschke-Boye 1979 den ältesten Mikroorganismus der Welt – einen versteinerten Hefepilz – fanden, den sie *Isosphaera* nannten. Das Gestein, in dem *Isosphaera* gefunden wurde, wurde überraschend auf 3,8 Milliarden Jahre datiert; es war also etwa genauso alt wie die Ozeane. Demnach müßten die ersten lebenden Organismen explosionsartig entstanden sein und nicht im Laufe eines zufälligen Prozesses im Laufe von Millionen oder Milliarden von Jahren. Das widerspricht der Theorie der darwinistischen Geologen, die für die Evolution extrem lange Zeitspannen zugrunde legen.

Beispiel: radiometrische Datierung

Die zentrale Frage in diesem Zusammenhang, mit der sich auch Richard Milton bei seinen Untersuchungen auseinandersetzte, ist die, wie die darwinistischen Geologen auf die großen Zeitspannen von 3,8 Milliarden und 4,6 Milliarden Jahren kamen. Milton fand heraus, daß die Daten nicht durch eine Vielzahl ausgeklügelter, äußerst zuverlässiger technischer Datierungsmethoden gewonnen wurden, wie weitläufig und auch in wissenschaftlichen Kreisen stets vermutet wurde. In Wirklichkeit, so Richard Milton, basieren sie auf einer äußerst fehleranfälligen Methode, die nur bei einem kleinen Teil des Gesteins angewendet werden kann: dem Zerfall von radioaktiven Mineralien wie Kalium zu Argon, Uran zu Blei und Rubidium zu Strontium. Und diese verschiedenen Minerale liefern weit auseinanderliegende Daten. Alles in allem ist der radioaktive Zerfallsprozeß unter Laborbedingungen beispielsweise sehr gut zur Altersbestimmung geeignet. Als Meßinstrument zur Bestimmung von historischen Zeiträumen ist er aber völlig ungeeignet, und das wird von verschiedensten Experten schon seit Jahrzehnten immer wieder bestätigt. Auch andere Datierungsmethoden, wie beispielsweise die *Uran-Blei-Methode*, liefern abweichende Daten für dieselben Gesteinsproben.

Interessant sind in diesem Zusammenhang Ergebnisse der nicht radioaktiven Methoden der Altersbestimmung unseres Planeten. Hans Petterson vom Ozeanographischen Institut in Göteborg, machte hierzu eine interessante Entdeckung. Er fand heraus, daß Jahr für Jahr etwa 14 Millionen Tonnen Meteoritenstaub in die Erdatmosphäre eindringen. Henry Morris wies in diesem Zusammenhang nach, daß, wenn die Erde tatsächlich 4,6 Milliarden Jahre alt wäre, sich ungefähr 65 Milliarden Tonnen von Staub auf ihrer Oberfläche abgelagert haben und so eine Schicht von etwa 500 Meter Höhe überall auf der Erde gebildet haben müßten.

Es ist doch sehr überraschend, so Richard Milton, daß sich die Darwinisten die radioaktiven Datierungsmethoden so enthusiastisch zu eigen gemacht haben. Es trifft zwar zu, daß diese Methoden die erforderlichen Daten von etlichen Jahrmillionen für die Vorgeschichte erbringen konnten, die von der Theorie verlangt wurden, aber – so unglaublich das auch klingt –, bleibt die Datierung für Evolutionisten nutzlos, da deren Methode nicht unmittelbar zur Altersbestimmung von Sedimentgestein verwendet werden kann – jenen Schichten also, in denen Fossilien vorkommen. Daß dem so ist, wird viele Geographielehrer und Geologen erstaunen, die man glauben läßt, daß die radioaktive Datierung die Ultima ratio für die Altersbestimmung von Gesteinsschichten und den darin enthaltenen Fossilien darstellt.

Das sogenannte *missing link*, das fehlende Bindeglied in der Evolutionsleiter – zumindest offiziell noch nicht gefunden: Für die Anhänger der ***„Prä-Astronautic-Forschung"*** oder der sogenannten ***„Paläo-SETI-Forschung"*** (NASA-Projekt „SETI": Search for Extraterrestrial Intelligence) liefern eben die weltweiten Überlieferungen und Schriftzeugnisse eine plausible Erklärung für dieses fehlende Puzzleteil auf der Evolutionsleiter.

Doch wie sieht es auf der anderen Seite mit der Beweisführung aus? Nichts außer Ignoranz und Schulterzucken bei vielen Evolutionsanhängern und Schulwissenschaftlern; sie befinden sich anscheinend in einer Sackgasse. Dank der Molekularforschung und der unaufhaltsamen Technik ist es wohl nur noch eine Frage der Zeit, bis diese Frage endgültig beantwortet und das *missing link* gefunden wird.

Darwin der Weltumsegler

Wenn wir die Evolutionstheorie betrachten, müssen wir auch Charles Darwin (1809-1882) erwähnen, denn er ist der „Vater" der Evolutionstheothcoric.

Bild 31: Charles Darwin

Wäre es nach dem Wunsch seines strengen Vaters gegangen, so wäre Darwin Arzt oder Pastor geworden. Er begann schließlich das Medizinstudium in Edingburgh, brach es aber nach nur zwei Jahren wieder ab. Er interessierte sich mehr für das Jagen und Fischen als für Vorlesungen und Lernen. Schließlich führte ihn sein Weg nach Cambridge. Er entschied sich schließlich für das Studium der Theologie (erfolgreicher Abschluß des Studiums im Jahre 1831).

Darwin bekam das Angebot, als Begleiter einer Expedition des königlichen Forschungs-

und Vermessungsschiffes Beagle teilzunehmen. Darwin sagte zu. Am 10. Dezember 1831 stach die Beagle in See. Zu dieser Zeit konnte niemand ahnen, daß der damals zweiundzwanzigjährige Darwin eine Jahrhundertentdeckung machen würde. Darwins Beweggründe waren wohl eher die, sich der Enge des Elternhauses und dem strengen Vater zu entziehen, sicherlich auch die Herausforderung, die Position des Wissenschaftlers an der Beagle zu bekommen, aber bestimmt auch die pure Abenteuerlust. Eine Weltumsegelung war seinerzeit ein großes und auch riskantes Abenteuer.

Während der fast vierjährigen Weltumsegelung hatte Darwin immer wieder Zeit zu ausgedehnten Landaufenthalten und Naturstudien. Der – wie sich aber erst später herausstellen sollte – wohl wichtigste Aufenthalt war der auf der Insel Chatham, einer der Galapagos-Inseln. Darwin nutzte das Vogelparadies und hatte schnell eine große Vogelkollektion zusammen, die er für Zaunkönige, Drosseln, Grasmücken und Kernbeißer hielt.

Als die Beagle am 2. Oktober 1835 wieder an der englischen Küste ankerte, war Charles Darwin kein unbeschriebenes Blatt mehr, er wurde von den bedeutenden Naturforschern des Landes empfangen. Das lag vor allem daran, daß er während der fast vierjährigen Expedition, von vielen Orten der Welt seine Funde – Fossilien, Mineralien, ausgestopfte Vögel, Käfer, Würmer und Korallen – vorab in die Heimat schickte.

Als besonders interessant erwiesen sich die Vögel, die er auf den Galapagos-Inseln geschossen hatte. Darwin stellte fest, daß sie gar nicht so unterschiedlich waren, wie er zunächst angenommen hatte. Als er ihren Knochen- und Körperbau sorgfältig verglich, stellte er fest, daß sie enge Verwandte waren. Was er für Zaunkönige, Drosseln und Kernbeißer gehalten hatte, waren in Wirklichkeit allesamt Finken. Darwin kam zu dem Ergebnis, daß diese Finkenarten (die heute *Darwinfinken* heißen) aus einer gemeinsamen Stammform hervorgegangen sein müssen, anstatt einzeln von Gott erschaffen worden zu sein.

Im Jahre 1844 hatte Darwin sein erstes Manuskript zur Evolutionstheorie und natürlichen Auslese ausgearbeitet. Er war zu dem Zeitpunkt davon überzeugt, daß er noch nicht über genügend Daten und Fakten verfügte, um seine Theorie endgültig zu beweisen. Immerhin dauerte es noch weitere vierzehn Jahre bis er die Evolutionstheorie zusammen mit einem engen Weggefährten, Alfred R. Wallace (1823-1913), einer Versammlung der Linnean Society in London vortrug. Ein Jahr später erschien sein berühmtes Werk „The Origin of Species“ (*Die Entstehung der Arten*).

Darwins zentrale These besagt, daß die Arten veränderlich sind und sich tatsächlich im Laufe der Zeit verwandeln. Alle lebenden Organismen einschließlich des Menschen würden sich durch einen allmählichen Prozeß aus anderen Organismen entwickeln. Der entscheidende Prozeß dabei sei jener der natürlichen Auslese (Selektion). Darwin begründete seine Theorie der natürlichen Auslese in „The Origin of Species“ mit gezielten Beobachtungen in der Natur und seinen daraus gezogenen Schlußfolgerungen.

Synthetische Theorie oder Neodarwinismus

Charles Darwin und seinem engen Weggefährten, A. R. Wallace waren die Gesetzmäßigkeiten über das Erbgut völlig unbekannt. Das kuriose dabei ist, daß der eigentliche Entdecker, Georg Mendel (1822-1884), ein Zeitgenosse von Darwin und Wallace war.

Georg Mendel, der österreichisch-ungarische Augustinermönch, der Vater der nach ihm benannten Vererbungsgesetze, unternahm seine Forschung und Kreuzungsversuche im Klostergarten von Brünn, dem heutigen tschechischen Brno. Das Hauptforschungsobjekt Mendels, an denen er seine Beobachtungen unternahm, waren gewöhnliche Gartenerbsen. Mendels Arbeit geriet fast in Vergessenheit. Eigentlich ist sie im 19. Jahrhundert quasi wiederentdeckt worden, und das ist drei deutschsprachigen Botanikern zu verdanken, die Mendel unabhängig voneinander nach seinem Tod wiederentdeckten.

Die Genetik nahm dann in den ersten Jahrzehnten des 20. Jahrhunderts in Europa und Amerika einen bedeutenden Aufschwung. Die Experimente der frühen amerikanischen Genetiker wurden hauptsächlich an der Fruchtfliege (Drosophila melanogaster) durchgeführt. Thomas H. Morgan, der die Fruchtfliege als erster zu Versuchen benutzte, stellte überraschend fest, daß sie das ideale Versuchstier ist. Die Fruchtfliege war leicht in großen Mengen zu halten, wies eine große Vielfalt in ihrer äußeren Erscheinung auf und brachte in kürzester Zeit neue Generationen hervor. So ist die Drosophila seit 1908 das hauptsächlich verwendete Versuchstier. In den zwanziger und dreißiger Jahren gelang dann Biologen in verschiedenen Ländern der Durchbruch, der schließlich zur Fusion zwischen der Genetik und dem Darwinismus führte. Diese Fusion, auch bekannt als synthetische Theorie oder Neodarwinismus, verlieh dem Darwinismus seinen heutigen Status.

Im Jahre 1953 entdeckten der amerikanische Biologe James Watson und der britische Physiker Francis Crick gemeinsam die Molekularstruktur des genetischen Materials, der Desoxyribonukleinsäure, abgekürzt DNS. Seither sind die Entwicklung und das Wissen um die biochemischen Grundlagen des Lebens förmlich explodiert, besonders in den letzten zwei Jahrzehnten.

Alles reiner Zufall...

Charles Darwin hat selbst niemals behauptet, daß seine Theorie die Entstehung des Lebens endgültig erklärt. Der Neodarwinismus vertritt die These eines zufälligen Beginns des Lebens aus anorganischer (unbelebter) Materie. Halten wir uns hierzu nochmals vor Augen, daß heute allgemein angenommen wird, daß unser Sonnensystem vor zirka 4,5 Milliarden Jahren durch Kollabieren einer interstellaren Gas- und Staubwolke seinen Anfang nahm. Es ist nicht endgültig geklärt, woraus die Atmosphäre der Urerde bestand. Sauerstoff war in jedem Fall keines der Urelemente, denn dieser kann nur aus der Verbindung von Photosynthese und Organismen entstehen, und diese haben in diesem Frühstadium nicht existiert.

Selbst heute im 21. Jahrhundert, im „Genzeitalter", ist die Theorie vom „Zufallsprodukt Evolution" unter Schulwissenschaftlern und Evolutionisten noch weit verbreitet. Atome haben sich zu Molekülen und diese zu Makromolekülen verbunden. Die DNS (Desoxyribonukleinsäure) sei aus einer endlosen Aneinanderreihung von Zufällen entstanden und aus ihr schließlich und endlich die Zelle, die wiederum die Basis für die biologische Evolution darstellt. Die Weiterentwicklung (Evolution) habe sich dann durch Auswahl und Anpassung (Selektion) vollzogen. Alles also reiner Zufall? Das wäre in diesem Falle gelinde ausgedrückt. Nachdem zufällig ein *Einzeller* entstand, entwickelte sich nach der Evolutionstheorie danach gleich eine komplexe Lebensform und nicht zuerst ein *Zweizeller*. Woher kam die zweite Zelle? Woher und wie kam der genetische Code in die Zelle? Demnach müßte es noch mehr unglaubliche Zufälle am „Anfang" gegeben haben.

Bruno Vollmert, Professor für chemische Technik an der Universität Karlsruhe, forschte jahrzehntelang mit seinem Team nach der Entstehung der DNS. Das Ergebnis war eindeutig und niederschmetternd für alle Evolutionisten: Die DNS kann nicht von selbst entstanden sein. Nach Professor Vollmert können in Ursuppen nicht zufällig Makromolekülketten von der Art der DNS entstanden sein. Gleiches gelte auch für das Kettenwachstum der DNS im Verlaufe der Erdgeschichte von einer Tierklasse zur nächsthöheren.

Bruno Vollmert erklärt: *„Darwinismus ist daher eine Weltanschauung, eine Ideologie, und nicht eine wissenschaftlich bewiesene Theorie... Ich halte daher den Darwinismus für einen verhängnisvollen Irrtum, der seinen beispiellosen Erfolg letztlich wieder einem anthropozentrischen* (den Menschen in den Mittelpunkt stellend, A.d.V.) *Wunschdenken verdankt.“*

Selbstverständlich wurde versucht, Vollmerts Thesen aus seinem Buch „Das Molekül des Lebens“ zu entkräften. Ein wichtiger naturwissenschaftlicher Aspekt wurde dabei wohl vergessen: Die millionenfachen Zufälle, die bei der Zellbildung mitgewirkt haben müssen. Zur Zellbildung sind beispielweise viele Proteine erforderlich. Das kleinste Protein besteht immerhin noch aus 239 Molekülen, bestehend aus verschiedenen Aminosäuren und Enzymen, die sich alle in einer feststehenden Reihenfolge zusammenfinden müssen. Die Unwahrscheinlichkeit, die zur Entstehung dieses Ordnungsvorganges führen würde, hat Professor James F. Coppedge, ehemaliger Direktor des Zentrums für biologische Wahrscheinlichkeit in Northbridge, Kalifornien, mit einer Chance von $1:10^{(23)}$ (1:100 000 000 000 000 000 000 000) errechnet.

Natürlich gab es eine Reihe von Wissenschaftlern, die sich die Mühe machten, Erklärungsansätze zu finden und neue Thesen aufzustellen.

Schon Ende des vergangenen Jahrhunderts strebten zwei Wissenschaftler unabhängig voneinander die Beweisführung an, daß organisches Leben aus anorganischem entstanden sein könnte. Die beiden Wissenschaftler, der Russe Alexander Oparin und der Engländer J. B. S. Haldane, spekulierten, daß die Atmosphäre der Urerde aus Wasserstoff, Wasser, Ammoniak und Methan bestanden haben könnte. Die Atmosphäre sei der Energie von Sonnenstrahlen und Blitzen ausgesetzt gewesen, was wiederum zur Verbindung von organischen Stoffen führte, die in den Meeren die sogenannte Ursuppe bildeten. Nach einer entsprechenden Entwicklungszeit entstand aus diesen organischen Verbindungen primitives Leben. So nahm die Evolution schließlich ihren Lauf.

Bereits im Jahre 1953 unternahmen die Biochemiker Stanley Miller und Harold Urey ein interessantes Experiment diesbezüglich. Ziel der Wissenschaftler war es, die Bedingungen auf der Erde zur Zeit der Entstehung des Lebens zu simulieren. So vermengten sie Methan, Ammoniak und Wasserstoff miteinander. Diese künstlich erzeugte Uratmosphäre setzten sie künstlich erzeugten Blitzen aus, sie fügten also Energie in Form elektrischer Entladungen hinzu. Dabei entstanden einige Aminosäuren, wobei nur zwei davon zu den zwanzig Aminosäuren zählen, die Organismen zur Synthese der eigenen, lebenswichtigen Proteine benötigen. Das Experiment der beiden Biochemiker produzierte nichts, was so komplex wie ein lebender Organismus gewesen wäre und nur zwei der zwanzig Aminosäuren, die zur Konstruktion eines lebenden Organismus benutzt werden. Im Laufe der darauffolgenden Jahre sind hunderte ähnlicher Experimente wie das von Miller und Urey durchgeführt worden. Nicht aus einem einzigen ergaben sich die daraus so erhofften organischen Verbindungen

Ein weiterer Punkt, der wohl klar gegen diese These spricht, ist der Zeitfaktor, da die ersten Lebensformen aller Wahrscheinlichkeit nach, berücksichtigt man die ohnehin notwendige Entwicklungsdauer, schon kurz nach der Entstehung der Erde auftauchten. Nach rein logischen Gesichtspunkten und dem Gesetz der statistischen Wahrscheinlichkeit ist die These, daß sich das Leben durch eine beinahe endlose Aneinanderreihung von Zufällen aus anorganischer Materie gebildet hat, nicht haltbar.

Doch wo kam das Leben, also die Basis für die Grundlage organischen Lebens, her? Welche anderen Möglichkeiten gibt es noch, die wir in Erwägung ziehen könnten?

Zu Beginn des vorherigen Jahrhunderts wurde die Panspermie „geboren". Dieser Forschungszweig beschäftigt sich mit der Theorie von der Entstehung des Lebens auf der Erde durch Keime von anderen Planeten.

Der bekannte britische Astronom Fred Hoyle und der Mathematiker Nalin C. Wickramasinghe stellten hierzu eine interessante und wissenschaftlich logische Theorie auf. Gemeinsam entwickelte sich unser Sonnensystem samt seiner Planeten aus kosmischem Staub. Unsere Galaxis, die

Milchstraße, in der sich unser Sonnensystem befindet, wird von abermillionen kometenähnlichen Körpern förmlich umschlossen. Mehrere dieser Kometen werden jährlich von ihren Umlaufbahnen abgelenkt und gelangen so in die inneren Regionen unseres Sonnensystems, wo sie mit Planeten, also auch mit der Erde, zusammenstoßen können. Zwar kommt es selten zu einer direkten Kollision, doch fallen jährlich schätzungsweise tausende Tonnen von Kometenbrocken auf die Erde nieder. Auf diese Weise könnten die für eine Ursuppe benötigten Bestandteile zu den Urgewässern der Erde gelangt sein, aus denen schließlich die organischen Lebensformen entstanden.

In diesem Zusammenhang ist eine andere Untersuchung der genannten Wissenschaftler interessant. Die Professoren untersuchten die Möglichkeiten der Lebensentstehung auf Grundlage ihres mathematischen Wissens. Konnten Enzyme durch chemische Evolution aus einer irdischen Ursuppe entstanden sein?

Die beiden Wissenschaftler erklären übereinstimmend:

„Wir setzen voraus, daß die Suppe zwanzig biologisch wichtige Aminosäuren in gleicher Konzentration enthält. Vorsichtig schätzen wir, daß zehn Stellen je Enzym für das richtige biologische Funktionieren entscheidend sind. Mehr als $20^{(10)}$ Versuche wären dann erforderlich, um ein einziges funktionsfähiges Enzym hervorzubringen, und die Wahrscheinlichkeit, N solche Enzyme durch Zufall zu erhalten, beträgt $1:20^{(10N)}$. Schon bevor N die Zahl 100 erreicht, würde die Anzahl der Versuche größer werden als die Anzahl der Atome in allen Sternen im gesamtem Weltall. So sehen wir uns zur Folgerung fast gezwungen, daß das Leben eine kosmische Erscheinung sein muß.“

Homo Sapiens (denkender Mensch)

Eines der wohl größten Defizite in der Evolutionstheorie liegt unter anderem in dem Fehlen versteinerter Übergangsformen und einer logischen Erklärung der größeren Übergänge von Lebewesen (zum Beispiel von Reptilien zu Säugetieren).

Die ersten Primaten erschienen vor zirka 60 Millionen Jahren im Paläozän (65–53,5 Millionen Jahre v.Chr.) auf der Erde. Das war die erste Epoche des Säugetierzeitalters (Tertiär, 65 Millionen–10.000 v.Chr.). Ein wesentlicher Unterschied zwischen Reptilien und Säugetieren sind unter anderem die Milchdrüsen, durch die „Säuger" ihre Jungen füttern. Die Jungen werden von der Geburt bis zur Geschlechtsreife betreut und beschützt, auch das ist bei den Reptilien im allgemeinen nicht der Fall. Ausnahmen beziehungsweise eine Betreuung der Nachkommen konnte bis heute nur bei Krokodilen, Kobras und Pythonschlangen beobachtet werden.

Ein weiterer nennenswerter Unterschied zwischen Reptilien und Säugern ist der aufrechte Gang. Wohl noch wesentlicher ist die Art und Weise der Fortpflanzung. Reptilien legen Eier, die Säuger gebären lebende Junge. Reptilien tragen Schuppen, während die meisten Säuger ein Haarkleid tragen. Im Verhältnis zur Körpergröße, haben Säuger ein wesentlich größeres Gehirn als Reptilien. Diese wenigen aber grundlegenden Unterschiede zwischen der Klasse der Reptilien und der der Säuger sind nur ein paar Beispiele für die entscheidenden Fragen beziehungsweise das fehlende Bindeglied der Evolutionstheorie. Das Fehlen der Zwischenformen ist unzweifelhaft und stellt die Evolutionstheorie bis heute auf sehr wackelige Füße. Wie konnten sich beispielsweise die Haare (beim Säuger) aus den Schuppen eines Reptils bilden?

Dieses Beispiel, die umfangreichen Veränderungen, das heißt die Fortentwicklung von einer Klasse in die andere (zum Beispiel Reptilien-Säugetiere), ist nur einer von vielen weiteren Belegen für die mangelnde Beweisführung der Evolutionstheorie. Für keine Übergangsphase einer Klasse lassen sich klare Beweise finden.

Zurück zu unseren Primaten: In den weiteren Epochen des Säugetierzeitalters waren die ersten Primaten, sogenannte Halbaffen, in Nordamerika, Europa, Asien und mit größter Wahrscheinlichkeit auch in Afrika. Da sind wir bei einem entscheidenden Problem. Je weiter wir uns in der Entwicklungsgeschichte der Jetztzeit nähern, desto weniger werden die fossilen Beweise. Die Evolutionswissenschaftler verfügen insgesamt über nur sehr wenige und zumeist nur fragmentarische fossile Überreste.

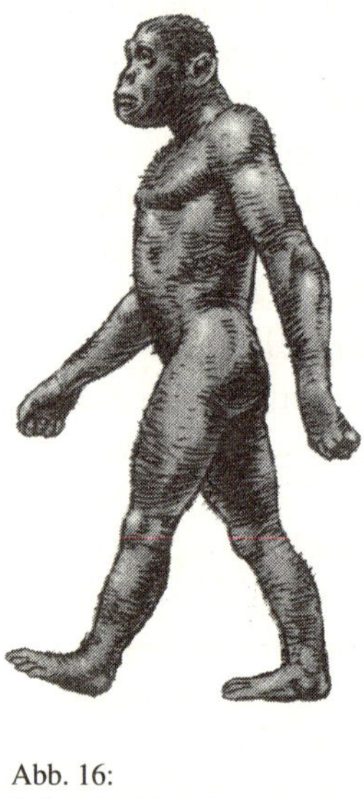

Abb. 16:
Rekonstruktion des Australopithecus africanus

Vor etwa 15 Millionen Jahren also, begannen sich Menschenaffen über Afrika, Europa und Südasien zu verbreiten. Der früheste der Hominiden (Vormenschen) ist der sogenannte ***Australopithecus africanus***, der vor etwa 3,5 Millionen Jahren lebte. Er weist noch viele Eigenarten des Menschenaffen auf, aber tendenziell auch schon menschenartige Züge (Abb. 16). Er hatte durchschnittlich eine Größe von 1 bis 1,50 m und ging auf zwei Füssen. Sein Gehirnvolumen erreichte etwa ein Drittel des Schädelinhaltes heutiger Menschen. Leider liegen auch in seinem Fall nur wenige fossile Fragmente vor, zumeist in Form von Zahn- und Kieferfragmenten. Der nächste große Schritt in der Stammesgeschichte erfolgte vor zirka 2 bis 2,5 Millionen Jahren mit dem plötzlichen Auftauchen des ***Homo habilis***. Er verfügte über ein deutlich größeres Gehirnvolumen. Diese Epoche gilt als Beginn der Werkzeugkultur.

Der nächste bedeutende Vormensch tritt mit dem ***Homo erectus*** (aufrecht gehender Mensch) auf die Erdbühne. Das Gehirnvolumen betrug etwa zwei Drittel des Hirnvolumens des heutigen Menschen. Mitte der neunziger Jahre wurde in Afrika ein fast vollständiges Skelett eines Homo erectus gefunden. Wissenschaftler waren lange Zeit davon überzeugt, daß sich der Homo erectus zunächst in Afrika entwickelte und dann vor zirka 1 Million Jahren populationsweise nach Europa und Asien abwanderte. Vor wenigen Jahren entdeckte Fossilien aus Java und der Republik Georgien widerlegen die alten Annahmen, daß sich der Homo erectus zunächst nur in Afrika entwickelte, denn die zuletzt gefundenen Fossilien belegen, daß Homo-erectus-Populationen etwa zur gleichen Zeit in Europa, Asien und Afrika lebten.

Ein wahrer „Garten Eden“ für Feldforscher ist die wohl berühmteste Ausgrabungsstätte unter allen Homo-erectus-Ausgrabungsstätten: Chou-Ku-Tien in China. In den Höhlen von Chou-Ku-Tien wurden über vierzig Skelette freigelegt. Die Wissenschaftler sind sich sicher, daß die Höhlen über 200.000 Jahre (vor zirka 240.000 bis 460.000 Jahren) von Homo-erectus-Populationen bewohnt waren. Sie kannten das Feuer, jagten Tiere, ernährten sich schon teilweise von Fleisch, überwiegend aber wohl vegetarisch. Das ist schon ein genaueres Bild, als das, was wir von seinen stammesgeschichtlichen Vorgängern haben. Vergessen wir nicht die langen Zeiträume bis zum Auftauchen des Homo erectus vor zirka 300.000 Jahren.

Der Aufstieg vom Homo erectus zum Homo Sapiens (denkender Mensch) ist der letzte und wohl bedeutendste Schritt in der Evolution des Menschen. Eben mit diesem bedeutenden Übergang haben die Wissenschaftler und Paläoanthropologen die größten Probleme. Keine der derzeit aufgestellten Hypothesen läßt sich wissenschaftlich durch das derzeit bestehende Fossilienmaterial beweisen. Auch hier stehen wir dem großen Problem gegenüber, daß zu wenig und überwiegend nur fragmentarische fossile Funde vorliegen. Einige Schädelfragmente wurden auf einen Zeitraum von 300.000 bis 200.000 v.Chr. datiert, weisen aber sowohl Züge des Homo erectus als auch Züge des Homo Sapiens auf. Der ***Neandertaler*** (bezeichnet nach seinem ersten Fundort im Neandertal nahe Düsseldorf) oder auch ***Homo neanderthaliensis***, der vor etwa 35.000 bis 125.000 Jahren Teile Europas und des Mittleren Ostens bevölkerte, galt für einige Zeit bei Wissenschaftlern als das fehlende Bindeglied in der Evolutionsleiter, wird jedoch heute von Paläoanthropologen nicht anerkannt. Die Ratlosigkeit bleibt. Aufgrund der langen Zeitfaktoren in diesem wichtigen Forschungsbereich steht gerade die Feldforschung vor schwierigen Aufgaben. Das Problem der zu kurzen Übergangsphasen (so zum Beispiel vom Homo erectus zum Homo Sapiens) wird oftmals, durch neue fossile Funde nicht gerade entkräftet. So gibt es Belege dafür, daß vor zirka 90.000 Jahren im Gebiet des heutigen Israels über einen längeren Zeitraum Populationen aus modernen Menschen Seite an Seite mit Neandertaler-Populationen lebten.

Lebten Menschen und Dinosaurier gemeinsam?

Die wohl bedeutendsten geologischen Entdeckungen des letzten Jahrhunderts, die die Evolutionstheorie grundsätzlich auf den Kopf stellen, sind seit 1908 in der Nähe der texanischen Kleinstadt Glen Rose, im „Dinosaurier Valley State Park" gefunden worden. Hierbei handelt es sich um eine Sensation, die in der breiten Öffentlichkeit fast gar nicht registriert wurde. Neben versteinerten Spuren von Dinosauriern wurden in den gleichen geologischen Schichten auch Spuren von Menschen gefunden. Es gibt aber auch neuere Funde von versteinerten Spuren, die mindestens 100 Millionen Jahre alt sind und somit aus der Kreidezeit (vor etwa 65 Millionen bis 120 Millionen Jahren) stammen.

Im Laufe der Jahre wurden im Gebiet von Glen Rose einzelne Abdrükke entdeckt, aber auch hintereinander laufende Fußabdrücke in richtigen Schrittabständen. Bei den Abdrücken gibt es zwei sehr deutliche, bei denen alle fünf Zehen klar zu erkennen sind.

Die Funde passen natürlich nicht in unser erdgeschichtliches Bild, denn demzufolge dürften Artefakte von Menschen nur in höchstens vier Millionen Jahre alten geologischen Schichten (Pliozän, vor zirka 1,7 bis 5 Millionen Jahren) gefunden werden. Unser schulwissenschaftliches Weltbild stellt das natürlich auf den Kopf, denn es würde der Menschheit ein weitaus höheres Alter attestieren, als es bisher getan wird. Nach der Evolutionstheorie, der immer noch weitverbreiteten Lehrmeinung, verfehlten sich Menschen und Dinosaurier um mehr als sechzig Millionen Jahre.

In seinem Buch „Darwins Irrtum", hat Hans-Joachim Zillmer sehr plausibel dargelegt, daß unter anderem aufgrund der geologischen Funde von Glen Rose bewiesen zu sein scheint, daß Menschen und Dinosaurier gemeinsam lebten. Zillmer nahm 1996 auch an Ausgrabungen des Taylor Trails (benannt nach seinem Entdecker Stan Taylor) teil. Der Trail ist einer von vier sich kreuzenden Pfaden, bestehend aus versteinerten Dinosaurier-Abdrücken. Der längste Pfad besteht aus fünfzehn hintereinander laufenden Abdrücken. Genauere Untersuchungen ergaben hier, daß in und am Rand der Fußabdrücke des Dinosauriers Spuren von Menschen gefunden und nachgewiesen werden konnten.

Auch oberhalb des Taylor Trails wurden weitere versteinerte Abdrücke gefunden. Insgesamt wurden acht übereinander liegende geologische Schichten mit versteinerten Spuren von Dinosauriern entdeckt. Auch hier, in dem benannten Clark Trail, fand man Schichten mit menschlichen Fußabdrücken. Die menschlichen Abdrücke befanden sich hier sogar unter den Schichten der Dinosaurier-Abdrücke, was gleichzeitig bedeuten würde, daß sie älter sein müßten.

Über Glen Rose ist in den letzten Jahren viel geschrieben und diskutiert worden. Natürlich gibt es auch den einen oder anderen bitteren Beigeschmack, was aber auch kein Wunder ist, bei der wissenschaftlich doch hochbrisanten Angelegenheit. Der deutlichste Abdruck aus dem Taylor Trail beispielsweise, bei dem sich ein menschlicher Fußabdruck mit allen fünf Zehen am hinteren Ende eines Dinosaurier-Abdrucks befindet, wurde von Unbekannten zerstört, da er scheinbar einen zu klaren Beweis für die

Koexistenz von Mensch und Dinosaurier darstellte. In den vergangenen Jahren traten auch hier vereinzelt Fälschungen auf. Nun wäre es recht müssig und wohl eher Zeitverschwendung, darüber zu spekulieren, warum oder aus welchem Grund hier Nachahmungen vorgenommen wurden.

Auch bei Live-Ausgrabungen, im Jahre 1987, wurden von Wissenschaftlern mehrere menschliche Fußabdrücke, bei denen alle fünf Zehen eines Menschen deutlich zu erkennen waren, gemeinsam mit denen von Dinosauriern gefunden. Hier sind Fälschung und Manipulation sicherlich auszuschließen. Lebten Menschen und Dinosaurier gemeinsam?

Ein anderes, mittlerweile sehr bekanntes und viel diskutiertes Artefakt ist der „Hammer von Glen Rose". Der verwitterte Hammer mit einem verwitterten Holzstiel wurde 1934 von der Familie Hahn in der Nähe der Kleinstadt London, Texas, gefunden. Der Fundort gehört zum gleichen Teil des Gebirgsrückens Llano Uplift wie derjenige am Paluxy River in der Nähe von Glen Rose. Von dem Hammer ragte nur das abgebrochene Ende des Hammerstiels aus dem Felsgestein heraus. Der Rest des fossilen Hammers war noch komplett vom festen Sandstein umschlossen. Um das Artefakt genau untersuchen zu können, mußte das massive Steinstück erst aufgebrochen werden. Auch der Hammer befand sich in Gesteinsformen der Kreidezeit, was einem Alter von 65 bis 140 Millionen Jahren entspricht.

Nicht nur in Glen Rose sind in der Vergangenheit menschliche Überreste gefunden worden, die die gängige Evolutionstheorie sehr in Frage stellen. Es gibt weltweit viele andere Beispiele für ähnliche Artefakte, die bis in die Mitte des vorletzten Jahrhunderts zurückreichen. Zudem gab es auch in den vergangenen Jahren immer wieder neue Entdeckungen, beispielsweise in Afrika. Erst kürzlich berichtete eine große deutsche Tageszeitung über neue Entdeckungen in Kenia. Französische Forscher haben ein Dorf von Urmenschen entdeckt. Dabei fanden sie die Gebeine einer ganzen Sippe, zu der ein Greis, sechs Erwachsene und ein Kind gehörten. Die Knochen sind teilweise sehr gut erhalten. In einigen Kiefern steckten sogar noch einige Zähne. Nach ersten Untersuchungen sollen die Urmenschen vor etwa acht Millionen Jahren gestorben sein.

Von Darwin und Mendel zum „Genroboter"

Heute, zu Beginn des 21. Jahrhunderts, stehen wir kurz vor der endgültigen Entschlüsselung des genetischen Codes. Die Forschung läuft auf Hochtouren.

Bereits Ende der achtziger Jahre haben japanische Genetiker die wohl erste Sequenziermaschine, einen modernen „Genrobotor", entwickelt. Dessen Ziel ist es, die Sequenz sämtlicher Bausteine zu bestimmen, aus denen das Erbgut einer menschlichen Körperzelle besteht. Innerhalb kürzester Zeit sind Sequenzierfabriken errichtet worden. Allein in den USA gibt es weit über tausend Genfirmen. Eine der größten Sequenzierfabriken Europas befindet sich in der Nähe von Paris. Gemeinsam produzieren derzeit Institute aus vierzig Ländern, die am *Human Genome Projekt* beteiligt sind, eine große Datenfülle und entziffern eine Gensequenz nach der anderen. Der Abschluß des Projekts ist offiziell für das Jahr 2003 geplant. Das Projekt wurde vor acht Jahren von William Haseltine in Rockville, nördlich von Washington, gegründet.

Diese Aufgabe sollten wir uns einmal vor Augen führen. Etwa drei Milliarden Bausteine bilden das menschliche Genom. Ein Ausdruck der kompletten Sequenz einer menschlichen Zelle würde eintausend Bücher mit jeweils eintausend Seiten zu jeweils dreitausend Buchstaben füllen. Zum Glück für die Genetiker hat sich parallel zu ihrer Wissenschaft die Informationstechnik weiterentwickelt, mit deren Hilfe eine solche Informationsfülle auf fünf CD-ROMs Platz findet. Es gibt bereits Genetiker, die es für technisch und organisatorisch vorstellbar und sinnvoll erachten, für jeden Menschen einen Datenspeicher mit dessen individuellem Genprofil anzufertigen. Womöglich wird in Zukunft die Einweisung in ein Krankenhaus mit der Analyse einer solchen Scheibe beginnen.

Die breite Masse sieht sicher mit der größten Skepsis in die Zukunft des Genzeitalters, dabei sind wir mitten drin, statt nur dabei – und das nicht erst seit gestern. Es ist wohl mittlerweile auch schon Teil des allgemeinen Bewußtseins geworden, daß wir gar nicht mehr wissen, und vor allem nicht mehr beurteilen können, was Wissenschaft und Forschung uns „verkaufen" könnten. Genforschung ist bereits unser aller Alltag. Heute werden auf gentechnische Weise Hormone hergestellt, es gibt gentechnisch hergestelltes Insulin, gentechnisch hergestellte Enzyme, Proteine (Eiweißstoffe) und die verschiedensten Mikroben, die beispielsweise ausgelaufenes Rohöl neutralisieren oder schädliche Bakterien aufspalten. Entzündungshemmende Mittel, Vitamine und Antidepressiva werden gentechnisch hergestellt. Die Lebens- und Waschmittelindustrie bedient sich längst der gentechnisch hergestellten Enzyme, ohne daß der Verbraucher es ahnt.

Der Einfluß der Gentechnik wird unaufhaltsam größer werden, ohne daß wir es so recht merken, und ehe wir uns versehen, ist es Alltag und Routine – das ist Evolution!

Die nächste Stufe wird die künstliche Erschaffung eines Menschen sein, davor dürfen wir unsere Augen nicht verschließen. Es ist ein schmaler Grad, auf dem wir uns da bewegen. Andererseits ist es seit Menschengedenken der Wunsch des Menschen, vor allem von Königen, Herrschern und Alchimisten, den „Stein der Weisen" zu finden und unsterblich zu sein. Erinnern sie sich an den großen Gilgamesch, der nicht sterben wollte und sich aufmachte, den Schlüssel zum ewigen Leben zu finden. Unsterblichkeit – ein urmenschliches Verlangen! Haben wir das Recht, so weit in die Schöpfung einzugreifen und selbst Schöpfer zu „spielen"?

Wie dem auch sei, auch hier ist nur zu erahnen, wie weit einzelne Wissenschaftler bereits fortgeschritten sind. Das mittlerweile allgemein bekannte Verfahren des Klonens (das Herstellen von genetisch identischen Kopien) durch Transplantation des Zellkerns, wird vor dem Menschen nicht haltmachen, davon sollten wir ausgehen! An Fröschen, Mäusen, Lämmern und Rindern wurde das Verfahren bereits erprobt.

Im Jahre 1997 kam im schottischen Roslin das berühmteste Schaf zur Welt – Dolly 2. Es war eine identische Kopie seiner selbst (Dolly 1). Nur kurze Zeit später wurde das Experiment in Neuseeland wiederholt – es kamen drei weitere Klon-Schafe zur Welt. Im übrigen ist das Experiment „Dolly 2" in jedem Fall gelungen – zumindest aus rein wissenschaftlicher Sicht –, denn im März 1999 brachte Dolly 2 drei gesunde Nachkommen zur Welt. Das Experiment – schließen wir hier eine ethische und moralische Wertung aus – war zufriedenstellend. Inzwischen existieren genetisch identische Kälber, dutzende Mäuse, bereits in der dritten Generation geklont, und die Rhesusaffen Neti und Ditto. Selbst mit dem „ersten" Menschen-Klon (bis zum Vierstellenstadium) haben Südkoreaner bereits experimentiert. Auch in einem australischen Forschungslabor sollen Wissenschaftler in die entkernte Eizelle eines Schweins menschliches Erbgut gepflanzt haben. Der „Daily Telegraph“ berichtete, daß dieses Klon-Experiment bei Stemcell Science in Melbourne durchgeführt wurde. Der geklonte Embryo habe 32 Tage überlebt, bevor der Versuch abgebrochen wurde. Die australische Regulierungsbehörde für Gentechnik dementierte natürlich, daß es sich um ein Klon-Experiment gehandelt habe. Vielmehr sei ein „humaner Hybrid“, also ein menschliches Zwitterwesen, entstanden. Etwa zur selben Zeit, in der ersten Märzwoche 2001, machte der italienische Fortpflanzungsmediziner Dr. Severino Antinori seine Ankündigung, spätestens 2002 einen Menschen klonen zu wollen. Sein Team soll bereits begonnen haben, an dem Projekt zu arbeiten und Antinori und sein Team sind nur eins von vielen, die ihr Ziel in naher Zukunft erreichen werden, davon können wir ausgehen.

Auch der „Dolly-Schöpfer“ Ian Wilmut äußert sich nüchtern über den möglichen Nutzen von Menschenversuchen. Genetiker werden sich auf Dauer nicht mit Körperzellen als Ziele ihrer Eingriffe zufriedengeben, sondern die Keimzellen und die Erbanlagen selbst ins Visier nehmen, und das mit dem vermeintlich logischen Argument: Warum soll in jeder Generation wiederholt werden, was durch einen einmaligen Eingriff in die Keimbahn für alle Zukunft zu erledigen ist? Nach neuesten wissenschaftlichen Studien sehen viele Wissenschaftler ihr Vorhaben, aus geklonten Zellen einmal Ersatzgewebe für Menschen mit schweren Leiden wie Leberversagen oder der Parkinsonschen Krankheit herzustellen, als sehr vielversprechend an.

Wohin steuert das „Schiff Menschheit“? Wie alles, hat auch die „Münze der Gentechnik“ zwei Seiten. Sie zielt nicht darauf, eine in einem Individuum bereits vorhandene Anlage hervorzubringen, sondern eine gegebene zu verändern oder eine fremde hinzuzufügen. Das Weltbild der Gentechnik ist nicht an der Vollkommenheit orientiert sondern am Nutzen, und was wäre das für eine Welt, die aus einer vollkommenen Menschheit bestünde – ohne Krankheit, Drogen, Krieg und „moderne Piraterie“, den eigentlichen „Brennstoff“ für Wirtschaft, Politik und Macht. Ein Beispiel, das belegt wie wichtig Armut und Krankheit in der dritten Welt heute ist, zeigen beispielsweise die Studien, die von US-Firmen in der dritten Welt durchgeführt werden. In Nigeria testeten US-Ärzte einen neuen Wirkstoff gegen Hirnhautentzündung. Einer zehnjährigen Nigerianerin wurde hierzu eine

Testsubstanz verabreicht. Die Arznei zeigte keine Wirkung. Die Ärzte aber verzichteten darauf, dem Kind ein bewährtes Medikament zu verabreichen, und das nur, um klare Forschungsergebnisse zu erhalten. Wenige Tage später war das kleine Mädchen tot. Gestern waren die Versuchsobjekte noch Tiere – heute ist es der Mensch!

Wenn wir uns die rasante Entwicklung der Molekularbiologie und der aktuellen Genforschung vor Augen führen, könnten wir unweigerlich eine Brücke zu dem ersten Kapitel dieses Buches schlagen. Dort habe ich erörtert, wie lange die alten Schriftzeugnisse dem Volke vorenthalten wurden. Zudem waren es wohl nur elitäre Gruppen, die Zugang zu den alten Schriftzeugnissen hatten und des Schreibens mächtig waren. Geheimhaltung und gezielte Zensur waren die Folge, die schließlich und endlich zur Manipulation der Menschen führte. Ist es mit der heutigen Genforschung anders? Die Masse kann die wissenschaftliche Sprache nicht lesen. Wir haben praktisch keine Kontrollmöglichkeit über das, was uns „verkauft" wird. Über wirtschaftliche und politische Einflußnahme möchte ich hier nur noch wenige Worte verlieren, im übrigen sollte sich jeder Leser selbst seine Gedanken machen. Wie Sie sich denken können, geht es in diesem gesamten „Spiel" oder Wettbewerb um viel Geld und letztendlich um Macht!

Ein großer Teil der aktuellen Forschungsprojekte befindet sich in privaten Händen. Bei der ständigen Diskussion um Patentierung geht es letztlich nur um Geld und nicht um Ethik, Moral und humanitäre Aspekte. Wem gehört das Erbgut des Menschen? Craig Venter, Präsident von Celera Genomics, die 1999 bereits 6.500 Gene zum Patent angemeldet haben, vertritt einen klaren wirtschaftlichen Standpunkt: *„Es sollte klar sein, daß neue Arzneimittel nicht ohne Patentschutz entwickelt werden."* Andere dagegen, so zum Beispiel John Sulston, Leiter des Sanger Centers, hat innerhalb des internationalen Konsortiums durchgesetzt, daß alle Gendaten innerhalb von vierundzwanzig Stunden veröffentlicht werden, um Patentansprüche zu verhindern. Wie auch immer, der *Homo geneticus* scheint eine „rosige" Zukunft zu haben, allwissend und unsterblich auf der einen und doch unmündig und manipulierbar auf der anderen Seite, aber das kennen wir ja bereits.

Einige Experten vermuten, daß die Genforschung eine größere wirtschaftliche Bedeutung haben wird als die Mikroelektronik und das Internet. Als Bill Clinton und Tony Blair Mitte März 2000 in einer gemeinsamen Erklärung forderten, die DNS-Sequenz des menschlichen Genoms allen Forschern frei zugänglich zu machen, brachen die virtuellen Kurse der Genfirmen wie eine Kartenhaus zusammen. Die zehn Marktführer der Branche verloren innerhalb weniger Stunden dreißig Milliarden Dollar an Marktwert. Um so verständlicher wird nun, wie sehr einige Herren um die Patentierung bemüht sind, denn schließlich geht es im „Gen-Monopoly-Wettbewerb" nicht um Papiergeld, sondern um harte Dollar, Macht und Politik.

Homo geneticus (der schöpfende Mensch)

Wie steht es aber um den positiven Nutzen für den Menschen? Daß die Genforschung inzwischen schon Teil unseres Alltags ist, haben wir anhand einiger Beispiele bereits erfahren. Bei aller Skepsis um die Handhabung des schon vorhandenen Wissens, wollen wir uns die humanitären und medizinischen Möglichkeiten einmal vor Augen halten.

Es ist eine Frage der Zeit, eine Frage von nur wenigen Jahren, bis wir Krankheiten wie etwa Krebs vollständig besiegt haben – die Forschung steht kurz davor. Dann sollen Roboter von Stecknadelgröße wie Mini-U-Boote durch die Adern unseres Körpers düsen, Krebszellen orten, Videobilder übermitteln, mit winzigen Instrumenten Infektionskeime zerstören, Beschwerden lindern, Gewebe erneuern und Medikamente direkt an den Krankheitsherd transportieren.

Berliner Forscher experimentierten mit Nanopartikeln, die wie winzige Bomben wirken: Eisenoxidteilchen, tausendmal kleiner als rote Blutkörperchen. Sie werden krebskranken Tieren eingespritzt. Die freßgierigen Krebszellen verschlingen sie sofort. Dann werden die Partikel mit einem Elektromagneten erhitzt, und die Tumore explodieren. Bald, so hoffen die Ärzte, werden die Nanoroboter in der Blutbahn schwimmen, die Krebszellen aufspüren und hochwirksame Medikamente wie Haftladungen direkt an ihnen anbringen. So lassen sich Tumore sprengen, ohne daß dabei gesundes Gewebe beschädigt wird. Durch neue Technologien, wie eben GNR (Gentechnologie-Nanotechnologie-Robotik), glaubt der amerikanische Computer-Guru Bill Joy, „*werden wir in der Lage sein, viele Krankheiten zu besiegen, die materielle Armut und die körperliche Schwerstarbeit abzuschaffen und die Erde zu heilen.*"

Kein Krebs, kein Herzinfarkt mehr? Haben wir bald auch den Hunger, die Kriege und zu guter Letzt selbst den Tod besiegt?

Bill Joy, Mitgründer von Sun Microsystems, einem der einflußreichsten Computerkonzerne der Welt, und bis heute Chefwissenschaftler des Konzerns, sieht die Entwicklung nicht sehr positiv. Er geht sogar noch einen Schritt weiter und prophezeit der Menschheit eine einem Untergang gleichende Katastrophe durch Gentechnik und Robotik. Dank der Nanoforschung stehe die Welt, schreibt Joy, „*an der Schwelle einer weiteren Perfektion des Bösen in seinen extremsten Auswirkungen*". Die Menschheit kann sich nur durch eines retten: ein sofortiges Forschungsverbot in diesen mörderischen Disziplinen. „*Die einzige Alternative*", so Joy, „*heißt Verzicht. Wir müssen unserer Suche nach bestimmten Formen des Wissens Grenzen setzen.*"

Der erste Mensch kommt aus Afrika

Die Genforschung wird zu einem Scheideweg unserer Menschheit werden, je nachdem mit welcher Vernunft diese Fortschritte und Möglichkeiten behandelt werden. Ein sicherlich positiv zu wertender Aspekt sind die Ergebnisse, die hierdurch in bezug auf den Ursprung der Menschheit erzielt wurden. Erst durch die Molekulargenetik war es möglich, die These vom afrikanischen Ursprung des Menschen weitgehend zu bestätigen.

Der Wissenschaftler Douglas C. Wallace von der Emory-Universität aus Atlanta (USA) machte 1984 bei der Suche nach der genetischen Abstammung des Menschen eine bedeutende Entdeckung. Die Möglichkeit DNS-„Sätze" zu vergleichen führt zu neuen Möglichkeiten, die menschlichen Stammbäume zu rekonstruieren. Der Vergleich der DNS im Zellkern (die stammt halb vom Vater und halb von der Mutter ab) ist nur über eine Reihe von Generationen hinweg möglich. Es wurde entdeckt, daß neben der im Zellkern befindlichen DNS auch noch in der Mutterzelle – außerhalb des Zellkerns – DNS existiert, das sogenannte Mitochondrien (mtDNS genannt). Diese DNS vermischt sich nicht mit der DNS des Vaters, sondern wird über Generationen von der Mutter auf die Tochter übertragen.

Douglas C. Wallace verglich die mtDNS von über 800 Frauen miteinander und kam zu einem erstaunlichen Ergebnis. Die mtDNS der 800 Frauen wies insgesamt eine so deutliche Übereinstimmung auf, daß Wallace zu dem Ergebnis kam, daß alle Frauen eine gemeinsame *Urmutter* besaßen beziehungsweise von einer solchen abstammen. Dieses Forschungsergebnis griff Wesley Brown von der Universität in Michigan auf, um zu errechnen, wann diese gemeinsame *Urmutter* gelebt haben könnte. Er verglich die mtDNS von einundzwanzig Frauen verschiedener Rassen aus unterschiedlichen geographischen Regionen und kam zu der Schlußfolgerung, daß die gemeinsame *Urmutter* vor zirka 180.000 bis 300.000 Jahren in Afrika gelebt hat.

Diese Untersuchungsergebnisse wurden von Rebecca Cann von der Universität von Kalifornien in einer weiteren Untersuchung bestätigt. Sie untersuchte einhundertsiebenundvierzig Frauen verschiedener Rassen und Herkunftsländer. Auch Miss Cann kam zu dem Ergebnis, daß vor etwa 150.000 bis 300.000 Jahren (ausgehend von einer Mutationsspanne von zwei bis vier Prozent in einer Million Jahren) eine sogenannte ***Ur-Eva*** gelebt hat. „*Wir nehmen an, die **mt-Eva** lebte vor zirka 250.000 Jahren*“, so Miss Cann.

Die Wissenschaftlerin nahm unter dem Projektnahmen ***„Die Eva-Hypothese“***, gemeinsam mit ihren Kollegen Stoneking und Wilson, zur weiteren Bestätigung ihrer Ergebnisse, weitere Untersuchungen an einhundertfünfzig Frauen aus Amerika vor. Die Vorfahren der untersuchten Frauen stammten aus Europa, Afrika, Asien und dem Nahen Osten. Ausserdem wurden noch DNS-Proben von Eingeborenen-Frauen aus Australien und Neuguinea untersucht, bei denen eine „Fremdberührung“ ausgeschlossen war.

Den Untersuchungsergebnissen zufolge stammen sämtliche Frauen, das heißt deren mtDNS, von einer Urmutter ab, die vor etwa 140.000 bis 290.000 Jahren in Afrika gelebt haben muß, denn afrikanische DNS war nachweislich die älteste der untersuchten Proben.

Was ist aber mit dem biblischen *Urvater Adam*? Haben wir auch in seinem Fall wissenschaftliche Hinweise?

So wie bei der Frau das Mitochondrien nur an die Tochter weitergegeben wird, so wird das sogenannte „Y-Chromosom" nur vom Vater an den Sohn weitergegeben.

Der Genwissenschaftler Michael Hammer von der Universität Tuscon (USA) erbrachte den Beweis, daß es neben der Ur-Eva auch einst einen Ur-Adam gab. Hammer untersuchte Teile des Y-Chromosoms von fünfzehn Männern von verschiedenen Kontinenten der Erde sowie die von vier Schimpansen in ihrem genauen Aufbau. Das Ergebnis stellte er 1995 in der renommierten Zeitschrift *Nature* vor: Alle der aus Europa (zwei), Afrika (acht), Australien (zwei) und Japan (drei) ausgewählten Männer stammen von einem Mann ab und tragen somit seine genetischen Merkmale bis zum heutigen Tage in sich. Laut Hammer lebte dieser Ur-Adam vor etwa 188.000 Jahren in Afrika.

Die Forschungsergebnisse von Michael Hammer einerseits und die von Wissenschaftlern wie Wallace, Brown und Rebecca Cann andererseits liefern uns den Beweis, daß es, wie es in der Genesis überliefert wird, wirklich eine *Urmutter Eva* und einen *Urvater Adam* gab. Die Überlieferungen der biblischen Genesis und die der heutigen wissenschaftlichen Ergebnisse fügen sich wie Puzzleteile zusammen, oder genauer gesagt: die genannten wissenschaftlichen Resultate bestätigen die biblischen Ureltern *Adam* und *Eva* aus der Genesis. Es gibt einen weiteren interessanten Hinweis: Wie wir erfahren haben, vermuten die Evolutionisten den Ursprung des Menschen in (Süd-Ost-)Afrika. Ebenso bestätigen die geführten Untersuchungen der oben genannten Wissenschaftler beziehungsweise legen diese die Vermutung nahe, daß die Ureltern Adam und Eva tatsächlich aus Afrika stammen.

Wie wir bereits im vierten Kapitel erörtert haben, liefert auch die Genesis einen Beleg für den Ursprung des ersten Menschenpaares in Afrika. Nachdem die *Elohim* (Götterwesen) den ersten Adam schufen, *„pflanzten sie einen Garten im Osten"*, so die biblische Genesis. „Eden" wurde im Osten von Adams Geburtsstätte erbaut, wie wir außerdem erfahren. Folgerichtig wurde der erste Mann westlich vom „Paradies" von „Gott" geschaffen. Afrika liegt (süd-)westlich von Mesopotamien.

Wir bleiben den Göttern auf den Fersen. Ihre Spur führt uns im nächsten Kapitel nach Westafrika zu den Dogon.

KAPITEL 7
IM HERZEN AFRIKAS

„Die Zeit wird kommen, wenn eifriges Forschen
über lange Zeiträume hinweg Dinge ans Licht
bringen wird, die jetzt noch verborgen liegen.
Das Leben der Menschen, auch wenn er es ganz
Dem Himmel widmete, reichte nicht aus,
ein so weites Feld zu ergründen...“
(Seneca, Naturales questiones VII)

Die Dogon und der Sirus B

Der in den USA geborene Linguist und Orientalist Robert K. G. Temple liefert uns mit seiner Forschungsarbeit – zusammengefaßt in seinem bedeutenden Werk „Das Sirius-Rätsel“ – weitere interessante und wichtige Fakten für unsere Spurensuche.[82] Grundlage für Temples Forschung und auch für meine weitere Untersuchung, ist die wissenschaftliche Studie der beiden französischen Ethnologen Marcel Griaule und Germaine Dieterlen. Die beiden Wissenschaftler haben zu ihrer Arbeit Aufsätze verfaßt. Einer dieser Aufsätze ist bekannt unter dem Titel „Ein sudanesisches Siriussystem“ und bezieht sich auf die vier sudanesischen Völkergruppen, die Dogon, die in den Hombori-Bergen im südlichen Sudan lebten, die Bambara und Bozo des Bezirks Segu und die Miniauka aus dem Bezirk Kutiala.

Die Völkergruppen zelebrieren bis heute einen Kult, in dessen Mittelpunkt der Sirius B steht. Dieser unsichtbare Stern wird ***Po Tolo*** genannt. Die Feier beziehungsweise das Fest wird ***Sigui-Fest*** genannt.

Für die Dogon, bei denen auch die Hauptuntersuchung der französischen Ethnologen stattfand (zwischen 1946 und 1950), gilt der Sirius B als der bedeutendste Stern am Himmel. Sie wissen auch, daß er unsichtbar ist. Das wirft natürlich die Frage auf, woher die Dogon wußten, daß es diesen Stern überhaupt gibt? Erst 1962 wurde der Begleiter des Sirius, der Sirius B, im Fernrohr als ein erst schwaches Lichtpünktchen entdeckt. Um so erstaunlicher ist es, wie umfangreich das Wissen der Dogon in bezug auf den Sirius ist.

Astronomische Instrumente gab es nicht. Griaule und Dieterlen gingen vor 55 Jahren davon aus, daß der Sirius B lediglich kaum sichtbar sei. Tatsache ist aber, daß er absolut unsichtbar war und heute nur mit einem hochwertigen Teleskop zu erspähen ist.

Tolo bedeutet *Stern*. Bei dem Wort ***Po*** handelt es sich um ein in Westafrika gewöhnlich als ***fonio*** bezeichnetes Getreidekorn, dessen botanischer Name ***Digitaria exilis*** lautet, eine bekannte Hirseart, auch *Hungerreis* genannt.

Die Dogon beschreiben die Umlaufbahn des Sirius B als eiförmig und wissen ebenfalls, daß der Hauptstern, der Sirius A, sich in einem der „Brennpunkte" befindet, wie die Ethnologen herausgefunden haben (Abb. 17). Außerdem findet bei der Beschreibung der Dogon über die eiförmige oder elliptische Umlaufbahn des Sirius B und den Sirius A das erste Keplersche Gesetz Anwendung. Der Astronom Johannes Kepler (1571-1630) fand heraus, daß Planeten – in jedem Fall die Planeten unseres Sonnensystems – nicht in runden Bahnen die Sonne umkreisen, sondern in elliptischen Bahnen. Im Falle unseres Sonnensystems steht unsere Sonne abwechselnd im sogenannten „Brennpunkt" der Planetenumläufe.

Keplers Gesetz läßt sich wohl auch für andere Sonnensysteme anwenden und nicht nur für das unsrige. Es ist erstaunlich, daß die Dogon über derart detailliertes Wissen über den Sirius B verfügen. Die besondere Bedeutung, die den unsichtbaren Begleitstern betrifft, wird um so deutlicher, wenn wir uns die Frage stellen, warum die Dogon nicht den leuchtenden Sirius A verehrten. Die Leser, die nicht zu den ständigen

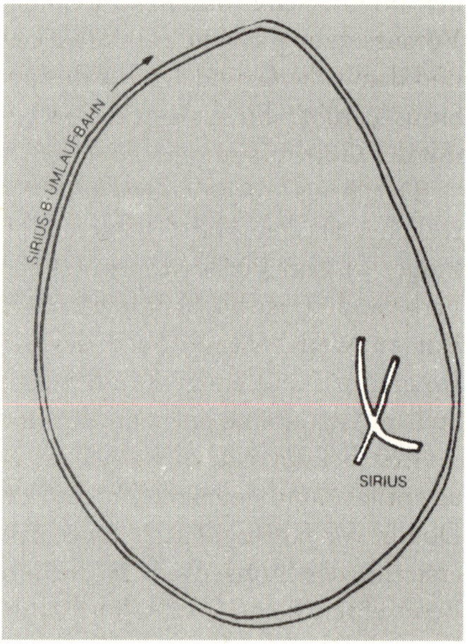

Abb. 17: Umlaufbahn des Sirius B nach einer Dogon-Zeichnung

Himmelsbeobachtern gehören, mögen sich zur Veranschaulichung einmal die Mühe machen, in einer sternklaren Nacht gegen Mitternacht in den südlichen Himmel zu schauen. Zirka zwanzig Grad unter dem Orion erstrahlt der Sirius A am Firmament. Seine starke Leuchtkraft verdankt der Fixstern seiner großen Erdnähe, denn er steht der Erde mit einer Entfernung von immerhin nur 8,7 Lichtjahren besonders nahe.

Der Sirius A sendet dreiundzwanzigmal mehr Licht aus als unsere Sonne und ist zirka 1,8mal größer als sie. Ein anderer Name für den Sirius ist *Hundsstern*, da er als hellster Stern zum *Sternbild des Hundes* gehört. Der *große Hund* ist ein Winterstern. Im Laufe der Wintermonate steht der Sirius in den Abendstunden immer weiter im Westen, bis die Sonne bei ihrer Wanderung auf der Ekliptik schließlich so dicht in seine Nähe gewandert ist, daß er nicht mehr sichtbar ist und im Juni und Juli mit der Sonne über den Taghimmel zieht. Der *große Hund* wurde auch Symbol für die heißen Tage, die *Hundstage*.

Im alten Ägypten spielte der Sirius (*Sothis*) eine besondere Rolle. Das Sichtbarwerden des Sirius in der Morgendämmerung fiel mit dem Beginn der Nilüberschwemmung zusammen. Diese Überschwemmungen waren Voraussetzung für die Fruchtbarkeit der Nilfelder im Land der Pharaonen und damit die Grundlage für die ägyptische Kultur. In Ägypten spielte der Sirius darüber hinaus noch eine besondere Rolle. Er wurde gleichgesetzt mit der Göttin Isis.

Der Sirius wurde in den alten Kulturen als rötlicher Stern beschrieben, rötlicher als der Mars! Heute strahlt er aber in leuchtendem Weiß. Die Frage, wie ein Fixstern in nur knapp eintausendfünfhundert Jahren seine Farbe ändert, ist bis heute nicht geklärt. Derartige Farbveränderungen von Rot zu Weiß, wie im Falle des Sirius, dauern nach unserem derzeitigen Erkenntnisstand einige hunderttausend Jahre. Dieses Phänomen ist in der Stellar-Astronomie bis heute ein Rätsel.

Erst bei der natürlichen Betrachtung des Sirius A wird dem Leser das eigentliche und geheime Wissen der Dogon deutlich. Anders sollte es den Dogon vor Jahrhunderten auch nicht ergangen sein. Hell und majestätisch erstrahlt der Sirius A am Nachthimmel. Doch wie kommt der nächtliche Beobachter, heute im 21. Jahrhundert oder vor Jahrhunderten, zu der Erkenntnis über die Existenz eines unbekannten Sternes? Die Dogon hätten ebenso den Sirius A verehren können wie die Ägypter oder später die Griechen und Römer, aber nein. Auf irgendeine Art und Weise haben sie Wissen über den Sirius B erlangt; darüber hinaus über die elliptische Umlaufbahn und die „Brennpunkte". Das alles macht die Betrachtung der Sache um so bedeutender! Die Abbildung 17 zeigt die Dogon-Zeichnung des Sirius-B-Umlaufes. Wie wir aus den heutigen astronomischen Diagrammen ersehen können, ist auch die zeichnerische Dogon-Darstellung wissenschaftlich zutreffend.

Den Dogon war auch die Umlaufzeit des unsichtbaren Sternes bekannt; es sind zirka fünfzig Jahre. Ebenso wissen die Dogon, daß sich der Sirius B um die eigene Achse dreht. Auch das ist erstaunlich. Diesen Umlauf feiert man durch den **bado-Ritus**. Die genaue Umlaufzeit um die eigene Achse ist nicht geklärt. Einige Experten meinen, daß die Umlaufzeit durchaus mit einem Jahr bemessen werden kann.

Die Dogon beschreiben den Sirius B als ein sehr winziges Gebilde. In der Tat handelt es sich um einen sogenannten Zwergstern. Damit verkörpert er die kleinste Gattung sichtbarer Sterne in unserem Universum. Einerseits haben die „weißen Zwerge" einen geringen Durchmesser, andererseits haben sie eine hohe Oberflächentemperatur. Die Astronomen be-

Abb. 18:
Modernes astronomisches Diagramm des Sirius-B-Umlaufes.
Die Jahresangaben beziehen sich jeweils auf die Positionen, die Sirius B jeweils in den fraglichen Jahren einnimmt.
Die Dogon plazieren Sirius B nicht im Zentrum ihrer Zeichnung, sondern verlegen ihn in die Nähe eines der Brennpunkte des ellipsenähnlichen Gebildes – das ist ein erstaunliches Detail, das die Dogon wissen.

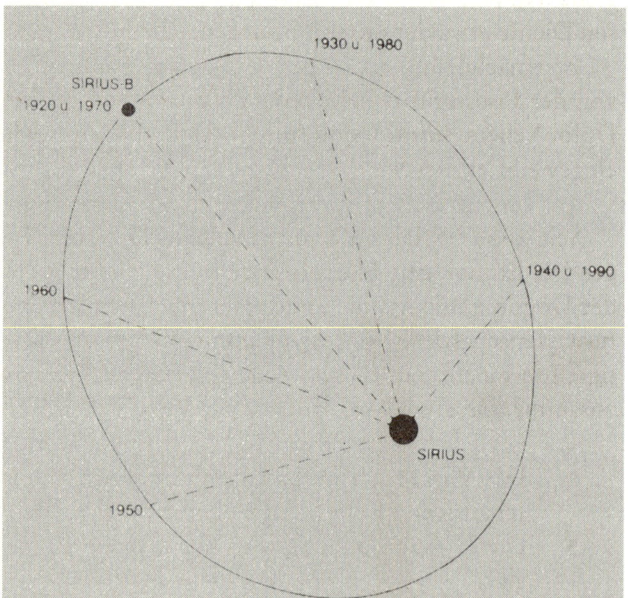

schreiben die Materie in einem „weißen Zwerg“ als „entartet“ oder „superdicht“. Außerdem sind sie sterbende Sterne, die kein eigenes Licht mehr erzeugen, sondern nur noch ausglühen. Sie sind Überreste von Sternen, deren „Herz“, das heißt die Energieerzeugung im inneren, erloschen ist – sie sind Sternleichen.

Erstaunlich ist ihr Wissen über die Dichte des unsichtbaren Himmelskörpers. Der Stern, der als kleinster gilt, ist zugleich der schwerste Himmelskörper: *Digitaria* ist das kleinste Ding, das es gibt. Es ist der schwerste Stern. Er besteht aus einem *Sagala* genannten Metall, etwas glänzender als Eisen und so schwer, daß alle Erdenwesen zusammen es nicht heben können. Tatsächlich wiegt der Stern so viel wie „*...alles Korn und alles Eisen der Erde...*“.

Der Sirius B ist also relativ klein, aber aufgrund seiner enorm hohen Dichte entspricht er gewichtsmäßig einem sehr viel größeren Stern. Die Atome müssen derart eng zusammengepreßt sein, daß aus ihnen die Elektronen förmlich herausgequetscht worden sind. Stellen wir uns vor, daß ein Würfel Sirius-B-Masse von etwa 30 cm Kantenlänge, ein Gewicht von zirka 2.000 Tonnen wiegt. Der Stern ist zirka 65.000mal dichter als Wasser, dessen Dichte etwa der unserer Sonne gleicht.

Erst nachdem Griaule bei dem Stamm einige Zeitlang lebte, wurde er von der Priesterin **Innekouzou Polo und den drei Priestern Ongnoulou Dolo, Yebene und Manda** für würdig gefunden, in die Stammesgeschichte eingeweiht zu werden.

Seit zirka 55 Jahren also, nachdem die beiden Pioniere und hervorragenden Ethnologen Marcel Griaule und Germaine Dieterlen das Wissen der Dogon entdeckt und transparent gemacht haben, haben sich viele Naturwissenschaftler mit diesem „unmöglichen“ Wissen der Dogon beschäftigt. Ich möchte an dieser Stelle folgende Fakten um das „Sirius-Rätsel“ zusammenfassen:

- Das Wissen der Dogon stimmt mit unseren heutigen naturwissenschaftlichen Kenntnissen überein.
- Die Dogon können Sirius B nicht sehen, wissen aber, daß es ihn gibt.

- Die Umlaufbahn beträgt zirka 50 Jahre, auch das ist naturwissenschaftlich zutreffend.
- Der Hauptstern Sirius A wird von den Dogon nicht in das Zentrum der Umlaufbahn von Sirius B verlegt. Sirius A befindet sich in einem Brennpunkt der elliptischen Umlaufbahn von Sirius B.
- Es ist ihnen bekannt, daß Sirius B zu der kleinsten Sternsorte zählt, den sogenannten „weißen Zwergen“, wie sie Astronomen heute bezeichnen.
- Weiterhin wissen die Dogon, daß der Sirius B über eine enorm hohe Dichte verfügt, das heißt aus einem besonderen Material, *Sagala*, besteht. Das Material ist schwerer als alles Eisen der Erde.

All die angeführten Punkte sind aus heutiger naturwissenschaftlicher Sicht einwandfrei nachgewiesen und bilden seit Jahrhunderten den Mittelpunkt und die Grundlage der Dogon-Religion. Interessant ist außerdem, daß die Dogon noch über einen dritten Stern berichten. Es ist laut der Stammesüberlieferung der **emme-ya-Stern**. Er soll „viermal so leicht“ sein wie der Sirius B und etwa die gleiche Umlaufzeit haben.

Dieser Stern soll laut den Dogon einen Trabanten haben und spielt somit eine Satellitenrolle in dem Dreierverbund:

„Er ist die Sonne der Frauen... eine kleine Sonne...
Tatsächlich wird er von einem Satelliten begleitet, den
man ‚Stern der Frauen‘... oder Ziegenhirt nennt.“ (82)

Durch wen wurde den Dogon dieses Wissen übermittelt? Diese Frage ist nach unserem heutigen Weltbild nicht zu beantworten. Daß ein Weltbild sich mit der Zeit verändert und – wie wir bereits in Kapitel 1 erfahren haben – es auch lange Zeiträume in der Geschichtsschreibung gab, in denen historische Tatsachen bewußt manipuliert wurden, macht es uns leicht, neue Fragen zu stellen und unser bestehendes Weltbild zu überdenken. Tatsache ist, daß die Dogon im Herzen Afrikas vor allem astronomisches Wissen besitzen, das sie eigentlich gar nicht haben können – sie haben es aber, und das ist eine bewiesene Tatsache!

Aus ihren Überlieferungen erfahren wir aber auch, woher ihr Wissen stammt und wer der erste Kulturbringer war – es war Nommo!

Nommo – Götterbote und Kulturbringer

Der Dogonpriester **Ogotemmeli** berichtete über den Schöpfergott **Nommo**, der zurück zu den Sternen flog.

In Kapitel 3 habe ich von **Enki** oder **EA** (akkadisch: *Herr der Wassertiefe*) als erstem Kulturbringer in ***Eridu*** berichtet. Bei den Sumerern hieß er **Oannes**. Laut den Überlieferungen aus dem Zweistromland, hat **Enki** (*Herr des festen Bodens*) das erste *„göttliche Königshaus"* in ***Eridu*** erbaut. Noch heute finden wir in vielen Ländern und Kontinenten Überlieferungen über diesen Nommo, der in jeder Kultur sicherlich einen anderen Namen trägt, doch Beschreibung, Verhalten und der mögliche Auftrag, sind in allen Überlieferungen annähernd gleich. So steht wohl fest, daß wir bei Nommo, EA, Enki und auch bei den Viracochas in Südamerika von ein und derselben Person oder Gruppe von Kulturbringern sprechen. Ein weiterer Name von Enki war ***Nudimmud*** (*der Dinge machen kann*), den ich bereits in Kapitel 2 erwähnt habe. Er war ein weiser Kulturbringer, ein ausgezeichneter Naturwissenschaftler und Ingenieur. Er war der Sohn von **An/Anu**, dem Herrscher des Nibirus, und der Göttin ***Nummu***. Die Ähnlichkeit des Wortstammes (***Nommo – Nummu***) ist nicht von der Hand zu weisen. Oannes, und das sei nochmals erwähnt, heißt im Altsyrischen *Fremdling*. Wir können aufgrund der Überlieferungen und Fakten davon ausgehen, daß es sich also bei all den verschiedenen Benennungen (Enki, EA, Nudimmud, Viracocha, Oannes und Nommo) um ein und dieselbe Person oder Gruppe von Menschen handelt. Wir wollen uns der Einfachheit halber für den Namen *Nommo* entscheiden. Nommo, so wird von den Dogon berichtet, ist aus dem Meer entstiegen und war ein Mischwesen, ein Fischmensch oder eine Amphibie.

Wie wir noch sehen werden, tauchen Überlieferungen über Kulturbringer beziehungsweise Gottheiten rund um den Globus auf! Vornehmlich wollen wir uns aber dem sagenumwobenen Nommo widmen. Auch hier haben wir schriftliche Aufzeichnungen. Die Überlieferungen aus dem Zweistromland über die Landung der Anunnaki vor zirka 400.000 Jahren sind diesbezüglich sehr interessant. Zudem haben wir in Kapitel 6 aufgezeigt, daß in der Entwicklungslehre der Übergang vom Homo erectus, also vom Affenmensch, zum „modernen" Homo Sapiens nicht gelöst ist – das sogenannte *missing link* wurde bis zum heutigen Tage nicht gefunden.

Ein Fragment, das auf den Baalpriester Berossos (3. Jahrhundert n.Chr.) zurückgeht, überliefert uns folgendes über den Fischmenschen Oannes:

„Der gesamte Körper des Tieres glich dem eines Fisches, unter dem Fischkopf besaß es einen anderen Kopf und unten am Körper hatte es auch Füße, ähnlich denen eines Menschen. Sie waren unterhalb des Fischschwanzes angewachsen. Auch seine Stimme und seine Sprache waren klar und menschlich, und noch bis auf den heutigen Tag bewahrt man eine Darstellung von ihm auf. Sank die Sonne, so pflegte dieses Wesen ins Meer zu springen, und die ganze Nacht brachte es in der Tiefe zu, denn es war ein Amphibium.“

Wenden wir uns nun den Überlieferungen des Dogon-Stammes zu, erfahren wir, daß die ersten oder der erste Kulturbringer ein Fischmensch namens Nommo war, der in einem fliegenden Objekt gelandet ist. Der Gottvater **Amma** sandte eine Gruppe von Menschen – Fischmenschen – mit dem Anführer Nommo zur Erde. Vielleicht war Nommo auch kein Eigenname, wie sich wohl eher vermuten läßt, sondern Nommo oder Nomos ist die Bezeichnung für eine Gruppe von Fremden, ähnlich wie auch der Name ***Adam*** als die Bezeichnung für eine Menschenschar beziehungsweise Menschengruppe zu verstehen ist! Wir wollen an dieser Stelle der Vollständigkeit halber die Hinweise auf die Fischmenschen aus Kapitel 3 erwähnen.

Bei Berossos finden wir Hinweise, daß nach Oannes ein anderes Wesen namens Odakon (beziehungsweise Dagon) aus dem Eritreischen Meer auftauchte. Berossos bezeichnete die Fischmenschen mit dem Namen ***Annedoti***, was soviel wie *abstoßen* oder *scheußlich* bedeutet. Andere Eigennamen für die Fischmenschen waren ***Euedokos***, ***Eneugamos***, ***Eneuboulos*** oder ***Anementos***.

Nach erhalten gebliebenen Fragmenten, die auf den ägyptischen Philologen Helladios zurückführen, kam einst ein Mann, **Oe**, aus dem Persischen Golf. Er hatte einen fischähnlichen Körper und ist in einem *„fliegen-*

den Ei" gelandet. Die Dogon berichten recht ausführlich über die Landung eines *„Schiffes"*. Sie berichten unter anderem von *„Wirbeln"*, die durch die Landung ausgelöst wurden. Durch *„die Heftigkeit des Aufpralls rauchte der Boden auf... Es rutschte über den Boden"*. Weiter wird von dem *Schiff* oder *Flugobjekt* berichtet, daß von ihm Flammen ausgingen, als es den Boden berührte, und es war so rot wie Feuer.

Bei den Dogon heißt es, er werde wiederkommen, es werde eine *„Auferstehung des Nommo"* geben. Er ist außerdem der Mahner des Universums und der Vater der Menschheit, der Hüter der geistigen Prinzipien, der Verteiler des Regens und der Herr des Wassers. Laut den Dogon-Überlieferungen kamen nicht alle *Nommos* zur Erde.

Einer, der nicht herunter kam, war ***Nommo-Die*** oder *großer Nommo* – er blieb im Himmel bei dem Herrscher Amma und war dessen Stellvertreter.

Es gibt drei weitere verschiedene **Nommo-Arten.** Den **Nommo-Titiyayne**, den Botschafter des **Nommo-Die**, das waren wohl die Nommos, die in dem Flugobjekt zur Erde kamen. Die dritte Nommo-Gruppe wird **O-Nommo** (*der Nommo vom Teich*) bezeichnet:

„Er steht für die Reinigung und Neugestaltung des Universums und wird dafür geopfert werden... Er wird sich in Menschengestalt erheben und zusammen mit den Ahnen der Menschen in einer Arche zur Erde herabsteigen... Dann wird er seine ursprüngliche Form wieder annehmen, wird vom Meer aus herrschen und viele Nachkommen hervorbringen." Die Ähnlichkeit zu Enki oder Enlil ist verblüffend!

Der vierte Nommo ist der Widerspenstige – er ist ein Rebell! Er heißt Ogo oder **Nommo-Anagonno**. Er lehnte sich gegen den Schöpfer auf und brachte Unordnung in den Kosmos.

Die Dogon wissen: *„Der Nommo verteilt seinen Leib unter die Menschen, um sie zu nähren. Und deshalb sagt man auch: Weil das Universum ‚von seinem Leib trank', habe der Nommo den Menschen trinken lassen, er gab ihm alle Lebensprinzipien. Er war der Herr des Teiches oder der Herr des Wassers, der erste große Kulturbringer der Menschen."*(82)

Die Viracocha...

In Südamerika führen uns die „Götterspuren" zu den Andenvölkern. Hier wird von den Viracocha als den ersten großen Kulturbringern berichtet. Beschrieben werden sie als große, schlanke, weiße Männer im mittleren Alter, mit Roben und Sandalen.

In allen Überlieferungen der Andenvölker wird von diesen hellhäutigen, weißen, sehr großen Männern berichtet. Ähnlich wie bei Enki, EA, Oannes oder Nommo, so trägt auch **Viracocha** bei den Andenvölkern verschiedene Namen. Glauben wir den Chronisten, so war **Viracocha** eher das, was wir uns wohl unter einem Heiligen vorstellen, allwissend in allen Bereichen des täglichen Lebens und in den Naturwissenschaften. Als Arzt, so wird berichtet, heilte er die Kranken und gab Blinden das Augenlicht wieder.

Er war überdurchschnittlich groß – wohl über zwei Meter. Er soll über außergewöhnliche Kräfte verfügt haben. Es wird berichtet, daß immer dann, wenn sein eigenes Leben bedroht war, der Viracocha über die Waffe des Feuers verfügte. Er vollbrachte große Wunder durch seine Worte, und er kam in den Bezirk der **Canas.**

Dort, in der Nähe eines Ortes namens **Casha**, erhoben sich die Menschen gegen ihn und drohten, ihn zu steinigen. Da wurden sie Zeuge, wie er auf die Knie sank und die Hände erhob, als flehe er um Hilfe. Daraufhin sahen sie ein Feuer am Himmel, das sie ganz einzuschließen schien. Voller Angst näherten sie sich ihm, den sie hatten töten wollen und baten um Vergebung. Da sahen sie, wie das Feuer auf seinen Befehl hin erlosch. Auch die Steine waren so von den Flammen verzehrt worden, daß man große Blöcke heben konnte, als wären sie aus Kork.

Danach verließ er den Ort, an dem dies geschah und ging hinab zur Küste. Dort breitete er seinen Mantel aus, schritt in die Wellen und wurde nie mehr gesehen. Und als er verschwand, gaben sie ihm den Namen *Viracocha*, was *Schaum des Meeres* bedeutet.

Ein spanischer Chronist, Juan de Betanzo (16. Jahrhundert), berichtet, daß den Indianern zufolge Viracocha ein bärtiger, hoch gewachsener Mann war, der ein weißes, bis zu den Füßen reichendes, gegürtetes Gewand trug.

In vielen anderen Mythen der vielen Andenvölker wird ebenso von dem großen, bärtigen, weißen Mann mit einem langen Mantel berichtet, der Wunder vollbrachte, die Menschen lehrte und sie heilte. So hatte er auch viele verschiedene Namen wie: **Thunupa, Tarpaca, Viracocha-rapacha, Pachacan, Huaracocha, Con, Con Ticci, Taapac** oder **Illa**.

Einer anderen Legende zufolge, war Viracocha im hohen Alter als weiser Ratgeber in Staatsfragen verehrt worden. Auch hier wird er mit langem weißem Haar und einem bis auf den Boden reichenden Gewand beschrieben.

Viracocha hat ein „goldenes Zeitalter" eingeleitet, das ist aus sämtlichen Überlieferungen zu erfahren. Als Kulturbringer und Lehrer führte er die Menschen in ein neues Zeitalter und unterwies sie mit viel Güte und Geduld in der Medizin, in der Landwirtschaft, Metallorgie, Viehhaltung und so weiter.

Ebenso verdanken die Menschen ihm das Wissen über die Architektur und auch die Schrift. Die Inkas selbst berichten, daß ein Großteil ihres großen Straßennetzes und auch vieler unterirdischer Tunnelsysteme nicht von ihnen erbaut wurde, sondern das Vermächtnis großer, hellhäutiger Männer war, die Jahrtausende vor ihnen gelebt hatten.

Der Pater Josè de Acostas („Natur- und Sittengeschichte der Indianer") berichtet, daß die Inkas von einer Sintflut erzählen, die ihr Land heimsuchte. Die Inkas berichten, daß alle Menschen in der Flut ertrunken seien. Dann ist aus den Wassern des Titicacasees ein gewisser Viracocha aufgetaucht, der sich in Tiahuanaco aufgehalten habe, wo es bis heute sehr alte Ruinen und Gebäude gibt, die zeitlich noch nicht genau zugeordnet werden konnten. Von dort sei er nach Cusco gewandert, und so habe sich die Menschheit wieder vermehrt.

Auch hier existiert ein alter Bericht über eine große Flut, ähnlich wie im Zweistromland und in der späteren biblischen Version über Noah.

In einem anderen Mythos wird berichtet:

„Der große Schöpfergott Viracocha beschloß, eine Welt zu schaffen, die für Menschen bewohnbar war. Zuerst machte er die Erde und den Himmel. Dann meißelte er Giganten aus Stein und hauchte ihnen Leben ein; das waren die Menschen. Anfangs ging alles gut, doch nach einiger Zeit, führten die Giganten

Krieg gegeneinander und weigerten sich zu arbeiten. Einige verwandelte er zurück in Stein..., die restlichen vernichtete er durch eine große Sintflut.“

Die Ähnlichkeit zum Alten Testament und somit zur sumerischen Vorlage, ist auch hier vorhanden und sehr deutlich. Wir erinnern uns an den Aufstand der Anunnaki in den afrikanischen Bergwerken; auch sie weigerten sich, weiter die schwere Arbeit zu leisten und revoltierten. Also auch in Südamerika finden wir vergleichbare Göttespuren. Der Kreis unserer Suche nach den göttlichen Kulturbringern aus dem Zweistromland schließt sich auch in Südamerika. Es von einem ***Oannes*** oder ***Nommo*** berichtet wird, der hier vornehmlich Viracocha genannt wird. Auch dieser ist urplötzlich aufgetaucht, wohl aus dem Wasser, und war ein Universalgelehrter. Die Verbindungen sind verblüffend, oder? Außerdem finden sich in diesem Zusammenhang auch hier klare Berichte über eine große Flut.

Abschließend möchte ich noch einmal auf den schon genannten Robert Temple zurückkommen, insbesondere in Verbindung zum zehnten Kapitel dieses Buches, denn Temple wurde zum Zielobjekt von Organisationen, von denen man normalerweise kaum ein Interesse für Dinge wie den Sirius oder einen afrikanischen „Negerstamm“ erwarten sollte. Sowohl der amerikanische Auslands-Geheimdienst CIA als auch der britische MI5 begannen, sich recht bald für Temples Arbeit zu interessieren, ebenso hefteten sich die Freimaurer an seine Fersen.

Der Orientalist Robert Temple hörte zum erstenmal 1965 vom Sirius-Mysterium. Damals erzählte ihm sein Freund, der Philosoph Arthur M. Young davon. Temples Interesse war geweckt, um an diesem Rätsel eigene Untersuchungen anzustreben. Daraufhin gab Young ihm eine unveröffentlichte Übersetzung des Dogon-Hauptwerkes von Griaule und Dieterlen, das den Titel „Le renard pale“ (*Der Blaßfuchs*) trägt. Genau diese Kopie wurde dann aus Temples Londoner Arbeitszimmer gestohlen. Später brachte Temple sicher in Erfahrung, daß der Dieb im Auftrag des CIAs arbeitete. Der CIA hatte also vermutlich großes Interesse daran, Temple bei der Arbeit zu behindern und eine Veröffentlichung seines Werkes zu verhindern. Nach Erscheinen des Buches „Das Sirius-Rätsel“ wurde Temple mehrfach vom CIA unter Druck gesetzt und über fünfzehn Jahre lang beobachtet und bedroht.

Es ist doch mehr als offensichtlich, daß der CIA ein großes Interesse daran hatte, Temples weiteres Handeln zu diesem heiklen Thema sorgfältig zu beobachten, weil das Sirius-Rätsel vermutlich einen Weg zu noch ungewöhnlicheren Geheimnissen weist; das unterstreicht auch das Interesse und die Überprüfungen durch den MI5 in England. Es gab sogar einen MI5-Bericht über den Orientalisten!

Wie schon erwähnt hatten auch die Freimaurer plötzlich großes Interesse an Robert Temple. Eines Tages kontaktierte ihn ein sehr hochrangiger amerikanischer Freimaurer, Charles E. Webber, Inhaber des 33. Grades im Alten und Angenommenen Schottischen Ritus und damit des nach landläufiger Auffassung höchsten bestehenden Grades. Zunächst ging es Webber darum, Temple als neuen Freimaurer zu gewinnen, um auf diese Weise mit ihm offener sprechen zu können und keine Geheimnisse an einen Aussenstehenden weiterzugeben. Immerhin aber eröffnete er ihm schon einmal:

„*Wir sind an Ihrem Buch ‚Das Sirius-Rätsel' sehr interessiert. Wir stellen fest, daß Sie es ohne jedes Wissen der freimaurerischen Tradition geschrieben haben. Und – dessen dürfen Sie sich nicht bewußt sein – Sie haben dabei einige Entdeckungen gemacht, die mit den allerzentralsten Traditionen auf einer Stufe in Verbindung stehen, darunter sogar einige Dinge, die niemand von uns je gewußt hat.*“(41)

Interessant ist, was der Schriftsteller Robert Anton Wilson aus geheimen Zirkeln in Erfahrung gebracht haben will. Demnach besteht das Geheimnis des 33. Grades aus Kenntnissen über fremde Lebensformen, die angeblich aus dem Sirius-System stammen.

Kapitel 8
Ägypten – das Land der Götter

„O Ägypten, Ägypten!
Von deinem Wissen werden
nur Fabeln übrigbleiben,
die späteren Geschlechtern
unglaublich vorkommen."
(Lucius Apuleius, römischer
Philosoph (2 Jh. n.Chr.)

Vom westlichen Afrika aus führt uns unsere kleine Reise nach Ägypten, in das Land der Götter und der Pharaonen. Hier sind wir den Göttern auf der Spur und werden uns im Land am Nil etwas länger aufhalten. Das hat den ganz einfachen Grund, daß es im „Land der Götter" viele Spuren gibt.

Die großen Pyramiden von Gizeh sind die letzten Baudenkmäler und zugleich eines der letzten der sieben Weltwunder der alten Welt. Die anderen sechs Weltwunder, die hängenden Gärten der Semiramis von Babylon, das Kultbild des Zeus von Olympia, der Tempel der Artemis in Epheseus, das Mausoleum zu Halikarnassos, der Koloß von Rhodos und der Leuchtturm von Pharos bei Alexandria, mußten der Zeit und der Vergänglichkeit ihren Tribut zollen. Von den Pyramiden ist verhältnismäßig viel übriggeblieben, betrachten wir den großen Zeitraum, der verstrichen ist. Im wesentlichen sind es mündliche Überlieferungen, die immer eine beachtliche Zeit später, oftmals waren es hunderte von Jahren, niedergeschrieben wurden.

Auch aus der heutigen Zeit können wir einige Baudenkmäler aufzählen, die besonderen Respekt, Hochachtung und Faszination auslösen: die St. Pauls Kathedrale in England, der Petersdom in Rom, der Kölner Dom oder etwa ein modernes Bauwerk wie das Empire State Building.

Alle bedeutenden Baudenkmäler haben eines gemeinsam: Sie sind nach gewissen Gesetzmäßigkeiten gebaut worden. Sie haben, wenn man so will, eine „Kindheit", einen „Schöpfer" – die „Heilige Geometrie". Eben diese finden wir, wie wir noch sehen werden, in der großen Pyramide von Gizeh wieder. Sie ist das Haus der Häuser. In ihr verbergen sich sämtliche ma-

Bild 32: Die Pyramiden von Gizeh

thematischen Grundlagen, die uns heute bekannt sind und die wir beispielsweise auch in der Architektur anwenden.

Kein anderes geschichtliches Bauwerk hat in der Geschichte und im Laufe der Jahrhunderte so viele Menschen bewegt und fasziniert. Nicht nur Reisende, vor allem Gelehrte, Wissenschaftler, Forscher, Abenteurer, Träumer und jede Menge Phantasten hat sie seit jeher in ihren Bann gezogen. Unzählige Publikationen sind über sie erschienen, der Großteil freilich erst nach ihrer Wiederentdeckung. Immer wieder wurden neue Theorien und Spekulationen über ihren Sinn und Zweck, den Zeitpunkt ihrer Erbauung und ihre Erbauer aufgestellt. Bis heute hat sie ihre letzten Geheimnisse nicht preisgegeben.

Da gewinnt man den Eindruck, die Pyramide ist wie eine unendliche Geschichte, denn es fehlt nicht an Mut, Abenteuer, Phantasie und Romantik. Eines bleibt in jedem Fall zu hoffen: die endgültige Erforschung des alten Baudenkmals und zugleich die Beantwortung aller noch offenstehenden Fragen. Dazu führt in der Archäologie manchmal ein glücklicher Spatenstich, der „zufällige" Fund alter Artefakte oder Schriftzeugnisse, die den entscheidenden Hinweis liefern. Es können aber auch noch Jahrhunderte vergehen, keiner weiß das so genau im Falle der großen Pyramide. Wohl nicht ohne Grund sagt ein altes arabisches Sprichwort:

„Der Welten Angst das ist die Zeit, der Zeiten Angst das sind die Pyramiden."

In den letzten Jahrhunderten hat es bedeutende Entdeckungen rund um das Gizeh-Plateau und die Pyramiden gegeben. Zuletzt gab es Anfang der neunziger Jahre durch den deutschen Ingenieur Rudolf Gantenbrink die wohl bedeutendste Entdeckung der letzten Jahrhunderte.

Es gibt – und das möchte ich an dieser Stelle deutlich zum Ausdruck bringen – in diesem ganzen Szenario bezüglich der Pyramiden von Gizeh zwei polarisierende Parteien und Standpunkte beziehungsweise Thesen von Wissenschaftlern und Forschern.

Die erste Gruppe ist die der Schulwissenschaftler und orthodoxen Ägyptologen, die auf der Grundlage der Evolutionstheorie und Vermutungen die Kultur der Ägypter und somit die Pyramiden in einen zeitlichen Rahmen (altes Reich: 4. Dynastie zirka 2575-2476 v.Chr.) einfügen, ohne dabei über endgültige Fakten und Beweise zu verfügen.

Die andere Gruppe stellt das zurecht in Frage, aufgrund nicht vorhandener Fakten und Beweise ersterer Gruppe einerseits und aufgrund von schriftlichen Hinweisen und dementsprechend aufgestellten Thesen andererseits. Zentraler Punkt, der beide Gruppen spaltet, ist zum Beispiel die Frage nach einer früheren Hochkultur (zum Beispiel Atlantis, über das es im übrigen auch schriftliche Überlieferungen gibt!). Die Vertreter der ersten Gruppe lehnen dies rigoros ab, dahingegen vermuten die Vertreter der zweiten Gruppe, daß es eine hochentwickelte Kultur lange vor der ersten dynastischen Periode der Pharaonen (zirka 3100 v.Chr.) gab. Diese Hochkultur bringen sie auch in Verbindung mit der Erbauung der Pyramiden (mit den drei Pyramiden von Gizeh und der Sphinx).

Die Grundlage für Forscher und Wissenschaftler, ob sie nun der ersten oder der zweiten Gruppe angehören, sollte in jedem Fall der naturwissenschaftliche Standpunkt sein. Der Schritt in den grenzwissenschaftlichen Bereich läßt im Land der Pharaonen nicht lange auf sich warten, ebensowenig bei den Pyramiden auf dem Gizeh-Plateau. Den Schritt in die Mystik, in den Bereich des „nicht Erklärbaren" oder besser gesagt des „noch nicht Erklärbaren" macht jeder Forscher in Ägypten zu irgendeinem Zeitpunkt ganz automatisch.

Es ist an der Zeit, Lehr- und Geschichtsbücher zu korrigieren und darin aufgestellte Thesen in bezug auf Ägypten und die Pyramiden zu aktualisieren! Es ist eine Schande, so meine ich, wie leichtfertig mit wissenschaftlicher Beweiskraft umgegangen wird und letztendlich mit der Wahrheit. Aufgestellte Thesen, also sogenannte Leitsätze, wurden in Ägypten viel zu schnell zu apodiktischen (unumstößlichen, unwiderleglichen) Aussagen.

Besonders im Falle der großen Pyramide von Gizeh (Bild 33) sind die zentralen Fragen zum heutigen Tage nicht – von keiner der beiden Parteien (!) – mit der entsprechenden Beweiskraft beantwortet worden.

Wenn sie von mir Antworten auf die noch offenen Fragen erwarten, muß ich sie bereits an dieser Stelle enttäuschen. Es gibt eine Reihe von Publikationen und Autoren, die glauben, das zu können. Das ist in etwa wie mit den vielen Religionen und dem einen Gott. Mein Anliegen ist es, Ihnen einen kleinen geschichtlichen Überblick über die große Pyramide zu geben, über das Für und Wider und die zentralen Fragen bezüglich ihrer Erbauung, ihrer möglichen Erbauer und den möglichen Zeitpunkt ihrer Erbauung. Ich habe auf eine erforderliche Berichtigung von Lehrbüchern und den darin aufgestellten wissenschaftlichen Thesen hingewiesen; damit habe ich mich einer mittlerweile weitverbreiteten Meinung von Gelehrten und Fachleuten angeschlossen. Wie schwer so etwas ist und wie lange oftmals an falschen Lehrsätzen festgehalten wird, ob nun durch Unwissenheit oder absichtlich, haben wir bereits im ersten Kapitel erfahren. Nehmen wir nur folgendes Beispiel: Bis heute wird in Lehrbüchern und Enzyklopädien von den Pyramiden als Königsgräber der Pharaonen berichtet. Ich will nicht behaupten, daß dies nie der Fall war. Tatsache ist aber nun einmal, daß zu keiner Zeit auch nur eine einzige Mumie eines Pharaos in den Pyramiden gefunden wurde, natürlich auch nicht auf dem Gizeh-Plateau!

Bild 33: Die große Pyramide von Gizeh

Unter wissenschaftlicher Beweisführung verstehe ich etwas anderes. Auch der bereits verstorbene Labib Habachi, der ehemalige Verwalter der ägyptischen Altertümerverwaltung, hatte darauf hingewiesen und seine voreiligen Kollegen dringlichst gewarnt, daß die Ägyptologie eine Disziplin sei, *„in der eine einzige zufällige Entdeckung eine langgehegte Theorie widerlegen kann"*. Angesichts dieser Möglichkeit, so Habachi, sollten die Ägyptologen darauf verzichten, *„apodiktische Aussagen"* zu machen, und so ehrlich sein, *„ihre Feststellungen mit Adverbien wie ‚wahrscheinlich' und ‚vielleicht' anzureichern"*.

Mittlerweile gibt es immer mehr Forscher, die zugeben, daß der Erkenntnisstand in der ägyptischen Geschichte, insbesondere der ägyptischen Vorgeschichte (die Zeit vor 3100 v.Chr.), äußerst lückenhaft ist.

Schlußendlich paßt alles in unser heute so gern gesehenes Weltbild von Evolution und Kulturentwicklung; nicht zu vergessen die Einflußnahme der Religionen. Im Falle der Ägyptologie verhält es sich nun mal so, daß der überwiegende Teil der Ägyptologen moslemische Glaubensbrüder sind, deren religiöse Dogmatik in bezug auf Evolutionslehre und Kulturentwicklung von nicht unbedeutender Rolle ist, ebenso wie die christliche Dogmatik das für viele westliche Wissenschaftler ist. Diese Dogmatik stellt eine feste Größe in ihrer wissenschaftlichen Arbeit dar, davon sollten wir ausgehen. Der Verlauf der Jahrhunderte hat immer wieder gezeigt, wie stark die Einflußnahme der Religion auf die Wissenschaft war und umgekehrt. Denken sie an Kopernikus, Galilei, Giordano Bruno oder Spinoza, um nur wenige zu nennen.

Heute, zu Beginn des 21. Jahrhunderts, ist die große Pyramide recht verkaufsträchtig geworden. Mir persönlich scheint die sogenannte „Esoterik" zu einer neuen *Weltreligion* zu avancieren, ob das so gut ist, sei einmal dahingestellt.

Die Polarität der beiden schon erwähnten Gruppen führte immer wieder zu den kontroversesten Diskussionen, die letztlich in eine Sackgasse führten. Fortschritte sind nur dann zu erzielen, wenn sich alle wissenschaftlichen Bereiche ergänzen. Die klassische Archäologie, die Feldforschung, ist auch heute noch von höchstem Wert. Doch sollten sich einige Archäologen neuen wissenschaftlichen Verfahrensweisen und technischen Errungenschaften nicht verschließen. Die „Gantenbrink-Entdeckung“ im Jahre 1993 ist ein Paradebeispiel dafür, daß zu viel Stolz und falsches Ehrgefühl einiger Herren in Kairo der Wissenschaft nie dienlich sind, sondern ihr nur schaden; dazu später noch mehr.

Beginn der dynastischen Zeit der Pharaonen

Für die orthodoxe Ägyptologie beginnt die dynastische Periode mit der Erfindung der Schrift. Zeitgleich wird die erste Periode um das Jahr 3100 v.Chr. angesetzt. Hier beginnt im allgemeinen die Zeitrechnung, das heißt die Königsliste der orthodoxen Vertreter. Auf die Königslisten werden wir im weiteren Verlauf noch zu sprechen kommen. In diesem Zusammenhang kommen wir wieder auf Manetho zurück, den ich schon im ersten Kapitel erwähnt habe. Dieser war, wie wir bereits wissen, Priester und Eingeweihter im Priesterzentrum in Heliopolis – im 3. Jahrhundert v.Chr.. Manetho, der heute als geschichtlich gesicherte Person gilt, hat ein mehrbändiges Werk verfaßt, die „Aigyptiaka“, die uns heute im Original leider nicht mehr erhalten geblieben ist. In den Abschriften vom Original sind eben auch die erwähnten Königslisten enthalten, auf die sich die heutigen orthodoxen Ägyptologen beziehen.

Den Königslisten zufolge war Menes (Namer) der Begründer der ersten Dynastie (zirka 3100 v.Chr.). Vermutlich stammt er aus der oberägyptischen Stadt Thinis, dessen Nekropole das naheliegende Abydos bildete. Menes war, wenn man so will, der erste Begründer von *Großägypten*, denn er vereinigte wohl das Südreich (Oberägypten) mit dem nördlichen Ägypten (Unterägypten). Die neue Hauptstadt *Memphis* wurde somit auch das neue Kultzentrum, also politischer und auch religiöser Mittelpunkt der Priesterschaft.

Die vordynastische Zeit (Thinitenzeit) wird von den Ägyptologen heute eher als das „primitive“ oder „steinzeitliche“ Ägypten bezeichnet. Es gibt laut der orthodoxen Fakultät keine gesicherten Hinweise nebst bautechnischen Fakten für eine hohe Zivilisationsstufe vor dieser Zeit.

Zwischen der 1. Dynastie, der sogenannten Vereinigung durch Menes, und der 3. Dynastie sind die archäologischen Beweise für eine kontinuierliche Entwicklung im kulturellen, politischen und religiösen Bereich sehr dünn gesät. Dennoch spricht grundsätzlich nichts dagegen, von einer solchen „normalen" Entwicklung auszugehen.

Unter Djoser, dem ersten König der 3. Dynastie, gab es dann einen deutlichen Entwicklungsschub im Land der Pharaonen.

Die Zeit des Pyramidenbaus

Der ägyptische Pyramidenbau begann in der 3. Dynastie, die König Djoser (oder Netjericht; *Von göttlicher Gestalt*) zugeschrieben wird. In der Nähe des Dorfes Sakkara, auf der Nekropole der damaligen Königsresidenz Memphis (*Ineb-Hedj*).

Etwa im Jahr 2680 v.Chr. gab König Djoser seinem obersten Baumeister und Hohepriester ***Imhothep*** den Auftrag für den ersten Pyramidenbau (Bild 34). Der Bau hat, so vermutet man heute, über zehn Jahre gedauert. Die Pyramide von Sakkara, wie sie heute genannt wird, steht auf einer Grundfläche von mehr als 13.000 Quadratmetern und war ursprünglich etwa 62 Meter hoch.

Die Mumie des Pharaos ist bis heute nicht gefunden worden. Es ist davon auszugehen, daß er nicht in seinem „Grabmal" bestattet wurde. Heute vermuten Forscher, daß er in einem prachtvollen Grab beigesetzt wurde, das 1928 südlich der Pyramide entdeckt wurde.

Auch die Könige, die Djoser folgten, versuchten sich im Pyramidenbau. Wahrscheinlich baute Djosers Thronfolger Sechemchet die zweite Stufenpyramide, ebenfalls in Sakkara. Aus heute noch unbekannten Gründen mißlang sein Pyramidenprojekt. Es ist noch eine dritte Stufenpyramide, zwischen Sakkara und Gizeh entdeckt worden; von ihr sind nur noch verfallene Steinhaufen übrig. Forscher haben sie dem nächstfolgenden Pharao namens Chaba zugeordnet.

Bild 34: Die Stufenpyramide von Sakkara

Die Stufenpyramide enthält eine „Grabkammer“, in der sich ein Sarkophag aus Alabaster befand – ohne Mumie! Der Archäologe Zakaria Gonheim, der den Sarkophag in der Kammer entdeckte, vermutete zunächst, daß Grabräuber die Mumie und die wertvollen Schätze geraubt hätten. Bis heute ist diese Meinung (von Raub und Plünderung) in bezug auf die vielen leeren Pyramidenkammern und Sarkophage in Ägypten weit verbreitet. Zugegeben – sie ist ja auch nicht ganz so unlogisch. Fatal ist nur, daß diese „Kult-Theorie“ einfach auf alle Pyramiden bezogen wird, ohne zu differenzieren. In Gonheims Fall war die vertikale Schiebetür wohl verschlossen, wie sich später herausstellte. Sie war mit Gips versiegelt, und auf dem Sarkophag lagen die Reste eines verwelkten Kranzes. Bei der Öffnung war die Enttäuschung und das Erstaunen der Forscher groß, der Sarkophag war leer und unbenutzt. Warum Sechemchet nicht in der Pyramide beigesetzt wurde, ist unklar.

Die dritte Stufenpyramide wird heute Chaba zugeschrieben. Sie enthält eine „Grabkammer“ – ohne Mumie und auch ohne Sarkophag! In der Nähe der Chaba-Pyramide wurden die Ruinen einer weiteren Pyramide entdeckt, die Chabas Nachfolger zugeschrieben wird. Versenkt im Steinboden, befand sich ein ovaler Sarkophag, dessen Deckel noch mit Zement versiegelt war – aber auch in seinem Inneren war keine Königsmumie. Bei drei weiteren kleinen Pyramiden, die der dritten Dynastie zugeordnet werden, gibt es bis heute keinerlei Hinweise, daß in ihnen Pharaonen bestattet wurden. Pyramiden, leere „Grabkammern“, versiegelte Sarkophage ohne Mumie und „Grabkammern“ ganz ohne Sarkophag; Fragen über Fragen – und keine Antworten.

Auf einen wichtigen Aspekt, der letztlich auch erklären würde, warum in den Pyramiden, sowohl in den Stufenpyramiden als auch in den „echten“ Pyramiden, nie Mumien gefunden wurden, werde ich in diesem Kapitel noch zu sprechen kommen. Es sind, soviel sei an dieser Stelle schon verraten, mathematische und astronomische Fakten, die das eindeutig belegen und somit die „Grab- und Bestattungstheorie“ mehr als nur entkräften.

Ein weiterer großer Entwicklungsschritt im Pyramidenbau fand zur nächsten, zur 4. Dynastie, statt. Von der Stufenpyramide des Djosers und seinen Nachfolgern zu den Pyramiden der nächsten Dynastie, sehen die Ägyptologen eine entscheidende Weiterentwicklung der Mastaba. Die

Mastaba (arabisch: *Sitzbank*) ist ein flacher, einstufiger Lehmziegel- oder Steinbau. So symbolisiert und verbindet die erste Stufenpyramide den klassischen Grabbau mit religiöser und kosmischer Symbolik.

Abb. 19
Darstellung eines Mastabagrabes, die frühe Form des ägyptischen Grabes

An diesem Punkt ist wiederum ein sehr entscheidender Entwicklungsschritt zu verbuchen, der bis heute nicht endgültig geklärt ist. Einfach zu behaupten, daß für diesen Entwicklungsschritt wohl religiöse Gründe vorgelegen haben müssen, wie es viele Gelehrte heute mit Vorliebe tun, ist zu einfach. Wir versuchen, uns diesen Fragen zu stellen und ziehen eventuelle Möglichkeiten in Betracht. Die erste Hürde tritt dabei bereits auf, wenn wir bedenken, wie gering unser Wissen über das vordynastische Ägypten (vor 3100 v.Chr.) ist.

Die religiösen Hintergründe im Bestattungskult vom „einfachen Begraben" zum fortschrittlichen Mastabagrab (Abb. 19) sind weitgehend unbekannt und lassen sich somit nur vermuten. Doch ist anzunehmen, daß eine allmähliche Entwicklung religiös und bautechnisch stattfand – zu Ehren des Königs oder einer wichtigen Persönlichkeit des Volkes.

Betrachten wir die Bestattungsformen der großen Religionsgemeinschaften heute weltweit, finden wir interessante Parallelen. Auch heute noch finden die meisten Menschen, wichtige Persönlichkeiten, Präsidenten und Könige ihre letzte Ruhestätte unter der Erde, das heißt unter der Erdoberfläche. So war es auch bei den Pharaonen, vor fünftausend Jahren und wurde dann eben von diesen weiterentwickelt, zum Mastabagrab – die nächste Stufe waren dann die „echten“ Pyramiden. Es gibt nur ein paar Ausnahmen im Pyramidenzeitalter, bei denen die vermeintlichen „Grabkammern“ (in wenigen Pyramiden) auf dem Erdniveau gebaut wurden, und das weicht vom Grundgedanken dieses alten Grabkultes im Grunde nicht ab und verliert auch nicht die wichtige Symbolhaftigkeit der *Erde* im Bestattungskult. Eine Ausnahme gibt es aber doch – dreimal dürfen sie raten, um welche der Pyramiden es sich da wohl handeln mag –: es ist die Cheops-Pyramide. In ihr befindet sich nur eine Kammer unter dem Erdniveau, die aber unvollendet ist. Alle anderen Kammern nebst der großen Galerie befinden sich weit über dem Erdboden.

Was den Bestattungskult der alten Ägypter betrifft, verglichen mit dem heutigen, sind doch noch deutliche Parallelen zu finden, bis in die Epochen der Mastabagräber. Bis dahin ist eine gewisse Verhältnismäßigkeit in bezug auf Aufwand, Sinn und Zweck zu erkennen. Insbesondere eine gewisse Demut und Bescheidenheit des Menschen oder auch eines Königs gegenüber dem Schöpfer. In den vergangenen Jahrhunderten, bis in die heutige Zeit, gab und gibt es „elitäre“ und bessergestellte Kreise, Königsfamilien große Persönlichkeiten und Präsidenten, die in Mausoleen beigesetzt wurden. Auch das ist nichts Außergewöhnliches.

Betrachten wir die letzten fünftausend Jahre, dann sind das auch nur „ein paar Pharaonen“ (damit meine ich insbesondere Snofru, Cheops und Chephren), wenn wir ihre Grabmäler im Verhältnis zu anderen betrachten – auch im Verhältnis zu anderen Pyramiden. Eben bei diesen drei Pharaonen, besonders im Falle des Cheops, ist der Aufwand, der für seine Grabstätte betrieben wurde, ein absoluter Größenwahn (vorausgesetzt, wir gehen von der „Kulttheorie“ *Grabmal* aus), zumal er nicht in der Pyramide beigesetzt wurde, und davon ist heute auszugehen.

Aber noch einmal zurück zur Mastaba, das heißt zur Entwicklungsstufe der Mastaba-Pyramide. Die zweite Entwicklungsstufe der Mastabas könnten wir in der ersten Stufenpyramide des Djosers vermuten beziehungsweise erkennen, als fünf aufeinandergesetzte Mastabas. Aber bereits hier sollten wir uns die Frage stellen, warum vier weitere Mastabas, wenn sich in keiner der vier weiteren Mastabas Bestattungsräume oder Räumlichkeiten zu anderer Nutzung befinden. Dieser Punkt ist bis heute ungeklärt. Natürlich ist es leicht zu sagen, daß es religiöse Gründe waren oder die Könige erhaben waren oder an Größenwahn litten – das ist zu einfach und letztlich nicht logisch. Ich sage Ihnen auch warum. Im Mittelpunkt des Bestattungskultes ging es natürlich um den Pharao und um dessen Seele. Auch zu Lebzeiten stand dieser im Mittelpunkt des Reiches als – wenn man so will – staatliches Oberhaupt. In enger Verbindung zum Pharao gab es immer, wohl während des gesamten fast 3.000 Jahre währenden Pharaonenreiches, eine zentrale und elitäre Priesterschaft, die offensichtlich mehr als nur eine beratende Funktion ausübte. Im weiteren Verlauf werden wir noch auf die Priesterschaft zu sprechen kommen.

Von einem „Pyramiden-Gigantismus“ und von Größenwahn sprechen mittlerweile viele Gelehrte und Forscher – wer will es ihnen auch verdenken. Ich teile diese Meinung nicht.

Die Priesterschaft in Memphis – und später im Priesterzentrum Heliopolis – ist möglicherweise ein Garant dafür, daß hinter all dem „Pyramiden-Gigantismus“ ein tiefer Sinn und Zweck steht. Und das hat nichts mit „Glauben“ und übertriebener „Religiosität“ zu tun, sondern schlichtweg mit Erkenntnissen und Wissen (Wissen aus naturwissenschaftlicher Sicht betrachtet), das uns im Laufe der Jahrtausende verlorenging oder Wissen, das wir heute noch nicht wiedererlangt haben. Einen Beweis für verlorengegangenes Wissen ist die Cheops-Pyramide, wie wir noch sehen werden. Ihre Architekten haben über all das mathematische und geometrische Wissen verfügt, das uns heute bekannt ist. Sie verfügten zudem über ein erstaunlich umfangreiches astronomisches Wissen, das wir erst in den letzten Jahrhunderten wieder entdeckt haben.

Das alte Reich – das Pyramidenzeitalter (zirka 2700-2150 v.Chr.)

Das alte Reich erstreckt sich über einen Zeitraum von etwa 500 Jahren, von der 3. bis zur 7. Dynastie. Hier gibt es verschiedene Meinungen und Auslegungen. Viele Gelehrte sehen das Ende des alten Reiches mit Ablauf der 6. Dynastie. Der Hauptgrund dafür liegt im Entdecken der Pyramidentexte aus den Pyramiden der 5. und 6. Dynastie. Bei der 7. Dynastie handelt es sich um fünf Könige aus Memphis, die insgesamt nur siebzig Tage regierten, vermutlich Gegenkönige der Nitokris aus der 6. Dynastie.

Mittlerweile wird die 7. Dynastie von vielen Gelehrten auch gern in die erste Zwischenzeit (2150-1980 v.Chr.) eingeordnet.

Die eigentliche Pyramidenzeit beginnt mit der 4. Dynastie um etwa 2650 v.Chr.. Ihr Begründer, König ***Snofru*** (altägyptisch: *Seneferu = Von großer Schönheit*), hat diese Dynastie nachhaltig geprägt, obwohl es bis heute einige ungeklärte Fragen bezüglich Snofru gibt, insbesondere ist seine genaue Herkunft nicht bekannt. Auch die tatsächliche Dauer seiner Regierungszeit ist nicht geklärt (allgemeine Schätzung der Archäologen: 18-48 Jahre).

Heute schreiben die Experten Snofru drei Pyramiden zu, die Pyramide von Medum sowie die zwei Pyramiden von Dahschur, die sogenannte Knickpyramide und die rote Pyramide (Bild 35-37).

Snofru war ein wahrer „Baulöwe" des alten Reiches, vorausgesetzt er hat alle drei genannten Pyramiden während seiner Regierungszeit auch in Auftrag gegeben. Nach Schätzungen haben seine Arbeiter rund 3,7 Millionen(!) Kubikmeter Stein verbaut. Im Falle der Medum-Pyramide vermuten einige Experten, daß Snofru diese nur von einer Stufenpyramide in eine „echte" umbauen ließ. Die Planung und die erste Bauphase wurden mögli-

Bild 35, oben links:
Die Pyramide von Medum (4. Dynastie)

Bild 36, oben rechts:
Die Knickpyramide (4. Dynastie)

Bild 37, unten:
Die rote Pyramide (4. Dynastie)

cherweise noch von Snofrus Vorgänger *Huni* ausgeführt – klare Beweise gibt es dafür nicht. Daß König Snofru aber die beiden Pyramiden von Dahschur errichten ließ, davon können wir heute ausgehen.

Die Ägyptologen vermuten eine stetige Entwicklung vom Mastaba- zum Pyramidenbau. Für plötzliche Entwicklungssprünge, zum Beispiel vom Mastababau zur Stufenpyramide oder für den plötzlichen Entwicklungssprung von der 3. zur 4. Dynastie, haben die orthodoxen Vertreter keine schlüssigen Erklärungen – sie vermuten religiöse Beweggründe, das ist alles!

Von der 3. zur 4. Dynastie, das heißt von der Stufenpyramide des Djosers zur Pyramide von Medum, ob Snofru nun der Erbauer war oder nicht, ist die Stufenarchitektur ein klarer Beleg in der Bauentwicklung, so die Argumentation der Ägyptologen heute. Auch zu Snofrus Pyramiden von Dahschur ist eine Kontinuität in der Bauentwicklung unstrittig, meinen diese.

Doch nehmen wir als Ausgangspunkt die Stufenpyramide von Djoser und bewegen uns weiter in Richtung 4. Dynastie, dann ist von allmählicher Entwicklung oder gar Kontinuität nicht viel zu sehen, zumindest aus bautechnischer Sicht. Die Pyramiden seiner Nachfolger Sechemchet, Chaba und deren Nachfolger sind im Vergleich und in bezug zu Aufwand und Größe nur noch zweitklassig – wenn überhaupt. Dann kommt plötzlich der große Entwicklungsschub um König Snofru, der dann (möglicherweise) gleich drei Pyramiden in Auftrag gab. Nicht zu vergessen der bedeutende Wechsel in der Architektur von Stufenpyramiden zu den „echten" Pyrami-

Bild 38:
Die Ruinen der Pyramide des Pharao Djedefre (4. Dynastie)

den mit einer glatten Außenverkleidung. Weiter geht es zur Cheops-Pyramide, und damit haben wir in bezug auf bautechnische und kontinuierliche Entwicklung im Pyramidenbau einen der größten Leerräume. Nach dem Meisterwerk von Cheops kommt nicht Chephren als nächster Baumeister, wie viele denken. Es regierte zunächst acht Jahre lang Cheops Sohn und Nachfolger Djedefre. Er baute seine Pyramide (Bild 38) etwa acht Kilometer entfernt vom Gizeh-Plateau in Abu Roach. In bezug auf Aufwand, Größe und Architektur ein deutlicher, nicht zu erklärender Rückschritt. Über die Beweggründe, warum Djedefre nicht in Gizeh baute, gibt es verschiedene Theorien. Möglicherweise hing es mit Heliopolis zusammen, dem Priesterzentrum und zugleich Zentrum des Sonnenkultes, denn Djedefre war der erste Pharao, der sich den Titel „Sohn des Re" zulegte. Dem wahrscheinlichen Thronfolger von Mykerinos, Schepseskaf, werden Pyramiden zugeordnet, die wohl gar nicht vollendet wurden oder so schlecht gebaut waren, daß von ihnen nichts mehr übriggeblieben ist. Das setzt sich, wenn wir weiter in die nächsten Dynastien gehen, so fort. Von stetiger Entwicklung oder Kontinuität im Pyramidenbau ist im alten Reich, in der Hochblüte des Pyramidenbaus, nichts zu erkennen. Ein ständiges Auf und Ab ist zu erkennen. Auf eine scheinbar hohe Entwicklungsstufe folgte oftmals ein fast „steinzeitlicher" Rückschritt (Bild 39-41).

Damit sind noch nicht alle Fragen geklärt, insbesondere in bezug auf Snofru und seine Beweggründe. Für die beiden Pyramiden in Dahschur benötigte er etwa das 10fache an Material, und das nach einem gerade beendeten Großprojekt in Medum. Eine andere und wohl ebenso wichtige Frage ist die, wie es plötzlich zu dem strukturellen Entwicklungsschub im Bereich der Organisation, Planung, der Infrastruktur und der Bautechnik kam. Die Pyramiden von Dahschur zu errichten, insbesondere die rote Pyramide, erforderte vermutlich eine deutlich weiterentwickelte Technik, um die Steinblöcke, die zum Teil mehrere Tonnen wogen, in eine Höhe von fast 100 Metern zu befördern.

Die Frage, die bis heute ungeklärt ist und vielen Forschern Kopfzerbrechen bereitet, ist, warum Snofru drei Pyramiden in Auftrag gab. Von diesem „Härtefall" auszugehen ist nicht unangemessen, zumal bezüglich der Medum-Pyramide vieles für ihn als Erbauer spricht. Snofru hat sich in keiner der Pyramiden beisetzen lassen – das ist im übrigen ein Rätsel, das auch alle seine Nachfolger in der 4. Dynastie betrifft.

Bild 39:
Auf die Zeit der Pyramiden von Gizeh (4. Dynastie) folgte mit der Pyramide des Usarkaf (1. König der 5. Dynastie) ein unerklärlicher Rückschritt. Auf die Weltwunder von Gizeh folgen primitive Steinhaufen.

Bild 40:
Pyramide des Unas (Ende der 5. Dynastie); auch hier ist von den einstmals großartigen bautechnischen Fähigkeiten der Pharaonen der früheren Dynastien nichts mehr zu erkennen.

Bild 41:
Pyramide des Teti; mit Beginn der 6. Dynastie ging das große Wissen der alten Baumeister plötzlich verloren.

In der Medum-Pyramide wurde nicht einmal ein Sarkophag gefunden. Natürlich macht das alles keinen Sinn, drei Pyramiden in Auftrag zu geben und in keiner beigesetzt zu werden. All seine Vorgänger und auch seine Nachfolger gaben sich mit einer Pyramide zufrieden. Warum wurden Pharaonen nicht in den Pyramiden beigesetzt? Hatte der Bau von Pyramiden doch andere Motive? Natürlich gibt es auf die Frage, warum die Pharaonen nicht in den Pyramiden bestattet wurden, eine Antwort der Ägyptologen. Die fällt allerdings mehr als bescheiden aus. Diese begründen die Entscheidung der Pharaonen, nicht in den Pyramiden beigesetzt zu werden, unter anderem damit, sich vor möglichen Grabräubern zu schützen. Andere Vermutungen gehen dahin, daß die Könige später eben aus schutztechnischen Gründen praktisch „umgebettet“ wurden, aber auch das sind nur Vermutungen. Das alles macht keinen Sinn und entbehrt mehr als jeder Logik: die Mühe und der Aufwand, der die Gefolgschaften oftmals bis an den Rand ihrer Leistungsbereitschaft geführt hat, über Zeiträume von zum Teil über zehn Jahren (bei der Cheops-Pyramide möglicherweise weit länger), mit dem Resultat, daß die Pyramiden ihrem eigentlichen Zweck nicht dienten. Daß die Pharaonen aus Schutz vor Plünderungen andere Begräbnisstätten auswählten, wie zum Beispiel das Tal der Könige, ist keine Antwort auf die im Raum stehende Frage. Zum einen waren diese Orte, wie beispielsweise das Tal der Könige, keine geheimen Orte, davon ist auszugehen. Was das Volk weiß, das wissen auch Räuber und Plünderer. Das Tal der Könige bezieht sich vornehmlich auf die dynastischen Perioden ab dem „neuen Reich“(1552-1306 v.Chr.).

Man sollte sich das vielleicht mehr als einmal vor Augen führen: Da werden Millionen von Tonnen von Steinen aufgetürmt, um letztendlich Plünderer und Grabräuber zu täuschen. Beim besten Willen, das ist mit Abstand das Lächerlichste, was als ein möglicher Erklärungsversuch publik wurde. Orte und Begräbnisstätten wie zum Beispiel das Tal der Könige wären in jedem Falle leichter zu entweihen und zu plündern gewesen als eine Pyramide – und schließlich wurden sie das ja auch. Außerdem ist doch ein so mächtiges Königshaus wie das eines dynastischen Pharaos imstande, eine solche Grabstätte entsprechend zu bewachen.

Ein weiterer Punkt, der rätselhaft ist und Fragen aufwirft, ist, warum – bleiben wir bei Snofru – dieser keinen Wert auf seine Urheberschaft legte. Diejenigen, die Snofrus „Pyramiden-Gigantismus" mit Größenwahn gleichsetzen, sind durch diesen Aspekt wohl entkräftet, denn ein solcher König hätte sicherlich allergrößten Wert darauf gelegt, daß jedermann – insbesondere die Nachwelt – erfährt, wer der größte „Baulöwe" unter den Pharaonen war. Auf der einen Seite bautechnischer Größenwahn und auf der anderen Seite die Bescheidenheit eines Eremiten – das fügt sich nicht zusammen.

Brennpunkt Gizeh-Plateau

Das Pyramiden-Plateau ist weltweit mittlerweile zu einem archäologischen und historischen „Kultort" geworden, sicherlich nicht ohne Grund. Die Pyramiden von Gizeh sind die letzten erhalten gebliebenen Weltwunder der Antike. Bis heute haben sie ihre letzten Geheimnisse nicht preisgegeben. Seit Jahrhunderten ranken sich um ihre Erbauer, den Zeitpunkt und den ursprünglichen Zweck ihrer Erbauung die unterschiedlichsten, zum Teil abenteuerlichsten Theorien. Insbesondere betrifft das die große Pyramide, wie wir noch sehen werden.

Das Wissen um das Plateau samt seiner drei Hauptpyramiden, den Nebenpyramiden, den Tempelanlagen, den Begräbnisstätten und der Sphinx könnte ganze Bände füllen (Abb. 20).

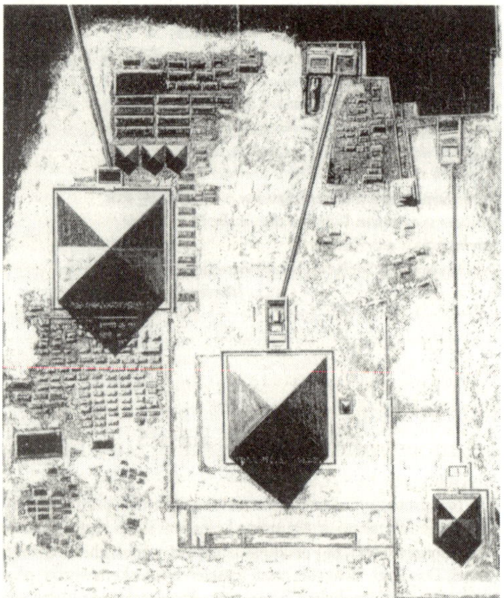
Abb. 20: Der Gizeh-Komplex von oben.

Das Gizeh-Plateau ist 42 Meter hoch und befindet sich etwa 25 Kilometer nördlich von Dahschur. Das Plateau hat eine Nord-Süd-Ausdehnung von etwa 2,2 Kilometern, von Westen nach Osten mißt es etwa 1,1 Kilometer. In östlicher Richtung fällt es zum Nil hin ab. Allerdings fußt der Nil nicht mehr direkt am Plateau, so wie es in der dynastischen Zeit war. Durch die Bevölkerungsexplosion und das Bauwachstum Kairos hat die Millionenmetropole mittlerweile direkte Tuchfühlung mit der Gizeh-Metropole. „Leider", muß man heute aus archäologischer Sicht sagen, denn unter dem angrenzenden Bezirk Nazlet El Samman sind sicherlich viele archäologische Funde zu vermuten.

Aus archäologischer Sicht ist es durchaus schlüssig, daß diese massive Anhöhe aufgrund ihrer hervorragenden geologischen Konsistenz zur Errichtung einer solchen bedeutenden Nekropole ausgesucht wurde. Dazu kam der günstige Umstand, daß auf dem Plateau Kalksteinbänke praktisch vor der „Haustür" lagen, die zur Herstellung vieler Steinquader genutzt wurden.

Warum nun Cheops seine Pyramide nicht auch in Dahschur errichten ließ, ist nicht bekannt. Die Erklärung der Archäologen, die vermuten, daß die Wahl wegen des ausgezeichneten Baugrundes und der sicherlich vorteilhaften Anhöhe auf das Gizeh-Plateau fiel, macht Sinn, wirft aber gleichzeitig auch die Frage auf, warum sich nicht schon Snofru für diesen Ort entschied. Die Entfernung zum damaligen Kultzentrum Memphis kann dabei keine wesentliche Rolle gespielt haben, denn Dahschur liegt nicht bedeutend näher bei Memphis als Gizeh.

Die drei Pyramiden auf dem Gizeh-Plateau werden nach orthodoxer Lehrmeinung den drei Königen Cheops (Chufu), Chephren (Chefre) und Mykerinos (Menkaure) zugeordnet. Die allgemeine Problematik mit der endgültigen wissenschaftlichen Beweiskraft, so wie wir das schon bei König Snofru festgestellt haben, findet sich auch bei den drei Königen des Gizeh-Plateaus. Auch in diesen drei Pyramiden ist niemals die Mumie eines Pharaos gefunden worden. In keiner der Pyramiden sind schriftliche Hinweise gefunden worden, die auf die Urheberschaft der drei bekannten Pharaonen hinweisen.

Als der italienische Sammler Giambattista Belzoni im Jahre 1818 in die beiden Kammern der Chephren-Pyramide eindrang, fand er nur einen leeren Granitsarkophag und dessen Deckel, der zerbrochen auf dem Boden lag – mehr nicht –, keine Mumie, keine Schätze.

Die Tempel, die mit der dritten Pyramide, der des Mykerinos, in einem bautechnischen Zusammenhang stehen, geben uns Hinweise darauf, daß sie von ihm errichtet wurden. Gefundene Inschriften und Statuen aus dem Totenopfertempel weisen eben auf Mykerinos als Erbauer hin, das betrifft aber nicht gleichzeitig auch die Pyramide (Bild 42).

Bild 42:
Die Pyramide des Mykerinos auf dem Gizeh-Plateau

Es ist durchaus möglich, daß Mykerinos neue Tempelanlagen in Auftrag gab und an die bereits bestehende Pyramide „anbaute". Es ist ebensogut möglich, daß der Pharao bereits existierende Tempel und Gebäudekomplexe restaurieren ließ und sie aus dem „Dornröschenschlaf" wiedererweckte, und das gilt in diesem Falle nicht nur für Mykerinos, insbesondere trifft das auch für seinen Vorgänger Chephren und dessen Vater Cheops zu. Insbesondere die mathematischen und astronomischen Daten der großen Pyramiden belegen, daß diese errichtet wurden, um in der Hauptsache rituellen und religiösen Zwecken zu dienen. Die mögliche spätere Zweckentfremdung, dort die Toten zu begraben, wurde von Herrschern entschieden, die mit der Entstehungsgeschichte der Pyramiden gar nicht mehr vertraut waren; dennoch wählten sie diese Orte aus, weil sie von besonderer Macht und Göttlichkeit zeugten und ihnen als Begräbnisstätte angemessen erschienen. In mittelalterlichen Kathedralen und bis in die heutige Zeit wurden große und bedeutende Persönlichkeiten unter Steinplatten in Gotteshäusern beigesetzt, obgleich diese nicht zu diesem Zweck, als Begräbnisstätte, gebaut wurden.

links:
Auf Spurensuche in Ostafrika mit dem Maasai Simon Kaila Ole Nampaso.

echts:
imon Kaila Ole Nampaso (li.) ist ein Stammesoberhaupt der jüngeren Generation. Er
tammt aus einer traditionsreichen Maasai-
amilie.

links:
Im Gespräch mit einem jungen Samburu.

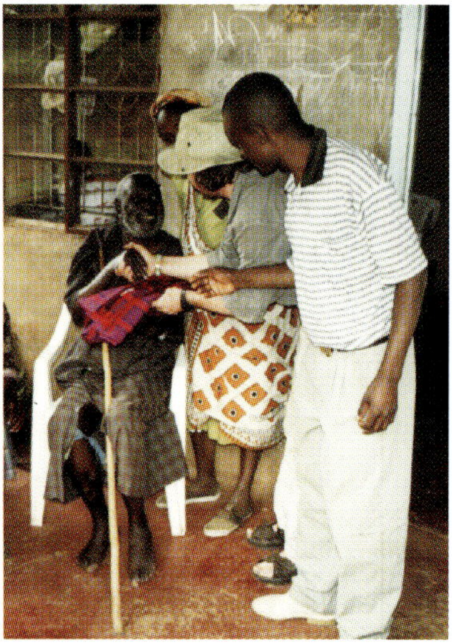

links:
Der Maasai Ologisaempere wurde 1886 geboren und lebt heute im Kreise seiner Familie (115 Jahre alt !). Er freut sich über mein kleines Präsent. Zum Abschied sagte er: *"Vergiß nicht, die Menschen in deinem Land zu grüssen..."*

oben:
Unterwegs in Ostafrika:
Der Okiek Namanya lebt in den Wäldern und ist ein ausgezeichneter Bogenschütze.

links:
In einem Maasaidorf im Gespräch mit dem 78-jährigen Olesagut (re.)

rechts:
Der Autor im Gespräch mit dem heute 81-jährigen Zulu Credo Mutwa in Johannesburg.

links:
Stefan Erdmann im Gespräch mit Fergany Al Komaty - seit vielen Jahren befreundet. Bei seinen Aufenthalten in Kairo steht dem Autor immer ein Appartement im Hause des Ägypters zur Verfügung - mit Aussicht über Nazlet El Samman, direkt auf das Gizeh-Plateau.

echts:
)er Autor in einer un-
erirdischen Begräb-
ısanlage des Gizeh-
'lateaus.

links:
Die Sphinx vor der Cheops-Pyramide (rechts);
links vor der Sphinx sieht man den Taltempel und rechts
Daneben den Sphinxtempel.

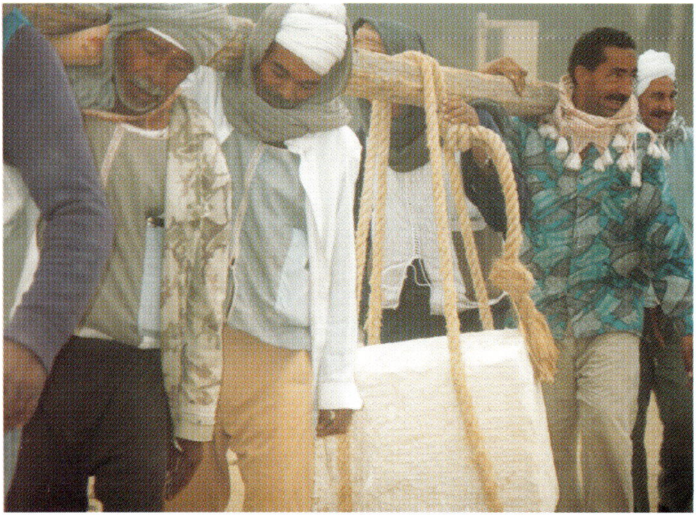

links:
Selbst ein kleiner Steinquader Erfordert die Kraft vieler Arbeiter.

rechts:
Im Taltempel (vor der Sphinx) wurden Steinblöcke verbaut, die bis zu zweihundert Tonnen (!) wogen, und das in über fünf Metern Höhe.
Mit welchen Hilfsmitteln?

links:
Der Autor in der Pyramide von Pharao Djedefre (Sohn von Cheops, 4. Dynastie) in Abu Roach. Hierher verirrt sich kaum ein Tourist.

Bedenken Sie außerdem, daß beispielsweise die große Pyramide schon während der Pharaonenzeit fast völlig in Vergessenheit geraten ist, bis etwa ins neue Reich (1500-1306 v.Chr.) – das sind etwa 1.000(!) Jahre, vorausgesetzt die Pyramide wurde nicht früher erbaut. Das ist mehr als ein Indiz dafür, daß elitäres Wissen um die Pyramiden wohl verlorenging oder, aus welchen Gründen auch immer, für nachfolgende Dynastien nicht mehr zugänglich war.

Es war im Reich der Pharaonen auch üblich, daß neue Herrscher ihre Vorgänger nicht würdigten und ihre schriftlichen Urheberschaften verletzten, indem sie zum Beispiel ihre Namen „ausradierten" und durch die ihren ersetzten. – Beweise dafür gibt es genug, denken sie nur an Echnaton.

Noch ein Wort zur Mykerinos-Pyramide: Die Hauptkammer wurde im Jahre 1837 von Howard Vyse und John Perring geöffnet. Der prachtvolle Basaltsarkophag, den sie im Inneren der Kammer fanden, war leer. Gleich daneben fanden die beiden Forscher ein Teil von einem Holzsarg mit dem Königsnamen *Men-ka-u-re* und die Überreste einer Mumie. Natürlich war man sich sicher, daß es sich wirklich um Mykerinos handelte. Endlich hätte die Wissenschaft den Beweis, daß dieser die Pyramide erbaut hat und in ihr bestattet wurde. Heute wissen wir, dank moderner Untersuchungsmethoden, daß es sich nicht um die Mumie des Mykerinos handelt. Der Holzsarkophag stammt wohl aus der 26. Dynastie (saitische Periode, etwa 665-525 v.Chr.) und die Mumie aus frühchristlicher Zeit.

Im weiteren Verlauf werden wir uns näher mit der großen Pyramide befassen. Auch wenn es vielleicht für manchen Leser den Eindruck erweckt, ich würde den Pyramiden des Chephrens und des Mykerinos zu wenig Bedeutung beimessen, bitte ich um Nachsicht und zugleich um Verständnis. Alle drei Pyramiden spielen in einem anzunehmenden Gesamtplan eine eigenständige und zugleich zusammenhängende Rolle, deshalb ist keine von geringer Bedeutung. Dennoch – und das gebe ich unumwunden zu – hat die große Pyramide bei meiner mehr als zehnjährigen Forschung in mir immer ein besonderes Interesse geweckt und eine große Motivation erzeugt. Der Grund dafür liegt wohl in ihrer Einmaligkeit, ihrer mathematischen und astronomischen Präzision und mehr im Sinn und Zweck als im Zeitpunkt ihrer Erbauung.

Wer hat die Sphinx erbaut?

Bevor wir in Kürze wieder zur großen Pyramide zurückkommen werden, unternehmen wir einen kleinen Ausflug auf dem großen Gizeh-Plateau. Gehen wir von der zweiten, der Chephren-Pyramide, in östliche Richtung, senkt sich das Gizeh-Plateau zunehmend, bis wir vor einem gigantischen Monument stehen, mit dem Körper eines Löwen und dem Gesicht eines Menschen.

Es ist die große Sphinx von Gizeh (Bild 44-46). Das berühmte Mischwesen hat von alters her einen besonderen Stellenwert im Zusammenhang mit den Pyramiden von Gizeh. Ebenso wie im Falle der drei Pyramiden, ranken sich Geschichten, Legenden und zum Teil abenteuerliche Theorien um ihren Sinn und Zweck und den Zeitpunkt ihrer Erbauung. Es sind die gleichen Fragen, die wir auch im Falle der Pyramiden noch nicht endgültig beantwortet haben.

Auch die Frage des Erbauers der großen Pyramide steht noch unbeantwortet im Raum. Die Ägyptologen vertreten heute im allgemeinen die Ansicht, daß die Sphinx von Chephren in Auftrag gegeben wurde. Für die Ägyptologen liegt der Beweis in erster Linie in einer Skulptur, einer künstlerisch hochwertigen Arbeit aus Diorit, die sich heute im Ägyptischen Museum am Tahire Square in Kairo befindet.

Das Gesicht der Sphinx sei den Zügen des Pharaos Chephren nachgebildet, also ein Abbild dessen (Bild 43).

Hierzu erschien im April 1991 in der *National Geographic*, einer sehr angesehenen Zeitschrift in den USA, und ein Jahr später in England, im *Cambridge Archeologicial Journal*, ein interessanter Artikel. Der Verfasser war kein Geringerer als Mark Lehner vom Institut für Orientforschung an der Universität Chicago. Lehner wollte den

Bild 43:
Die Statue des Chephren

endgültigen Beweis erbringen, daß das Gesicht der Sphinx Pharao Chephren darstellt. Anhand von photogrammetrischer Daten und Computergraphiken, stellte Lehner eine gekonnte Computersimulation her:

„Zahi Hawass, Generalinspekteur der Pyramiden von Gizeh, lud mich ein, mich 1978 an seinen Ausgrabungsarbeiten (in der Nähe der Sphinx) *zu beteiligen. Während der folgenden vier Jahre leitete ich ein Projekt, bei dem die Sphinx zum erstenmal kartographisch aufgenommen wurde. Unter Zuhilfenahme photogrammetrischer Verfahren (...) erstellten wir Vorder- und Seitenansichten (...). Auf dem Computerbildschirm wurde zunächst ein Drahtmodell generiert; die Bilder wurden in 2,6 Millionen Oberflächenpunkte umgesetzt, um das ‚Skelett' mit einer Haut zu überziehen. Wir haben Bilder der Sphinx rekonstruiert, wie sie vor Tausenden von Jahren ausgesehen haben mag. Um das Gesicht zu rekonstruieren, habe ich passende Bilder von anderen Sphingen und Pharaonen an unserem Modell ausprobiert. Mit dem Gesicht von Chephren erwachte die Sphinx zum Leben...“*(55)

Das klingt schlüssig und plausibel, und zudem ist Mark Lehner ein allgemein geschätzter und anerkannter Wissenschaftler. Dennoch stellte sich später heraus, daß die ganze Sache doch einen kleinen, aber entscheidenden Haken hat.

Wie sich zeigte, hatte Lehner zur Rekonstruktion des Gesichtes der Figur nichts anderes getan, als mit Hilfe der Computertechnik ein dreidimensionales Drahtnetz zu erzeugen, dem er dann das Gesicht des Chephren überstülpte. Das ergibt sich im übrigen auch aus der Bildunterschrift in der Zeitschrift *National Geographic* unter einer Abbildung der Dioritstatue Chephrens, in der es heißt: *„Dieses Gesicht hat der Autor* (Lehner) *für die Rekonstruktion der Sphinx verwendet.“*

Ein wichtiger und belegbarer Punkt, den Lehner selbst untermauerte, hat sich aus seiner Arbeit in jedem Fall ergeben. Der Kopf der Sphinx ist nämlich zu klein im Verhältnis zum übrigen Körper (Bild 47).

Dieses Mißverhältnis finden wir bei den vielen anderen Sphingen in Ägypten nicht; bei ihnen ist die Proportionalität zwischen Körper und Kopf harmonisch. Ein künstlerischer Fehler ist im Falle der Sphinx von Gizeh wohl auszuschließen. Das würde die mittlerweile allgemein verbrei-

Bild 44 (oben):
Die Sphinx von Gizeh; im Hintergrund die Cheops-Pyramide. Über zehn Jahre lang wurden an dem Mischwesen Restaurierungsarbeiten durchgeführt.

Bild 45 (rechts):
Zeitlos blickt die Sphinx seit Jahrtausenden genau in östliche Richtung in den ägyptischen Sonnenaufgang.

Bild 46:
Der Sphinxtempel vor der Sphinx; im Hintergrund die Pyramide des Cheops und links die Mykerinos-Pyramide.

tete Meinung vieler Forscher bekräftigen, daß der Kopf im Laufe der Zeit zumindest einmal, vielleicht auch des öfteren, von einem oder verschiedenen Herrschern verändert wurde.

Wieder einmal wurde nichts bewiesen. Eine Statue, die in einem der Tempelgebäude gefunden wurde, kann sicherlich darüber Aufschluß geben, daß der Herrscher, der sich hinter diesem Bildnis verbirgt, der mögliche Erbauer beziehungsweise Auftraggeber der Tempelanlage war. Ebensogut

Bild 47:
Das Mißverhältnis zwischen Kopf und dem übrigen Körper der Sphinx ist ein Beleg dafür, daß der Kopf wohl schon vor Jahrtausenden verändert wurde – vermutlich mehr als einmal.

kann die Statue zu einem späteren Zeitpunkt an diesen Ort gelangt sein. Beweist das zudem, daß er die zweite Pyramide in Auftrag gab? Nein! Wie bereits erwähnt, ist auch in der Chephren-Pyramide kein schriftlicher Hinweis – geschweige denn die Mumie Chephrens – gefunden worden. Die bereits genannten Fakten und die Tatsache, daß die Sphinx am Fuße der zweiten Pyramide steht, sind nicht ausreichend und beweiskräftig genug, um sie Pharao Chephren zuzuordnen.

Bild 48:
Die Sphinx von Gizeh; zwischen ihren Vorderpranken steht die Thutmosis-Stele.

Ein immer noch aktueller Diskussionspunkt ist die Granitstele, die zwischen den Vorderpranken der Sphinx steht. Sie wurde zu Ehren Thutmosis IV (1401–1391 v.Chr.) dort errichtet (Bild 48).

Die Ägyptologen sehen in ihr einen Beweis dafür, daß Chephren die Sphinx erbauen ließ und diese somit aus der 4. Dynastie stammt. Hierbei handelt es sich um eine einzige Silbe, die auf der Granitstele als Beweis dafür angesehen wird.

Wie Thutmosis selbst berichtet, befand er sich eines Tages außerhalb von Memphis auf der Jagd und geriet auf *„die heilige Straße der Götter“*, die von Heliopolis nach Gizeh führte. Er wurde müde und legte sich in den Schatten der Sphinx, an eine Stelle, die laut Thutmosis *„herrlicher Ort der ersten Zeit"* hieß. Als er einschlief, erschien ihm die Sphinx im Traum und sprach zu ihm: *„Ich bin Dein Ahne Hor-em Achet, der von Re-Aten geschaffen wurde."* Weiter versprach sie Thutmosis den Königsthron sowie eine lange und glückliche Regierungszeit, wenn er sie von dem Wüstensand befreie, der sie bis auf den Kopf fast vollständig bedeckte. Die Geschichte nahm ihren Lauf. Thutmosis folgte der „Anweisung", befreite die Sphinx vom Wüstensand und bestieg den Thron.

Die Inschrift auf der Stele enthält in Zeile 13 die Silbe *Chef*, darin sahen die Ägyptologen den Beweis dafür, daß Chephren die Sphinx erbaute beziehungsweise in Auftrag gab.

Aber auch in diesem Fall hat sich herausgestellt, daß die Beweislage nicht stimmig ist. Im Jahre 1817 wurde die Stele von dem Abenteurer Gian Battista Caviglia ausgegraben. Zu diesem Zeitpunkt war die 13. Zeile schon stark beschädigt. Heute ist sie nicht mehr vorhanden. Der britische Philologe Thomas Young, ein früherer Experte in der Entzifferung altägyptischer Hieroglyphen, hatte die Möglichkeit, nicht lange nach der Ausgrabung eine Reproduktion der Inschrift zu untersuchen. Die 13. Zeile übersetzte Young wie folgt:

„...die wir für ihn bringen: Ochsen (...) und ganz frisches Gemüse; und wir werden Wenofer preisen (...) Chef (...) die Statue, die für Atum-Hor-em Achet gemacht wurde..."(55)

Wie viele nahm auch Young seinerzeit an, daß *Chef* für Chephren stand und fügte die Silbe *Re* in eckigen Klammern hinzu, um kenntlich zu machen, daß eine Lücke gefüllt worden war.

Im Jahre 1905 untersuchte der amerikanische Ägyptologe Henry Breatsted die Reproduktion und stellte fest, daß die Übersetzung fehlerhaft war:

„Diese Erwähnung König Chephrens ist als Hinweis darauf verstanden worden, daß die Sphinx das Werk dieses Königs war – ein Schluß, der nicht triftig ist; (das Faksimile von) *Young weist keine Spuren einer Kartusche auf..."*(55)

In allen Inschriften der ägyptischen Dynastien – während der gesamten Pharaonenzeit – wurden die Namen der Pharaonen stets mit einer ovalen Umrandung versehen, die als *Kartusche* bezeichnet wird. Es ist so gut wie ausgeschlossen, daß der Name eines so bedeutenden und mächtigen Königs ohne Kartusche in eine Granitstele eingemeißelt wurde. Selbst wenn das passiert wäre, würde das ja gleichzeitig bedeuten, daß der Fehler nach der Ehrung und Aufstellung der Stele nie jemandem auffiel – auch das ist doch wohl auszuschließen. Wenn der Fehler bemerkt worden wäre, ist doch davon auszugehen, daß er sofort korrigiert worden wäre. Folglich kann es sich nie um den Namen des Pharaos gehandelt haben.

Auch wenn wir die Silbe *Chef* als Chephren anerkennen würden, wäre das kein Beweis dafür, daß dieser den Bau der Sphinx in Auftrag gab. Im übrigen haben auch nach ihm einige Pharaonen, wie zum Beispiel Ramses der II. oder Thutmosis der IV., um nur zwei zu nennen, die Sphinx restaurieren lassen.

Auch anerkannte Ägyptologen wie zum Beispiel Gaston Maspero, der Leiter der ägyptischen Altertümerverwaltung im Ägyptischen Museum von Kairo, haben sich mit der Thutmosis-Stele befaßt. Maspero war auch anerkannter Philologe seiner Zeit. Gaston Maspero schrieb im Jahr 1900:

„Die Stele der Sphinx trägt in Zeile 13 den (Namen) Chephrens in der Mitte einer Lücke (...). Es gibt meiner Meinung nach einen Hinweis (auf eine Freilegung und Restaurierung) der Sphinx, die unter diesem Fürsten vorgenommen wurde und folglich den mehr oder weniger sicheren Beweis, daß die Sphinx bereits zu Zeiten seiner Vorgänger im Sand verschüttet war...“(55)

Eine andere Stele, die Mitte des neunzehnten Jahrhunderts in der Nähe der großen Pyramide in den Ruinen des Isis-Tempels von Jean Pierre Mariette gefunden wurde, liefert den Beweis, daß Chephren die Sphinx nicht erbaut haben kann, weil sie nämlich zu Zeiten seines Vorgängers Cheops schon auf dem Plateau stand. Cheops hatte sich dieses Denkmal zur Erinnerung daran gesetzt, daß der Isis-Tempel von ihm restauriert worden war und die darin gefundenen Bilder und Embleme der Götter instandgesetzt worden sind.

Viele der heutigen Ägyptologen beharren nach wie vor auf Chephren als Erbauer der Sphinx – was bleibt ihnen auch anderes übrig. Einer aus den eigenen Reihen hat sich dazu treffend geäußert. Es war der anerkannte Ägyptologe Selim Hassan, der die Sphinx im Jahre 1947 untersuchte:

„Abgesehen von der verstümmelten Zeile auf der Granitstele Thutmosis IV., die nichts beweist, gibt es keine einzige antike Inschrift, die Chephren mit der Sphinx in Verbindung bringt. So sinnvoll es auch erscheinen mag, wir müssen diesen Beleg als Indiz betrachten, bis eines Tages ein glücklicher Spatenstich der Welt den endgültigen Aufschluß über die näheren Umstände der Errichtung dieses Standbildes gibt...“(55)

Im Laufe der vergangenen Jahre gab es viele interessante Untersuchungen rund um das Monument der Sphinx, um endgültig den Zeitpunkt ihrer Erbauung zu klären – endgültig bewiesen ist dieser bis zum heutigen Tage nicht. Auf eine weitere Untersuchung möchte ich jedoch noch näher eingehen.

Ausgangspunkt für die Untersuchung war die unermüdliche Forschung des amerikanischen Wissenschaftlers und Schriftstellers John Anthony West. Der Amerikaner gehört zu der Gruppe von Forschern und Wissenschaftlern, die eine vordynastische Zivilisation – als möglichen Ausgangspunkt für die ägyptische Hochblüte und den Bau der Pyramiden und der Sphinx – für sehr wahrscheinlich halten.

John A. West studierte die schwierigen Schriften des hochangesehenen französischen Mathematikers und Symbolforschers R. A. Schwaller de Lubicz. Dieser wurde bekannt durch seine Arbeiten über den Tempel in Luxor. In seiner Veröffentlichung *„Le Temple dans l´homme“* aus dem Jahre 1961 äußert er sich über die Folgerungen, die sich für die Archäologie aus bestimmten klimatischen Bedingungen und Überschwemmungen ergeben, wie sie in Ägypten zuletzt vor 12.000 Jahren vorgekommen sein müssen:

„Den großen Wasserbewegungen, die Ägypten heimgesucht haben, muß eine echte Hochkultur vorangegangen sein, was uns zu der Annahme bewegt, daß die Sphinx, die aus dem Gestein der Westseite des Plateaus von Gizeh herausgehauen wurde, damals bereits existierte, jene Sphinx, deren Löwenkörper mit Ausnahme des Kopfes unstreitig die Spuren von Wassererosion aufweist.“(55)

Wenn die Verwitterungsspuren sich wirklich bestätigen würden, dann wäre die gesamte Chronologie auf den Kopf gestellt – die Geschichtsbücher müßten neu geschrieben werden. Im weiteren Verlauf kam West zu dem Schluß, daß die Erosionsspuren nicht durch Überschwemmungen hervorgerufen worden sind:

„Das Problem ist, daß die Sphinx bis zu ihrem Hals stark verwittert ist. Dazu hätten Hochwasser in einer Höhe von mindestens 18 Metern über dem gesamten Niltal vorkommen müssen. Überschwemmungen dieser Größenordnung kann man sich kaum vorstellen. Es kam noch hinzu, daß theoretisch auch die inneren Kalksteinblöcke des sogenannten Totenopfertempels am Ende des Aufwegs, der von der Sphinx wegführt, vom Wasser hätten verwittert sein müssen, und das hätte Überschwemmungen bedeutet, die den Fuß der Pyramiden erreicht hätten – in einer Höhe von weiteren 30 Metern...“(55)

Damit war klar, daß Überschwemmungen nicht als die Ursache für die Erosionsspuren an der Sphinx in Frage kommen.

West gab nicht auf und wandte sich 1989 an Professor Robert Schoch von der Universität Boston. Professor Schoch gilt als renommierter Geologe, Stratigraph und Paläontologe und Spezialist auf dem Gebiet der Verwitterung von weichem Gestein. Das war in den Augen von John A. West die Möglichkeit, durch die wissenschaftliche Beweiskraft eines allgemein anerkannten und neutralen Experten die Sache endgültig zu klären.

Der Naturwissenschaftler Professor Schoch stand anfänglich der These einer vordynastischen Hochkultur sehr skeptisch gegenüber, ging aber völlig wertfrei an die Aufgabe heran. Im Jahre 1990 besuchte Schoch in dieser Angelegenheit zum erstenmal das Gizeh-Plateau. Eine Genehmigung für einen direkten Zugang und detaillierte Untersuchungen hatte er zu diesem Zeitpunkt noch nicht. Dennoch konnte er sich von der nahen Aussichtsplattform der Sphinx einen ersten Eindruck über die Art und Weise der Verwitterungsspuren des Monumentes machen. Professor Schoch kam schon bei dieser ersten Stippvisite zu dem vorläufigen Ergebnis, daß die Ursache für die Verwitterungsspuren nicht auf Überschwemmungen, sondern möglicherweise auf lange andauernde Niederschläge zurückzuführen sei. Auch für John A. West war der Sachverhalt nun klar:

„Die Sphinx war durch Regenfälle und nicht durch Nilschwemme erodiert (...). ‚Verwitterung durch Niederschläge' löste das Problem mit einem Schlag. Die Quellen, die ich herangezogen hatte, sprachen von Überschwemmungen in Verbindung mit langen Regenzeiten, aber als Fachfremdem war mir nie der Gedanke gekommen, daß Regenfälle und nicht periodische Überschwemmungen die wahre Ursache der Erosion waren..."(55)

Bei seinem ersten Besuch im Jahre 1990 wurde Professor Schoch kein direkter Zugang in das abgesperrte Areal der Sphinx gewährt, und das ist auf dem Gizeh-Plateau nichts Neues. Auch Professor Schoch und dem damals in Kairo schon bekannten John A. West, wurde die Sache unnötig erschwert. Einige Herren in Kairo haben große Schwierigkeiten, wenn es um Kooperation geht, besonders, wenn neue und gute Ideen von „außen" kommen, und das war in der Vergangenheit zumeist der Fall. Ein anderer Grund, über den oft spekuliert wird und der natürlich durch derartiges Verhalten unterstützt wird, begründet sich möglicherweise darin, daß es etwas zu verheimlichen gibt. Dem will ich mich an dieser Stelle nicht grundsätzlich anschließen, doch habe auch ich in mehr als zehn Jahren so meine persönlichen Erfahrungen rund um das Plateau sammeln können.

Zurück zu Professor Schoch: Dieser erhielt dann – mit Unterstützung des Dekans der Universität Boston – von der ägyptischen Altertümerverwaltung die Erlaubnis für eine genauere geologische Untersuchung an der Sphinx.

In der folgenden Zeit stellte John A. West ein wissenschaftliches Team zusammen. Darunter befand sich neben West und Schoch auch der Geophysiker Dr. Thomas L. Dobecki. Weiter wurde das Team wissenschaftlich durch einen Architekten, einen Photographen, zwei weitere Geologen, einen Ozeanographen und den Filmemacher Boris Said unterstützt. Der Geophysiker Dr. Dobecki führte in der Umgebung der Sphinx seismologische Tests durch und fand Hinweise auf Hohlräume in dem Gestein zwischen den Vorderpranken und an der Seite der Sphinx. Seinen Untersuchungen zufolge mußte die Größe einer dieser Hohlräume etwa neun mal zwölf Meter betragen, in einer Tiefe von weniger als fünf Metern. Dobecki vermutete aufgrund der regelmäßigen rechteckigen Form, daß dieser Hohlraum nicht auf natürliche Weise entstanden sei, sondern gezielt von Menschen angelegt wurde.

Noch interessanter waren die Ergebnisse von Professor Schoch. Die stark verwitterte Sphinx samt der Wandung ihres Grabens war aus dem gleichen Gesteinskörper herausgehauen wie die vergleichsweise geringfügig oder lediglich durch Windeinwirkung verwitterten Gräber des alten Reiches im Süden (die etwa aus der Zeit Cheops stammen). Für Professor Schoch war es undenkbar, diese Baukörper derselben Epoche zuzuschreiben:

„Die von uns festgestellten Verwitterungsspuren konnten nur durch Überschwemmungen und nicht durch Regenfälle hervorgerufen worden sein...“ (55)

Natürlich gab es, wie nicht anders zu erwarten, auch Schwierigkeiten – in diesem Falle mit Dr. Zahi Hawass, dem für das Gizeh-Plateau zuständigen Generalinspektor der ägyptischen Altertümerorganisation. Das amerikanische Forscherteam hatte die erforderliche Genehmigung von Dr. Ibrahim Bakr erhalten, dem damaligen Präsidenten der ägyptischen Altertümerorganisation. Zahi Hawass fühlte sich von Dr. Bakr übergangen und beschuldigte die Forscher, an den Monumenten herumzupfuschen:

„Ich habe festgestellt, daß ihre Arbeit darin besteht, Endoskope im Inneren der Sphinx zu installieren und alle Phasen der Untersuchung auf reißerische und nicht auf sachlich-wissenschaftliche Weise im Film festzuhalten. Deshalb habe ich alle Arbeiten dieser unwissenschaftlichen Gruppe einstellen lassen und einen Bericht verfaßt und der ständigen Kommission vorgelegt, die jede weitere Tätigkeit der Gruppe abgelehnt hat...“ (55)

Nach Aussagen der Wissenschaftler war die von Hawass abgegebene Erklärung gegenüber der Kommission eher eine elegante Umschreibung. Tatsache war wohl, daß Hawass die amerikanischen Wissenschaftler recht schroff von dem Gelände wies.

Bis zu diesem Zeitpunkt hatten die Geologen aber bereits alle erforderlichen Daten gesammelt. Nach einigen Monaten war auch der anfänglich so skeptische Professor Schoch entschlossen, seine Ergebnisse vor der Öffentlichkeit zu bestätigen. Sein geologischer Befund legt die Schlußfolgerung nahe, daß man – nach äußerst vorsichtiger Schätzung – die Zeit, in der die Sphinx (und ihre benachbarten Tempel) aus dem Gestein gehauen wurde, spätestens zwischen 7000 und 5000 v.Chr. ansiedeln müßte.

Damit befinden wir uns wieder zwischen den schon erwähnten rivalisierenden Parteien in Kairo. Die Ägyptologen vertreten bis heute den Standpunkt, daß Ägypten in dieser Zeit (7000-5000 v.Chr.) von primitiven und „steinzeitlichen" Menschen bewohnt war, die ein derartiges Monument nicht hätten errichten können. Für die andere Gruppe sind derartige Datierungen natürlich ein Beleg ihrer seit langem gehegten Theorien einer früheren Hochzivilisation.

So kontrovers die beiden Gruppen nun einmal sind, so fiel auch später die zum Teil öffentlich geführte Diskussion über die Untersuchungsergebnisse der amerikanischen Wissenschaftler aus. *„Das ist lächerlich"*, meinte geringschätzig Peter Lecovara, stellvertretender Kurator der ägyptischen Abteilung im Bostoner *Museum of Fine Arts*.

„Tausende von Wissenschaftlern haben sich seit Jahrhunderten mit diesem Problem befaßt, und die Chronologie ist weitgehend geklärt. Auf uns warten keine großen Überraschungen mehr..." (55)

Auch andere Experten aus dem orthodoxen Lager äußerten sich in der Öffentlichkeit in ähnlicher Weise. Der bereits erwähnte Zahi Hawass, der der Untersuchung wohl von vornherein ablehnend gegenüberstand, äusserte sich in gleicher Weise:

„Amerikanische Hirngespinste! West ist ein Dilettant! Das alles entbehrt jeder wissenschaftlichen Grundlage! Wir haben ältere Monumente in unmittelbarer Nähe. Sie wurden mit Sicherheit nicht von Männern gebaut, die von anderen Sternen oder von Atlantis gekommen waren. Das ist alles Unsinn, und wir werden nicht zulassen, daß unsere Monumente zur persönlichen Bereicherung ausgebeutet werden. Die Sphinx ist die Seele Ägyptens." (55)

Für John A. West war die Reaktion der Ägyptologen keine sonderliche Überraschung. Er hat im Verlauf der Jahre, im Rahmen seiner Forschungstätigkeit in Kairo, oft mit den Behinderungen und dem Widerstand der orthodoxen Vertreter zu kämpfen gehabt und kann ein Lied davon singen. Nach dieser Untersuchung hatte er zudem die Unterstützung von renommierten Naturwissenschaftlern, und das schien einigen Herren in Kairo sehr gegen den Strich zu gehen.

In meinem letzten Gespräch, das ich mit John A. West in Kairo führte, zeigte dieser sich etwas frustriert über die immer wieder zum Teil schwierigen Arbeitsbedingungen in Gizeh. Andererseits war er optimistisch wie eh und je und gewillt, weitere Untersuchungen anzustreben.

Seit 1993 hat die ägyptische Altertümerverwaltung, trotz des Rates vieler westlicher Wissenschaftler und ebenso vielen schriftlichen Anfragen, keine weiteren geologischen Untersuchungen im Umfeld der Sphinx mehr genehmigt. Das ist sicherlich ein Widerspruch in sich, denn aufgrund der Untersuchung der amerikanischen Wissenschaftler wären doch weitere Untersuchungen, zumindest zur Entkräftung der im Raum stehenden These über das Alter der Sphinx, dringend erforderlich.

Zusammenfassend muß gesagt werden – und dem schließe ich mich unvermindert an –, ist bis heute nicht endgültig bewiesen worden, ob das Monument tatsächlich aus dem Zeitraum von 7000 bis 5000 v.Chr. stammt. Auf der anderen Seite hat auch die orthodoxe Ägyptologie bis heute nicht beweisen können, daß die Sphinx aus der Regierungszeit des Pharaos Chephren stammt und letztlich von ihm in Auftrag gegeben wurde. Bis heute steht die Frage ungeklärt im Raum und wird wohl nur zu ergründen sein, wenn beide Seiten nicht gegeneinander arbeiten, sondern ihr Wissen und ihre Kraft bündeln – nur dann wird das Rätsel wohl zu lösen sein.

Andere bewiesene Fakten um den Sinn und Zweck der Erbauung der Sphinx, die auf die hohe astronomische Bedeutung des Mischwesens hindeuten, wollen wir an dieser Stelle abschließend betrachten. Danach werden wir uns der großen Pyramide von Gizeh zuwenden und ihren präzisen mathematischen und astronomischen Daten, die sie – und das kann ich ihnen schon an dieser Stelle versprechen – in Erstaunen versetzen werden.

Die Sphinx und der 30. Breitengrad

Wie bereits im Vorfeld erwähnt, messen wir der gesamten Nekropole von Gizeh, mit ihren drei Hauptpyramiden und der großen Sphinx, eine wichtige und zentrale astronomische Bedeutung bei. Auch das wird im allgemeinen von einigen Archäologen nicht unterstützt, wie auch nicht anders zu erwarten ist. Die Fakten sprechen dennoch ihre eigene Sprache, wie wir sehen werden.

Im Falle der großen Sphinx, unabhängig davon, ob sie nun von Chephren in Auftrag gegeben oder von einer vordynastischen Hochkultur errichtet wurde, hat sich auch nach den Jahrtausenden eines nicht geändert – ihr Gesicht und ihr Blick richten sich immer nach Osten.

Aber was bedeutet das? Ihr Löwenkörper liegt auf der West-Ost-Achse in Gizeh auf dem 30. Breitengrad, den Blick immer exakt auf die Position des Sonnenaufgangs am Tag der Frühjahrstagundnachtgleiche, den sogenannten *Frühlingspunkt*, gerichtet.

Besonders in unseren Breitengraden, in denen wir von den vier Jahreszeiten sprechen, werden vielen Lesern die folgenden Begriffe in diesem wichtigen Zusammenhang nicht fremd sein. Für die astronomische Wissenschaft gibt es vier bedeutende Zeitpunkte im Jahr: Zum einen die Sommersonnenwende, der längste Tag auf der nördlichen Hemisphäre, wenn der Nordpol der Erde, auf dem Weg ihrer alljährlichen Umlaufbahn, am nächsten zur Sonne steht.

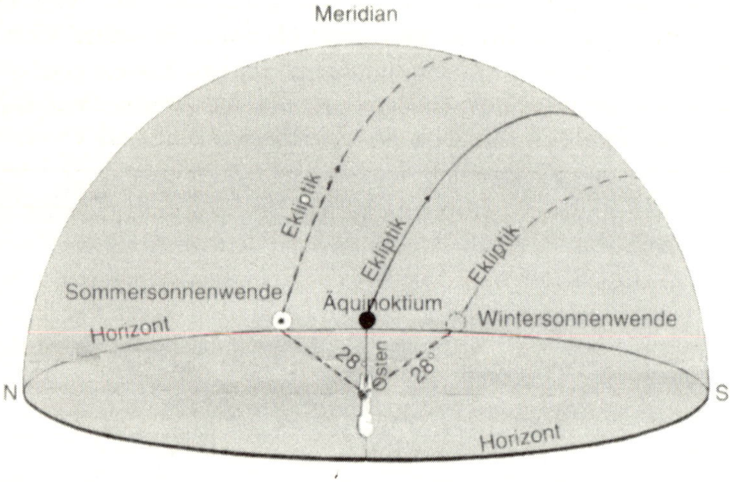

Abb. 21:
Am Tag der Sommersonnenwende geht die Sonne auf dem Breitengrad von Gizeh in 28° Ostnordost auf. Die große Sphinx ist unter anderem ein astronomisches Monument, das exakt in ost-westlicher Richtung ausgerichtet ist. Es dient somit als Äquinoktialweiser.

Die Wintersonnenwende ist der Zeitpunkt des kürzesten Tages im Jahr. Zu diesem Zeitpunkt befindet sich der Nordpol an dem am weitesten von der Sonne entfernten Punkt. Zum Zeitpunkt der Frühlings- und Herbstäquinoktien steht die Erde breitseitig zur Sonne – Tag und Nacht sind eine „Gleiche" und sind jeweils zwölf Stunden lang.

Am Tag der Sommersonnenwende (Abb. 21) geht die Sonne unter der geographischen Breite von Gizeh etwa 28 Grad nordöstlich auf; am Tag der Wintersonnenwende liegt der Sonnenaufgangspunkt bei etwa 28 Grad Südost. Am Tag des Frühlings- und Herbstäquinoktiums ist der Sonnenaufgangspunkt genau in östlicher Richtung. Diese Ausrichtung der „alten" Astronomen war ein Hauptaspekt der Sphinx; damit diente sie von alters her als perfekter „Äquinoktialweiser".

Die große Bedeutung des 30. Breitengrades finden wir bereits in den alten sumerischen Überlieferungen. Als nach der Sintflut *„das Königtum vom Himmel auf die Erde kam, war das Königtum in* ***Eridu***". Auch Eridu lag in unmittelbarer Nähe des 30. Breitengrades, vermutlich so nahe, wie es die Sumpflandschaft des Persischen Golfes erlaubte. Das Priesterzentrum Heliopolis lag auch in unmittelbarer Nähe des 30. Breitengrades. Auf die grosse Bedeutung dieses Zentrums werde ich noch näher eingehen. Ein weiteres Zentrum entlang des 30. Breitengrades war Harappa, die heilige Stadt der Induskultur. Etwa 600 v.Chr. erbauten die persischen Könige eine zweite Hauptstadt, die *„allen Völkern heilig sein sollte"*, und zwar in einer abgelegenen und unbewohnten Gegend. In diesem Niemandsland wurde eine

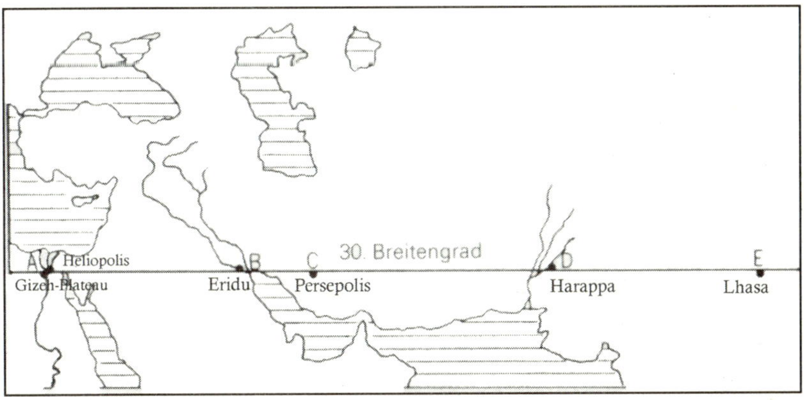

Abb. 22: Der 30. Breitengrad mit bedeutenden Zentren

große Plattform gebaut. Darauf wurden Paläste mit prachtvollen Treppenhäusern und vielen Schreinen geschaffen. Die Griechen nannten diesen Ort *Perseopolis* (*Stadt der Perser*). Er hatte keine Einwohner. Der König und seine Gefolgschaft kamen nur an diesen Ort, um das Neujahrsfest am Tage der ***Frühlingstagundnachtgleiche*** zu feiern. Ein weiteres, bis heute wichtiges Zentrum ist die für die Buddhisten heilige Stadt Lhasa in Tibet. Auch Lhasa liegt – wie die anderen Städte – entlang des 30. Breitengrades (Abb. 22).

Die Bedeutung der Sphinx hat in astronomischer Hinsicht und im Zusammenhang mit den drei Pyramiden größere Bedeutung, als ihr von wissenschaftlicher Seite heute beigemessen wird.

Die große Pyramide von Gizeh

Viele Ägyptologen vertreten heute die Meinung, daß besonders die guten Voraussetzungen des festen Baugrundes die Ortswahl für den Bau der Pyramide auf das Gizeh-Plateau lenkten. Die mathematischen, geographischen und vor allem die astronomischen Daten der großen Pyramide widerlegen diese Vermutungen mehr als eindeutig, wie wir noch sehen werden.

Von der Frühzeit bis zum heutigen Tage sind Forscher, Abenteurer und Reisende beim Anblick der großen Pyramide ins Schwärmen geraten, selbst nüchtern denkende Zeitgenossen (Bild 49).

Bild 49:
Die große Pyramide von Nazlet el Samman aus

Auch heute noch – nach Jahrtausenden – ist die Pyramide ein überwältigender Anblick. Trotz ihres beschädigten Zustandes erhebt sie sich majestätisch und zeitlos plötzlich aus der Wüstenlandschaft, wenn man sich ihr aus Kairo über die Scharia el-Haram, die Pyramidenstraße, nähert. Die meisten Menschen erleben diesen plötzlichen und eindrucksvollen „Zeitsprung" und vermögen ihn kaum in Worte zu fassen, als gäbe es dafür gar keine. Der Mathematiker und Journalist P. D. Ouspensky kam 1914 das erste Mal nach Kairo und war tief beeindruckt:

„Hier oben bei den Pyramiden ist man in einer anderen Welt, die sich gänzlich von der unterscheidet, die man vor zehn Minuten verlassen hat. (...) Hier ist man in einem anderen Land, einer anderen Landschaft, einem Königreich aus Sand und Stein. Das ist die Wüste. Der Übergang ist abrupt und unerwartet. (...) Die unbegreifliche Vergangenheit wurde lebendig und war so nah, daß ich glaubte, sie mit den Händen greifen zu können, und die Gegenwart verschwand, wirkte fremd und fern."

Heute mißt die Pyramide des Cheops (altägyptisch: Achet-Chufu; *Horizont des Cheops*) nur noch etwa 138 Meter. Ihre ursprüngliche Höhe betrug einmal 146,50 Meter. Das Pyramideon (das Pyramidenoberteil), das mit Metall überzogen war, fehlt; ebenso wie nahezu die gesamte Ummantelung, die im Laufe der Jahrhunderte abgeschlagen wurde und als Baumaterial für Häuser und Moscheen in Kairo diente – kaum zu glauben, aber wahr. Eine der berühmtesten Moscheen Kairos, die Sultan-Hassan-Moschee, wurde fast ausschließlich aus den Steinen der großen Pyramide gebaut – sie ist einen Besuch wert!

Bild: 50

Für den Bau der Pyramide wurden etwa 2,3 Millionen Kalksteinblöcke verbaut, von denen jeder durchschnittlich etwa 2,5 Tonnen wog (Bild 50).

Die Verkleidungsblöcke erreichten beispielsweise ein Gewicht von etwa 16 Tonnen. In den Kammern wurden auch Steine verbaut, die 70-80 Tonnen wogen. Die Blöcke der Außenverkleidung waren so perfekt aneinandergefügt und dann ausgeschlemmt, daß – so berichten antike Berichte – die gesamte Außenverkleidung eine Fläche zu sein schien. Die polierten weißen Kalksteine müssen in der Sonne wie ein Juwel gefunkelt haben (Bild 51).

Bild 51:
An der Westseite der großen Pyramide sind noch Verkleidungsblöcke der einstigen Ummantelung zu sehen.

Das Gesamtgewicht der Pyramide von etwa sechs Millionen Tonnen türmt sich auf einer Gesamtfläche von sage und schreibe etwa 53.000 Quadratmetern auf. Die Länge der Seitenflächen betrug im Originalzustand etwa 230 Meter. Die Differenz zwischen der längsten und der kürzesten Seitenlänge betrug nur 19 Zentimeter, das ist eine Abweichung von weniger als 0,08%. Ebenso präzise ist die exakte Ausrichtung nach den vier Himmelsrichtungen. Die Abweichung beträgt hier nur etwa drei Minuten, also weniger als 0,06%. Die heute nachgemessenen Höhenunterschiede an der Pyramidenbasis weisen eine maximale Differenz von nur 2,1 Zentimetern auf, und das auf Meßstrecken von mehreren hundert Metern. Würden wir den Versuch starten, die Cheops-Pyramide heute nachzubauen, bräuchten wir, um die Pyramide so exakt auszurichten beziehungsweise auszumessen, die hochwertigsten elektronischen Geräte. Den Ingenieuren der alten Zeit stand zudem ein ganz anderes Problem buchstäblich im Weg. Nämlich der etwa 18–20 Meter hohe Felsstumpf, auf dem die Pyramide „aufgebaut" wurde. Durch dieses Hindernis war es ihnen nicht möglich, die Grundflächendiagonalen zu kontrollieren, und ohne diese Kontrolle wäre eine derart präzise Ausrichtung eigentlich unmöglich. Aber wie haben sie es dennoch geschafft, trotz des Felsstumpfes (Abb. 23), die Diagonalen nachzumessen beziehungsweise zu kontrollieren?

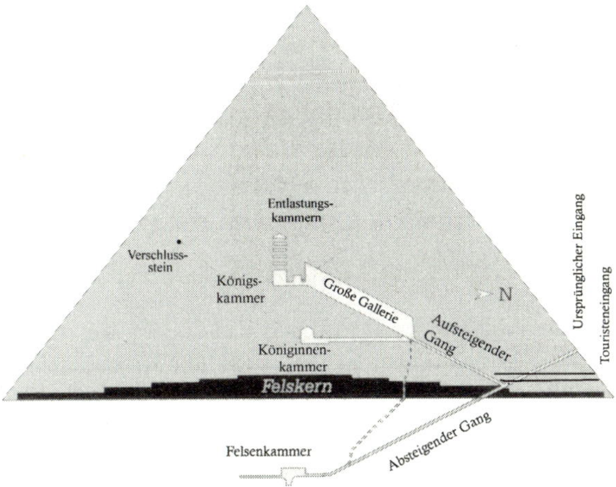

Abb. 23:
Querschnitt durch die große Pyramide mit ihrem Kammersystem; unten zu erkennen: der ursprüngliche Felskern.

Natürlich gibt es auch hierfür Erklärungsversuche der Ägyptologen. Doch heute ist es für Ingenieure nicht erklärbar, wie die alten Baumeister zu dieser erstaunlichen Präzision gelangten. Mit aus Holz hergestellten Werkzeugen und Meßinstrumenten, wie sie aus alter Zeit noch erhalten geblieben und im Ägyptischen Museum zu besichtigen sind, waren diese exakten Meßergebnisse wohl nicht zu erzielen.

Äußerste Präzision – und all das für eine Grabstätte? Im übrigen hat man bei keiner anderen Pyramide außerhalb vom Gizeh-Plateau auch nur annähernd präzise Meßergebnisse vorgefunden. Die große Pyramide nimmt zweifellos eine Sonderstellung ein.

Es ist anzunehmen, daß die große Pyramide über Jahrtausende hinweg vollkommen verschlossen war. Würden wir die „Grabräubertheorie" favorisieren, wie das viele Archäologen gerne tun, müßten wir uns im Gegenzug die Frage stellen, wer die Pyramide nach einer eventuellen Plünderung wieder vollständig verschlossen hat. Bis ins Mittelalter gibt es nicht einen einzigen Bericht über eine mögliche Plünderung der Pyramide, selbst nicht in der gesamten Pharaonenzeit nach der angeblichen Erbauung – und das sind immerhin mehr als 2.000 Jahre! Wie ich bereits erwähnte, war die grosse Pyramide in der Pharaonenzeit fast 1.000(!) Jahre lang vollständig in Vergessenheit geraten.

Abdulla Al Mamun, der Sohn des bedeutenden Kalifen Harun Al Raschid, dessen großartiges Wirken in „Tausend und eine Nacht" verherrlicht wird, bestieg im Jahre 813 den Thron und machte Bagdad zu einer Stätte des Wissens und Forschens. Er gründete Universitäten und förderte Literatur und Wissenschaften. Der wissensdurstige Al Mamun erfuhr, daß die große Pyramide eine geheime Kammer mit Karten und Tabellen des Himmels und der Erde enthalte, die aus grauer Vorzeit stammen. Es wurde auch berichtet, daß sich in dieser Kammer ungeheure Schätze und seltsame Gegenstände befänden, wie zum Beispiel Waffen, die nicht rosten und Glas, das sich biegen läßt, ohne zu zerbrechen.

Motiviert und angespornt versuchte Al Mamun in das Innere der Pyramide zu gelangen. Nach großen Anstrengungen gelang es seinen Arbeitern, einen etwa 30 Meter tiefen Stollen in die Pyramide zu treiben. Der Kalif war schon im Begriff aufzugeben, als seine Arbeiter auf einen Gang stießen. So entdeckten sie zunächst den Gang, der vom ursprünglichen Eingang in die unterirdische Kammer führt. Dieser „ursprüngliche" Eingang liegt ein paar Meter über dem Eingang von Al Mamun, der auch heute noch als Eingang benutzt wird (Abb. 23). Ob das nun wirklich der einzige Eingang in das Innere der Pyramide war, ist eine reine Vermutung. In jedem Fall führt dieser Eingang auch heute noch über 105 Meter in die Tiefe, dabei etwa 70 Meter durch gewachsenen Fels. Auch hier stoßen wir wieder auf äußerste Präzision. Die Abweichung auf die gesamte Länge beträgt weniger als 0,7 Zentimeter, bei einer Länge des Ganges von immerhin 106 Metern. Berücksichtigen müssen wir dabei auch die „Größe" des Ganges von nur 1,05 x 1,20 Metern, nicht zu vergessen die „primitiven" Werkzeuge, das Problem der Beleuchtung, die mangelnde Luftzufuhr, ständiger Staub, der Abtransport des Bauschuttes, und das alles in ständig gebückter Haltung – Arbeitsbedingungen, wie sie schlimmer nicht hätten sein können und trotzdem äußerste Präzision!

Heute ist die unterirdische oder unvollendete Kammer, wie sie im allgemeinen bezeichnet wird, für den Besucherverkehr verschlossen. Nur mit ein wenig Glück und etwas Bakschisch gelangen heute Interessierte noch auf den langen und beschwerlichen Weg in die unterirdische Kammer.

Die Kammer befindet sich etwa 32 Meter unter der Pyramidenbasis und mißt etwa 14 x 8,25 Meter, bei einer Höhe von 2,50 bis 5,03 Metern. Heute erweckt es den Eindruck, als ob die Arbeiten hier zunächst begonnen und dann abrupt abgebrochen wurden. Der östliche Teil zum Beispiel wurde grob bearbeitet. Die glatte Decke hingegen scheint in einem vollendeten Zustand zu sein, was man von dem Fußboden ganz und gar nicht behaupten kann. Zudem wurde der Felsen an der Nordwest- und der Südwestwand einfach stehen gelassen – beabsichtigt oder unbeabsichtigt. An der Südwand der unterirdischen Kammer führt ein Gang, möglicherweise als Fortsetzung des waagerechten Ganges, etwa 16,40 Meter ins Nichts. Nun kommen wir natürlich zum Sinn und Zweck der Kammer. Die Ägyptologen sind der Auffassung, daß die Erbauer die Felsenkammer aufgegeben haben und sich für die Königinnenkammer, als Begräbnisstätte für den Pharao, entschieden haben. Der genaue Grund dafür ist nicht bekannt. Trotzdem fehlt es nicht an Erklärungen; diese heißen: „technische Probleme". Ich teile diese Vermutung in keinster Weise. Bei Betrachtung des Gesamtbauwerkes und der Perfektion in allen bautechnischen und astronomischen Bereichen, ist das wohl nahezu ausgeschlossen. Wenn wir nur die äußerste Präzision des etwa 106 Meter langen absteigenden Ganges zur unterirdischen Kammer betrachten und die schwierigen Arbeitsbedingungen, waren das die bei weitem größeren technischen Schwierigkeiten – und die wurden gemeistert.

Es wird bis heute davon ausgegangen, daß die unterirdische Kammer zum bautechnischen Gesamtkonzept der großen Pyramide zählt. Diese Meinung teile ich nicht. Es ist ebensogut denkbar, daß diese Kammer bereits existierte, als man sich für den Bauplatz entschied. Dafür spricht zum einen der bereits existierende, etwa 18-20 Meter hohe Felsstumpf und zum anderen die Lage in geographischer, geodätischer und astronomischer Hinsicht. Letztlich dürfen wir auch nicht vergessen, daß die Ägypter nachweislich Experten im Bau von unterirdischen Kammern waren.

Wenden wir uns nun der Königinnenkammer (Bild 52 und 53) zu, die eigentlich völlig zu unrecht diesen Namen trägt.

Nach *Al Mamuns Eingang* gelangt man nach einigen Metern zu einem aufsteigenden Gang, der nach knapp 38 Metern in der *großen Galerie* endet. Von dort aus führt ein horizontaler Gang nach etwa 38 Metern in die *Königinnenkammer*. Die Kammer mißt 5,23 x 5,47 Meter, das Giebeldach mißt an der höchsten Stelle etwa 6,25 Meter. Die Kammer selbst befindet sich etwa 21,70 Meter über der Pyramidenbasis. An der Ostseite der Kammer befindet sich eine Nische, die an ein *mihrab* erinnert, eine Gebetsnische, die wir aus vielen Moscheen kennen. Die Wände sind mit sorgfältig eingepaßten Kalksteinplatten verkleidet. Von der Nord- und Südwand führen sogenannte „Luftschächte" zunächst waagerecht, dann senkrecht nach oben. Seit der Erforschung des südlichen Schachtes durch den deutschen Ingenieur Rudolf Gantenbrink im Jahre 1993 wissen wir, daß dieser Schacht nach etwa 65 Metern endet, durch einen Verschlußstein. Der Nordschacht wurde bis heute nicht erforscht, aber auch in seinem Falle sollten wir davon ausgehen, daß er noch im Inneren der Pyramide endet und somit nie als Luftschacht gedient haben kann. Außerdem wurden die sogenannten „Luftschächte" erst 1872 von dem britischen Ingenieur Waymann Dixon hinter den Wänden der Kammer entdeckt! Die „Königinnenkammer" liegt exakt auf der Ost-West-Achse der großen Pyramide, und auch das war oder ist wohl von besonderer Bedeutung.

Bild 52:
Die Königinnenkammer mit der sogenannten Gebetsnische; links der Eingang. In der Nische ist ein Loch, das acht Meter in den Fels führt. Vergeblich suchten Archäologen hier eine weitere Kammer.

Wie im Falle der unterirdischen Kammer, gehen die Gelehrten auch im Falle der Königinnenkammer davon aus, daß diese als Grabkammer für den Pharao vorgesehen war. Dieses Vorhaben wurde, wie im Falle der unterirdischen Kammer, zugunsten der darüberliegenden Königskammer wieder verworfen. Als ein möglicher Grund dafür wurde unter anderem angeführt, daß der Eingang für den Granitsarkophag, der sich heute in der Königskammer befindet, zu klein sei. Das entbehrt alles jeder Logik, zumal der Eingang zur Königskammer für diesen Sarkophag ebenfalls zu klein ist.

Um nun in die Königskammer zu gelangen, führt unser Weg in einem Winkel von etwa 26 Grad und über eine Länge von etwa 46,60 Meter hinauf, durch die große Galerie, auf eine Höhe von etwa 43,03 Meter über dem Pyramidenniveau.

Die große Galerie (Abb. 54) ist in architektonischer und bautechnischer Hinsicht eine Meisterleistung – bis zum heutigen Tag. Ihr Kraggewölbe verjüngt sich nach oben hin in sieben Stufen. Der Aufgang wird dabei durch seitliche Bankette begrenzt, die 52 Zentimeter hoch sind. Die überdimensionale Konstruktion erinnert zunächst an einen Aufgang, auch in Hinsicht auf die oberhalb liegende Königskammer, dennoch haben die Baumeister auf eine Treppenkonstruktion verzichtet. Das wirft Fragen auf, denn der schmale Aufweg kann ja nicht dem Sarkophag gedient haben, weil der ohnehin nicht durch den Eingang der oberen Kammer paßte. Gehen wir einmal von der „Grabkammertheorie“ aus, dann steht doch die große Galerie in architektonischer Hinsicht und vor allem in ihrer überdimensionalen Größe, die eher einer riesigen Halle ähnelt, nicht im Verhältnis zum angenommenen Nutzen, als Aufgang des Königssarkophages zu dienen.

Bild 53:
Zugangskorridor zur Königinnenkammer; heute sind alle Kammer- und Gangsysteme der Pyramiden mit elektrischem Licht ausgestattet.

Oberhalb der großen Galerie schließt sich dann die Königskammer (Abb. 55) an. Aus bautechnischer Sicht ist diese Kammer gegenüber den beiden unteren Kammern noch perfekter ausgeführt. Von Westen nach Osten mißt sie 10,46 Meter, von Norden nach Süden 5,23 Meter, bei einer Höhe von 5,81 Metern. Die Grundfläche der Kammer ergibt ein doppeltes Quadrat mit einer Seitenfläche von je 5,23 Metern. Die gesamte Kammer wurde mit polierten Rosengranitplatten verkleidet. Dieser Rosengranit stammt aus dem etwa eintausend Flußkilometer entfernten Assuan in Oberägypten. Rosengranit zählt zu dem härtesten Gestein überhaupt und läßt sich sehr gut polieren. Der körnige Stein besteht aus Quarz, Felsspat, Glimmer, Hornblende und Pyroxen. Allein für die Wände benötigten die Baumeister einhundert Steine mit einem durchschnittlichen Gewicht von etwa siebzig Tonnen. Die Decke der Königskammer besteht aus fünf Granitblöcken, die insgesamt über vierhundert(!) Tonnen wiegen. Wie, das heißt mit welchen technischen Hilfsmitteln die Blöcke hier herauf geschafft wurden, auf eine Höhe von über fünfzig Metern über dem Pyramidenniveau, ist bis heute eines der vielen Rätsel rund um die Pyramide. Zur Verbindung der Wandblöcke wurde hier ohne Mörtel gearbeitet. Trotzdem waren die einzelnen Blöcke mit äußerster Präzision bearbeitet und zusammengefügt, daß es einem auch heute noch schier die Sprache verschlägt.

Bild 54:
Die große Galerie – bautechnisch eine Meisterleistung

An der Westwand befindet sich der Granitsarkophag, von dem angenommen wird, daß er die letzte Ruhestätte Cheops war. Eine Mumie und sonstige Spuren, die darauf hinweisen, wurden nie gefunden. Wie bereits erwähnt wurde, paßte der Sarkophag nicht durch den Eingang der Kammer, woraus auch zu folgern ist, daß der zu kleine Eingang in der unteren Kammer nicht der Grund für eine mögliche Planänderung der Kammer war. Daher ist es auch unzweifelhaft, daß die Königinnenkammer bautechnisch abgeschlossen wurde. Abgesehen davon, daß diese Argumente vom heutigen mathematischen und astronomischen Kenntnisstand und vom bautechnischen Können der Baumeister her völlig absurd erscheinen, sind sie auch in jeder Hinsicht unwissenschaftlich. Sie müssen sich das einmal vor Augen führen. Da urteilen heute Fachleute und sogenannte Experten über den architektonischen und bautechnischen Kenntnisstand von „Kollegen" von vor fünftausend Jahren, immer unter der Voraussetzung, daß ihr heutiger Kenntnisstand weiter entwickelt ist.

Ich will diesen heutigen Experten in keinster Weise zu nahe treten und Kompetenz absprechen, doch fehlt es oft an der notwendigen Objektivität. Das paßt in unseren oft so festgefahrenen Glauben, daß wir heute die Krönung der bisherigen erdgeschichtlichen Schöpfung darstellen. Und bei allem Respekt: Es ist nur der „Glaube" der Wissenschaftler, denn bewiesen ist es nicht. Die gängige Evolutionstheorie ist bisher nicht bewiesen und steht ohnehin auf sehr wackeligen Füßen, wie wir gesehen haben. Die vielen offenen und bis heute nicht beantworteten Fragen auf dem Gizeh-Plateau sprechen ihre eigene Sprache.

Bild 55: Die Königskammer; im Hintergrund der Sarkophag

Ein weiteres bautechnisches Merkmal der Königskammer sind die Luftschächte, die – von der Nordwand und der Südwand ausgehend – aus der Pyramide hinausführen. Die Schächte wurden mit 31 und 45 Grad so angelegt, daß sie, trotz der nicht zentralen Position der Kammer, in gleicher

Höhe aus der Pyramide ins Freie führen. Auch im Falle der Luftschächte streiten sich die Gelehrten. Waren es wirklich Luftschächte? Oder dienten sie womöglich einem ganz anderen Zweck? Endgültig geklärt ist auch diese Frage bis zum heutigen Tage nicht.

Die Schächte haben eine Größe von 20 x 20 Zentimetern. Doch wenn es sich im Falle der Königskammer tatsächlich „nur" um eine Grabkammer gehandelt hat, welchen Sinn ergeben dann die Luftschächte? In diesem Zusammenhang kommen wir zurück auf die Luftschächte der Königinnenkammer. Wenn der Bau oder die Fertigstellung der Königinnenkammer tatsächlich aufgegeben wurde, warum wurden die Luftschächte in dieser Kammer noch weitergeführt und zudem über das Niveau der Königskammer hinaus? Diese zusätzliche Arbeit, die einen großen Aufwand bedeutete, bestätigt zum einen, daß die Königinnenkammer eine bautechnisch abgeschlossene Baumaßnahme darstellt, für welchen Zweck auch immer sie vorgesehen war. Dazu gehörten auch ihre Luftschächte, die nicht ins Freie führen. Endgültig wurde das durch die Entdeckung von Rudolf Gantenbrink im Jahre 1993 bestätigt, der bei der Erforschung des südlichen Luftschachtes der Königinnenkammer auf einen Verschlußstein mit Kupferbeschlägen stieß.

Doch zurück zur Königskammer und zu ihrem letzten bautechnisch interessanten Aspekt: Über der Decke der Königskammer befinden sich die sogenannten *Entlastungskammern* (Abb. 24). Doch was ist hier im statischen Sinne zu entlasten? Zur Entlastung trägt nur der Giebel bei, der das Gewicht der darüberliegenden Steinmassen auf die Wände überträgt beziehungsweise verteilt, ob mit oder ohne Entlastungskammern. Die Königskammer liegt zudem nicht auf der Pyramidenachse wie die Königinnenkammer, auf der folglich mehr Druck lastet. Auch die Königinnenkammer verfügt über eine Giebeldachkonstruktion, im Gegensatz zur darüberliegenden Königskammer gibt es aber keine Entlastungskammern – das macht keinen Sinn!

Bei all diesen architektonischen und bautechnischen Aspekten und der hohen Präzision in allen Details der Pyramide, sollten wir davon ausgehen, daß ihre Erbauer nichts, aber auch gar nichts dem Zufall überließen – es wurde alles bis ins kleinste Detail geplant und ausgeführt. Das sollte der

Ausgangspunkt für die Beantwortung der offenen Fragen sein. Wir tun uns selbst keinen Gefallen, wenn wir „Vater Zufall" mit ins Boot nehmen, um zu versuchen, die vielen ungeklärten Fragen rund um die Erbauung der großen Pyramide zu beantworten.

Die Königskartusche – echt oder Fälschung?

Die Entlastungskammern waren für den allgemeinen Besucherverkehr in den letzten Jahrzehnten nie zugänglich, was vornehmlich mit dem Sicherheitsaspekt und den überaus beschwerlichen Zugangsmöglichkeiten zusammenhängt.

Wo wir gerade bei den Entlastungskammern sind, wollen wir uns mit der „berühmten" Königskartusche befassen. Obwohl wir erst zu einem späteren Zeitpunkt in diesem Werk über die vielen Spekulationen bezüglich ihrer Erbauer zu sprechen kommen.

In einer der sogenannten Entlastungskammern (Abb. 24) befindet sich eine Kartusche, die viele Ägyptologen als Beweis dafür anführen, daß Cheops der Erbauer der grossen Pyramide war. Die Geschichte ihrer Entdeckung begann im Jahre 1835, als ein gewisser Colonel Richard Howard Vyse zum erstenmal das Gizeh-Plateau erreichte. Vyses Interesse und Forscherdrang waren vor allem aus dem Wunsch entstanden, eine bedeutende Entdeckung

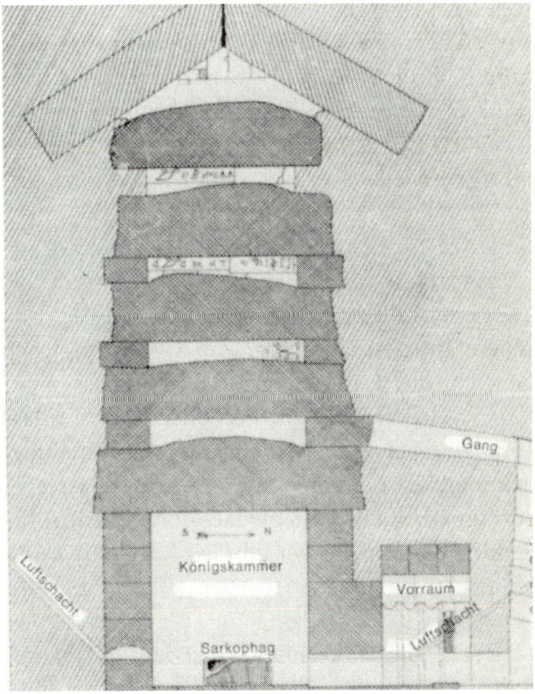

Abb. 24:
Die Königskammer und die darüberliegenden *Entlastungskammern*, die Howard Vyse entdeckte

rund um die große Pyramide zu machen. Zusätzlich motiviert wurde Vyse von den Forschungen des Italieners Giovani Caviglia, der bereits seit einiger Zeit nach verborgenen Kammern in den Pyramiden suchte. Vyse war so besessen von Ruhm und Verewigung in den Geschichtsbüchern, daß er Caviglia ein Geschäft vorschlug. Er bot Caviglia an, seine Forschungen finanziell zu unterstützen, unter der Voraussetzung, bei jeder Entdeckung als Mitentdecker genannt zu werden. Dieses Angebot lehnte Caviglia ab, worauf sich ihre Wege schnell trennten – aber nicht für lange Zeit. Als sich Vyse um eine Grabungserlaubnis für Gizeh bemühte, bekam er diese – aber nicht als alleiniger Lizenznehmer, auch Caviglia war darauf eingetragen, und zu allem Übel für Vyse war er zudem als Arbeitsaufseher eingetragen. Die weitere Zusammenarbeit war fortan sehr schwierig.

Bild 56:
Eine der sogenannten Entlastungskammern, die bis heute als Nelson´s Chamber bekannt ist.

In der Nacht vom 12. auf den 13. Februar 1837 begab sich Vyse, gemeinsam mit dem britischen Bauingenieur John S. Perring, heimlich in die Königskammer. Sie wußten, daß sich oberhalb der fast sechs Meter hohen Decke eine flache Kammer befindet, die von Nathaniel Davison 1765 entdeckt wurde. Vyse und Perring begaben sich in die *Davison-Kammer*, um diese näher zu untersuchen. Durch einen Riß in der Granitdecke konnten sie ein Schilfrohr nach oben hin durchführen, ohne auf einen Widerstand zu stoßen. Eine weitere Kammer oberhalb der *Davison-Kammer* war somit entdeckt. Bis zum nächsten Tag muß irgend etwas zwischen Vyse und Caviglia vorgefallen sein, was mit der geheimen, nächtlichen Exkursion und der Entdeckung der Kammer zusammenhing. Vyse machte sich nun auf, die geheime Kammer zu öffnen, indem er ein Loch in die Decke sprengte. Zuvor hatte er noch seinen Vorarbeiter von der Arbeitsstätte verwiesen, so daß neben Vyse nur noch seine engsten Vertrauten, Mitentdecker Perring und ein gemeinsamer Freund, anwesend waren. Am 30. März kletterte er das erste Mal mit Hill in die Kammer. Danach stiegen beide noch einmal gemeinsam mit Perring und einem weiteren Zeugen in die Kammer. Obwohl sie die Kammer bereits vorher begutachtet hatten, fielen ihnen erst jetzt die roten Schriftzeichen der Steinmetze auf. Daraufhin wurde Vyse öffentlich beauftragt, Kopien von den Schriftzeichen anzufertigen.

Bild 57:
Der Weg in die obere Entlastungskammer ist kein Vergnügen. Für Touristen sind die Kammern nicht zugänglich.

Die von Vyse entdeckte Kammer nannte er nach dem von ihm verehrten Herzog von Wellington also fortan *Wellington-Kammer*. Über dieser Kammer wurden noch zwei weitere Kammern entdeckt. Bis heute dreht sich dabei alles um eine Kartusche, die den Namen des Pharaos Chufs (Cheops) trägt. Die sensationelle Entdeckung hatte in Kairo schnell die Runde gemacht. Auch ein Hieroglyphen-Experte des Britischen Museums, Samuel Birch, hatte die Kartusche untersucht und bestätigt. Dennoch gab es auch für Birch einige Ungereimtheiten. Der britische Experte fand für einige Schriftzeichen keine passenden Parallelen. Er bemerkte, daß der Pharaonenname in vereinfachten Hieroglyphen niedergeschrieben war, wie es seines Wissens erst viele Jahrhunderte später in Ägypten üblich war. Heute wissen wir jedoch, daß diese vereinfachte Schrift, die *hieratische* Schrift, teilweise auch schon im alten Reich in Gebrauch war. Insgesamt stammen die Schriftzeichen aus verschiedenen Epochen. Die Entdeckung von Vyse, insbesondere die Schriftzeichen – denn die Kammern hat er mitentdeckt, das ist unzweifelhaft –, findet heute bei der breiten Masse der Gelehrten keine allgemeine Anerkennung, die ihr Entdecker und auch einige Ägyptologen heute gerne hätten. Der allgemeine Tenor ist heute der, daß der sehr geltungsbedürftige Vyse die Schriftzeichen selbst oder mit Unterstützung seiner beiden Mitstreiter Hill und Perring anbrachte. Wie besessen Vyse auf eine große Entdeckung war, geht auch aus seinen Tagebuchaufzeichnungen hervor, und das an den Tagen vor der Entdeckung. Ob nun „Zufall" oder nicht, ist es doch auch von Interesse, daß nur in der von Vyse und seinen Mitstreitern nicht entdeckten unteren *Davison-Kammer* keine Schriftzeichen existieren und muß es auch reiner Zufall sein, daß stets die Wand frei von Hieroglyphen war, an deren Seite sich Vyse durch den Fels Zugang verschaffte. Überhaupt existierten ansonsten nirgendwo in der Pyramide Schriftzeichen. Ein anderer Aspekt ist ebenfalls nicht von der Hand zu weisen: Die ägyptische Hieroglyphenschrift war eine hohe Kunst und hatte immer einen hohen ästhetischen Anspruch. Es ist wohl auszuschließen, daß die Bauarbeiter es heutigen „Schmierfinken" gleichtaten und wagten, die Steine für das Pharaonengrab mit Graffitis zu bekritzeln.

Auch der berühmte Altertumsforscher Zecharia Sitchin bezichtigte Vyse der Fälschung. Sitchin behauptet, die beglaubigten Skizzen vor vielen Jahren im ägyptischen Museum gesehen zu haben. Dabei sei ihm das unpassende Sonnensymbol aufgefallen. Dazu muß erklärt werden, daß es für die erste Hieroglyphe *Ch* drei mögliche Schreibweisen gab. Unter anderem konnte sie durch ein Sieb dargestellt werden – durch einen schraffierten Kreis. Die beiden *u* werden in der Kartusche *Ch-u-f-u* durch die Hieroglyphe ausgedrückt, die ein Wachtelküken zeigt, das *f* durch eine Hieroglyphe, die eine Viper zeigt. Laut Sitchin soll sich anstelle des Siebes, das ihm ähnliche Sonnensymbol am Anfang der Kartusche befinden. Das Sonnensymbol war damals entweder ein leerer Kreis, ein voll ausgefüllter Kreis oder ein Kreis mit einem zentrierten Punkt. Glaubt man Sitchin, hieße die Kartusche nicht *Chufu* sondern *Reufu*, und das wäre ein entscheidender Unterschied. Professor Sitchin behauptet, daß dieser Fehler wohl durch Abschreiben von zwei fehlerhaften Hieroglyphen aus den damaligen Standardwerken entstand, die auch von Vyse und seinen Mitstreitern benutzt wurden. Wie dem auch sei, heute kann das wirkliche Beweisstück, nämlich die Kartusche beziehungsweise die Hieroglyphe selbst, keinen endgültigen Aufschluß mehr geben, davon konnte ich mich in der Vergangenheit persönlich in der besagten Entlastungskammer überzeugen. Heute sind nur noch sehr schwach die Umrisse des Kreises zu erkennen.

Wie dem auch sei, Howard Vyse hatte sein Vorhaben, in die Geschichtsbücher einzugehen, in jedem Fall erreicht.

Die Pyramide – das Buch des Wissens

Wenden wir uns bei der weiteren Betrachtung der großen Pyramide Fakten und Ergebnissen zu, um die wir nicht lange herumreden müssen, um am Ende mit ungeklärten, nichtbewiesenen Theorien dazustehen.

Neben der Tatsache, daß in keiner der Pyramiden je die Mumie eines Pharaos gefunden wurde und daß es keine endgültigen Beweise für Pharao Cheops als Erbauer gibt, verdeutlichen die nun folgenden Daten, daß die Erbauung der großen Pyramide einen anderen Grund hatte.

Ich habe anfangs erwähnt, daß der hohe Wert an Präzision und astronomischen Daten der großen Pyramide eine zentrale Rolle spielt. Lassen Sie uns die ganzen fragwürdigen Theorien von Begräbnisstätten, Grabkammern, Mumien und wertvollen Schätzen einmal beiseite legen. Führen wir uns auszugsweise einige nachprüfbare Daten vor Augen, die erstaunlich und faszinierend zugleich sind:

1. Die große Pyramide ist genau nach den vier Himmelrichtungen aus gerichtet, wobei ihre Abweichung etwa 0,06% beträgt. Die Genauigkeit ihrer Ausrichtung entspricht der Präzision einer heutigen Atomuhr.

2. Die Grundfläche beträgt etwa 53.000 Quadratmeter.

3. Für den Bau wurden zirka 6 Millionen Tonnen Kalkstein und Granitquader verarbeitet.

4. Die Pyramide war ursprünglich 146,50 Meter hoch.

5. Der Umfang der Pyramide geteilt durch die doppelte Pyramidenhöhe ergibt den Wert *Pi* (3,1416) und steht im gleichen Verhältnis, wie der Umfang eines Kreises zu seinem Radius, nämlich: 2π:1.

6. Die Pyramidenhöhe von 146,50 Metern entspricht der Entfernung der Erde zur Sonne in Millionen Kilometern.

7. Die Höhe der Pyramide steht zur halben Diagonale der Grundfläche im Verhältnis 9:10.

8. Aus der Pyramide läßt sich ein Maßstabverhältnis von 1:43.200 ersehen.

9. Die Höhe der Pyramide multipliziert mit 43.200, ergibt den Wert 6.328, der mit einer geringen Abweichung dem polaren Erdradius (zirka 6.355 km) entspricht.

10. Multipliziert man den Umfang der Pyramide mit 43.200, erhält man den Wert 39.808 km, das entspricht mit einer Abweichung von etwa 0,7% dem Erdumfang am Äquator (40.788 km).

11. Die Seitenlänge der viereckigen Grundfläche ergibt einen Wert von 365,342 ägyptische Ellen; diese Zahl entspricht der Gesamtzahl der Tage unseres Sonnenjahres.

12. Das ungefähre Gewicht der Pyramide beträgt etwa 6 Millionen Tonnen. Multiplizieren wir den Wert mit tausend Billionen, erhalten wir das annähernde Schätzgewicht der Erde (5,96 Quadrillionen Kilogramm).

13. Die drei Pyramiden von Gizeh sind untereinander im Pythagoreischen Dreieck ausgerichtet; ihre Seiten stehen im Verhältnis 3:4:5.

14. Die Pyramide dient als riesige Sonnenuhr. Die durch sie von Mitte Oktober bis Anfang März geworfenen Schatten zeigen die Jahreszeiten

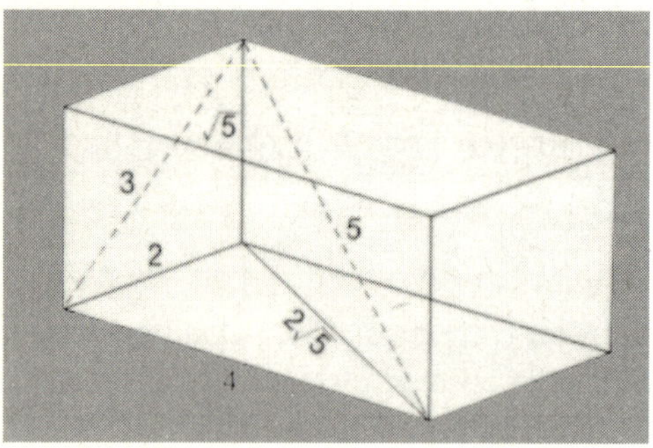

Abb. 25:
Die Abbildung entspricht exakt den Proportionen der Königskammer.

und die Länge des Jahres an. Die Länge der Steinplatten, welche die Pyramiden umgeben, entspricht der Schattenlänge von einem Tag. Durch Beobachtung dieses Schattens auf den Steinplatten konnte die Länge des Jahres auf den 0,2419. Teil eines Tages genau angegeben werden.

15. Der Nord-Süd-Meridian der großen Pyramide verläuft am längsten über die Landmassen der bewohnbaren Kontinente und teilt diese in zwei annähernd gleiche Hälften auf. Folgt man dem Meridian an den Polen vorbei und zur anderen Seite der Erde hin, der „Wasserseite", wird ersichtlich, daß er auch den Pazifik in zwei etwa gleich große Teile zerlegt (Abb. 26).

16. Der Nord-Süd-Meridian bildet den natürlichen Nullpunkt für die Längenmessung des gesamten Erdballs. Heute läuft dieser Punkt durch Greenwich in England.

17. Die verlängerten Diagonalen von den südwestlichen und südöstlichen Ecken der Pyramidenbasis schließen genau das Nildelta ein (Abb. 28).

18. Der Neigungswinkel der großen Pyramide ist so angelegt, daß die Mittagssonne von Ende Februar bis Mitte Oktober keinerlei Schatten wirft.

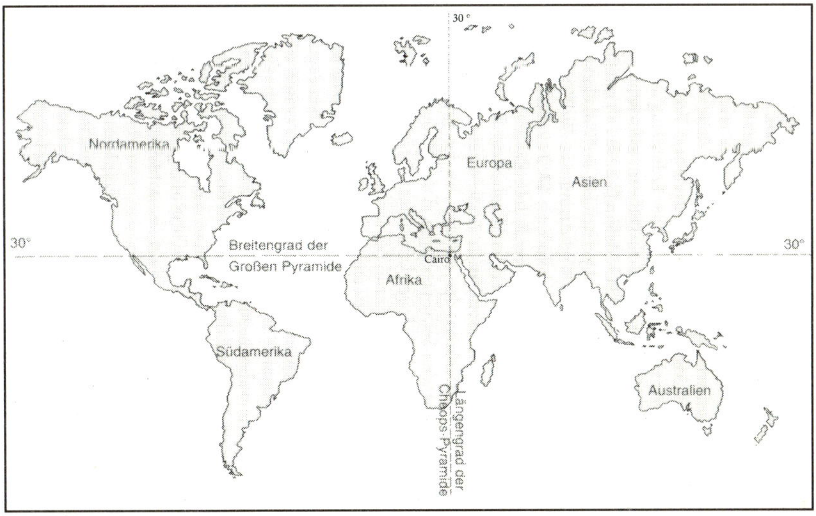

Abb. 26

19. Der Abstand der Pyramide zum Mittelpunkt der Erde ist genauso groß wie der zum Nordpol und entspricht dem Abstand vom Nordpol zum Erdmittelpunkt.

20. Zur bildlichen Verdeutlichung: Die Spitze der Pyramide steht für den Nordpol, der Umfang der Pyramide entspricht der Länge des Äquators und beide liegen maßstabsgerecht voneinander entfernt (Abb. 27).

Ich will den kleinen Ausschnitt über die Daten und Werte der großen Pyramide an dieser Stelle abbrechen. Ich hoffe, es geht Ihnen ein wenig so wie mir, wenn ich mich mit den Daten der großen Pyramide befasse.

Trotz meiner über zehnjährigen Arbeit bin ich immer wieder fasziniert und zutiefst bewegt von dem hohen Wissen der alten Baumeister.

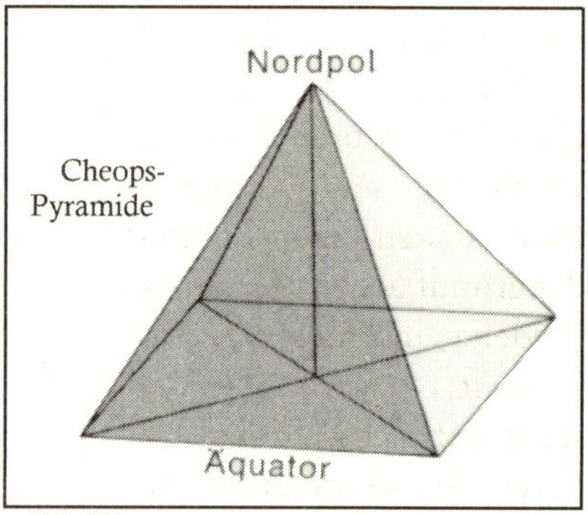

Abb. 27

Im frühen neunzehnten Jahrhundert stellten französische Wissenschaftler zum erstenmal fest, daß die Pyramide ein idealer Punkt zur Landvermessung ist. Das alles geschah unter der Führung Napoleon Bonapartes, nach Beendigung des Ägyptenfeldzuges. Napoleon selbst interessierte sich sehr für die rätselhaften Pyramiden und hatte aus diesem Grund fast zweihundert Wissenschaftler verschiedener Universitäten mitgebracht, die im allgemeinen als Kenner des ägyptischen Altertums galten. Darunter befanden sich unter anderem Mathematiker, Kartographen und Vermessungsingenieure.

Nach Beendigung des Feldzuges wurden die Wissenschaftler beauftragt, detaillierte Karten von Ägypten anzufertigen. Wie bereits erwähnt, wählten sie die große Pyramide als Ausgangspunkt für ihre Messungen. Als die Techniker diesen Punkt näher untersuchten, stellten sie fest, daß die östliche Pyramidenseite genau nach Osten wies und exakt auf die Polarachse ausgerichtet war. Wie war dies ohne moderne Meßinstrumente wie einen Kompaß und ohne Kenntnis von der Existenz der Polarachse möglich?

Diese Kenntnis hatte man bis dahin als mehr oder minder „moderne“ Errungenschaft betrachtet.
Bei der weiteren Untersuchung haben die französischen Wissenschaftler entdeckt, daß die verlängerten Diagonalen von den südwestlichen und südöstlichen Ecken durch die nordwestlichen und nordöstlichen Ecken der Pyramidengrundflächen genau das Nildelta einschlossen.

Weiter wurde festgestellt, daß der Meridian, der durch den Gipfelpunkt der Pyramide verläuft, das Nildelta fast genau in zwei gleiche Abschnitte teilt (Abb. 28).

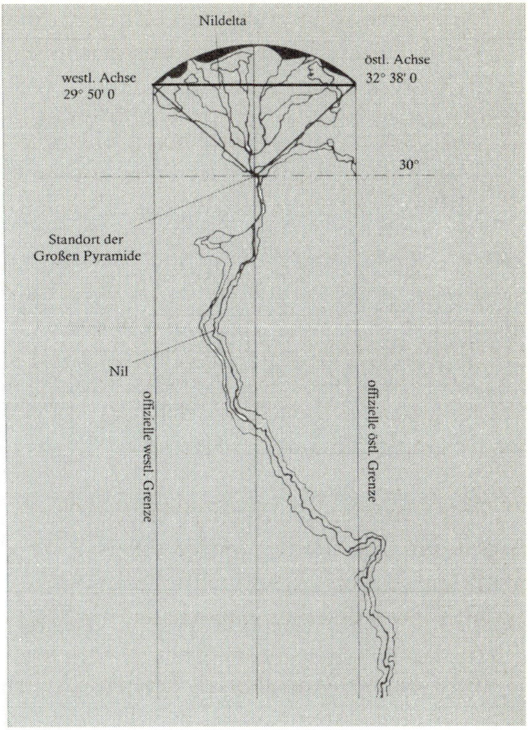

Abb. 28

Interessant ist hierbei noch ein anderer Aspekt, wie durch die Abbildung 28 verdeutlicht wird. Für die alten Ägypter war Unterägypten der Norden und Oberägypten der Süden des Landes. Die auf dem Kopf stehende Abbildung veranschaulicht auch den Sinn und die geometrische und kartographische Logik, die sich dahinter verbarg. Eine der vielen Bestimmungen der Pyramide war die eines geodätischen Fixpunktes, der zur genauen Bestimmung geographischer Punkte sowie Ausdehnung und Gestalt der Erde diente.

Der Goldene Schnitt

Eine weitere bedeutende Erkenntnis bezüglich der Pyramide und ihren Maßverhältnissen ist der sogenannte *Goldene Schnitt* (Wert: *Phi* = 1,618).

Dieser Schlüssel zum geometrischen und mathematischen Geheimnis, das anscheinend über Jahrtausende verloren schien, wurde bereits Herodot, dem „Vater der Geschichtsschreibung“, von ägyptischen Tempelpriestern anvertraut, indem sie ihm unter anderem mitteilten, daß nach dem Bauplan der Pyramide der Flächeninhalt jeder ihrer Seiten gleich dem Quadrat ihrer Höhe sein sollte.

Wenn man die Seitenhöhe der Pyramide durch die halbe Länge des Grundflächenquadrats teilt, ergibt das den Wert 1,618.

In der großen Pyramide wird das Maßverhältnis *Phi* unter anderem durch den Fußboden der Königskammer veranschaulicht, der aus zwei gleich großen Quardraten oder einem 1 mal 2-Rechteck besteht. Außerdem bildet dieser Raum ein perfektes Rechteck im Verhältnis 1:2 (Abb. 29).

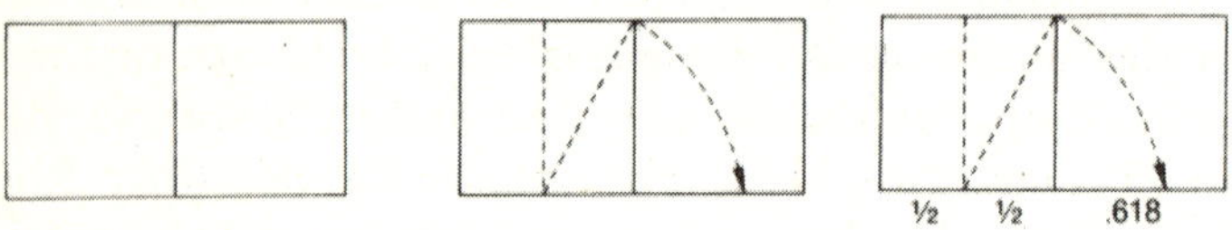

Abb. 29

Damit belegen uns die Baumeister, daß sie auch diese Maßverhältnisse (*Goldener Schnitt*) kannten. Der als *Phi* bekannte *Goldene Schnitt* ist eine weitere irrationale Zahl, die wie *Pi* nicht arithmetisch ermittelt werden kann. Ihr Wert ist die Quadratwurzel aus fünf plus eins geteilt durch zwei, was 1,6180339 entspricht. Das ist der „Grenzwert“ des Verhältnisses zwischen jeweils zwei aufeinanderfolgenden Zahlen der *Fibonacci-Reihe* – der Zahlenfolge, die mit 0, 1, 1, 2, 3, 5, 8, 13, 21... beginnt und bei der jede Zahl die Summe der beiden vorhergehenden Zahlen ist. Man kann *Phi* auch erhalten, indem man eine gerade Linie AB durch einen Punkt C so teilt, daß sich der kleinere Teil BC zum größeren Teil AC verhält wie AC zu AB.

Die alten Ägypter zur Zeit der Pharaonen betrachteten nach Ansicht Schwaller de Lubicz *Phi* nicht nur als eine Zahl, sondern auch als ein Symbol des schöpferischen Vermögens oder immer neuer Gestaltung in einer unendlichen Folge. *Phi* bedeutete für sie, wie Schwaller sagt, *„das Feuer des Lebens, die männliche Kraft des Sperma, den Logos des Johannesevangeliums“*. Plato ging in seinem Timaios so weit, *Phi* und damit die Proportion des *Goldenen Schnitts* als die zwingendste aller mathematischen Beziehungen zu betrachten und sah in ihr den Schlüssel zum Bau des Kosmos.

In der Renaissance diente die *Phi-Proportion* oder der *Goldene Schnitt* als die Hermetische Regel, die der Komposition großer Kunstwerke jener Zeit zugrunde lag.

Zusammenfassend bleibt zu sagen, daß die alten Ägypter sowohl mit der *Phi-Proportion* als auch mit der Fibonacci-Reihe vertraut waren, auch wenn einige Ägyptologen sich mit diesem Gedanken nicht anfreunden wollen – vor diesen mathematischen Fakten verschließen sie die Augen.

Bereits in Kapitel 2 habe ich auf die hohen mathematischen Kenntnisse und das damit verbundene Sexagesimalsystem der sumerischen Kultur hingewiesen. Die kulturübergreifenden Verbindungen von den Sumerern zu den Ägyptern halte ich für überaus bedeutend. Die Zikkurate sind im Grunde die Stufenpyramiden der Ägypter oder auch umgekehrt, denn schon im alten Mesopotamien, zum Beispiel in Eridu und Uruk, finden wir die Ursprünge der ersten Stufenpyramiden. Der nächste Schritt war dann das sogenannte Zikkurat, das seinen Höhepunkt im Babylonischen Reich, etwa 600 v.Chr., mit dem berühmten Turm von Babel fand. Die Funktion des Zikkurats von Babel ist bis heute nicht endgültig geklärt. Eines ist jedoch sicher: Es diente nicht als Grabmal. Für das allgemeine Volk war es eine verbotene Zone. Immer am Neujahrsfest feierte der König, der Stellvertreter des Gottes Marduk, mit einer Auserwählten die Heilige Hochzeit. Diese rituellen Zwecke und Funktionen der Pyramiden scheinen eine hohe Bedeutung gehabt zu haben, wie wir ja bereits am Beispiel Perseopolis festgestellt haben. Auch diese Tempelanlage wurde ausschließlich zu rituellen Zwecken rund um das Neujahrfest (Frühlingstagundnachtgleiche) errichtet und genutzt, sie diente also mathematischen und vornehmlich astronomischen Zwecken.

Professor Maspero beschreibt die Zikkurate als *Miniaturabbildungen des Universums*. Ein anderer Fachmann, Professor C. P. S. Menon bemerkt zu den Zikkuraten:

„Wir dürfen annehmen, daß die Gestalt der Erde, die diesen Tempeln als Vorbild diente, als eine terrassenförmig aufgebaute Pyramide erschien, deren Ecken nach Norden, Süden, Westen und Osten wiesen."

Die Zikkurate in Ur, Uruk und Babylon erreichten eine Höhe von fast einhundert Metern.

Abb. 30:
Eine Rekonstruktion des Turmes von Babylon

Das Zikkurat in Nabu in Barsipki wurde das *Haus der sieben Bande zwischen Himmel und Erde* genannt. Es war in sieben Stufen gebaut, die in sieben *planetarischen Farben* bemalt waren.

Auch die gestuften Türme von Babel bieten dafür Zeugnis, wie Livio Catullo Stecchini erklärt. Zu kartographischen Zwecken wurde in diesen Zikkuraten (gemeint sind die einzelnen Stufen) die nördliche Hemisphäre in eine Reihe ebene Flächen aufgeteilt, die durch die Fassaden der gestuften Zikkurate dargestellt werden. Das Gebiet zwischen dem Äquator und dem Pol war in sieben Streifen oder – wie die Griechen sagen – Zonen eingeteilt, die nach oben immer schmaler wurden, in Übereinstimmung mit der in Richtung Pol schrumpfenden Größe der Längengrade. Die Seiten der Grundflächen repräsentieren den Äquator, die erste Stufe den 30. Breitengrad. So verkörpert jede der vier Seiten einen 90°-Quadranten der Erdhalbkugel (Abb. 31).

Abb.31

Auch Keilschrifttafeln aus Mesopotamien bestätigen, daß jede Stufe eines Zikkurats eine bestimmte Flächengröße hatte, die genormten Maßen für Landvermessung entsprach. In Illustrationen werden die Zikkurate als astronomische Observatorien dargestellt, von deren Zinnen bärtige Babylonier die Sterne des Himmels betrachten. Die Zikkurate der mesopotamischen Kultur dienten vornehmlich astronomischen und rituellen Zwecken (ebenso wie die Stufenpyramiden der Ägypter), wenn wir uns – und das haben wir ja bis zu diesem Zeitpunkt – nur auf die Ära der Tempelbauten des alten Orients beschränken, was immerhin einen Zeitraum von 4.500 Jahren beinhaltet. Bis heute wird darüber spekuliert, ob der weltweite „Pyramidengürtel" seinen Ausgangspunkt im alten Orient nahm. Kritiker halten dagegen, daß die „Alten" noch nicht in der Lage waren und auch nicht die technischen Mittel hatten, Schiffe zu bauen, um damit die großen Meere zu überqueren. Daß aber verschiedene Völker weltweit und zu verschiedenen Zeiten rein „zufällig" dieselbe Idee hatten, ist sehr unwahrscheinlich und findet heute in der breiten Masse der Gelehrten keine Zustimmung. Eines sei aber noch erwähnt: Ob in Asien, Europa oder auf dem südamerikanischen Kontinent – die heutigen Erkenntnisse liefern ebenfalls einen klaren Beleg dafür ab, daß Zweck und Funktion des Pyramidenbaus immer unter mathematischen, astronomischen und rituellen Aspekten verstanden werden muß.

Von wo aus der Entwicklungsschritt in bezug auf die Stufenarchitektur seinen Ausgang nahm, ist an dieser Stelle nicht von entscheidender Bedeutung.

In die Geheimnisse des Kalenders, der Mathematik und der Schreibkunst weihte *Enki* seinen jüngeren Sohn *Ningischzidda* ein, den die Ägypter *Thoth* nannten. Er war übrigens auch der mittelamerikanische Gott *Quetzalcoatl*, die gefiederte Schlange.

Die „Alten" und das Sexagesimalsystem

Die Sumerer benutzten das Sexagesimalsystem, das älter ist als das von uns heute verwendete Dezimalsystem. Das Sexagesimalsystem ist auf der Grundzahl 60 aufgebaut, das Dezimalsystem auf der Grundzahl 10, das entspricht der Anzahl unserer Finger. Wenn wir als Beispiel *120* sagen, sagten die Sumerer *2 Gesch*, nämlich 2 x 60 = 120.

Ein wichtiger rechentechnischer Unterschied ist, daß sich die Grundzahl 10 des Dezimalsystems nur durch die Zahlen 2 und 5 teilen läßt. Die

Zahl 100 läßt sich nur durch 2, 4, 5, 10, 20 und 25 teilen. Beim Sexagesimalsystem läßt sich die Grundzahl 60 durch 2, 3, 4, 5, 6, 10, 12, 20 und 30 teilen. Auch heute noch haben wir täglich mit dem Sexagesimalsystem zu tun, so zum Beispiel mit der Zahl 12 bei der Anzahl der Monate oder der Anzahl der Tagesstunden, des weiteren die Zahl 60 bei der Zeiteinteilung: 60 Sekunden = 1 Minute und 60 Minuten = 1 Stunde. In der Geometrie ist es die Zahl 360, die Einteilung des Kreises in 360 Grad. Das Sexagesimalsystem ist also bis heute aktuell und zudem das vollkommenste System in bezug auf Zeitrechnung, Astronomie und Geometrie.

Wie Professor Sitchin bemerkt, beruht das Sexagesimalsystem nicht ausschließlich auf der Zahl 60, sondern auf einer Kombination der Zahlen 6 und 10. Beim Dezimalsystem besteht jeder Schritt darin, die vorangegangene Summe mit 10 zu multiplizieren (Abb. 32) beim Sexagesimalsystem wird abwechselnd mit 6 und 10 multipliziert (Abb. 33). Das Dezimalsystem richtet sich nach unseren zehn Fingern. Noch heute wird zum Beispiel der Begriff Digitalrechner verwendet, der vom lateinischen *digius* (*Finger*) abgeleitet ist.

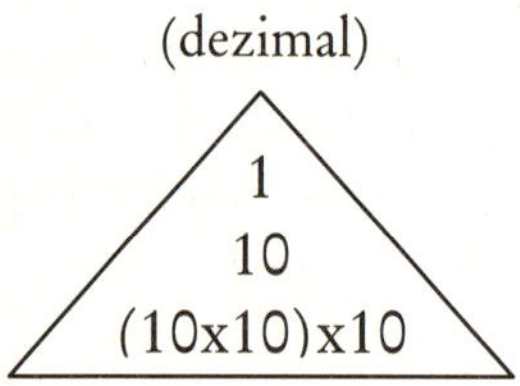

Abb. 32

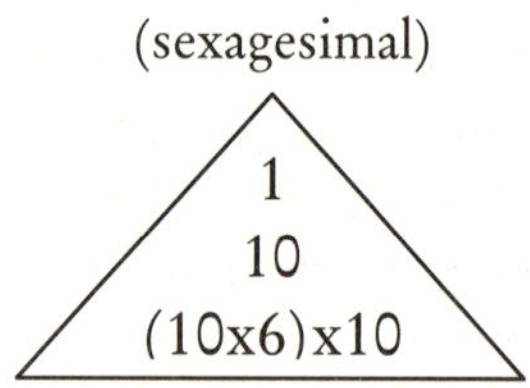

Abb. 33

Der Code der Präzession

Bei den vielen Zahlen und Daten der letzten Seiten ist es Ihnen hoffentlich noch nicht langweilig geworden, denn ein letztes Mal muß ich Sie in das Reich der Zahlen und Berechnungen entführen.

Das Vorherige stellt wirklich nur eine äußerst kleine und konzentrierte Zusammenfassung der mathematischen und astronomischen Aspekte rund um die große Pyramide und das Gizeh-Plateau dar.

Eine der größten Erkenntnisse der „Alten", der „Mesopotamier" und der Ägypter war das Wissen um die Präzession.

Um die Präzession vom Grundsatz her zu erklären, ist es unerläßlich, die Kulturen der Sumerer und der Ägypter zu betrachten. Die Sumerer müssen wir an dieser Stelle mit ins Boot nehmen, denn auch im Falle der Präzession ist die „Verwandtschaft" der beiden Kulturen mehr als deutlich zu erkennen.

Das Sexagesimalsystem mit seiner Grundzahl 60 beziehungsweise 6 x 10 führt uns unweigerlich zu der Zahl 360 und somit zum Kreis. Multiplizieren wir nun 6 x 10 x 6 x 10, ergibt das die Summe 3.600 Jahre, die das „Große Jahr" beschreibt, die Zeit, die der Nibiru für eine vollständige Sonnenumrundung benötigt. Die alten Überlieferungen der Sumerer aus dem „Enuma Elisch" von den Anunnaki und dem Nibiru werden für so manchen Leser schwer verdaulich sein. Die Zahlen und das hohe Wissen der Sumerer in mathematischer und astronomischer Hinsicht sind diesbezüglich sehr aufschlußreich und eine gute Medizin für den schwer verdaulichen Nibiru und die Anunnaki.

Das „Große Jahr" (3.600 Jahre) der Götter war ein *Shar*. Die sumerischen Königslisten, die über die ersten Regierungszeiten der Anunnaki-Götter berichten, „sprechen" von den ersten zehn Anunnaki-Herrschern vor der Sintflut, gemessen in *Shar*, also in Zeitspannen von 3.600 Jahren. Laut den Königslisten waren seit dem Zeitpunkt der ersten Landung bis zur Sintflut 120 Shar vergangen, der Nibiru umkreiste die Sonne 120mal, das entsprach 432.000 Erdenjahren. Beim 120. Umlauf kam es dann, wohl durch starke Gravitationskräfte des Nibirus, zu der großen Flutwelle, der Sintflut, die in der Bibel erwähnt wird, und deren Bericht, wie wir ja bereits wissen, auf älteren sumerischen Quellen basiert. Der Zahlenwert 432.000 hatte eine große Bedeutung.

Das wohl bedeutendste und beste wissenschaftliche Werk hierzu lieferten die Professoren Giorgio de Santillana und Hertha von Dechend in ihrem Werk „Die Mühle des Hamlett". Das Buch erschien erstmals im Jahre 1969 und fand seinerzeit in der Öffentlichkeit und unter Gelehrten recht wenig Anklang.

Die beiden Wissenschaftler legten in ihrem herausragenden Werk eine Vielzahl mythischer und ikonegraphischer Fakten vor, um die Existenz eines bemerkenswerten Phänomens nachzuweisen. Aus einem unerklärlichen Grund und zu einem unbekannten Zeitpunkt seien bestimmte archaische Mythen aus aller Welt „kopiert“ und zu Vehikeln für eine Fülle komplizierter Daten über die Präzession der Äquinoktien gemacht worden. Auffallend ist dabei, daß die Mythen nicht nur gemeinsame Erfahrungen beschreiben, sondern offensichtlich bei allen Völkern eine gemeinsame Symbolsprache benutzt wurde. Immer wieder tauchten bei den verschiedenen Völkern die gleichen „literarischen Motive“, die gleichen Stilmittel, Charaktere und Handlungen auf.

Für die beiden Professoren waren diese auffälligen Gemeinsamkeiten das Werk einer führenden Hand. Professor de Santillana bemerkte:
„Und Universalität selbst ist ein Test, sofern sie gemeinsam mit einer beständigen Formgebung auftritt. Wenn etwas, was zum Beispiel in China herausgefunden wurde, auch in astrologischen Texten der Babylonier auftaucht, dann muß man es für relevant halten, denn es offenbart einen Komplex ungewöhnlicher Vorstellungen, von denen niemand behaupten kann, sie seien unabhängig oder spontan entstanden. Wenn zum Beispiel der Rattenfänger sowohl im mittelalterlichen Mythos als auch im von Kolumbus noch unentdeckten Mexiko eine Rolle spielt; wenn er an beiden Orten verbunden wird mit bestimmten Attributen wie der Farbe Rot, dann ist das wohl kaum Zufall... Oder wenn man Zahlen findet wie 108 oder 9 x 12, die immer wieder erscheinen – als Berechnungen ihres Vielfachen in den Veden, in den Tempeln von Ankor, in Babylon, in Heraklits dunklen Worten und ebenso im nordischen Walhalla –, dann ist das kein Zufall.“ (56)

Die beiden Wissenschaftler beziehen all diese Bilder auf himmlische Ereignisse, und zwar in der vereinfachten technischen Sprache einer archaischen, aber hoch entwickelten astronomischen und mathematischen Wissenschaft: *„Diese Sprache ignoriert lokale Glaubensvorstellungen und Kulte. Sie konzentriert sich auf Zahlen, Bewegungen, Messungen, Gesamtgerüste, Schemata – auf die Zahlenstruktur, auf die Geometrie.“* Dechend und de Santillana sprechen nicht direkt von einer oder der Urzivilisation, aber sie lassen auch keinen Zweifel daran, wenn sie „lediglich“ von einem Vermächtnis sprechen, das wir alle *„eine(r) beinahe unglaublichen... Urzivilisation“* verdanken, *„die es als erste wagte, die Welt als eine nach Zahl, Maß und Gewicht geschaffene zu begreifen.“*

Der wissenschaftliche „Code", den die beiden Wissenschaftler gefunden zu haben glauben, ist ihren Ergebnissen zur Folge von „*Ehrfurcht gebietende(m) Alter*". Sie ordnen das Alter dieser Terminologie in einem Zeitraum vor mehr als 8.000 Jahren ein.

Als die Griechen auf den Plan traten, hatte sich bereits der Staub der Jahrhunderte über die Reste dieser großartigen weltweiten Konstruktion gelegt. Aber etwas davon überlebte in traditionellen Riten, in Mythen und Märchen, die keiner mehr verstand... Selbst wenn der Code geknackt sein sollte, wenn die Techniken bekannt sein sollten, können wir nicht damit rechnen, das Denken unserer fernen Vorfahren zu ermessen – so eingehüllt, wie es in seinen Symbolen ist. Ihre Worte werden nicht mehr gehört. Im Verfließen vieler Weltalter..."

In der schon erwähnten nordischen Sage von Walhall erfahren wir von dem mythischen Aufenthaltsort für die in der Schlacht gefallenen Krieger, die bei der Götterdämmerung durch die Tore und durch die Halle marschieren werden, um an der Seite *Wotans* gegen die Riesen zu kämpfen.

„*Fünfhundert Türen und viermal zehn*
Wähn´ ich in Walhall.
Achthundert Einherier gehn aus je einer,
Wenn es dem Wolf zu wehren gilt."

Sie werden durch Walhalls 540 Tore hinausziehen; bei jedem Tor werden 800 Krieger sein. Diese beiden Zahlen multipliziert ergibt wieder den Zahlenwert 432.000. Auch Dechend und de Santillana wußten, daß diese Zahl eine sehr alte Bedeutung hatte, „*denn es ist auch die Zahl der Silben im Rigveda, der wichtigsten Hymnensammlung der Sanskritliteratur, die die indoeuropäischen Götter- und Heldensagen enthält. Sie beruht auf der Grundzahl 10.800, der Anzahl der Strophen im Rigveda, von denen jede aus 40 Silben besteht (10.800 x 40 = 432.000)*".

Die hinduistischen Überlieferungen verbinden die Zahl 432.000 mit den Jugas oder Weltaltern, die die Erde und die Menschheit erlebt hat. Jedes Katarjuga (*großes Juga*) wurde in vier Jugas oder Zeitalter eingeteilt, deren immer kürzere Dauer durch ein Vielfaches von 432.000 angegeben wurde.

Zunächst das vierfache Zeitalter (4 x 432.000 = 1.728.000 Jahre), das das Goldene Zeitalter war, dann das dreifache Zeitalter des Wissens (3 x 432.000 = 1.296.000 Jahre), danach das zweifache Zeitalter des Opfers (2 x 432.000 Jahre) und schließlich unsere heutige Ära, das Zeitalter der Zwietracht, das nur mehr 432.000 Jahre dauern wird. Insgesamt rechneten die Hinduisten in ihren Überlieferungen mit zehn Zeitaltern, was eine Parallele zu den zehn sumerischen Herrschern in der Zeit vor der Sintflut darstellt, aber sie erweiterten die Gesamtzahl auf 4.320.000 Jahre.

Solche astronomischen Zahlen, die auf 432.000 basieren, wurden in der hinduistischen Religion und Tradition auch auf den *Kalpa*, den „Tag“ des Gottes *Brahma*, angewendet. Er war als ein Weltalter definiert, das aus zwölf Millionen *Devas* – Gottesjahren – bestand. Jedes Gottesjahr wiederum entsprach 360 Erdenjahren. Also ist ein „Tag“ des Gottes *Brahma* gleich 4.320.000.000 Erdenjahren; eine Zeitspanne, die weitgehend modernen Schätzungen des Alters unseres Sonnensystems entspricht. Zu dieser Zahl gelangt man, indem man 360 mit 12 multipliziert.

Für den Gott *Brahma* sind tausend Zyklen also nur ein Tag. Das erinnert uns wieder an den Bibelvers, auf den ich bereits im zweiten Kapitel hingewiesen habe, der sich auf den Tag des biblischen Gottes bezieht:

„Denn tausend Jahre sind vor Deinen Augen,
wie ein Tag, der verging...“ (Psalm 90,4)

Dieser Vers wird von vielen Theologen sehr gerne symbolisch ausgelegt, für die „Ewigkeit Gottes“. Doch aufgrund der Ursprünge der biblischen Schriften aus dem Zweistromland und angesichts der zahlreichen Spuren sumerischer Angaben, sowohl in den Psalmen als auch in anderen Büchern der Bibel, sollten wir bei diesem Vers aus dem Psalm 90,4 eher von einer gezielten Zahlenangabe ausgehen und nicht von einem Symbolwert.

Die hinduistischen Überlieferungen wurden durch „arische“ Auswanderer vom Kaspischen Meer auf den indischen Subkontinent gebracht, durch Verwandte der Indoeuropäer, nämlich die Hethiter aus Kleinasien – der heutigen Türkei – und die Churritter vom oberen Euphrat, über die das Wissen und die religiösen Anschauungen der Sumerer an die indoeuropäischen Völker weitergegeben wurden. Diese Wanderbewegungen sollen im 2. Jahrtausend v.Chr. stattgefunden haben.

Die Vedas seien, so die alten Überlieferungen, nicht menschlichen Ursprungs, sondern von den Göttern selbst verfaßt worden. Auch in ihnen herrschen Zeitalter vor, die auf einem Vielfachen von 3.600 beruhen. Es heißt zum Beispiel im *Vischnu-Purana*:

„Der Tag, an dem Krishna die Erde verläßt, wird der erste Tag des Zeitalters der Göttin Kali sein; es wird 360.000 Jahre von Sterblichen andauern.“

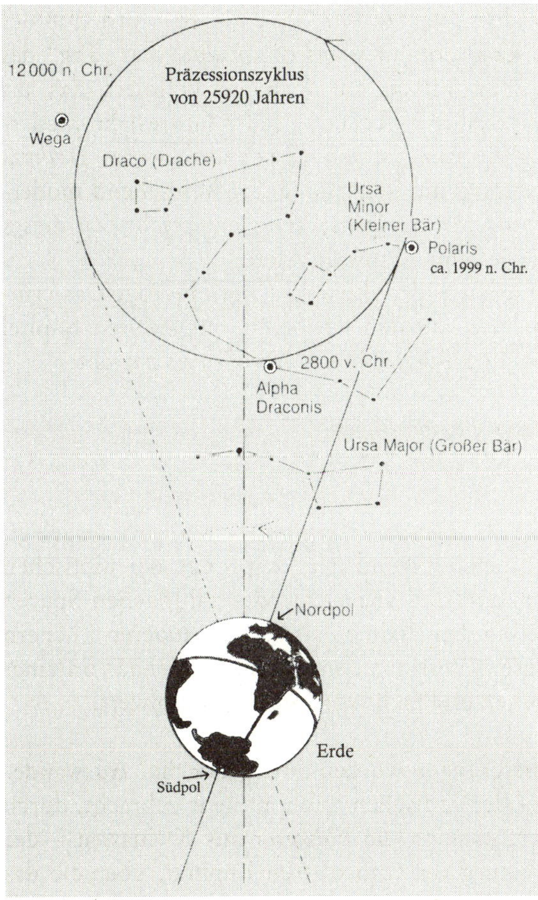

Abb. 34

Aus den vielen tausend Rechentabellen aus der Bibliothek des bereits erwähnten assyrischen Königs Assurbanipal läßt sich noch eine andere bedeutende Zahl erkennen, die bei den „Alten“ sowohl im alten Sumer als auch im Land der Pharaonen eine zentrale Rolle spielte. Die Rechentabellen dienten als sogenannte Divisionstabellen, mit der astronomischen Zahl 12.960.000 und endeten mit 60, dem 216.000. Teil davon.

Daraus ist unzweifelhaft zu erkennen, daß ein großer präzessionaler Zyklus von 500 Jahren ausgedrückt worden ist, denn 500 x 25.960 (= 1 Weltenjahr) = 12.960.000 Jahre.

Es ist also eindeutig zu erkennen, daß die „Alten“ in Besitz eines hohen Wissens oder Vermächtnisses waren, wie de Santillana treffend ausgedrückt hat.

Die Weltenjahre

Bei den alten Ägyptern war es die Sphinx, die als perfekter Äquinoktialweiser diente. Der Blick der Sphinx richtet sich seit Anbeginn immer in Richtung Osten, exakt zu dem Punkt der ***Frühlingstagundnachtgleichen***. Ich habe in diesem Kapitel bereits auf die besondere Bedeutung des 30. Breitengrades von alters her hingewiesen. Das als Präzession bezeichnete Phänomen hängt mit der Taumelbewegung der Erde zusammen (Abb. 34). Die Erde, das werden die meisten von Ihnen wissen, ist keine perfekte „Kugel“. Das liegt daran, daß durch ihre hohe Geschwindigkeit beim Drehen um ihre eigene Achse enorm starke Zentrifugalkräfte entstehen. Stellen Sie sich die Erde für einen Moment als einen runden Ball vor. Durch die Zentrifugalkräfte bläht sich der „Ball Erde“ am Äquator nach außen, infolgedessen kommt es zu einer Abflachung der beiden Pole. Der Äquatorradius (6.378,160 Kilometer) ist daher etwa 22 Kilometer länger als der Polradius (6.356,776 Kilometer) der Erde.

Um sich diesen Sachverhalt noch deutlicher zu machen, stellen Sie sich einfach einen Spielzeugkreisel bildlich vor. Nehmen Sie ihn in die Hand und setzen Sie ihn mit viel Schwung in Bewegung. In voller, ununterbrochener Geschwindigkeit steht Ihr Kreisel aufrecht. In dem Augenblick aber, in dem seine Achse von der Senkrechten abgelenkt wird und seine Geschwindigkeit sich verlangsamt, ändert sich sein Verhalten – er beginnt, langsam in einem großen Kreis zu taumeln. Dieses Taumeln, die Präzession also, verändert die Achsenrichtung unseres Planeten in konstanter Weise. Ein solcher Präzessionszyklus oder Weltenjahr, wie es gerne genannt wird, dauert etwa 25.920 Erdenjahre. Ein sogenannter Weltenmonat, das heißt der Zeitraum, in dem der Frühlingspunkt durch eines der zwölf Häuser wandert, dauert 2.160 Jahre. In einem noch kleineren Zyklus, den wohl ein jeder von Ihnen kennt – nennen wir es den „Weltentag“ –, wandert die Erde auf ihrem Umlauf um die Sonne durch alle zwölf Häuser (Abb. 35), das heißt, der Sternenhintergrund, vor dem der Sonnenaufgang zu beob-

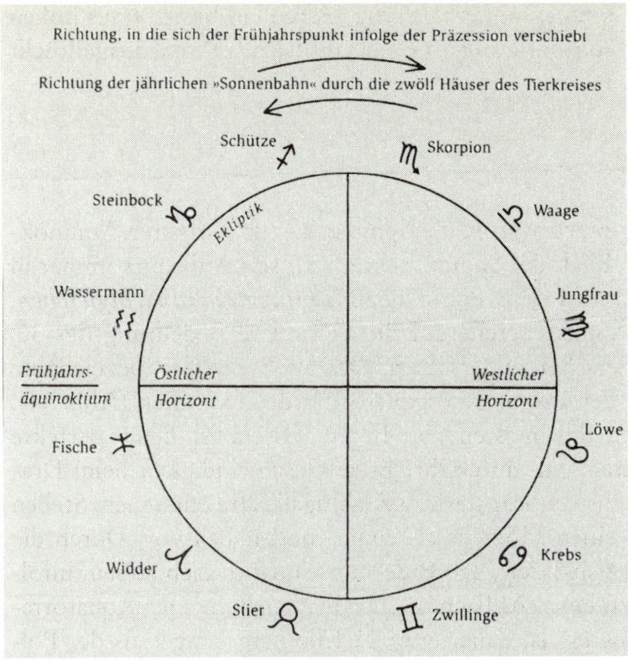

Abb. 35:
Die zwölf Häuser des Tierkreises

achten ist, ändert sich von Monat zu Monat (Widder, Stier, Zwillinge, Krebs, Löwe und so weiter).

Aufgrund der Taumelbewegung (Präzession) unserer Erde verzögert sich der Umlauf der Erde um die Sonne jährlich ein wenig; die Verzögerung beträgt in 72 Jahren etwa 1 Grad. Das heißt, daß wir Menschen dieses Phänomen gar nicht bewußt wahrnehmen, ebenso wie wir nicht wahrnehmen, daß wir in genau diesem Moment in einer ungeheuren Geschwindigkeit auf unserem Planeten durchs All fliegen. Durch die konstante Verzögerung durch das Taumeln der Erde entsteht eine Rückläufigkeit. Somit wird auch verständlich, daß der Frühjahrspunkt infolge der Präzession entgegen der Richtung des jährlichen Sonnenlaufes wandert (vom Widder über die Fische, Wassermann, Steinbock und so weiter), also entgegengesetzt verläuft.

Wir stehen jetzt, zu Beginn des 21. Jahrhunderts, kurz vor dem Übergang in das Wassermann-Zeitalter. Es ist auch durchaus möglich, daß der Einzug in das 11. Haus des Wassermanns bereits erfolgte, darüber sind sich

Experten nicht ganz einig, was uns an dieser Stelle aber nicht weiter stören soll. Wenn der Frühlingspunkt von nun an also immer vor dem Hintergrund des Wassermanns aufgeht und sich durch die Präzession (die Taumelbewegung) Jahr für Jahr verzögert, bedeutet das, daß wir in 2.160 Jahren, in einem Weltenmonat also, in das Zeitalter des Steinbocks eintreten werden.

Andererseits bedeutet das, daß vor etwa 2.160 Jahren der Frühlingspunkt in das 12. Haus der Fische eintrat und 2.160 Jahre lang, bis heute etwa, vor dem Hintergrund der Fische aufging. Reisen wir weitere 2.160 Jahre zurück in die Vergangenheit, befinden wir uns inmitten des Pharaonenreiches. Zeugnisse der Weltenmonate finden wir im religiösen Kult der „Alten" immer wieder, so zum Beispiel die Prozessionsstraße der Widder-Sphingen in Luxor vor dem bekannten Karnaktempel (Bild 58).

Bild 58:
Der Karnaktempel

Der Karnaktempel fällt in die ägyptische Epoche des „neuen Reiches" (zirka 1551-1306 v.Chr.). Auch im Fische-Zeitalter treffen wir auf diese wichtige Symbolik, so zum Beispiel im Wirken Jesus. Im Neuen Testament treffen wir wiederholt auf die Symbolik der Fische und des Wassers als Element des 12. Hauses der Fische. Die Gleichnisse berichten von den „Fischern" Petrus, Andreas, Jakobus und Johannes, die Jesus folgten und zu Menschenfischern wurden. Eine andere, sicherlich interessante Symbolik ist die Taufe Jesus. Der Wanderprediger Jesus kam von Galiäa her an den Jordan, um sich von Johannes dem Täufer mit Wasser taufen zu lassen.

So ist die Taufe an sich, das Segnen mit dem Element Wasser, eine wichtige Symbolik dieser Zeit, die bis heute in der christlichen Religion von großer Bedeutung ist. Es gibt, wie wir wissen, weitere Gleichnisse um die Person Jesus, die die Symbolik des Wassers und der Fische (Fische-Zeitalter) zum Ausdruck bringen, wie zum Beispiel die Speisung der Fünftausend oder das Gleichnis, in dem Jesus auf dem Wasser geht. Ein sehr interessantes Gleichnis ist das Gleichnis vom Netz (Matt. 13, 47-50):

> *„Wenn Gott seine Herrschaft aufrichtet, ist es wie mit dem Netz, das im See ausgeworfen wird und mit dem man Fische von jeder Art einfängt. Ist das Netz voll, so ziehen es die Fischer an Land, setzen sich hin und sortieren den Fang. Die guten Fische kommen in die Körbe, die unbrauchbaren werden weggeworfen. So wird es am Ende der Welt sein.“*

Hier ist natürlich nicht vom Ende der Welt die Rede, sondern wohl eher vom Ende eines Zyklus – dem des Fische-Zeitalters.

Heute wissen wir, daß das Wissen der „Alten“ im Laufe der Jahrhunderte immer mehr verlorenging. Den Niedergang des alten elitären Wissens kann man auch mit dem Ende des Pharaonenreiches erkennen. Die Griechen und das Römische Reich waren, was das Wissen betrifft, die „Kinder der Pharaonen“, aber schon zu Zeiten Herodots, Pythagoras und anderer griechischer Gelehrter war das Wissen, das ihnen von den „Alten“ übermittelt wurde nur noch bruchstückhaft. Damit will ich keineswegs das Wissen und die Leistung zum Beispiel der Griechen schmälern. Trotzdem sollte an dieser Stelle einmal klargestellt werden, daß es nicht der Grieche Hipparchus (1. Jh. v.Chr.) war, der die Präzession entdeckte; er hatte sie nur wiederentdeckt, so wie auch der berühmte *Satz des Pythagoras* nicht diesem zugeschrieben werden darf. Pythagoras, der über zwanzig Jahre unter ägyptischen Priestern lebte, hat von diesen auch sein Wissen erlangt! Erinnern wir uns daran, daß es den Christen und dem „Halbmond“ – als im 4. Jahrhundert die letzten ägyptischen Tempel geschlossen wurden – gelungen war, daß das große Wissen der alten Ägypter fast vollständig in

Vergessenheit geriet, nicht einmal mehr die alte Hieroglyphenschrift konnte von ihnen gelesen beziehungsweise entziffert werden. Den absoluten Tiefpunkt haben wir dann im Mittelalter erreicht. Pest, Hexenverbrennung und die „Heilige Inquisition" der römisch-katholischen Kirche stellten den Höhepunkt an Ignoranz und Unwissenheit dar. Das Fische-Zeitalter war somit eines der dunkelsten Kapitel der letzten Jahrtausende.

Heute, zu Beginn des 21. Jahrhunderts, sind wir dem Wissen der „Alten" rund um die Präzession nur leise auf der Spur. Die Astrologie beispielsweise, die vor ein paar hundert Jahren noch an den Fakultäten in Europa gelehrt wurde, zählt heute zu den Grenz- beziehungsweise Parawissenschaften – sicherlich nicht, weil sie eine solche ist. Wohl eher, weil wir bis heute das hohe Wissen der Berechnung, wie es die alten eingeweihten Hohepriester in den Tempeln noch konnten, über einen langen Zeitraum verloren haben. So ist das nun einmal. Ist das Wissen einmal verloren, ist das Ergebnis Hohn und Spott der Unwissenden. Genau das wird der Astrologie heutzutage entgegengebracht, und – seien wir doch einmal ehrlich – die heutige „Vulgärastrologie", wie sie landläufig genannt wird (zum Beispiel die täglichen Zeitungshoroskope), ist Beispiel genug dafür, auf welchem Tiefpunkt sich diese alte Wissenschaft heute befindet.

Die „Alten", die Zahlen und die „Himmelsmechanik"! Nun werden sich einige Leser die Frage stellen, warum das Ganze mit den Zahlen der Astronomie und der Präzession? Das ist – wie wir gesehen haben – so ein Kapitel für sich. Dabei bin ich, um ihnen dieses Phänomen der Präzession und den in diesem Zusammenhang stehenden Bau der Sphinx und auch der großen Pyramide mit all ihren mathematischen und astronomischen Daten verständlich zu machen, nicht einmal in die Tiefe gegangen. Dazu würde ein Buch zum einen nicht ausreichen und zum anderen wären dafür Kenntnisse der höheren Mathematik unbedingt erforderlich. Aber auch ohne weiter in die Tiefe gegangen zu sein, wurde eines bis zu diesem Punkt wohl deutlich, daß nämlich – bleiben wir bei der großen Pyramide und vergessen auch die Sphinx dabei nicht – aufgrund dieser belegbaren Fakten die Frage um den Sinn und Zweck ihrer Erbauung eine andere Betrachtung gewinnt.

Denjenigen Lesern, für die das Vorherige Neuland ist, möchte ich das Werk „Die Einweihung“ von Elisabeth Haich ans Herz legen, auch wenn ich damit an dieser Stelle ein wenig von der naturwissenschaftlichen Bahn abkomme. Das Buch gilt zurecht seit Jahrzehnten und seit Generationen als „Geheimtip“ und ist auch heute noch ein gutes Einstiegswerk. Die 1897 in Budapest geborene Elisabeth Haich studierte Musik und Bildhauerei und war in der Zeit nach dem ersten Weltkrieg eine international anerkannte Künstlerin. In dem Bestseller beschreibt die Autorin das Bild der Mysterien der alten ägyptischen Einweihung und die damit verbundenen tiefen Wahrheiten, die die Menschen seit Jahrtausenden beschäftigen.

Elisabeth Haich schreibt über die hohe Bedeutung der Präzession für die Erde und das Menschengeschlecht in klarer und verständlicher Weise:

„Die Erde und ihre Bewohner sind sich noch der Kräfte, die die Erde aus dem Kosmos erhält, nicht bewußt, folglich können sie diese auch nicht beherrschen und nach ihrem Belieben umwandeln. Die Erde empfängt die Ausstrahlungen des Kosmos, sie badet und schwimmt ständig in diesen Energiewellen. Alles Geschehen auf Erden ist unmittelbare Reaktion und Resonanz dieser Schwingungen.

Die Sonne erhöht gewaltig verstärkend die Schwingungen jenes Sternbildes, in welchem sie momentan steht und mit welchem sie gemeinsam auf die Erde strahlt! Die Entstehung der vier Jahreszeiten hängt damit zusammen.

Die Schwingungen aus dem Kosmos üben eine solche Wirkung auf die Erde aus, daß sie auch die Weltgeschichte beeinflussen; die leitenden Ideen der Religion, der Wissenschaft und der Kunst bewirken die Ausstrahlung jenes Sternbildes, in welches während eines Weltenmonates der Frühlingspunkt fällt. Die verkörperten Geister auf Erden – die Menschheit – müssen stets die neue Epoche verwirklichen und sich in deren Ideen bewähren. Ein Volk ist eine Geistesschar, die Verkörperung bestimmter Energiekonzentrationen. Jede Epoche bringt eine andere Geistesschar, eine andere Rasse, auf die Erde, und wenn sie die Aufgabe, die neuen Ideen zu verwirklichen und eine neue Kultur während eines Weltenmonates zur Entfaltung zu bringen, vollbracht hat, so verläßt sie die Erde, um sich auf einem anderen Planeten weiterzuentwickeln. In einem Volke gibt es aber immer Individuen, welche die Prüfung bis zum Ende der Epoche nicht bestehen. Diese bleiben zurück, wie ausgeworfene Schlacke, und müssen sich auf Erden weiterentwickeln. Das ist der Grund, warum eine Na-

tion nach einer großen Kulturblüte dann plötzlich zurückfällt. Den hochentwickelten Ahnen folgen plötzlich degenerierte und charakterschwache Nachkömmlinge, und das einmal hochgeschätzte Volk wird allmählich verachtet und machtlos. Die Nachkommen sind die Schlacke der Nation, die den höchsten irdischen Entwicklungsgrad erreicht, sich vergeistigt und die Erde verlassen hat.

Die Fixsterne – die Sonnen – sind die großen Transformatoren, die für alle Weltkörper die schöpferischen Strahlen transformieren und sie in einer transformierten und der Erde ertragbaren Spannung weiterstrahlen. Die transformierten Strahlen erreichen uns von den Fixsternen, welche die Sternbilder des Zodiakus bilden. Wenn wir also die höchste, göttliche Energiestrahlung darstellen wollen, wählen wir die symbolische Form jenes Sternbildes, welches am stärksten auf die Erde einwirkt – und dies ist immer jenes epochenbildende Sternbild, in welchem zur Zeit der Frühlingspunkt steht...“(24)

Auch Elisabeth Haich läßt in ihrem bedeutenden Werk keinen Zweifel an der hohen Bedeutung der Präzession und der damit verbundenen Wirkung und Aufgabe für die Menschheit und ihren Planeten.

Die faszinierenden mathematischen und astronomischen Daten der großen Pyramide, von denen ich im Vorfeld sprach, haben Sie bestimmt zum Nachdenken gebracht. Es wurde nichts dem Zufall überlassen! Vor allem das mathematische Wissen der „Alten“ (damit meine ich auch die Sumerer) in bezug auf die Himmelsmechanik und die Präzession steht bis heute als ein nicht endgültig geklärtes Mysterium rund um das Reich der Pharaonen und den Bau der großen Pyramide nebst der Sphinx im Raum. Dabei ist in den letzten Jahrzehnten eine Problematik besonders deutlich geworden: Um die noch so vielen offenen Fragen rund um die Pyramiden und die Sphinx zu klären, bedarf es der unbedingten Unterstützung der technischen Fakultäten; heute wird die Bezeichnung *Archäotechniker* gern verwendet, wie auch im Falle von Rudolf Gantenbrink. Viele Archäologen sind hier wenig einsichtig und fühlen sich wohl zu sehr in ihrer Ehre gekränkt, aber ohne Unterstützung geht es nun einmal nicht. Damit will ich das Wissen und die Leistung vieler Archäologen in keinster Weise in Abrede stellen – im Gegenteil –, doch das Wissen in Verbindung mit der Präzession fand in ihrer Arbeit in der Vergangenheit kaum Beachtung. Zu diesem

Schluß kam auch de Santillana in seinen Untersuchungen, der diesen Mißstand ohne Umschweife zum Ausdruck brachte:

„Moderne Archäologen haben eine geradezu vorsintflutliche Ahnungslosigkeit auf dem Gebiet der Astronomie an den Tag gelegt, eine Ahnungslosigkeit, die so weit ging, daß einige von ihnen nicht einmal wußten, daß es das Phänomen der Präzession überhaupt gibt."(56)

Projekt Upuaut 2 – der Öffner der Wege

Ich habe anfangs bereits kurz auf die bedeutende Entdeckung des deutschen Ingenieurs Rudolf Gantenbrink aus dem Jahre 1993 hingewiesen. In diesem Zusammenhang komme ich noch einmal zurück zur Königinnenkammer, der großen Pyramide und den sogenannten „Luftschächten". Zur kurzen Auffrischung sei an dieser Stelle noch einmal erwähnt, daß viele Gelehrte auch heute noch der Meinung sind, daß nach Aufgabe der unterirdischen Felsenkammer auch die nächste, die Königinnenkammer, aufgegeben wurde und die Baumeister sich entschlossen, die darüberliegende Königskammer als letzte Ruhestätte des Pharaos zu bauen. Würden wir dieser unwissenschaftlichen Theorie Glauben schenken, stellt sich die Frage, die wir bereits gestellt haben, warum trotz Aufgabe die „Luftschächte" weiter ausgebildet wurden. Im übrigen wissen wir, daß die „Luftschächte" der Königinnenkammer nicht solche gewesen sein können, da sie nicht aus der Pyramide austreten. Daß sie aber doch einen wichtigen Zweck erfüllen, beweist die Entdeckung des Münchner Ingenieurs.

Rudolf Gantenbrink, Jahrgang 1950, hatte an der Hochschule für Bildende Künste in Berlin und anschließend in Hannover Graphik und Design studiert. Danach war er in der sogenannten Offshore-Technik tätig, ein Teilgebiet der Meerestechnik, die bei der Suche beziehungsweise Förderung von Erdgas und Erdöl zum Einsatz kommt, ein High-Tech-Bereich! Seine Liebe und Leidenschaft zu Ägypten und den Pyramiden entdeckte er, nachdem er ein Buch mit dem Titel „Die Sieben Weltwunder" gelesen hatte. Gantenbrink wurde Autodidakt und zum „Ägyptologen aus Leidenschaft".

Die eigentliche Arbeit Gantenbrinks an oder um die „Luftschächte" begann schon im Jahre 1992. Seit Jahren zeichnete sich durch den großen Besucherandrang in der großen Pyramide ein größer werdendes Problem ab. Täglich gingen und krochen etwa 1.000 Besucher durch die Gänge und Kammern der Pyramide. Jeder von ihnen hinterließ dabei statistisch gesehen etwa 20 Gramm Kondenswasser. *„Der poröse Kalkstein sog die Feuchtigkeit auf wie ein Schwamm. An manchen Stellen tropfte das Wasser von der Decke. Salze und Mineralien wurden gelöst und traten an der Gesteinsoberfläche aus"*, so daß sich an den Wänden zum Teil zerstörerische Pilzkulturen bildeten. (52)

Die ägyptische Antikenbehörde und das Deutsche Archäologische Institut (DAI) in Kairo waren nun gefordert, zusammen mit anderen Experten für einen Langzeitschaden Vorsorge zu treffen. Zunächst wurden die Wände der Gänge, Kammern und der großen Galerie sorgfältig von den Salzkrusten und anderen Schmierereien gesäubert. Zudem wurde von der ägyptischen Antikenverwaltung eine Videoüberwachungsanlage installiert, um in Zukunft Beschädigungen und Vandalismus noch mehr einzuschränken.

Damit war das Hauptproblem noch nicht gelöst, die etwa 95prozentige Luftfeuchtigkeit und die hohe Innentemperatur von zirka 60 Grad Celsius.

Ich möchte an dieser Stelle die weiteren Ergebnisse kurz zusammenfassen. Es entwickelte sich eine besonders enge Zusammenarbeit zwischen Rudolf Gantenbrink und Professor Rainer Stadelmann, dem Direktor des Deutschen Archäologischen Institutes. Durch den besonderen Einsatz und großes Engagement Gantenbrinks wurde das Problem im März 1992 endgültig gelöst. Gantenbrink hatte seine guten Beziehungen zur Industrie genutzt, und so wurde das aufwendige Problem mit „High-Tech" gelöst. Es wurden spezielle Ventilatoren konzipiert, die in den südlichen Luftschacht der Königskammer eingepaßt wurden. Damit wurde das Problem gelöst und die Luftfeuchtigkeit auf einen konstanten Wert von 52% reduziert.

Die Operation „Öffner der Wege"

Nach viel Lob und Anerkennung war Rudolf Gantenbrink längst wieder bei den geheimnisvollen Luftschächten der Königinnenkammer.

Die heutigen Öffnungen waren ursprünglich verschlossen bis zum Jahre 1872, als sie durch Waymann Dixon gewaltsam geöffnet wurden.

Bild 59:
südlicher Schacht der
Königinnenkammer

Welchem Zweck dienten sie ursprünglich? Zum einen sicherlich nicht zur Belüftung, da sie nicht aus der Pyramide austraten. Sicherlich ebensowenig als „Seelenschächte“ für den toten Pharao, obendrein waren sie zur Kammer hin ja ursprünglich verschlossen. Gantenbrinks Motivation war groß; er fühlte sich berufen, dieser Sache endgültig auf den Grund zu gehen – mit viel Einsatz, Verstand und High-Tech! Aufgrund der gelungenen Operation des Lüftungsproblems standen Gantenbrink die Türen sehr weit auf. Es bedurfte einiger Gespräche mit Professor Stadelmann und Zahi Hawass, dem Chef des Gizeh-Plateaus, um die Tür für die „Operation Upuaut 2 – der Öffner der Wege“ endgültig aufzustoßen. Gantenbrink schlug den beiden Archäologen vor, ein raupenähnliches Fahrzeug zu konstruieren, einen ferngesteuerten Miniroboter, und diesen mit einer Kamera und Minischeinwerfern auszurüsten, um ins Innere der Schächte zu gelangen, um diese zu untersuchen. Die Kosten wollte er zum Teil selbst tragen und sich erneut um Sponsoren bemühen, erklärte der Ingenieur. Er versicherte, daß das neue Projekt ebenso behutsam und zerstörungsfrei durchgeführt wird wie das erste. Die beiden Archäologen willigten ein.

Nach Deutschland zurückgekehrt, begannen die aufwendigen Vorbereitungen für die Operation. Der Roboter war ein kleines Wunderwerk, gespickt mit High-Tech-Know-How. Das Material bestand zum Teil aus Flugzeugbau-Aluminium, zum Teil aus Edelstahl. Die Maschine war mit einer Miniaturfarbkamera und einem Laser-Führungs- und Vermessungssystem ausgerüstet.

Die Minikamera konnte in alle Richtungen geschwenkt und geneigt werden. Sieben unabhängige, einzeln ansteuerbare Präzisionsmotoren trieben den High-Tech-Roboter an. Durch einen Mikroprozessor wurden die Steuerbefehle koordiniert, und durch eine hochentwickelte Hydraulik konnte sich das Minigefährt während des Fahrens in dem Schacht zwischen Boden und Decke festkrallen. Gerade das war von besonderer Wichtigkeit, da anzunehmen war, daß die Schächte der Königinnenkammer, ebenso wie die Schächte der Königskammer, in einem steilen Winkel nach oben führen. Es wurde eine technische Meisterleistung, letztlich auch aufgrund Gantenbrinks guten Beziehungen zur Industrie. Gantenbrink investierte, neben monatelanger Arbeit und Entwicklung, mehrere hunderttausend Mark. Upuaut 2 war startklar!

Vor dem endgültigen Startschuß heuerte Gantenbrink noch mit Jochen Breitenstein einen Kameramann aus Los Angeles an – eine glückliche Entscheidung, wie sich noch herausstellen sollte. Zu diesem Zeitpunkt war sich der Ingenieur gar nicht bewußt, welch große Sensation ihm kurz bevorstand.

Am 22. März 1993 war es dann endlich soweit: Die Operation in der Königinnenkammer begann. Das Team um Rudolf Gantenbrink entschloß sich, zunächst den Nordschacht zu erforschen. Schon hier erwarteten das Team einige Überraschungen. Nach etwa neunzehn Metern stieß der Roboter auf zwei längliche Gegenstände. Einer der Gegenstände erwies sich als eine Eisenstange, die vermutlich Waymann Dixon bei seiner Erforschung Ende des 19. Jahrhunderts zurückgelassen hatte. Der zweite Gegenstand war bei weitem interessanter – er war aus Holz, wie sich herausstellte. War das Holz auch ein Rest von Dixons Bemühungen oder war es Tausende von Jahren älter und stammte womöglich aus der Zeit der Erbauung? Waymann Dixon hatte 1872 bei seiner Untersuchung des Schachtes drei Gegenstände geborgen: eine Steinkugel, einen schwalbenschwanzähnlichen Haken und eine etwa zwölf Zentimeter lange Holzleiste, die heute verschollen ist. Das von Upuaut entdeckte Holzstück könnte der Rest der heute verschwundenen Holzleiste sein.

So bedeutend und interessant die Entdeckungen auch waren, für Upuaut war die Reise an dieser Stelle beendet. Gantenbrink entschloß sich für einen Abbruch an dieser Stelle, weil die Möglichkeit weiterzufahren und die beiden Gegenstände zu überwinden, ein nicht einschätzbares Risiko für den Miniroboter darstellen würde. Der Roboter hat bis zu dieser Stelle neunzehn Meter zurückgelegt; das waren insgesamt elf Meter mehr, als man im Vorfeld, auch von seiten der Archäologen, überhaupt vermutet hatte.

Das Forscherteam um den deutschen Ingenieur hatte sich eine Pause redlich verdient, in der es natürlich reichlich Gesprächsstoff gab. Zurück in der Königinnenkammer, begann der eigentliche Krimi erst, was natürlich zu diesem Zeitpunkt niemand ahnen konnte. Zunächst mußte der Hauptdarsteller – Upuaut – gründlich gereinigt werden. Der feine Flugsand, der sich im Laufe der Jahrtausende im Nordschacht angesammelt hatte, hinterließ auch am Roboter seine Spuren.

Dann machte sich Upuaut erneut auf in das Schachtinnere, diesmal aber in den südlichen Schacht der Königinnenkammer (Bild 59). Meter für Meter fuhr der Miniroboter den Schacht hinauf – die Meßinstrumente zeigten einen Steigungswinkel von vierzig Grad an. Nach etwa siebenundzwanzig Metern tauchte links am Bildrand plötzlich eine rote Farbspur auf; möglicherweise ein Markierungszeichen der alten Baumeister. Die vermeintliche Zeitreise ging weiter. Nach etwa fünfzig Metern tauchte plötzlich ein Loch im Fußboden auf. Auf dem vergrößerten Monitorbild erschien dieses Loch im ersten Augenblick als unüberwindbar für Upuaut. Nach einer kleinen Pause, in der Gantenbrink das Loch mit Hilfe des Lasers genau vermessen konnte, ging die Reise weiter. Die Meßergebnisse waren positiv, das Loch war längst nicht so tief, wie zunächst angenommen wurde. Kaum hatte Upuaut das Hindernis genommen, gab es gleich die nächste Überraschung: Von einem Zentimeter auf den anderen war der Schacht völlig frei von Sand und Staub. Auch die Schachtwände waren ab diesem Punkt viel sorgfältiger bearbeitet, als es der Schacht bis hierhin war. Waren sie vorher noch verhältnismäßig roh bearbeitet, so waren sie nun glatt poliert. Auch die Farbe des Kalksteines hatte sich verändert. Er war nicht mehr gräulich und grob, sondern fein und weiß. Eines stand sofort fest: Dieser Bereich muß den Baumeistern besonders wichtig gewesen sein. Aber warum nur hatte man sich an dieser Stelle so viel Mühe gegeben? Nun ging es Schlag auf Schlag –

wenige Zentimeter weiter die nächste Sensation: Rechts auf dem Boden erspähte die Kamera einen kleinen, metallisch glitzernden Gegenstand. Nach nochmaliger Verschärfung des Bildes stand ohne Zweifel fest: Es war ein kleines Metallstückchen! Wenige Sekunden später dann die nächste Sensation: Das elektronische Auge des Roboters erfaßte eine Schiebetür, die den gesamten Schacht abriegelt. Offenbar führt sie von oben in den Schacht hinein. Mitten darauf waren etwas wie zwei Metallbeschläge zu erkennen. Der linke ist teilweise abgebrochen, das Pendant zum kurz vorher entdeckten Metallstück auf dem Boden (Abb. 36).

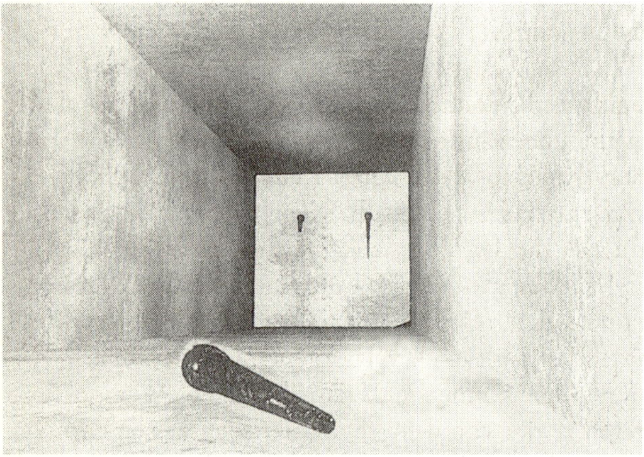

Abb. 36
Die Schiebevorrichtung am Ende des südlichen Schachtes der Königinnenkammer.

Es war eine Sensation! Ein verborgene und bis ins Detail geplante Schiebevorrichtung im südlichen Schacht, der aus der Königinnenkammer führt. Dementsprechend erstaunt und fassungslos war auch das Team um Rudolf Gantenbrink. Der Ingenieur nahm die „Tür“ nun noch genauer unter die Lupe. Sie ist an ihrem oberen Rand eindeutig höher und an den Seiten breiter als der Schacht selbst. Auffallend war auch, daß an der unteren rechten Ecke ein Stück herausgebrochen war. Unter der Blockierung war deutlich ein winziger Spalt zu erkennen. Gantenbrink zielte mit dem Laser auf die untere Kante. Der rote Leuchtpunkt des Lasers hatte einen Durchmesser von sieben Millimetern und verschwand unter der „Tür“. Das war zum einen der Beweis dafür, daß der Kalkstein nicht fest aufliegt und zum anderen, daß sich hinter der „Tür“ etwas befinden muß. Aufgrund der Fakten ist eine „geheime“ Kammer nicht auszuschließen. Sicherlich ist es auch denkbar, daß der Schacht im selben Maße weiterführt, aber wozu dann dieser enorme technische Aufwand, den die Baumeister hier betrieben haben? Unzweifelhaft ist ja zudem auch, daß der Schacht nicht aus der Pyramide herausführt. Die Blockierung beziehungsweise Schiebevorrichtung muß demnach einen anderen Zweck erfüllen. Fragen über Fragen und keine endgültigen Antworten – bis zum heutigen Tage.

Die verschlossene „Tür" hatte wohl auch für Upuaut und den hervorragenden Ingenieur Rudolf Gantenbrink Symbolcharakter – unfreiwillig. Bevor Gantenbrink den Roboter auf den Rückweg schickte, hatte er alles bis ins Detail auf Video festgehalten. Die Blockierung zu öffnen, war technisch natürlich unmöglich – leider.

Was sich in den Tagen und Wochen nach der Entdeckung abspielte, sollte an dieser Stelle nicht unerwähnt bleiben. Es kam unmittelbar nach der Entdeckung zwischen den Hauptbeteiligten Rudolf Gantenbrink, Rainer Stadelmann und Zahi Hawass zu einem heftigen Streit. Der Auslöser hierfür waren in erster Linie die Presseartikel, die nun weltweit über die sensationelle Entdeckung in der großen Pyramide berichteten. Natürlich kochten sofort die Spekulationen auf. Der Name des Pharaos Cheops fiel unweigerlich im Zusammenhang mit einer verborgenen Grabkammer – von Goldschätzen war die Rede; Sie können sich das ja denken. Wenige Tage später erschienen die ersten Bilder von der geheimnisvollen Tür in europäischen Zeitungen, ebenso erschienen bald die ersten Berichte in den Fernsehsendern.

Die Kontroverse zwischen Stadelmann und Gantenbrink wurde nun auch öffentlich sehr deutlich. Professor Stadelmann:

„Es gibt keine andere Kammer. Dieser Gang wurde nie von einem Menschen benutzt oder gesehen. In den Pyramiden sind noch nie Schätze entdeckt worden. Die berühmten ägyptischen Kostbarkeiten und Mumien stammen aus dem Tal der Könige in Luxor und sind aus viel späterer Zeit." (52)

Rudolf Gantenbrink:

„Von vornherein auszuschließen, daß sich hinter dem Blockierstein eine Kammer befinden könnte, ist genauso unseriös wie Spekulationen über verborgene Schätze. Niemand kann wissen, was sich dort verbirgt."

Im Juli 1993 äußerte sich Gantenbrink in einem Stern-Interview:

„Wir haben in der Cheops-Pyramide ein komplett neues Bauelement entdeckt... Bisher glaubte man, daß der von uns untersuchte Gang nur acht Meter lang wäre. Wir sind jetzt schon viel weiter gekommen. Sämtliche Karten der Pyramide müssen aufgrund unserer Untersuchungen geändert werden."

Es war nicht Gantenbrink, der Sensation schürte und Grabkammer- und Schatzkammer-Schlagzeilen in die Welt setzte – im Gegenteil! Gantenbrink war trotz seiner großartigen Arbeit und sensationellen Entdeckung auf dem Boden geblieben und sah die weitere Erforschung unter rein technischen und naturwissenschaftlichen Aspekten. Die analytische Aussage über eine mögliche Kammer ist doch nur denkbar und logisch – auf keinen Fall ist sie unwissenschaftlich! Der Ansicht war im übrigen auch Dr. Eiddon Edwards vom Britischen Museum :

„Es ist nicht anzunehmen, daß eine steinerne Tür einen Eingang blockiert, wenn nichts dahinter ist."

Daß Rainer Stadelmann sofort eine Kammer hinter dem Blockierungsstein ausschloß, ist nicht unverständlich. Schließlich hat er vor Jahren einmal eine „Drei-Kammer-Theorie" aufgestellt, die seit der Entdeckung natürlich arg ins Wanken geraten ist...

Selbst wenn die Hauptakteure Rainer Stadelmann vom DAI und auch die ägyptische Altertümerverwaltung sich bis heute elegant verhalten haben und eine weitere Erforschung Gantenbrinks nicht ausschlossen, ist das Kapitel wohl beendet. Während der Untersuchung Gantenbrinks hat sich keiner der Herren, weder Stadelmann noch Zahi Hawass, in der Königskammer blicken lassen, denn die Kameras waren nicht auf sie gerichtet...

Seit einiger Zeit schon pfeifen es die Spatzen von den Pyramiden und aus dem Inspektoriat, daß zwischen der ägyptischen Altertümerverwaltung, allen voran Zahi Hawass, und japanischen Ingenieuren die weitere Erforschung beschlossene Sache ist. Natürlich unter der Schirmherrschaft von Zahi Hawass – wie sollte es auch anders sein. Neuerdings werden auch französische und deutsche Forscher erwähnt. Den Namen Rudolf Gantenbrink haben die „Spatzen" bedauerlicherweise nicht erwähnt. Bei der Bedeutung und der hohen Wahrscheinlichkeit weiterer Entdeckungen, die uns neue Erkenntnisse liefern, stehen die Herren in Kairo – und besonders Hawass – mit jedem Jahr immer mehr unter Handlungsdruck. Wenn man berücksichtigt, daß die „Operation Upuaut 3" längst hätte durchgeführt werden können, muß hier die Frage erlaubt sein: Warum wird eine weitere Untersuchung verzögert?

Was soll ich dem Ganzen an dieser Stelle noch hinzufügen? Es ist nicht das erste Mal in den vergangenen Jahrzehnten, denken sie beispielsweise an die Untersuchung von John Anton West und Professor Robert Schoch. Und glauben sie mir, es gibt viel andere Beispiele für verhinderte Wissenschaft auf dem Gizeh-Plateau. Im Jahre 1985 war es einem französischen Team unter Leitung der beiden Architekten Gille Dormion und Jean-Patrice Goldin gelungen, mehrere bislang unentdeckte Hohlräume zu lokalisieren; einer befand sich hinter der Westmauer des Ganges zur Königinnenkammer. Den Franzosen wurde sogar von offizieller Seite ein ägyptisches Team zur Unterstützung zur Seite gestellt. Bei ihren Bohrungen stießen die Wissenschaftler auf Sand und Mörtel. Eine neue Kammer wurde vermutet. Schlußendlich wurde das Projekt eingestellt – *„kein Hohlraum"*, hieß es von offizieller Seite, *„nur Sand und Mörtel!"*.

Mitte des Jahres 1987 suchte ein japanisches Forscherteam von der Waseda-Universität nach verborgenen Kammern und Hohlräumen. Nach etwa sechsmonatigen Schall-, Radar- und elektromagnetischen Untersuchungen hatte das Team unter Leitung von Professor Sakuji Yoshimura weitere Hohlräume, unter anderem auch wieder neben dem Gang zur Königinnenkammer, lokalisiert. Im Herbst 1987 folgte dann die Sensationsmeldung, daß die japanischen Forscher mit Hilfe von Schallwellen bisher unbekannte Hohlräume entdeckt haben, unter anderem einen dreißig Meter langen Gang. Dieser soll sich unter der Südseite der Pyramide befinden. Kurz darauf wurde das Projekt von den zuständigen Behörden gestoppt...

Es erweckt oft den Eindruck, daß einige Herren die antiken Weltwunder als Bühne persönlicher Eitelkeiten benutzen – wie dem auch sei. Meine persönliche Meinung muß ich an dieser Stelle auch einmal loswerden. Natürlich geht es rund um das Plateau, die Pyramiden, nicht zu vergessen die Sphinx um sehr viel Geld, wie sich jeder denken kann. Möglich, daß dahinter neben den wirtschaftlichen Interessen auch die Politik eine große Rolle spielt, wenn nicht sogar eine führende.

Der „Chef" des Gizeh-Plateaus, Dr. Zahi Hawass, hat in der Vergangenheit von höherer Stelle schon einmal die gelbe Karte erhalten. Er stand in Verdacht, mit dem Verschwinden einer wertvollen Statue in Zusammenhang zu stehen und wurde für ein Jahr seines Amtes enthoben. Zu Beginn des Jahres 1994 wurde er wieder rehabilitiert, von offizieller Stelle! Einige „Spatzen" haben die „offizielle Stelle" auch mit dem Namen des ägyptischen Präsidenten Mubarak in Verbindung gebracht und über die Pyramiden gepfiffen – aber das muß natürlich nichts heißen.

Die verhinderte Wissenschaft hat viele Opfer. Es handelt sich bei den Pyramiden um das bedeutendste Bauwerk der Antike, vielleicht um das bedeutendste Bauwerk der Menschheitsgeschichte, um das es bis heute viele ungelöste Fragen gibt. Die Pyramiden gehören keiner Nation allein und deshalb ist es von entscheidender Wichtigkeit, daß bei der endgültigen Erforschung alle wissenschaftlichen Kräfte gebündelt werden.

Wir dürfen gespannt sein auf die weiteren Untersuchungen – die Archäologen sind im Zugzwang. Ob die Ergebnisse, so sie wesentlich zur weiteren Aufklärung offener Fragen beitragen, diese letztlich froh stimmen werden und sich in ihr zeitliches und geschichtliches Bild einfügen lassen, bleibt abzuwarten. Wir sind alle sehr gespannt. Wer auch immer dann auf den Titelseiten zu sehen sein wird, meine Anerkennung und höchster Respekt gilt Rudolf Gantenbrink – er hat die „Tür" zu einer möglichen zukünftigen Entdeckung, die uns möglicherweise neue Erkenntnisse über die Erbauer der großen Pyramide liefern wird, aufgetan.

Kapitel 9
Spurensuche im Land am Nil

„Die Ägypter glaubten, anfangs sei ihr Land
von einer Dynastie großer Götter regiert worden,
deren letzter Horus war, der Sohn von Isis und Osiris.
Ihm folgte eine Dynastie halbgottähnlicher Wesen,
die sogenannten ‚Horusdiener', die ihrerseits den
historischen ägyptischen Königen Platz machten."
(Selim Hassan: Die Sphinx, Kairo, 1949)

Wer waren denn nun die Baumeister?

In Kapitel 8 habe ich darauf hingewiesen, daß die allgemeine Lehrmeinung der Archäologen Cheops als Erbauer der großen Pyramide nennt. Ein „Beweis" für ihre Vermutung ist die zweifelhafte Königskartusche von Vyse, die wir schon beleuchtet haben, die aber nicht als endgültiger Beweis angesehen werden kann.

Das Ungewöhnliche ist sicherlich, daß keine Pyramidentexte, keine Statuen oder Büsten gefunden wurden, die auf Cheops als Erbauer eindeutig hinweisen. Sicherlich gibt es auf dem Plateau rund um die große Pyramide viele Fakten und Gräber aus der Zeit der 4. Dynastie, was aber nicht gleichzeitig bedeutet, daß Cheops auch der Erbauer war. Es ist sehr gut denkbar, daß die große Pyramide zur Zeit Cheops schon Jahrtausende alt war, entgegnen viele Kritiker heute – nicht zu unrecht, wie wir noch sehen werden.

Haben wir keinen steinernen Beweis für die Urheberschaft Cheops, so haben wir zumindest einen, der klar das Gegenteil belegt. Die Rede ist von der schon erwähnten Stele, der berühmten Inventarstele, die Mitte des vorletzten Jahrhunderts von dem Franzosen Jean Pierre Mariette in den Ruinen des Isis-Tempels südöstlich der Cheops-Pyramide entdeckt wurde. Aus der Inschrift geht unzweifelhaft hervor, daß Cheops (Chufu) sich dieses Denkmal gesetzt hat, weil er den Tempel der Isis restaurieren ließ und die darin gefundenen Bilder und Embleme der Götter wieder instandgesetzt hat. Laut Inschrift der Stele, die sich heute im Ägyptischen Museum befindet, standen die große Pyramide und auch die Sphinx schon, als Cheops auf dem Schauplatz (Gizeh-Plateau) erschien:

„Es lebe Horus Mezdau (Cheops)
dem König von Ober- und Unterägypten,
Chufu ist Leben gegeben.
Er gründete das Haus der Isis,
der Herrin der Pyramiden,
neben dem Haus der Sphinx...“

Des weiteren wird in der Inschrift die genaue Lage der Sphinx angegeben und zudem erwähnt, daß ein Blitz das Mischwesen beschädigt hatte. Chufu erwähnt außerdem in seiner Inschrift, daß er neben dem Tempel der Isis eine Pyramide für die Prinzessin Henutsen errichtet hat. Heute ist durch Archäologen indes bewiesen, daß eine der drei kleinen Pyramiden südwestlich der Cheops-Pyramide Henutsen gewidmet ist.

Heutige Archäologen konnten sich mit diesen Tatsachen natürlich nicht anfreunden, und so wurde die Stele kurzerhand als Fälschung abgestempelt – die Inschrift sei *„lange nach Chufus Tod“* gemacht worden und trage seinen Namen als Verfasser, *„um romanhafte Vorstellungen der ortsansässigen Priester zu unterstützen“*.

Der amerikanische Orientalist James Henry Breasted, dessen 1906 erschienenes Buch „Ancient Records of Egypt“ als Standardwerk über ägyptische Inschriften gilt, schreibt darin: *„Die Hinweise auf die Sphinx und den sogenannten Tempel neben ihr zur Zeit des Chufu, haben dieses Monument von Anfang an zu einem Gegenstand von großem Interesse gemacht. Diese Hinweise wären von höchster Bedeutung, wenn das Monument aus Chufus Zeit stammte; aber die Orthographie beweist schlüssig ein späteres Datum der Inschrift.“*

Gaston Maspero war da etwas anderer Ansicht. Er war überzeugt davon, daß, wenn aus der Orthographie tatsächlich ein späteres Datum geschlossen werden könne, die Inschrift dann die Kopie eines früheren Originals sei.

Kurz zurück zu der allgemeinen Lehrmeinung: Tatsache ist nun einmal bis zum heutigen Tage, daß es keine stichhaltigen Beweise für Cheops als Erbauer gibt! Wir werden uns an dieser Stelle auch nicht weiter mit in die Welt gesetzten „Beweismitteln", wie zum Beispiel einer winzigen, etwa fünf Zentimeter kleinen Statue, befassen – das einzige Bildnis, was es von Cheops gibt.

Der wissenschaftliche beziehungsweise historische Ausgangspunkt der Archäologen für Cheops als Erbauer sind die Berichte des griechischen Historikers Herodot.

Herodot, der Vater der Geschichtsschreibung

Wie bereits erwähnt wurde, besteht das große Problem darin, daß es aus der alten Zeit der Pharaonen keine schriftlichen Belege gibt, die die Erbauung der großen Pyramide genau zuordnen. Ob es auf der einstmaligen Ummantelung der Pyramide schriftliche Zeugnisse gab, ist spekulativ und hilft uns somit nicht weiter. In den späteren Jahrhunderten geriet die Pyramide fast vollkommen in Vergessenheit, also noch während des Pharaonenzeitalters, was sehr nachdenklich stimmt. Auch das Wissen aus den vielen alten Bibliotheken, wie zum Beispiel der in Alexandria, steht uns leider nicht mehr zur Verfügung. So vergingen sage und schreibe 2.000 Jahre (seit dem möglichen Zeitpunkt der Erbauung), bis der griechische Historiker Herodot im Jahre 448 v.Chr. nach Ägypten kam. Wer war dieser Herodot, und was weiß man über seine Berichte aus dem Land der Pharaonen?

Herodot stammte aus Halikanassos, einer Stadt in der Südwestecke Kleinasiens. Das politische Geschehen seiner Zeit war sehr unruhig, was vielleicht ein Grund dafür war, daß er zu einem reisenden Historiker wurde. So bereiste er ganz Kleinasien, Italien, Sizilien, Südrußland, Zypern und Syrien. In Babylonien hielt er sich längere Zeit auf. Im Jahre 448 v.Chr. erreichte er Ägypten, das Land der Pharaonen. Vor ihm bereiste bereits sein Landsmann und Naturphilosoph Hekataios (etwa 550-480 v.Chr.) das Land der Ägypter.

Herodot notierte während seines Aufenthaltes in Ägypten alles, was ihm von seinen verschiedenen Gesprächspartnern berichtet wurde. Er war nie ein reiner Historiker. So berichtete er auch oft über die Geographie und

Topographie der besuchten Gegenden. „*Jede Geschichte muß in ihrem geographischen Raum betrachtet werden, und jeder geographische Raum hat seine Geschichte.*“(70)

Zur Zeit Herodots gab es zwischen den Ägyptern und den Griechen intensive Handelsbeziehungen. Artaxerxes I (465-424 v.Chr.), der das Land am Nil regierte, schickte ägyptische Knaben zum Sprachunterricht nach Griechenland; umgekehrt kamen auch griechische Landsleute in das Land der Pharaonen, um dort zu leben und zu arbeiten.

Herodot sprach kein Ägyptisch, so war er stets in Begleitung eines Dolmetschers. Unter den vielen verschiedenen Gesprächspartnern waren wohl die wichtigsten die Priester aus Theben, Memphis und vor allem aus Heliopolis.

Der griechische Historiker unterschied sehr gut zwischen der Volksüberlieferung und der offiziellen Geschichte Ägyptens, die in den Papyri der Priesterbibliotheken verzeichnet war und ihm durch die Priester überliefert wurde. Als ihm zum Beispiel ein Priester die Namen von 331 Pharaonen vorlas, notierte er sie detailliert; als man ihm beispielsweise die Geschichte über die Kuh des Mykerinos erzählte, kommentierte er die Mitteilung mit: „*Törichtes Geschwätz!*“ Er war stets skeptisch und wurde sofort hellhörig, wenn er auf Erzählungen aus dem Volke traf, die jeder Realität entbehren. Das Gehörte und Notierte reicherte er stets mit eigenen Kommentaren an, wobei er jedesmal trennte, was der Erzählung und was der eigenen Anschauung entsprang.

Die orthodoxen Gelehrten berufen sich auf den Historiker Herodot, wenn es um den Erbauer der Cheops-Pyramide geht. Die zeitlichen Überlieferungen haben sie ebenfalls von Herodot übernommen, aber seltsamerweise nur bis zu einem gewissen Punkt. Herodot nennt Cheops als Erbauer der großen Pyramide. Der Historiker weiß aber noch mehr zu berichten:

„*Gebaut wurde diese Pyramide in abgestufter Weise wie Treppen, Absätze oder Altarstufen, wie immer man es nennen mag. Nachdem sie die erste Schicht gelegt hatten, bewegten sie die weiteren Steine mit Hebewerken hinauf, die aus kurzen Balken gebaut waren, und hoben die Steine vom Boden auf die erste Schicht der Stufenfolge. Und wenn ein Stein dann darauf lag, wurde er auf ein weiteres Hebewerk gelegt, das auf der ersten Schicht stand...*“(35)

Herodot berichtet hier, mit welcher Hilfe die Pyramiden errichtet wurden. Diese Lehrmeinung ist bis heute sehr umstritten und in keinster Weise belegt. Im Gegenteil – viele Fachleute lehnen die Rampen-Theorien heute mittlerweile ab. Interessant sind auch die Angaben Herodots über die Arbeiterzahlen und die Bauzeit:

„So waren immer an die 100.000 Menschen bei der Arbeit, und zwar drei Monate lang. (Während des Nilhochwassers) *10 Jahre dauerte es allein, bis das geplagte Volk die Straße gebaut hatte, auf der man die Steine entlang zog... Zehn Jahre also dauerte die Anlage der Straße und auch der Kammern und der Hügel, auf dem die Pyramiden stehen. Diese Kammern unter der Erde erbaute Cheops als Grab für sich. 20 Jahre dauerte dann der Bau der Pyramide selbst.“*(35)

Auf der einen Seite stehen die Aufzeichnungen von Herodot bis heute hoch im Kurs – auch an der Seriosität seiner Person ist vom Grundsatz her nicht zu zweifeln. Dennoch hinterlassen auch seine Berichte viele Fragen und stehen in zentralen Punkten im Widerspruch zu den Ergebnissen heutiger Gelehrter. Diese sind sich zum Beispiel sicher, daß Cheops nur 23 Jahre lang regierte, von 2551-2528 v.Chr. – das würde bedeuten, daß er bereits als Dreijähriger den Bau der Pyramide in Auftrag gab. Ebenfalls gehen Fachleute heute, nach logistischen Grundlagen, nicht von 100.000 Arbeitern aus, die am Bau beteiligt waren, sondern von 10.000 bis maximal 20.000 Arbeitern. So richtig werden wir aus den Angaben von Herodot also doch nicht schlau. Eine recht anschauliche und interessante Berechnung hat Erich von Däniken in seinem Buch: „Die Augen der Sphinx“ zum Bau der Pyramiden angestellt. Grundlage seiner Betrachtung war die von heutigen Gelehrten allgemein favorisierte 23jährige Bauzeit der großen Pyramide:

„Nach allgemeiner Ansicht der Fachgelehrten besteht die Pyramide aus etwa 2,5 Millionen Steinblöcken. Darunter gibt es solche, die bis zu 40 Tonnen und mehr wiegen, andere, die nur eine Tonne auf die Waage bringen. Der Großteil hat rund drei Tonnen Gewicht. Wenn an der Pyramide 20 Jahre gearbeitet wurde, sind jährlich 125.000 Steine verarbeitet worden. Sicher gehe ich nicht fehl in der Annahme, daß auch die damaligen Ägypter nicht Tag für Tag schufteten. Auch ohne Gewerkschaften gab es Festlichkeiten und Feiertage. Ich setze 300 Arbeitstage in Rechnung. 125.000 Monolithen durch 300 Arbeitstage ergibt eine Tagesleistung von 416,6 verarbeiteten Steinquadern. Bei

solchen Ziffern wird man großzügig. Ich unterstelle deshalb in meiner Rechnung, die Pyramiden-Arbeiter hätten 12 von 24 Stunden geschuftet – ein fürchterlicher Arbeitstag! 416 Steine je Tag, geteilt durch 12 Stunden macht rund 34 Blöcke je Stunde oder – nochmals geteilt durch 60 Minuten... und wir stehen bei einem Akkord von einem Steinmonster alle zwei Minuten! In dieser simplen Rechnung ist von fertigen, griffbereiten Steinen die Rede – das gibt ein falsches Bild. Die Klötze mußten aus dem Fels gebrochen und auf festgelegte Maße zurechtgemeißelt, poliert und schließlich auch noch zum Baugrund transportiert werden.

Bei aller Technik, die uns zur Verfügung steht – dieses Pensum wäre heute nicht zu schaffen! Gegen die Rechnung, die nur einen durchschnittlichen Wert angibt, ist mit schiefen Argumenten angefahren worden. Bei den unteren Terrassen, so heißt es, sei die Arbeit viel leichter gewesen als bei den oberen. Zudem habe man immer weniger Monolithen verarbeitet, je höher das Bauwerk zum Himmel ragte. Was ändert das am Durchschnittswert? Und: je höher die Pyramide, um so höher auch die hypothetische Rampe. Der Arbeitsaufwand, um die Gesteinsblöcke hinaufzuhieven, wuchs mit der Höhe. Vielleicht dämmert es in den Gehirnwindungen. Welche Organisation! Welche Planung! Alle zwei Minuten ein fix und fertiger Block an seiner richtigen Stelle!“ (70)

Dieses kleine Rechenexempel ist, so meine ich, wirklich großzügig, wie der Schweizer Forscher selbst behauptet. Auch von seiten der Gelehrten ist dem wenig entgegenzusetzen. Auch die Tatsache, daß der Pyramidenstumpf – der Felskern (Abb. 22) – etwa 15% des Gesamtvolumens ausmacht, ändert das nicht. Ich will auch nicht grundsätzlich von einer Erschwernis reden, gebe aber zu bedenken, daß die Angleichung beziehungsweise Anarbeitung der Steinblöcke an den vorhandenen Felsstumpf sicherlich eine recht zeitaufwendige Arbeit war, davon ist auszugehen.

Das Labyrinth – noch beeindruckender als die Pyramide!

Noch abenteuerlicher wird es bei Herodot, wenn wir uns seine Berichte über ein zum Teil unterirdisches Labyrinth vor Augen führen.

„Ich habe es noch gesehen (das Labyrinth)*; es übersteigt alle Worte. Wenn man in Griechenland die ähnlichen Mauerbauten und andere Bauwerke zusammennähme, so steckt in ihnen noch nicht so viel Arbeit und so viel Geld wie in diesem einen Labyrinth. Dabei ist doch der Tempel von Ephesos und*

der auf Samos recht ansehnlich. Gewiß übertrafen schon die Pyramiden jede Beschreibung, und jede von ihnen wog viele große Werke der Griechen auf; das Labyrinth aber überbietet sogar die Pyramiden. Es hat zwölf überdachte Höfe, deren Tore einander gegenüberliegen, sechs im Norden, sechs im Süden, alle dicht nebeneinander. Ringsum alle läuft eine einzige Mauer. Zwei Arten von Kammern sind in diesem Gebäude, unterirdische und darüber oberirdische, zusammen dreitausend, je tausendfünfhundert von beiden Arten. Durch die oberirdischen Räume bin ich betrachtend selbst gegangen und spreche aus eigener Erfahrung; von den Kammern unter der Erde habe ich mir nur erzählen lassen. Denn die ägyptischen Aufseher wollten sie auf keinen Fall zeigen, sie erklärten, dort befänden sich die Särge der Könige, die dieses Labyrinth von Anfang an gebaut hatten, und die Särge der heiligen Krokodile. So kann ich von den unteren Kammern also nur sagen, was ich gehört habe, die oberen, die ich mit eigenen Augen sehen konnte, sind ein geradezu übermenschliches Werk... An die Ecke am Ende des Labyrinths stößt eine vierzig Klafter große Pyramide an, in die riesige Figuren eingehauen sind. Ein unterirdischer Gang führt in das Innere der Pyramide... Doch ein noch größeres Wunderwerk bietet der sogenannte Moeris-See, an dessen Ufern dieses Labyrinth errichtet ist... daß er ein Menschenwerk und künstlich gegraben ist, sieht man deutlich. Denn etwa in der Mitte des Sees stehen zwei Pyramiden, die fünfzig Klafter hoch aus dem Wasser hervorragen und ebenso tief hineinreichen. Auf beiden Pyramiden steht ein Kolossalbild aus Stein, eine auf einem Thron sitzende Figur..."(70)

Diese Beschreibungen Herodots hinterlassen eine Flut von Fragen. Ein Labyrinth noch überwältigender als die Pyramide selbst? Allen Spekulationen zum Trotz berichtet er immer wieder, daß er die oberirdischen Kammern selbst gesehen hat. Seine Berichte von den unterirdischen Kammern hinterlassen bis heute nichts als große Fragezeichen. Oder gibt es sie vielleicht doch?

Einige Archäologen sind heute der Meinung, das geheimnisvolle Labyrinth sei bereits im Jahre 1843 durch den deutschen Archäologen, Richard Lepsius (1810-1884) entdeckt worden. Dabei soll es sich um die Grabpyramide mit den umliegenden Ruinen des Pharaos Amenemhet III (12. Dynastie 1844-1797 v.Chr.) handeln, die Lepsius seinerzeit nahe der heutigen Oase El Fayoum lokalisierte.

Bei dem Vergleich mit der Beschreibung Herodots über das unterirdische Labyrinth ist heute davon auszugehen, daß es sich bei den alten Ruinen bei El Fayoum nicht um das besagte Labyrinth handelt. Nichts von den überdachten Höfen, den über tausend Räumen, riesigen Figuren und der kolossalen Figur aus Stein ist in El Fayoum entdeckt worden.

Auch Diodor von Sizilien, der im ersten vorchristlichen Jahrhundert gelebt hat, liefert uns interessante Überlieferungen. Diodor war Verfasser der vierzigbändigen „Historischen Bibliothek", für die er laut eigenen Aussagen aus alten Werken schöpfte. Vermutlich handelte es sich um Werke, die im Zusammenhang mit dem Priesterzentrum in Heliopolis standen. Vergessen wir dabei nicht, daß es von alters her vornehmlich den Priestern vorbehalten war, zu schreiben und somit zu archivieren. Diodors Aussagen über die Erbauung der großen Pyramide unterscheiden sich in einigen Punkten von den Berichten Herodots.

Bei Diodor finden wir unter anderem andere Altersangaben für die Erbauung:

„...Obwohl, wie es heißt, nicht weniger als 1.000 Jahre bis in unsere Lebenszeit vergangen sind, nach anderen sogar 3.400 Jahre, bewahren die Steine bis jetzt ihr ursprüngliches Gefüge..."(35)

Der Bau selbst soll mit Hilfe von Aufschüttungen erfolgt sein, und das in einem Zeitraum von 20 Jahren. Unstimmigkeiten also, wo wir hinsehen. Allein schon die wohl fehlerhafte Angabe der Regierungsjahre. Die alten Historiker berichten von 50 Jahren, die heutigen Gelehrten dagegen von 23 Jahren. Ähnlich ist es im übrigen auch im Fall von Chephrens Regierungszeit. Hier nennt Diodor 56 Regierungsjahre, die Gelehrten unserer Tage 26 Jahre – auch Chephren wäre noch ein Kind gewesen, als er das Projekt Pyramidenbau gestartet hat. Ein interessanter Aspekt beider Historiker sind die Regierungszeiten, aber dazu gleich mehr.

Machen wir einen Schwenk zu den arabischen Chronisten. Was überliefern sie?

Eine von heutigen Gelehrten nicht gerne erwähnte Überlieferung ist das Werk „Hitat" von dem arabischen Historiker Ahmed Al Makrizi (1364-1442 n.Chr.).

Im „Pyramidenkapitel" seines Werkes trug Al Makrizi alle seinerzeit bekannten und verfügbaren Dokumente zusammen und schrieb sie nieder.

Demnach wurde die Pyramide von dem weitsichtigen König Saurid errichtet. Gott persönlich habe ihn in der „Kenntnis der Sterne" unterwiesen und ihm kundgetan, es werde eine Katastrophe über die Erde kommen, doch ein Rest der Welt übrigbleiben, in dem Wissenschaften nötig seien. Daraufhin habe Saurid alias Hermes alias Idris die Pyramide erbaut:

„Es gibt Leute, die sagen: Der erste Hermes (der ägyptische Thoth), *welcher der ‚Dreifache' in seiner Eigenschaft als Prophet, König und Weiser genannt wurde (er ist der, den die Hebräer Henoch, den Sohn des Jared, des Sohnes des Mahalalel, des Sohnes des Kenan, des Sohnes des Enos, des Sohnes Seths, des Sohnes Adams – über ihm sei Heil – nennen, und das ist Idris), der las in den Sternen, daß die Sintflut kommen werde. Da ließ er die Pyramide bauen und alles, worum er sich sorgte, daß es verloren gehen und verschwinden könnte, bergen, um die Dinge zu schützen und wohl zu bewahren."* (35)

Der arabische Geschichtsschreiber Abd Al-Hakam meint dazu:

„Meiner Ansicht nach können die Pyramiden nur vor der Sintflut erbaut worden sein; denn wären sie nachher erbaut, so würden die Menschen über sie Bescheid wissen." (35)

Angesichts der heute bekannten Fakten, also der Tatsache, daß wir keinerlei Überlieferungen aus der Zeit der Pharaonen zur Verfügung haben – Baupläne, Hieroglypheninschriften und so weiter –, klingen die Aussagen aus dem alten Werk „Hitat" recht schlüssig. Besonders zwei Aspekte stossen dabei besonders auf Gehör: der Name *Henoch* und die *Sintflut* – sowie die damit immer wieder auftretenden Kulturbringer, und das weltweit! Die weltweiten Überlieferungen einer großen Flut finden wir auch im alten Ägypten – wie auch nicht anders zu erwarten –, aber interessanterweise in Verbindung mit der Erbauung der großen Pyramide. Also vielleicht doch eine alte, hochentwickelte Zivilisation?

Noch dazu gibt es eine Verbindung mit Henoch alias Idris alias Saurid. Dieser Henoch wird auch gleichgesetzt mit dem ägyptischen Weisheitsgott und Kulturbringer Thoth, den wir bei den Pharaonen oft als ibisköpfige Person dargestellt finden (Abb. 37).

Der schon wiederholt erwähnte Gelehrte und Priester aus Heliopolis, Manetho, der das Geschichtswerk „Aigyptiaka" verfaßte, bezog seine Informationen, wie es heißt, direkt von Inschriften auf den Säulen verborgener unterirdischer Tempel Thebens. Diese uralten Texte habe der große Kulturbringer Thoth eigenhändig in jene Steine eingraviert. Der „griechische Thoth" war Hermes. Von dessen zweitem Sohn Agathodaimon wird berichtet, er habe die von seinem Vater als *Hermetische Schriften* bezeichneten Texte nach der Sintflut auf Papyrusrollen übertragen und dann wieder in unterirdische Geheimtempel gebracht.

Abb. 37:
Ibisköpfige Darstellung des Thoth

Bei *Kulturbringer Henoch* gewinnt man den Eindruck, er „spukt" wie ein „Vater der Kulturen" durch die alte Zeit. Erinnern wir uns an das äthiopische Henochbuch oder das Buch der Jubiläen, das von den Theologen der heutigen Tage natürlich nicht gern erwähnt wird. Er war Kulturbringer und verkehrte regelmäßig mit den Elohim-Göttern. Nachdem Henoch im hohen Alter von den Elohim entsprechend geschult wurde, erhielt er den Auftrag, all sein Wissen an die Menschen weiterzugeben. So geschah es dann auch, wie wir uns erinnern: Henoch übergab die heiligen Bücher des Wissens an seinen Sohn Methusalem.

Besonders in bezug auf die immer wieder auftretenden Kulturbringer, ob nun Henoch, Thoth, Nommo, Ea, Enki oder die Viracocha in Südamerika, finden wir in der arabischen Überlieferung „Hitat" interessante Hinweise – auch in Zusammenhang mit der großen Pyramide.

Die arabischen Chronisten und die biblischen Stammväter

Das „Hitat" ist ein höchst umstrittenes Werk, besonders für die heutige orthodoxe Lehrmeinung. Doch sogleich von Märchen und Legenden zu sprechen, halte ich für sehr gewagt. Die Vergangenheit hat es oft genug bewiesen und viele Gelehrte, die voreilig Meinungen publizierten und meinten, die Geschichtsschreibung sei weitgehend geklärt, wurden oft genug eines Besseren belehrt. Denken Sie nur an die Entdeckungen im Zweistromland, an die Entdeckung Rudolf Gantenbrinks in der großen Pyramide oder an Heinrich Schliemann und seine großen archäologischen Funde. Schliemann trat alten und „märchenhaften" Überlieferungen mit Respekt und auch mit der notwendigen Skepsis entgegen, dennoch hatte er an einen wahren Kern der Überlieferungen geglaubt, der sich dann, wie wir wissen, tatsächlich bestätigt hat.

Doch zurück zum „Hitat": In einem Buch mit dem Titel „Die Wunder der Baukunst" finden wir eine nüchterne und klare Beschreibung der Pyramiden von Gizeh. Interessant ist auch der Bericht über die Schatzsuche eines gewissen Kalifen namens Al Malik al aziz Utman (etwa 1215 n.Chr.). Dieser hörte von Schätzen unterhalb der kleinen Pyramide und begann mit der Zerstörung des Bauwerkes. Der Kalif entsandte den Großteil seines Heeres. Nach monatelanger Arbeit gaben sie auf und stellten die Zerstörung ein.

„Etwa acht Monate verweilten (die Arbeiter) *dort mit ihren Reitern und zerstörten nach mühevoller Arbeit und äußerster Anstrengung ihrer Kräfte einen oder zwei Steine täglich. Einige rissen den Stein oben mit Keilen los, während unten andere mit Tauen und Stricken an ihm zerrten. Fiel er dann herab, vernahm man weithin einen furchtbaren Krach... Nun versank er tief im Sande; da kostete es wieder viel Mühe, ihn herauszuschaffen. Dann trieben sie Keile, für die vorher Löcher gebohrt worden waren, in ihn hinein und ließen sie darin stecken; so wurde er in einzelne Stücke zersprengt, die man auf Karren wegfuhr..."* (35)

Das „Hitat" berichtet hier klar und deutlich von der schwierigen Zerstörung der Außenummantelung der Mykerinos-Pyramide. Wenn wir die Überlieferungen genau betrachten, wird deutlich, wie mühevoll die Zerstörung für die Araber gewesen sein muß. Nicht nur der oben genannte Kalif, auch viele andere nach ihm haben sich an der Zerstörung der alten Baudenkmäler die Zähne ausgebissen. Dabei wird andererseits deutlich, wie weit fortgeschritten die Baumeister seinerzeit waren.

Über die Schatzsuche des Kalifen Al Mamun haben wir bereits berichtet, nicht aber über die detaillierten Auszüge, wie sie das „Hitat" für uns bereithält. Der Grund, warum wir an dieser Stelle zurück ins 9. Jahrhundert „reisen" hängt mit den Überlieferungen der arabischen Chronisten in bezug auf die biblischen Stammväter zusammen, wie wir gleich sehen werden.

Zu Beginn des 12. Jahrhunderts n.Chr. berichtet der arabische Gelehrte Abd Al Ramim al Kaisi im „Hitat":

„Al-Mamun hat die große Pyramide, die gegenüber von Al-Fustat liegt, geöffnet... Ich suchte ihr Inneres auf und erblickte ein großes gewölbtes Gemach, dessen Basis ein Viereck bildete, während es oben rund war. In der Mitte befand sich ein viereckiger Brunnenschacht von 10 Ellen Tiefe. Steigt man in ihn herab, so entdeckt man auf jeder seiner 4 Seiten eine Pforte, die zu einem großen Raume führt, in dem Leichname liegen, **Söhne Adams**. *Sie sind mit einer großen Zahl von Leichentüchern bedeckt; auf jedem liegen mehr als hundert Tücher, die durch die lange Zeit morsch und schwarz geworden sind."* (Kap. 20)

Eine weitere Überlieferung aus dem Hitat, Kapitel 26, berichtet von der Existenz unterirdischer Pforten: *„Diese Pyramiden haben unter der Erde Hohlräume, an die sich* (jeweils) *ein gewölbter Gang anschließt. Jeder Gang ist 150 Ellen lang."* (Das sind zirka 79 Meter, denn der Durchschnittswert der ägyptischen Elle beträgt 0,525 Meter.)

Womit uns wieder Herodot und sein Bericht über das beeindruckende unterirdische Labyrinth einfällt:

Herodot selbst, soviel wissen wir, war nicht in der großen Pyramide; dennoch hatten ihm, während seines Aufenthaltes in Ägypten, die Priester und andere Informanten von unterirdischen Kammern berichtet. Daß den arabischen Chronisten, die auch von den unterirdischen Kammern berichten, die Überlieferungen Herodots vorlagen, steht wohl außer Frage. Dennoch gibt es zwei Aspekte, die in den folgenden Auszügen aus dem Hitat besonders auffällig sind. Zum einen ist es der erwähnte *„Brunnenschacht"*, der – wie wir heute wissen – tatsächlich existiert. Der aber weitaus interessantere Aspekt ist der Hinweis auf die Leichname, die *„Söhne Adams"*. Warum sollte ein arabischer Gelehrter über die biblischen Urväter berichten? Nehmen wir an, die Chronisten hätten absichtlich die Realität mit der

Phantasiewelt verwechselt, so sollte man doch erwarten, daß sie, statt über christliche Stammväter zu berichten, über die arabischen Stammväter, die Vorfahren Mohammeds, „1001-Nacht-Geschichten“ in die Welt setzen.

Doch vergessen wir für einen Moment 1001 Nacht und glauben wir dem Augenzeugenbericht des Al Kaisi über die *„Söhne Adams“* und die Leinentücher unter der großen Pyramide von Gizeh.

Hierzu gibt es Parallelen aus einem der „nicht kanonisierten“ Bücher der Bibel – „Das Leben Adams und Evas“. Wir erfahren, daß Adams Leichnam kurz nach seinem Tod abgeholt und vorbereitet wurde:

„Da blickte Eva gen Himmel und sah einen Lichtwagen kommen, gezogen von vier glänzenden Adlern... Als sie an den Ort kamen, wo Euer Vater Adam lag, hielt der Wagen.“ (Adam und Eva, Vers 33)

„Danach sprach Gott zum Erzengel Michael (und zu Gabriel, Uriel und Raphael): Bereitet Linnen (Leinen) *und bedeckt damit Adams Leichnamen; bringt vom wohlriechenden Oel herbei und gießt es auf ihn!“* (Adam und Eva, Kap. 40)

Weiter erfahren wir: *„Und nach Adams Beschickung befahl Gott, ihn in den Ort des Paradieses zu tragen... und nach diesen Worten machte Gott ein dreieckiges Siegel und versiegelte damit das Grab, damit ihm niemand etwas anhabe während sechs Tagen...“* (Adam und Eva, Kap. 40, 42)

Eine Parallele zu den Überlieferungen des Hitat ist hier nicht von der Hand zu weisen, so meine ich. Der Hinweis aus der christlichen Überlieferung deutet möglicherweise auf ein Mumifizierung Adams hin. Das Öl war eine der Substanzen, die die Ägypter während der Mumifizierung benutzten, um dem Körper die Flüssigkeit zu entziehen. Das würde auch erklären, warum Adam sechs Tage lang unter „Verschluß“ kam. Hätte man ihn gewöhnlich beigesetzt, hätte es sicherlich niemand gewagt, das Grab nach so kurzer Zeit wieder zu öffnen und die Totenruhe zu stören. Fakt ist aber, daß aus einem bestimmten Grund der Leichnam nur sechs Tage in dem versiegelten Grab lag. Bei dem Grab, das hier als *„dreieckiges Siegel“* bezeichnet wird, kann es sich um die Pyramide handeln. Bei aller Objektivität fällt mir kein anderes Bauwerk ein, daß – außer der Pyramide – der Beschreibung des „dreieckigen Siegels“ (Grabsiegel) gerecht werden würde.

Wollen wir einen weiteren Augenzeugenbericht Al Kaisis beleuchten:

„Ihre Leiber gleichen den unseren, doch sind sie nicht von großer Statur. Von ihrem Körper und ihrem Haar ist nichts abgefallen: Kein Greis, keiner, dessen Haar weiß ist, befindet sich unter ihnen.“ (Kap. 20)

„Ihre Körper sind kräftig gebaut; es ist unmöglich, eines ihrer Glieder zu entfernen. Aber sie haben sehr an Gewicht verloren, schließlich sind sie infolge der Zeit wie welke Blätter... geworden.“ (Kap. 20)

Aus keiner der bisher zitierten Passagen ist zu ersehen, daß Al Kaisi „1001-Nacht-Geschichten“ zum besten gibt. Bei objektiver Betrachtung haben wir es hier offensichtlich mit einem Augenzeugen zu tun, der sich in keiner seiner Aussagen zu Übertreibungen hinreißen ließ.

Daß die Männer von Al Mamun in der Pyramide auf die verborgenen Gänge und Kammern stießen, habe ich bereits erwähnt. Al Kaisi berichtet im Falle der Al-Mamun-Operation, daß er hier nicht selbst Augenzeuge war:

„In dem gewölbten Gemach, das sich in der Pyramide befindet, öffnet sich ein Gang, der zum höchsten Punkt der Pyramide führt, doch findet man in ihm keine Treppe. Er hat eine Breite von etwa fünf Spannen. Es heißt, man sei zur Zeit Al Mamuns dort emporgestiegen und darauf zu einem gewölbten Gemach von geringer Größe gelangt, in dem die Bildsäule eines Menschen stand, die aus grünem Stein, eine Art Malachit, gefertigt war. Man brachte sie zu Al Mamun, und es fand sich, daß sie mit einem Deckel verschlossen war. Als man sie öffnete, gewahrte man drinnen den Leichnam eines Menschen, der einen goldenen, mit allerlei Edelsteinen geschmückten Panzer trug. Auf seiner Brust lag eine Schwertklinge ohne Griff und neben seinem Haupte ein roter Hyazinthstein von der Größe eines Hühnereies, der wie Feuerflammen leuchtete. Den nahm Al Mamun an sich.“ (Kap. 21)

Auch im Falle dieser Überlieferung aus dem Hitat hilft uns die biblische Überlieferung. So lesen wir im 2. Buch Moses (28, 16-21) über das Brustschild:

„Es soll quadratisch sein (das Brustschild), *zusammengefaltet, eine Spanne lang und eine Spanne breit. Besetze sie mit gefaßten Edelsteinen in vier Reihen: die erste Reihe mit Rubin, Topas und Smaragd; die zweite Reihe mit Karfunkel, Saphir und Jaspis; die dritte Reihe mit Achat, Hyazinth und Ame-*

thyst; die vierte Reihe Chrysolith, Karneol und Onyx; sie sollen in Gold gefaßt sein und eingesetzt sein.“ (35)

Die Steine sollen die Namen der Söhne Israels tragen, zwölf entsprechend ihren Namen. Weiter dazu aus dem Hitat:

„Es heißt, man habe auf dem Körper, der in der Pyramide begraben liegt, ein ganz zerfallenes Gewand gefunden, von dem nur noch die goldenen Fäden erhalten geblieben waren...“

Das bestätigt auch der Auszug aus dem 2. Buch Moses (28, 4-6):

„Dies sind aber die Kleider, die sie machen sollen... Diese heiligen Kleider sollen sie Deinem Bruder Aron und seinen Söhnen machen, daß er mein Priester sei... Den Priesterschurz (Leibrock) *sollen sie machen aus Gold... und gezwirnter feiner Leinwand, kunstreich gewirkt.“*

Der Vergleich zwischen den Überlieferungen aus dem Hitat und der Heiligen Schrift stimmen weitgehend überein. Die Stoffe hatten sich im Laufe der Zeit aufgelöst; erhalten geblieben waren das Brustschild und die Goldfäden.

Al Kaisi berichtet zu guter Letzt noch, was mit dem Hyazinthstein und dem Götzenbild geschah:

„Den Hyazinthstein nahm Al Mamun an sich. Das Götzenbild aber, aus dem man den Leichnam hervorholte, habe ich neben der Pforte des königlichen Palastes zu Misr (Kairo) *liegen sehen im Jahre 511* (1133 n.Chr.).“ (Kap. 21)

Auch hier berichtet Al Kaisi wieder, daß er persönlich Augenzeuge war. Außerdem berichtet der Hitat in einer weiteren Passage, daß das Götzenbild noch lange vor dem Kairoer Palast lag:

„Einige Geschichtsschreiber berichten, daß dieses grüne Götzenbild, in dem man die Gebeine fand, bis zum Jahre 611 (1233 n.Chr.) *der Higra beständig neben dem königlichen Paläste zu Misr stand.“*

Soviel zu den arabischen Chronisten und ihren interessanten Überlieferungen. Erwarten Sie von mir an dieser Stelle keine persönliche Bewertung – die überlasse ich Ihnen selbst. Unterstreichen möchte ich an dieser Stelle nochmals die von mir bereits erwähnte Feststellung, daß die arabischen Chronisten über christliche Priester sprechen, die in der Pyramide aufbewahrt beziehungsweise beigesetzt wurden. Tatsache ist in jedem Fall, daß es um den Bau der großen Pyramide so einiges zu berichten gibt. Zählen wir alles einmal zusammen und bedenken dabei, daß in ihrem Falle – auch aufgrund der mathematischen und astronomischen Daten – nicht sehr viel für ein Grabmal Pharaos Cheops spricht, erscheinen die vielen Hinweise auf eine viel frühere Erbauung nicht ganz abwegig; zudem die vielen Hinweise auf unterirdische Kammern und verstecktes Schriftgut – wir sollten das nicht leichtfertig ignorieren. Die große Pyramide und ihre möglichen Hauptdarsteller, Cheops, Thoth, Saurid oder Henoch, scheinen sich wie ein roter Faden durch die Geschichte von Kultur und Religion zu ziehen.

Die verborgene Kammer des Wissens

Die Suche nach verborgenen Kammern hat bis heute nicht aufgehört. Wir dürfen gespannt sein, was uns die Pyramide noch preisgeben wird.

Ob sie nun Kammer des Thoth, des Cheops oder *Halle der Aufzeichnungen* zu nennen ist, müssen wir offen lassen. Als *Halle der Aufzeichnungen* wurde sie von dem „schlafenden Propheten“ Edgar Cayce bezeichnet.

Der Amerikaner hat in vielen seiner Trancesitzungen über die Epoche von Atlantis und der damit verbundenen Ankunft der Menschheit auf der Erde berichtet. Laut Cayce endete die Zeit der Atlanter mit der Sintflut etwa 10.000 v.Chr.. Einige der Atlanter konnten der Katastrophe entgehen, gelangten in das Niltal und wurden somit die Begründer der ägyptischen Zivilisation. Eine besonders häufig wiederkehrende Schilderung Cayces in seinen Trancezuständen betraf „Hinweise“ auf Ägypten als Aufbewahrungsort geheimer alter Schriften. Nach seinen Angaben soll etwa um 10.500 v.Chr. ein großer unterirdischer Raum angelegt worden sein, der eine Bibliothek des Wissens der untergegangenen Zivilisation von Atlantis enthielt:

„Diese befindet sich in einer Position, daß, während die Sonne über dem Wasser aufgeht, die Linie des Schattens (oder des Lichts) zwischen die Vorderpranken der Sphinx fällt (...). Zwischen Sphinx und Fluß...“ (55)

Auch ein Zeitpunkt für die Wiederentdeckung wurde von Cayce genannt: gegen Ende des 20. Jahrhunderts, wenn *„die Zeit erfüllt“* sei.

Die Halle der Aufzeichnungen ist bis zum heutigen Tage nicht gefunden worden, obwohl es in den vergangenen Jahrzehnten viel Wirbel und einige Untersuchungen rund um die Sphinx diesbezüglich gab.

Werfen wir einen Blick auf das bekannte *Papyrus Westcar.* Hier finden wir interessante Hinweise auf Pharao Cheops und seine Suche nach den Schriften des Thoth. In enger Verbindung mit dem Papyrus Westcar darf der Name Adolf Ermann nicht unerwähnt bleiben. Er galt als der Pionier der modernen ägyptischen Philologie. Professor Ermann hat für seine Übersetzung des Papyrus Westcar fünf Jahre benötigt; seiner Grammatik hat er schließlich ein eigenes Buch gewidmet.

Das Papyrus hat nicht nur Ermann über Jahre beschäftigt, auch heute noch erweckt es bei Forschern und Gelehrten immer wieder großes Interesse. Ich möchte Ihnen ein paar interessante Details vor Augen führen. König Cheops wird von einem seiner Söhne, Hardedef, eine Geschichte von einem weisen alten Mann erzählt. Dieser war ein gewisser Dedi, der trotz seiner 110 Jahre einen großen Appetit hatte. Er sollte in der Lage sein, einen abgeschlagenen Kopf wieder an seinen früheren Platz zu setzen, so daß das bestimmte Lebewesen weiterleben könne. Auch könne er einen Löwen dazu bringen, daß er zahm hinter ihm herlaufe. Was Cheops aber am meisten interessierte, war Dedis angebliches Wissen über den *Tempel des Thoth* und seine Geheimnisse.

Es gab mehrere Tempel des Thoth; der ursprüngliche war aber wohl der von Hermopolis, der Stadt der großen *Achtheit.* Denken wir an die alten arabischen Überlieferungen, die uns berichten, daß Saurid alias Hermes alias Henoch oder auch Thoth von einer bevorstehenden Naturkatastrophe wußte und den Bau der Pyramide in Auftrag gab, um dort alles Wissen seiner Zeit für die Nachwelt zu sichern. Auch die Bücher des biblischen Kulturbringers Henoch könnten wir hier getrost einfügen – er übergab all sein Wissen, das er von den Elohim und aus den heiligen Büchern erfahren hatte, an seinen Sohn Methusalem. Von „Zufall“ kann hier wohl kaum die Rede sein.

Doch zurück zu Cheops und dem Weisen Dedi: Der Pharao zeigte sich überaus verwundert, daß er noch nie etwas über den weisen alten Mann gehört hatte:

„Was soll das, Dedi, daß ich noch nie etwas von Dir gehört habe?“ Dedi antwortete*: „Wer gerufen wird, der kommt; der König hat mich gerufen, und nun, da bin ich gekommen.“* (41)

Natürlich wollte sich Cheops mit eigenen Augen von Dedis wundersamen Fähigkeiten überzeugen. Cheops fragte ihn, ob es wahr sei, daß er einen abgeschnittenen Kopf wieder aufsetzen könne. *„Ja, ich kann es, oh König, mein Herr“*, war Dedis Antwort. Schließlich brachte man eine Gans mit bereits abgeschnittenem Kopf. Dedi fügte Kopf und Körper wieder zusammen. Das war Cheops noch nicht genug, worauf Dedi die ganze Prozedur noch einmal an einem Stier wiederholen mußte. Dem König war es aber viel wichtiger, mehr über die geheimen Dinge aus dem Tempel des Thoth zu erfahren. Cheops fragte Dedi, ob er die Anzahl der Geheimkammern im Heiligtum Thoths kenne. Dedi erwiderte darauf:

„Vergebung, ich kenne deren Anzahl nicht, mein Herr und Gebieter, doch ich kenne den Ort, an dem sie – d.h. die Anzahl oder die Kenntnis dieser Zahl – sich befindet.“ Dedi berichtete weiter: *„Es gibt ein Kästchen aus Feuerstein in einem Raum in Heliopolis, in diesem Kästchen befindet sich die Information* (ein Stück Papyrus, auf dem die Anzahl der Kammern stand).“(41)

Aus den alten Inschriften war herauszulesen, daß etwas „verschlossen“ beziehungsweise „versiegelt“ wurde. Ermann kam aufgrund seiner Untersuchungen zu dem Schluß, daß in dem Papyrus von dem „Verschluß eines Gebäudes“ die Rede ist.

Auch das Papyrus Westcar gibt uns keinen endgültigen Aufschluß über Geheimkammern in der oder rund um die Cheops-Pyramide. Sicherlich könnten wir Spekulationen anstellen und behaupten, mit dem „Verschluß eines Gebäudes“ ist wohl die Cheops-Pyramide gemeint, zudem die arabischen Überlieferungen ja auch von Thoth als Erbauer der großen Pyramide berichten. Interessant ist sicherlich, daß Cheops wohl nicht in Besitz des hohen hermetischen Wissens der elitären Priesterschaft aus Heliopolis war. Wenn Cheops überzeugt war oder gar wußte, daß es diese geheimen Schriften des Thoth wirklich gibt, wer hat sie dann verfaßt? War es Thoth selbst? Hatte somit auch der Priester Manetho recht, wenn er behauptete, daß er seine Informationen direkt von Inschriften unterirdischer Tempel bezog, die der große Kulturbringer Thoth eigenhändig eingravierte. Wenn es so war, dann muß es lange vor Cheops Herrschaft gewesen sein und dann war Thoth nicht eine nebulöse, mythische Gottheit, sondern eine reale Person im Land der Pharaonen.

Um die geheime Kammer des Wissen gibt es noch eine Vielzahl an Berichten, die an dieser Stelle nicht erwähnt werden müssen. Dennoch übt sie seit alters her eine große Faszination und Anziehungskraft auf die Menschen aus, so wie auf den bereits erwähnten Kalifen Al Mamun, der durch seine Suche nach den geheimen Kammern die große Galerie, die Königinnenkammer und die Königskammer wieder entdeckte.

Schlußendlich können wir die Fragen um die geheimen Kammern des Thoth und des Labyrinths nicht beantworten, doch sollten wir von einer Existenz dieser unterirdischen Gebäudekomplexe ernsthaft ausgehen, wie uns auch der folgende Auszug aus einem alten Sargtext verdeutlicht:

„*Ein Sekretär von Thoth zu werden und zu öffnen, was in seinem Behälter ist. ...ich bin gekommen, um die Zeichen zu brechen... Das Siegel ist gebrochen... Ich öffne die Truhe des Großen Einen, ich breche das Siegel... Ich öffne, was der Behälter des Gottes enthält. Ich hebe heraus die Dokumente...*“ (Spruch 992 VII, 204 der Sargtexte)

Die Suche hat nicht aufgehört...

Was in der Öffentlichkeit nur ungern erwähnt wird, ist die Tatsache, daß viele Vertreter des orthodoxen Lagers den Jahrhunderte alten Berichten der griechischen und arabischen Chronisten wohl mehr Glauben schenken, als sie öffentlich zugeben.

Im letzten Jahrhundert war es der bereits erwähnte Edgar Cayce, der durch seine seherischen Fähigkeiten auch viele Ägyptologen hellhörig machte. Immerhin gibt es über tausend(!) Vorträge von Cayce über das alte Ägypten, die unter anderem von der *Halle der Urkunden* berichten. Es gab besonders in den siebziger Jahren eine Vielzahl an Expeditionen und Untersuchungen rund um die Pyramiden und die Sphinx, meist unter Mitwirkung und in Zusammenarbeit mit Mark Lehner, bis 1995 Professor für Ägyptologie am Institut für Orientalistik der Universität von Chicago. Es hat eine systematische und gezielte Suche nach der *Halle der Urkunden* gegeben, darüber hat Mark Lehner seinerseits auch öffentlich bestätigt:

Bild 60:
Der Eingang zum Osiris-Schacht unter dem Aufweg der Chephren-Pyramide

„Es hat in der Tat eine systematische Suche gegeben, eine Art direkten Versuch, die Halle der Urkunden zu finden...“ (55)

Ein Highlight um die unterirdischen Kammern gab es im März 1999. Da präsentierte Dr. Zahi Hawass der Weltöffentlichkeit live im TV die Operation: „Opening Tombs: Live from Egypt“. Die jahrelange und äußerst schwierige Arbeit der Ägyptologen sollte sich aber auszahlen. Mittelpunkt war der sogenannte Osiris-Schacht, der sich etwa in der Mitte des Aufweges zur Chephren-Pyramide befindet (Bild 60). Der Schacht existiert schon viele Jahre, doch mußten die Forschungsarbeiten in den vergangenen Jahren immer wieder unterbrochen werden, weil er immer wieder voll Wasser lief. So waren die Entwässerungs- und Säuberungsarbeiten sehr zeitintensiv und aufwendig.

Zahi Hawass präsentierte der Öffentlichkeit ein Tunnelsystem unter den Pyramiden und dem Sphinx-Plateau mit einigen interessanten Funden. Seine Arbeit begann an dem besagten Osiris-Schacht, der auch von vielen Fachleuten *Wasserschacht* genannt wird, da er über Jahre regelmäßig mit Wasser gefüllt war.

Der Schacht, der aus drei Ebenen besteht, hat in der untersten Ebene eine Tiefe von etwa fünfunddreißig bis vierzig Metern. Auf der zweiten Ebene befinden sich einige Nischen, in der sich mehrere Granitsarkophage befinden. Eine leere Nische in diesem Raum weist wiederum einen Schacht auf, der in einen weiteren Korridor führt. Nachdem das Wasser abgepumpt war, stieß das Team erneut auf Nischen, die in den Fels „geschnitten" waren. Neben Knochen und Tonscherben aus jüngerer Zeit (etwa 500 v.Chr.) befanden sich in den Nischen zwei bis zu zwanzig Tonnen (!) schwere Granitsarkophage – ein technisch äußerst schwieriges Unterfangen, mit den damaligen Hilfsmitteln diese Kolosse an ihren jetzigen Ort zu transportieren. Die organischen Artefakte weisen darauf hin, daß der Schacht vermutlich noch Jahrtausende nach dem Bau anderweitig benutzt wurde. Zudem sprach auch Herodot von einer zeitnahen Erbauung der ober- und unterirdischen Gizeh-Anlage. Nun zur dritten Ebene: Nach den Angaben von Hawass stand das Wasser hier bis zur Decke; volle zwei Monate benötigte das Team, um das Wasser abzupumpen. Das Team um Zahi Hawass arbeitete sich Stück für Stück vor, bis man auf einen Raum stieß, in dessen Mitte sich ein Granitsarkophag befand. Der Deckel war zur Seite geschoben. Der Sarkophag war umgeben von vier Säulen.

Hawass vermutete zunächst, daß es sich um die von Herodot beschriebene Grabkammer des Cheops handeln könne.

Hawass' Team entdeckte auf dem Boden des Sarkophages die hieroglyphische Inschrift *pr* (*Haus*). Hawass setzt diese Inschrift mit der alten Bezeichnung des Gizeh-Plateaus *pr wsir nb rastaw* in Verbindung; das bedeutet: *Haus des Osiris, Herr der Unterwelt.* Das ist meiner Meinung nach auch nicht ganz abwegig, denn rein symbolisch würde das auch die Tiefe der Kammer erklären und wiederum Cheops ausklammern! Laut Hawass wurde noch eine weitere Kammer entdeckt, die letztlich die Grabkammer für den Gott Osiris darstellte.

In den folgenden Wochen ging die eine oder andere Meldung auch durch die deutsche Presse: „*Grab des Osiris gefunden, Sarkophag von ägyptischem Gott liegt unter Pyramiden...*" Doch so eindeutig ist die Sache wohl doch nicht, wie in den Medien verlautbart wurde.

Im Juni 1999 hatte ich die Gelegenheit, persönlich mit Dr. Hawass über den Osiris-Schacht zu sprechen. Hawass folgte meiner Bitte und erteilte mir eine Sondergenehmigung, um den Osiris-Schacht persönlich zu inspizieren, mit der Auflage, daß ich „da unten" keine Photos machen dürfe. Nachdem ich Dr. Hawass daraufhin mein Wort gab, bin ich in Begleitung eines Inspektors den Osiris-Schacht hinabgestiegen und konnte mir auf diese Weise einen persönlichen Eindruck von der derzeitigen Situation der unterirdischen Schachtanlage machen.

Schon die Tatsache, wie tief die Arbeiter seinerzeit in den Naturstein vordrangen – etwa vierzig Meter – ist erstaunlich genug. Daher ist anzunehmen, daß es sich um die Begräbnisplätze sehr bedeutender Personen gehandelt haben muß. Die Zwischenebenen und die darin eingefaßten Nischen sind dennoch nicht vergleichbar mit den Kammern in der großen Pyramide. Bei den Sarkophagen wiederum handelt es sich um allerfeinste Handwerkskunst. Der Sarkophag in der untersten Ebene, umgeben von den vier Säulen, erweckt den Eindruck, daß es sich hier um eine bedeutende Person gehandelt haben muß, das steht für mich außer Frage. Ob es sich bei dem Sarkophag dabei wirklich um die letzte Ruhestätte des Osiris handelt? Wenn, dann müßte diese unterirdische Kammer um Jahrtausende älter sein. In den Überlieferungen heißt Osiris gelegentlich *neb tem* oder *großer Lehrmeister* (Kulturbringer). Er wird als Mensch, aber auch als Übermensch, als gutmütig, aber auch als herrisch beschrieben. Der Dualismus seines Wesens spiegelt sich darin wieder, daß er am Himmel in Gestalt des Sternbildes Orion und auf der Erde als König der Menschen regiert. Aus anderen alten Berichten erfahren wir, daß Osiris ein Kulturbringer war und von den Menschen als Wohltäter verehrt wurde. Er unterwies die Menschen im Anbau von Weizen und Gerste und schaffte den Kannibalismus ab. Interessant ist unter anderem auch der Bericht, daß er eine Vorliebe für Wein hatte:

„Er war der erste, welcher Wein trank, und die anderen Menschen den Weinbau lehrte und den Gebrauch des Weines, wie auch die Bereitung und Aufbewahrung desselben.“ Außerdem gewöhnte er ihnen *„ihre barbarischen Sitten ab“*, verlieh ihnen Gesetze und führte die Verehrung der Götter in Ägypten ein.(16)

Die wohl bekannteste Überlieferung ist die, daß ihn sein neidischer Bruder Seth umbrachte. Durch seine „Auferstehung“ erlangte er schließlich ewiges Leben und wurde der Richter der Toten und der Unterwelt. Doch ist diese Version des Todes des Osiris nur eine unter vielen und verdankt ihre Popularität mehr dem griechischen Geschichtsschreiber *Plutarch*. Eine der ältesten ist die, daß Osiris im Wasser ertrank und Isis und Nephthys die Leiche auf Geheiß des Horus an Land brachten. Horus tritt daraufhin die Herrschaft über Ägypten an, während Osiris in das Totenreich eingeht, wo er dann zum Herren des Totenreiches wird. In dieser Form der Legende ist der Tod von Osiris ein Unfall, und man weiß nichts vom Mord an Osiris durch Seth. So fehlen auch die an Odysseus erinnernden Suchfahrten der Isis nach der Leiche des Osiris, noch wurde diese von Seth verstümmelt. Die Ausschmückung der Sage ist auf die theologische Arbeit der Lehre von Heliopolis (*On*) zurückzuführen, die dazu neigte, die Götter, die sie in ihre Götter-Neunheit aufnahm, zu kosmischen Göttern zu machen. Auf diese Arbeit ist es auch zurückzuführen, wenn Osiris als Sterngott erscheint – als Orion. Am stärksten aber ist seine Funktion als Vegetationsgott, denn schon der Mythos weist ihn als Erdgott – als *Erbe des Geb* – aus. Wenn wir Osiris als Herren des Fruchtlandes sehen, dann wird auch der ihn betreffend offenbar älteste Mythos, wonach er im Wasser ertrank, verständlich. So können wir in diesem Ertrinken die Quelle der Fruchtbarkeit des Landes sehen. Sehen wir Osiris demnach als einen chthonischen (der Erde angehörenden, unterirdischen) Gott an, so wird auch seine Beziehung zum Wasser verständlich, denn gerade dieses Wasser ist es ja, welches in Form der jährlichen Nilüberschwemmung die Voraussetzung und Grundlage für die Kultur der Ägypter war. Schließlich ist auch die Vermutung, daß es sich bei dem Sarkophag im Osiris-Schacht um die Begräbnisstätte des Osiris handeln könne nicht ganz abwegig.

Im alten Ägypten spielte Osiris immer eine zentrale Rolle – sowohl im kulturellen als auch im religiösen Leben der Menschen. Doch was bedeutet das nun für den Osiris-Schacht? Wurde hier nur, quasi symbolisch, zu Ehren des großen Kulturbringers Osiris ein unterirdischer Bestattungsort angelegt? Mit Gewißheit können wir das heute nicht sagen – ich halte das eher für unwahrscheinlich. In jedem Fall, und das ist der springende Punkt, liegt die Zeit des Osiris um Jahrtausende vor der Zeit der dynastischen Pharaonen. Also doch Kulturbringer aus vorsintflutlicher Zeit und *„Söhne Adams“*, wie die Überlieferungen aus dem Hitat verlautbaren?

Unsere Spurensuche geht weiter und führt uns nach Heliopolis, in das schon mehrfach erwähnte Priesterzentrum und somit auch in eine ferne Vergangenheit, die von den alten Ägyptern *Zep Tepi* genannt wurde und über die uns die schon vertrauten Chronisten Herodot, Diodor und auch der mehrfach erwähnte Manetho berichten.

Zep Tepi – die erste Zeit

Die Überlieferungen der alten Ägypter berichten uns von einem Goldenen Zeitalter der ersten Zeit, *Zep Tepi*, als die Götter noch gemeinsam mit den Menschen auf Erden lebten.

Die Archäologen unserer Tage beziehen sich bei der Beweisführung rund um die Erbauung der großen Pyramide überwiegend auf die Überlieferung des Historikers Herodot; bei der Zeitrechnung beziehungsweise bei den Regierungszeiten der dynastischen Pharaonen stützen sich die heutigen Gelehrten auf die Königslisten Manethos. Wie wir gesehen haben, gibt es bezüglich der Aussagen Herodots einige Ungereimtheiten und letztlich Aussagen, so zum Beispiel die über die Regierungszeiten, die mit der heute allgemeinen Lehrmeinung der Archäologen wiederum doch nicht übereinstimmen. Andere wichtige Fakten werden von den heutigen Gelehrten ignoriert beziehungsweise in das Reich der Mythen und Legenden verlegt, wie es ihnen gerade paßt und sich letztlich in ihr geschichtliches und zeitliches Muster einfügt. Herodot, der seine Informationen überwiegend von Priestern aus Theben und Heliopolis erhielt, unterscheidet in seinen Überlieferungen deutlich zwischen Realität und Erzählungen, zwischen Dingen, die er persönlich gesehen hat und wiederum solchen, die er nicht persönlich sah. Im zweiten Buch der Historien (Kap. 141, 142) gibt Herodot ein anschauliches Beispiel für das hohe Alter der ägyptischen Geschichte. Er berichtet, daß ihm die Priester in Theben 341 Statuen gezeigt hätten, von denen jede eine hohe priesterliche Generation belegt – seit 11.340 Jahren! Herodot berichtet:

„Denn jeder Oberpriester stellt dort bereits zu Lebzeiten seine eigene Statue auf. Die Priester zählten und zeigten mir alle nacheinander zum Nachweis, daß immer der Sohn dem Vater folgte. So gingen sie von dem Bild des zuletzt Verstorbenen alle der Reihe nach bis zum Anfang durch... Sie zeigten, daß alle, deren Bilder dort standen, Menschen dieser Art waren, von den Göttern weit verschieden. ***Vor diesen Männern hätten allerdings die Götter in Ägypten gewohnt und bei den Menschen gewohnt...*** *Das wollen die Ägypter ganz bestimmt wissen, weil sie beständig die Jahre berechneten und aufschrieben...“*(70)

Lassen wir Diodor zu Wort kommen: Der griechische Geschichtsschreiber berichtet, daß die alten Götter *„alleine in Ägypten viele Städte gegründet"* hätten. Von diesen Göttern seien Abkömmlinge hervorgegangen, von denen *„einige von ihnen Könige über Ägypten wurden"*. In jener fernen Zeit war der Vorläufer des Homo Sapiens noch eine primitive Gestalt, *„erst die Götter haben den Menschen entwöhnt, sich gegenseitig aufzufressen"*.

Die Götter (die ersten Kulturbringer) lehrten die Menschen und unterwiesen sie in der Landwirtschaft, im Herstellen von Werkzeugen, im Bergbau und in den Künsten. Auch die Sprache und die Schrift stammen von den alten Kulturbringern aus der „ersten Zeit":

„Von diesem nämlich sei zuerst die allen verständliche Sprache gegliedert und ausgebildet worden und vieles mit Namen belegt, wofür man bis dahin noch keinen Ausdruck hatte, und auch die Erfindung der Schrift sei von ihm (Hermes – der ägyptische Thoth, der biblische Henoch) *ausgegangen sowie die Anordnung der Götterverehrung und der Opfer. Auch sei er der erste gewesen, der die Ordnung der Gestirne und die Harmonie der Natur der Töne durch Beobachtung ausfindig gemacht... Wie man denn überhaupt zu des Osiris Zeiten ihn als heiligen Schreiber gebraucht habe."*

Natürlich überliefert uns auch Diodor genaue Zeitangaben:

„Von Osiris und Isis bis zur Herrschaft Alexanders, der in Ägypten die nach ihm benannte Stadt (Alexandria) *gegründet hat, seien mehr als zehntausend Jahre verflossen, sagen sie – wie einige aber schreiben, gar nur ein geringes weniger als dreiundzwanzigtausend..."*

Im 24. Kapitel berichtet Diodor vom Kampf der olympischen Götter gegen die Giganten. Interessant ist dabei, daß Diodor an dieser Stelle die Griechen auf einen Fehler hinweist und sie geschichtlich korrigiert. Sie irren sich, wenn sie die Geburt des Herakles zeitlich nur eine Generation vor dem Trojanischen Krieg einordnen, denn dies wäre *„zur Zeit der ersten Entstehung des Menschen geschehen. Von dieser an nämlich würden bei den Ägyptern mehr als zehntausend Jahre gezählt, seit dem trojanischen Krieg aber nicht einmal ganz eintausendzweihundert."*

Natürlich berichtet und unterstreicht der griechische Historiker die genannten Angaben mit denen, die er während seines eigenen Ägyptenaufenthaltes sammeln konnte:

„Über Ägypten haben Götter und Heroen geherrscht, und zwar nicht viel weniger als achtzehntausend Jahre, und der letzte göttliche König sei Horus, der Isis Sohn, gewesen. Von Menschenkönigen aber sei das Land regiert worden von Moeris an nicht viel weniger als fünftausend Jahre bis zur 180. Olympiade, in welcher ich selbst nach Ägypten gekommen bin..." (Kap. 44) (70)

Der mehrfach erwähnte Priester und Historiker, der im 3. Jh. v.Chr. in Heliopolis lebte, legte den Beginn der dynastischen Perioden auf etwa 3100 v.Chr. fest. Die nachfolgenden Könige herrschten dann – wie wir wissen – 31 Dynastien, bis etwa 331 v.Chr.. Die heutigen Archäologen sind im allgemeinen der Ansicht, daß vor dieser Zeit im Niltal, etwa vergleichbar mit der europäischen Vorgeschichte, wenig zivilisierte Menschen lebten, periodisch also vergleichbar mit Alt-, Mittel- und Jungsteinzeit. Natürlich ist das aus rein historischer Sicht auch recht plausibel, denn Hinweise auf eine höhere Zivilisationsstufe sind bisher nicht wissenschaftlich belegt worden, so die allgemeine Auffassung vieler Gelehrter. Das steht aber offensichtlich im Widerspruch dazu, daß die Wurzeln der sumerischen Kultur etwa um 3800 v.Chr. zu finden sind. Vielleicht täten wir doch besser daran, in diesem schwierigen Punkt – insbesondere aus wissenschaftlicher Sicht – objektiver zu sein und hinter die ägyptische Vorgeschichte ein großes Fragezeichen zu setzen.

Die vielen Überlieferungen und Hinweise auf vorzeitliche Wohltäter und Kulturbringer, die gemeinsam mit den Menschen lebten, sind nicht von der Hand zu weisen. Die Priester aus den Wissenszentren in Theben und Heliopolis haben den alten Chronisten ja schließlich davon berichtet. Würden wir alles nehmen und sorgfältig aussieben, bliebe unter dem Strich eine Genesis vor der Genesis übrig. Diese ist in guter Gesellschaft, wenn wir die alten Überlieferungen aus dem Zweistromland berücksichtigen.

Kommen wir zurück zu Manetho: Dieser hat uns interessanterweise berichtet, daß er sich in seinem Werk auf *„wesentlich ältere Dokumente oder Königslisten* (bezogen hat), *zu denen er als gelehrter Priester Zugang hatte"*.

Das behauptet Manetho ja auch bezüglich der *geheimen Schriften* des Thoth; die Informationen hierfür hatte Manetho, wie er selbst berichtete, direkt von Inschriften unterirdischer Tempel, die von Thoth persönlich in die Steine eingraviert wurden.

Einige der Dokumente und Königslisten, auf die Manetho sich möglicherweise bezog, liegen uns heute verhältnismäßig gut erhalten vor. Zum einen ist es die Königsliste in Form des *Palermosteins* (zirka 5. Dynastie), zum anderen ist es das *Turiner Papyrus* aus der 19. Dynastie (zirka 13. Jh. v.Chr.). Weiterhin existieren heute noch die Königslisten aus Abydos.

Zusammengefaßt bestätigen diese alten Quellen im großen und ganzen, was die alten Historiker und auch der Priester Manetho berichten. Demnach gab es vor der Zeit der dynastischen oder „weltlichen" Könige, die Menes (zirka 3100 v.Chr.) einleitete, zwei vordynastische Zeitalter. Während des ersten Zeitalters wurde Ägypten von den *Neteru* (*Neter* oder *Götter*) regiert, bis zu dem Königtum des Horus, des Sohnes von Isis und Osiris. Auf das Zeitalter der *Neter* folgte das der sogenannten *Schemsu Hor* (wörtlich: *die dem Horus Folgenden*). Die *Schemsu Hor* führten den göttlichen Stammbaum des Horus bis in das Zeitalter der dynastischen Könige weiter, der mit Menes, als erstem Pharao von Unter- und Oberägypten begann.

Entgegen der vielen verschiedenen Überlieferungen über ein weit zurückliegendes erstes Zeitalter, drehen die Ägyptologen die Geschichte hier förmlich auf den Kopf. Sie übernehmen die Regierungszeit des Menes aus den alten Überlieferungen als Beginn für das dynastische Ägypten. Die klaren Hinweise auf die Neter und die Horusdiener lehnen sie kategorisch ab und verlegen sie kurzerhand in das Reich der Mythen und Legenden – so einfach ist das, wenn man nicht weiter weiß. Häufig argumentieren die Archäologen damit, daß für eine Zivilisation bisher keine Beweise gefunden wurden – das ist auch richtig, wobei da ja immer noch ein großes Fragezeichen hinter der großen Pyramide und der Sphinx steht. Wir haben gesehen, daß einiges für eine frühere Erbauung spricht, die den Ursprung sehr wohl in der vermuteten alten Zivilisation aus der ersten Zeit haben könnte. Doch es einfach in das Reich der Mythen und Legenden zu verfrachten und zu sagen: Wo sind die Beweise für eine alte Zivilisation? – Das ist zu einfach. Zunächst täten die Archäologen gut daran, sich noch mehr mit den gegebenen Fakten und Überlieferungen auseinanderzusetzen – was sie vereinzelt ja auch seit Jahrzehnten tun. Die Suche nach den unterirdischen Kammern und den alten Kulturbringern haben sie scheinbar bis heute nicht aufgegeben – dank den alten „Phantasten“, den Mythen und Legenden...

Bis heute wird an der orthodoxen Lehrmeinung festgehalten, die nun einmal in das zeitliche, geschichtliche und religiöse Weltbild paßt, auch wenn das auf sehr wackeligen Füßen steht. Wo es um ein „funktionierendes“ Weltbild – und das auch aus religiöser Sicht – geht, da spielen auch die „Herren“ der Politik und Wirtschaft eine große Rolle, davor sollten wir nicht die Augen verschließen. Bei den Untersuchungen bezüglich der Datierung der Sphinx, bei der Gantenbrink-Entdeckung und bei vielen anderen Entdeckungen hat es immer wieder große Auseinandersetzungen mit der orthodoxen Lehrmeinung gegeben. Exzellente Fachleute wurden öffentlich diskreditiert, erfolgversprechende Untersuchungen wurden gestoppt. Und die alten Ägypter? Sie hegten keinen Zweifel daran, daß ihr Land einstmals, in der ersten Zeit, von den großen Kulturbringern regiert wurde, die gemeinsam mit den Menschen lebten. Letztlich ahnten sie auch, daß eine Zeit kommen wird, in der ***„...von Deinem Wissen nur noch Fabeln übrigbleiben, die späteren Geschlechtern unglaublich vorkommen werden“***, wie Apuleius so treffend erkannte.

Die sieben Weisen aus Edfu

Hinweise auf die Urzeit finden wir unter anderem an den Wänden des Tempels in Edfu, der sich zwischen Luxor und Assuan in Oberägypten befindet. Der Tempel in Edfu, wie wir ihn heute vorfinden, wurde etwa zwischen 237 und 57 v.Chr. errichtet. Teile der inneren und äußeren westlichen Umfriedigungsmauer weisen heute noch auf ältere Bauwerke hin, die um Jahrtausende – bis in die Pyramidenzeit – zurück reichen.

Die Texte an den Tempelwänden liefern uns zahlreiche Hinweise auf die Urzeit und werden von heutigen Gelehrten als die einzigen erhalten gebliebenen Bruchstücke einer weitaus älteren, umfassenderen Kosmogonie (Lehre von der Entstehung des Kosmos) angesehen. In den Texten werden die Horusdiener mit anderen „mythischen“ Wesen gleichgesetzt und verschmolzen, die manchmal göttlicher, dann wieder menschlicher Natur sind.

und stets als Überbringer und Hüter von Wissen über die Jahrhunderte dargestellt werden.

E. A. E. Reymond von der Universität Manchester hat dargelegt, daß die Texte versteckte Hinweise enthalten *„auf bestimmte mythische Ereignisse (...), wobei die Grundsteinlegung, der Bau und die Nutzung des historischen Tempels in ein mythisches Zeitalter verlegt werden. Der historische Tempel wird als Werk der Götter selbst und als Gebilde von mythischem Charakter gedeutet. Das (...) läßt darauf schließen, daß den damaligen Glaubensvorstellungen zufolge der historische Tempel unmittelbare Fortsetzung, Projektion und Widerspiegelung eines mythischen Tempels war, der zu Anbeginn der Welt ins Dasein trat...“*

Der *„Anbeginn der Welt“* dürfte gleichbedeutend mit der „ersten Zeit“ sein, die die alten Ägypter *Zep Tepi* nannten. In dieser „ersten Zeit“, so erfahren wir, wurden die *Worte der Weisen* von Thoth, dem Gott der Schreibkunst, in ein Buch niedergeschrieben, das die Lage bestimmter „heiliger Hügel“ entlang des Nils beschrieb. Der Titel dieses verschollenen Buches lautet den Inschriften zufolge: „Beschreibungen der Hügel der Urzeit“. Der „Urhügel“ wird von vielen Experten mit der natürlichen Felsgruppe gleichgesetzt, auf der sich die Pyramiden von Gizeh befinden. Ein weiterer Ort, der mit dem sogenannten „Urhügel“ oft in Verbindung gebracht wird, ist Heliopolis. Dort gab es einen heiligen Berg oder Hügel auf dem der *„erste Sonnenaufgang“* stattgefunden haben soll. Die alten Inschriften des Tempels von Edfu beziehen sich auf eine Gruppe von ***sieben Weisen***. Das besondere dieser Weisen war, daß sie *„die einzigen göttlichen Wesen waren, die wußten, wie die Tempel und heiligen Städte angelegt werden mußten“*. Sie waren es, die die Bauarbeiten auf dem „Urhügel“ in die Wege leiteten. Diese Arbeiten, an denen sich auch Thoth beteiligte, umfaßten die Anlage und die Errichtung des ursprünglichen *mythischen* Tempels der Urzeit. Wenn also der „Urhügel“ mit dem Gizeh-Plateau gleichzusetzen ist, könnten wir aus den Inschriften deuten, daß die Cheops-Pyramide einer der Tempel der Urzeit (Zep Tepi) ist, der von den Weisen unter Mithilfe des Thoth (!) errichtet wurde. Das würde natürlich die bereits erwähnten Ausführungen um die Person Thoth, in Bezug auf die Errichtung der großen Pyramide und auch die der unterirdischen Labyrinthe, einschließlich der Aufzeichnungen des Thoth deutlich unterstreichen.

Die heutigen Ägyptologen haben sich wenig mit den Hinweisen auf die ***sieben Weisen*** und deren Identität auseinandergesetzt. Sie haben lediglich festgestellt, daß sie (die ***sieben Weisen***) anscheinend eine Rolle innerhalb *„einer viel umfassenderen und allgemeineren Theorie über die Ursprünge heiliger Bezirke und ihrer Tempel"* gespielt haben.

Es gibt noch etwas Bedeutendes in dem Kontext, in dem die Weisen beschrieben werden. Dieser ist gekennzeichnet durch das Überwiegen von *„Flutbildern"*, in denen die *„Urwasser"*, aus denen der Urhügel aufstieg, langsam zurückwichen. Das erinnert uns natürlich an Noahs Arche auf dem Berg nach der Sintflut. Die ***sieben Weisen*** finden wir im übrigen auch in anderen Überlieferungen. In der altbabylonischen Überlieferung wird uns berichtet, daß sie *„vor der großen Flut"* gelebt und die Mauern der heiligen Stadt Uruk errichtet haben. Nach den sumerischen Königslisten war *Enmeduranna* der siebte König vor der Sintflut und regierte in Sippar sechs Umläufe des Planeten Nibiru lang, bevor er Hohepriester wurde und den Namen *Enmeduranki* erhielt. Im Henochbuch war es der Erzengel Uriel, der Henoch die Geheimnisse der Sonne und die *„Gesetze des Mondes"* sowie die zwölf Sternbilder, *„das gesamte Funktionieren des Himmels"*, zeigte. Am Ende der Unterweisung gab Uriel Henoch *„Himmelstafeln"* und befahl ihm, sie sorgfältig zu studieren und *„jede Einzelheit"* darin zu beachten. Nach seiner Rückkehr gab Henoch dieses Wissen dann an Methusalem, seinen ältesten Sohn, weiter. Im Briefwechsel eines assyrischen Königs erfahren wir von einem König, er übertreffe an Wissen *„alle die Weisen der Unterwelt"*, weil er ein Nachkomme des *„Weisen Adapa"* sei. Bei einem anderen, einem babylonischen König, behauptet dieser, er besitze eine *„Weisheit, die bei weitem sogar das überstieg, was in den von Adapa zusammengestellten Schriften enthalten war"*. Dabei bezogen sie sich auf Adapa, den Weisen von Eridu (Enkis Zentrum in Sumer), den Enki ein umfangreiches Wissen, ein *„breites Verstehen"* des *„Baus der Erde"*, das heißt die Geheimnisse der Erdwissenschaften, gelehrt hatte. Es ist also nicht auszuschließen, daß Adapa wie Enmeduranki und Henoch ebenfalls der siebte in einer Reihe von Weisen war, nämlich der Weisen von Eridu, und daß auf diese Weise eine weitere Version der sumerischen Erinnerungen in der biblischen Geschichte von Henoch nachklingt.

Auch in der indischen Überlieferung treffen wir auf die *sieben Weisen.* Hier werden sie *Rishis* genannt. Sie haben die Sintflut überlebt und den Auftrag erhalten, die Weisheit der alten Welt vor der Sintflut an künftige Generationen weiterzugeben. Wo immer die sieben Weisen in den alten Mythen auftauchen, erscheinen sie als erleuchtete Überlebende einer Katastrophe, der fast die ganze Erde zum Opfer fiel, die anschließend einen Neuanfang in einem neuen Zeitalter (im alten Ägypten der „ersten Zeit") machten. Die Inschriften von Edfu berichten zudem, daß die sieben Weisen von einer Insel kamen, der *„Heimat der ersten Menschen"*. Die Texte berichten, daß diese Insel von einer Flut vernichtet wurde. Die Zerstörung erfolgte plötzlich, und die meisten ihrer *„göttlichen Bewohner"* ertranken. Nachdem die wenigen Überlebenden in Ägypten angekommen waren, wurden sie *„die Erbauer-Götter, die in der Urzeit wirkten... die die Nachkommenschaft der Götter und Menschen großzogen..."*. (55)

Waren die Weisen möglicherweise die Horusdiener, von denen auch die ägyptischen Königslisten berichten, auf denen erst die dynastischen Könige folgten? Vieles spricht dafür, insbesondere auch der sagenumwobene Thoth (Henoch), der uns weiter begleiten wird. Einen weiteren Hinweis liefert uns übrigens auch der Tempel von Dendra, der nördlich von Edfu liegt. Dort verraten uns Bauinschriften, daß der *„große Plan"*, dem seine Erbauer folgten, *„in alten Schriften aufgezeichnet* (war), *die* (ihnen) *die Horusdiener übergeben haben"*.(55)

Spurensuche in Heliopolis

Neben den vielen Priesterzentren des alten Ägyptens entlang des Nils, hatte neben Theben, Hermopolis und Memphis sicherlich das Zentrum in Heliopolis eine zentrale Bedeutung. Heliopolis (ägyptisch: *Junu, das biblische On*) liegt im Nordosten von Kairo, etwa zwanzig Kilometer nordöstlich des Gizeh-Plateaus. Heute hat der Ort, außer einem Obelisken von Sesostris I und einigen Schutthügeln und Gräbern unter der Vorstadt Matarie, keine Sehenswürdigkeiten aus dem Altertum mehr vorzuweisen. Seine Denkmäler wurden seit hellenistischer Zeit in alle Winde zerstreut – beliebtestes „Reiseziel": Europa, allen voran Rom und England. Viele

Steinblöcke wurden auch hier für den Aufbau der arabischen Siedlungen verwendet.

Das einstmalige Zentrum der Priesterschaft dehnte sich auf einer Fläche von etwa 900.000 Quadratmetern aus und war von einer mächtigen Umfassungsmauer umgeben. Das Alter der Anlage ist heute nicht endgültig geklärt, ihre Wurzeln sind aber mindestens bis in die 3. Dynastie (2700 bis 2575 v.Chr.) zurückzuverfolgen. Heliopolis galt als die bedeutendste Universität der Welt. Etwa zur Zeit des neuen Reiches (19. Dynastie) sollen dort zirka 13.000 Priester gewirkt haben. Halten wir uns vor Augen, daß etwa zweihundert Jahre zuvor auch Moses in Heliopolis *„in all der Weisheit der Ägypter“* eingeweiht wurde. Die wissenschaftlichen Bereiche erstreckten sich auf Physik, Geometrie, Arithmetik, Astronomie, Astrologie, Medizin, Chemie, Geologie, Meteorologie und Musik. Alexander der Große zerstörte auf seinem großen Siegeszug neben Perseopolis auch das Wissenszentrum der Ägypter, und das wohl aus Sicherheitsgründen. Alexander wollte die geographische und somit auch die politische Grundlage der alten Reiche ein für allemal ausschalten.

In Heliopolis wie auch in Hermopolis stand eine Gruppe von Urgöttern im Mittelpunkt. In Hermopolis wird von acht Urgöttern berichtet, die vor der Entstehung der Welt geherrscht haben. Die Gottheiten personifizierten nicht das geordnete Universum, sondern die Urzustände und gleichermassen die Urelemente vor der Schöpfung in Form von vier Götterpaaren. Nun und Naunet waren die Gottheiten des Urgewässers. Huh und Hauhet entsprachen der Unendlichkeit des Raumes. Kuh und Kauket symbolisierten die anfängliche Urfinsternis. Amun und Amaunet entsprachen der großen Leere, der Unendlichkeit des Raumes oder auch dem Verborgenen. Im Grunde wird hier vereinfacht beschrieben, daß am Anfang des „ägyptischen“ Universums eine Symmetrie von vier Urkräften herrschte, von denen die heutigen Wissenschaftler auch sprechen.

Die *Achtheit* symbolisierte sich meist in Form von Fröschen oder Schlangen (Frosch- und Schlangenkult). Die Stadt Hermopolis trug zu Ehren ihrer *Achtheit* den altägyptischen Namen *Chemenu, die Stadt der Acht.* Davon abgeleitet ist das koptische *Schmun*, das noch im heutigen Namen *Eschmunen* abgeleitet ist. Sonderbar ist, daß man die Urgötter für sterblich hielt, so soll die *Achtheit* unter einem Hügel von Djeme bestattet worden sein. In der ägyptischen Spätzeit wurde ihnen dort von ihren Nachfolgern, den lebenden Göttern, alle zehn Tage ein Totenopfer dargebracht.

Das Priesterzentrum in Heliopolis umgibt bis heute ein großes Mysterium. Es ist fast symbolisch, daß von dem einstmals bedeutendsten Zentrum von Wissen und Gelehrsamkeit kaum noch etwas übriggeblieben ist. Die Überlieferungen der ersten Zeit berichten über die Urgötter (die Kulturbringer), die in der ersten Zeit gemeinsam mit den Menschen auf Erden lebten und ihnen Kultur und Wissen brachten. Auch das Geheimnis des Thoth, so wir den alten Überlieferungen folgen, steht in unmittelbarer Verbindung mit dem alten Priesterzentrum. Heliopolis war Ausgangspunkt der großen Götter-Neunheit. Im Mittelpunkt des Zentrums stand ein Tempel, der dem Gott Atum (*der Vollkommene*) geweiht war. Während der Pyramidenzeit wurde Atum immer mehr mit dem Sonnengott *Re* gleichgesetzt, der schließlich Atums Platz einnahm und diesen zur *„alten Sonne"* degradierte, symbolisch für die im Westen untergehende Sonne. Ursprünglich, vor der Pyramidenzeit, stand Atum noch für den *„einen Gott"*, was etwa unserer christlichen Vorstellung von einem Gott-Vater entspricht.

Der Urhügel wurde zum einen mit der natürlichen Felsgruppe des Gizeh-Plateaus und zum anderen mit dem Hügel in Heliopolis in Verbindung gebracht, auf dem der „erste Sonnenaufgang" stattgefunden haben soll. Die spätere Namensgebung – Heliopolis (*Sonnenstadt*) – durch die Griechen, ist eigentlich eine Verfälschung des ursprünglichen Namens für das alte Zentrum – *On* – was *Stätte des Pfeilers* bedeutet. Im Zentrum des Phönix-Tempels stand vor der Pyramidenzeit eine Säule (Pfeiler), auf der sich der sogenannte *Benben* befand, ein geheimnisvoller, konischer Stein, dem man einen kosmischen Ursprung zuschrieb.

In diesem Zusammenhang wurde nach heliopolitanischer Überlieferung der Phönix (Benu) verehrt, der in weit auseinanderliegenden Intervallen immer wieder nach Heliopolis kam, um wichtige Zyklen oder den Beginn eines neuen Zeitalters anzukündigen. Der ursprüngliche ägyptische Name des Vogels, der von den Ägyptern als Fischreiher dargestellt wurde, ist später von den Griechen in *phoinix* (Phönix) umbenannt worden (Abb. 38). Die Erzählung berichtet von dem Vogel, der sich selbst verbrennt und wieder aufersteht und der immer erst nach langen Intervallen nach Heliopolis, an den Ort des „Urhügels“ oder den Ort der „ersten Zeit“, zurückkehrt. Über die Zeitintervalle gibt es verschiedene Angaben. Es wird von fünfhundert oder tausend Jahren gesprochen. R. T. Rundle Clark ist nach einer eingehenden Untersuchung zu dem Ergebnis gekommen, daß der Zeitintervall etwa 12.954 Jahre betrug, was der Dauer eines halben Präzessionszyklus der Erdachse entspricht. In diesem Falle könnte man *die Wiederkehr des Phönix* astronomisch als das langsame Vorrücken des Frühlingspunktes durch sechs Häuser des Tierkreises deuten. Abwegig ist die Zahl, die Clark uns in Verbindung mit dem Präzessionszyklus nennt nicht, denn Heliopolis war das Zentrum der alten Priesterastronomen. Der Titel des Hohepriesters von Heliopolis lautete: *Höchster der Sternenbeobachter*, und die Amtstracht eines solchen Hohepriesters war ein zeremonieller Umhang, geschmückt mit fünfzackigen Sternen. In jedem Fall glaubte man, daß der Zeitpunkt der Wiederkehr stets mit großen Ereignissen auf der Erde zusammenfiel.

Die große Götter-Neunheit von Heliopolis ist im Grunde der Achtheit von Hermopolis ähnlich. Ihre Entstehung geht bis auf früheste vorgeschichtliche Zeiten zurück. Wie bei der Achtheit, finden wir auch an der Spitze der Neunheit den Gott Atum, den Schöpfergott. Mit Schu, Tefnut, Geb und Nut spiegeln sich auch hier die vier Elemente der Schöpfung wieder. An diese kosmischen Götter schliessen sich dann die Gottheiten Osiris, Isis, Seth und Nephtys an, die insgesamt die Neunheit bilden. Später hat man dann auch Horus als „den zehnten Gott“ in die Neunheit mit aufgenommen.

Abb.38:
Anhur-achán verehrt den Phoenix (20. Dynastie)

Durch den Ausschluß des Seth bekam dann die Neunheit wieder die korrekte

Größe. Es wird auch über eine andere, die sogenannte *kleine Neunheit von On* berichtet, über die es nur wenige Informationen gibt. Erwähnt sei aber, daß ein Mitglied dieser *kleinen Neunheit* der sagenumwobene Thoth (alias Henoch alias Hermes) war.

Kulturbringer und Hüter des Wissens

Wenn es heute auch nur noch wenig von dem einstigen Priesterzentrum zu sehen gibt, so sind doch die Überlieferungen aussagekräftig und führen uns zurück in eine ferne Vergangenheit, als die Schemsu Hor, die Horusdiener, in Ägypten herrschten. Auch wenn die griechischen Chronisten, angefangen mit Herodot (etwa 448 v.Chr.), neben den Überlieferungen aus Ägypten selbst noch über Heliopolis zu berichten wissen, so geriet das große und umfangreiche Wissen des einstigen Priesterzentrums in den Jahrhunderten danach fast vollständig in Vergessenheit, zumindest nach außen hin. Tatsache ist, daß die Griechen und auch die Römer über die besondere Stellung von Heliopolis wußten und so bekannte Größen wie Herodot, Solon oder auch Pythagoras das Priesterzentrum noch besuchen konnten. Treffend hat Plato über das hohe und sehr alte Wissen der Ägypter einmal berichtet:

„Wir Griechen sind in Wirklichkeit Kinder im Vergleich zu diesem Volk, dessen Überlieferungen um das Zehnfache älter sind (als die Unsrigen). Und während nichts an kostbarer Erinnerung an die Vergangenheit in unserem Land länger aufbewahrt wird, hat Ägypten die Weisheit alter Zeiten auf ewig aufgezeichnet und aufbewahrt. Die Wände seiner Tempel sind bedeckt mit

Bild 61:
Der Horusfalke;
Symbol der Horusdiener und auch späterer dynastischer Könige

Inschriften, und die Priester haben dieses göttliche Erbe ständig vor Augen (...). Jede Generation übergibt der nächsten unverändert die heiligen Dinge, als da sind Lieder, Tänze, Rhythmen, Rituale, Musik, Malerei, die aus unvordenklichen Zeiten stammen, als die Götter zu Beginn aller staatlichen Ordnung noch auf Erden herrschten."(54)

Hört man den Respekt und die Hochachtung der damaligen griechischen Gelehrten, die immerhin über 2.000 Jahre vor unserer Zeit in Ägypten wandelten und direkt mit verschiedenen Priestern in Kontakt standen, dann müssen wir uns heute einmal die Vermessenheit vieler Gelehrter vor Augen führen, die die Überlieferungen der Griechen ohne jegliche Beweiskraft diskreditieren, ja zum Teil sogar belächeln – das ist mehr als ein Armutszeugnis, was sich da einige Herren selbst ausstellen!

Auch der griechische Historiker Strabon (etwa 63 v.Chr. bis 26 n.Chr.) unterstreicht die Wichtigkeit der ägyptischen Priesterausbildung in Heliopolis:

„*In Heliu-polis sahen wir auch große Häuser, in denen die Priester wohnten, sie behaupteten nämlich, daß diese in alten Zeiten besonders die Wohnungen der Priester gewesen seien, der Philosophen und Astronomen; jetzt hat sowohl diese Vereinigung wie die Tätigkeit aufgehört. Dort zeigte sich uns keiner* (mehr), *der eine solche Tätigkeit ausübte, sondern nur Priester, die die heiligen Handlungen ausführten...*"(35)

Daß viele Gelehrte sich bis heute mit der historischen Wirklichkeit der Horusdiener nicht anfreunden können, habe ich bereits erwähnt und zugegeben – das ist eine harte Nuß, die es da zu knacken gilt. Doch auch wenn die heutigen Archäologen und Gelehrten anderer Fakultäten die Überlieferungen aufs Abstellgleis stellen, bleibt abzuwarten, was uns das Land am Nil in den nächsten Jahren noch an Überraschungen präsentieren wird. Soviel steht fest: Für die griechischen Chronisten und die Ägypter selbst war die Zeit der Horusdiener und auch die „erste Zeit" keine reine mythische Epoche ihres Landes. Es hat eher den Anschein, daß sie ihr hohes Wissen auch mit der notwendigen Bescheidenheit weitergaben und auf äußere Etikette keinen Wert legten; Kulturbringer und Strategen, die stets im Hintergrund agierten – eine im Hintergrund operierende Elitebruderschaft, wenn man so will. Das legt auch die Vermutung nahe, daß das elitäre Wissen und die geheimsten Aufzeichnungen der eingeweihten Bruderschaft von Heliopolis stets weitergegeben wurden, auch nachdem sich diese Priester immer mehr zurückgezogen haben und die dynastischen Perioden mit Menes um 3100 v.Chr. begannen. Natürlich ist es müßig, darüber zu diskutieren, um welchen Inhalt es sich bei den Aufzeichnungen handelte. Wenn es sie gegeben hat und sie die Zeiten bis heute überdauert haben, dann müssen diese Aufzeichnungen von geschichtsbestimmender Bedeutung sein. Denn aus welchem Grund könnte eine Elitebruderschaft Interesse daran haben, ein bestimmtes Wissen Jahrtausende lang geheimzuhalten?

Auch Professor Henri Frankfort von der Universität London steht einer *„historischen Qualität"* der Horusdiener kritisch gegenüber, doch wenn man die ägyptischen Berichte und Überlieferungen ernst nimmt, gewinnt man sogar den Eindruck, daß es sich bei den Horusdienern um eine Abfolge realer, wenngleich *„namenloser"* Individuen gehandelt hat, deren Funktion und Aufgabe es nach Henri Frankfort war, für die *„spirituelle Kraft"* hinter dem Königtum zu sorgen, wenn auch keineswegs auf *„nebulöse"* Weise. Wenn wir in diesem Zusammenhang zurückblicken und uns vor Augen führen, nach welchen perfekten mathematischen und astronomischen Gesichtspunkten speziell die große Pyramide erbaut wurde und daß die Zeit ihrer Erbauung keineswegs geklärt ist, und wenn wir die vielen Berichte und Quellen zugrunde legen, die auf eine weit frühere Erbauung hinweisen, dann fällt es nicht schwer zu vermuten, wer die Erbauer der großen Pyramide waren: vermutlich die Horusdiener, lange vor Beginn der dynastischen Pharaonen.

Imhotep – Ratgeber, Denker und Lenker

In einigen Museen können Besucher bis heute eine Bronzestatuette und Steinplastiken eines Mannes betrachten, der in der strengen Haltung vornehmer Männer der älteren Zeit sitzend, ein entrolltes Papyrus auf seinen Knien hält: Es ist der weise, zum Gott erhobene Imhotep (Bild 62). Seine Herkunft ist bis heute ungeklärt. Über sein Leben wissen wir nur, daß er der Ratgeber des Königs Djoser aus der 3. Dynastie um 2800 v.Chr. gewesen ist. Er dürfte auch der Erbauer der Pyramide in Sakkara gewesen sein (Bild 63). Viele Fachleute sehen in ihm den Erfinder der ägyptischen Steinbaukunst, die mit einem Schlag die Ziegel- und Holzkonstruktionen früherer Zeiten verdrängte. Die Überlieferungen über seine Person und die damit verbundenen Baudenkmäler reichen noch bis in die Perserzeit. Sie machten aus ihm den Schutzherrn der Baumeister. Die Bücher, die er geschrieben haben soll, sind ebenso verschollen wie sein Grab; die paar Wassertropfen, die die Schreiber vor Beginn ihrer Arbeit zu Ehren des alten Meisters aus ihrem Napf gossen, waren eine Huldigung an den Meister. In der Spätzeit wurde er merkwürdigerweise als Heilkundiger verehrt. Ihm wurde als Gott der Medizin sogar ein Kult eingerichtet. Die Griechen nannten ihn Imuthes und setzten ihn ihrem Heilgott Asklepios gleich. Noch heute ist der Äskulapstab (Schlangenstab) Sinnbild der Medizin. Seine Kapelle in Sakkara, das Asklepieion, wurde zu einer Wunderheilstätte, an der die Siechen und Kranken aus ganz Ägypten zusammenströmten. Es sind auch Bücher mit Berichten über seine Wunderheilungen gefunden worden. Seine Berühmtheit und Verehrung war bei den Ägyptern und den Griechen gleich groß.

In Verbindung zu dem Schlangensymbol, das wir in Zusammenhang mit Imhotep kennen, dürfen wir nicht außer Acht lassen, daß dieses Symbol auch das Symbol der Achtheit aus dem Priesterzentrum in Hermopolis war.

Forscher vermuten heute, daß unter den vielen Geheimgesellschaften die *Bruderschaft der Schlange* (in Asien bekannt als *Bruderschaft des Dra-*

Bild 63:
Die Pyramiden von Sakkara; davor die Tempelanlage – Baumeister: Imhotep

Bild 62:
Imhotep-Statue;
Ägyptisches Museum, Kairo

chen) eine der ältesten Geheimgesellschaften auf der Erde ist, die es sich zur Aufgabe gemacht hat, das „Geheimnis der Ewigkeit“ zu bewahren – was auch immer darunter zu verstehen ist. Der *Schlangenkult* geht ursprünglich bis in den Garten Eden zurück und steht in direktem Zusammenhang mit Ea/Enki (*der Herr des Bodens* oder der Erde) und den Elohim-Göttern, die im Arbeitslager Eden das Adamgeschlecht hervorbrachten, wie ich in Kapitel 3 aufgezeigt habe. Ea wurde von seinem Bruder Enlil als Schuldiger bezeichnet, weil er den Menschen das Wissen um ihre Herkunft und ihre Schöpfer offenbart hatte. Durch ihn erlangten sie schließlich „Erkenntnis“ und wurden fortpflanzungsfähig. Das belegt auch die Tatsache, daß das urbiblische Wort für Schlange *nahash* ist; es ist abgeleitet vom Stammwort *nhsh* und heißt: *entziffern*, *herausfinden*.

Nun wird auch deutlich, warum Ea, der biblische Luzifer, der gefallene Engel, immer als *der Böse* oder *Satan* bezeichnet wird. Es war nicht im Sinne Anus und Enlils, daß das Adamgeschlecht so „wissend“ wurde, und das hatten sie letztlich Ea zu verdanken. Ea wurde auf die Erde verbannt. Somit ist EA, der „gefallene Engel“, als eigentlicher Begründer dieser Bruderschaft zu sehen. Ich will mich an dieser Stelle nicht auf Namen festlegen, doch steht nun einmal das Symbol der Schlange für zwei Dinge: auf der einen Seite für die Sünde und auf der anderen Seite für die Weisheit. Die Weisheit wird durch das aufrecht stehende Schlangensymbol ausgedrückt. Die auf der Erde kriechende Schlange dagegen ist das Symbol der Versuchung und der Sünde. Beide sind seit der Erschaffung des Adamgeschlechtes, oder sagen wir seit der Verbindung mit den „göttlichen“ Genen, im Menschen verankert. Das Schlangensymbol war im Laufe der Jahrtausende das Symbol für geheimes und zugleich höchstes Wissen. Gleichzeitig war es das Machtsymbol, aber auch Schutzsymbol der Hohepriester, der ägyptischen Priesterschaft, während des dynastischen Zeitalters.

Thoth – der Lehrer der Weisheit

Thoth (ägyptisch: *Dehuti*), der uns mittlerweile zu einem treuen Begleiter geworden ist, spielt in den alten Überlieferungen rund um den Bau der großen Pyramide wohl eine bedeutende Rolle. Ebenso führen uns die Überlieferungen um Thoth zurück in die Priesterzentren nach Hermopolis und schließlich auch nach Heliopolis, von wo aus er wirkte.

Thoth ist mit vielen Namen gleichzusetzen. Er ist bekannt als der dreimal große Hermes (*Hermes Trismegistos*) und wird gleichgesetzt mit Surid oder Saurid, Idris, Onuris und dem biblischen Henoch oder Enoch.

Thoth, der häufig ibisköpfig dargestellt wird, ist zum einen – aus mythologischer Sicht – als weiser Schriftführer der Götter anzusehen, als „Sekretär" bei jeder göttlichen Handlung. Für die alten Ägypter war er vor allem Kulturbringer und Hüter der Geheimnisse, eine zentrale Figur rund um das Priesterzentrum in Heliopolis. Andererseits wird er als der Herr der Zeit und der, welcher *„Zeiten und Monate und Jahre scheidet"* gesehen. Dieser Symbolismus spiegelt sich auch in der Palmrippe wieder, auf der er wie auf einem Kerbholz die Jahre bezeichnet. Dieses Kerbholz war deshalb neben dem Schreibgriffel sein wichtigstes Attribut. Der Schreibgriffel zeichnet ihn als den Herren der Schreiber und des Schreibwesens aus. So stehen auch die Bibliotheken und die Archive sowie das *Haus des Lebens* unter seinem Schutz (Hüter der Aufzeichnungen)! Die Bibliothek seines Tempels in Heliopolis war berühmt; man sprach von geheimnisvollen und verborgenen Gängen, in denen die von dem Gott eigenhändig geschriebenen Papyrusrollen aufbewahrt lagen. Durch sein Wissen war Thoth auch die Macht über die Dinge gegeben. So war er *„groß an Zauberkraft"* Er bediente sich auch merkwürdiger Gerätschaften, zum Beispiel eines *„Zauberspiegels"*, in dem er weit entfernte Dinge sehen konnte. Auch von einem *„Hör- und einem Singvogel"* wird berichtet, mit dessen Hilfe er Nachrichten aus der Ferne empfangen konnte. Aus alten Inschriften erfahren wir, daß dieser Thoth in *„seinem Schiffe"* zur Erde kam.

„Es wurde ihm die Rechtspflege übertragen, als sich Götter und Menschen so vermehrt hatten, daß sie des geregelten Umgangs bedurften. So priesen Götter und Menschen seine Weisheit, mit der er die Gottesdienste und Opfer vorgeschrieben und eingerichtet hatte. Er hatte die Menschen das Schreiben gelehrt und die Kunst der Rede. Er hatte die Beamten angewiesen, wie sie die Tempel und Paläste für Götter und Könige zu pflegen hatten. So wurde nichts von seiner Weisheit vergessen, auch nicht die Kunst des Handwerks im Weben und Flechten, in Jagd und Ackerbau..." (41)

Daß Thoth im Laufe der Zeit und der Geschichte mit vielen anderen Namen verschmolz, habe ich mehrfach erwähnt; ob Saurid, der dreimal große Hermes oder der biblische Henoch. Aus der eben zitierten ägyptischen Überlieferung und auch aus späten biblischen Überlieferungen erfahren wir quasi ein und dasselbe. **Die Kulturbringer Thoth/Henoch sind reale Kulturbringer aus weit zurückliegender Zeit, die zur Erde kamen und den Menschen Kultur und Wissen brachten.** Auch von Henoch haben wir ausführliche Berichte vorliegen, daß er in regem Kontakt zu den „Elohim-Göttern“ stand und im Laufe seines Lebens mehrfach die Erde in Flugkörpern verließ.

Lassen wir Thoth zum Schluß selbst noch einmal zu Wort kommen, mit Offenbarungsworten aus der hermetischen Gnosis, über die sich jeder selbstverständlich seine eigene Meinung bilden sollte:

„*...Aber bevor das alles eintrifft, wird, so sagte der Offenbarer, eine Zeit kommen, in der die Ägypter die Götter umsonst anbeten werden und alle ihre Gottesdienste fruchtlos bleiben werden, weil die Götter Ägypten verlassen haben und zum Himmel aufgestiegen sind.* ***Wie eine Waise wird Ägypten sein, nachdem es von allen seinen Göttern verlassen worden ist. Dann aber werden Fremde in das Land kommen und werden es beherrschen.*** *Sie werden die Ägypter am altgewohnten Gottesdienst hindern und jene bestrafen, die sie dabei antreffen, wenn sie heimlich den alten Göttern dienen. Dann aber wird jenes Land, das einstmals das frommste Land auf der Welt war, ein gottloses Land sein. Es wird nicht mehr angefüllt sein mit Tempeln, sondern mit Gräbern, nicht mit Göttern, sondern mit Leichen... Und so wird das Land nicht nur von den Göttern, sondern auch von den Ägyptern entblößt sein...*“ (Hervorhebung durch den Autor) (16)

Geheimes Wissen über Jahrtausende bewahrt und gehütet...

War Heliopolis ein altes Zentrum, in dem geheimes Wissen seit dem Beginn der Menschheitsgeschichte aufbewahrt wurde? Anzunehmen ist das schon aufgrund der vielen, in Zusammenhang stehenden Überlieferungen. Sicherlich wurde auch in den Priesterzentren in Theben (das heutige Luxor), in Hermopolis und in Memphis altes Wissen aufbewahrt, doch galt Heliopolis, das alte *On*, als das bedeutendste Zentrum der Antike. Noch mehr hat es den Anschein, daß altes Wissen, das durch die vorsintflutlichen Kulturbringer auf die Erde kam, über die Zeiten hinweg bis zum heutigen Tage durch geheime Gruppen bewahrt und behütet wird und darüber hinaus die Menschheit bis zu einem hohen Grad manipuliert wird, durch Magie, Okkultismus und durch Religion. Schließlich ist die fast sechstausend Jahre alte Menschheitsgeschichte durchwoben von Berichten und Gerüchten von geheimen, im Hintergrund wirkenden Gruppen und sogenannten Geheimgesellschaften. Die Existenz, der Einfluß und das Wirken so bekannter Gruppierungen wie den Templern, Rosenkreuzern, Freimaurern, Illuminati und vieler anderer Logen, ist bis zum heutigen Tag kein Geheimnis mehr und wird von der breiten Masse mit mehr oder weniger grossem Interesse wahrgenommen.

Es wird beispielsweise angenommen, daß der alte und mächtige Templerorden, der durch die Kirche gewaltsam niedergemetzelt wurde, im Kern nicht zerschlagen wurde. Im Jahre 1307 wurden die Tempelritter durch den Befehl von Philipp IV., genannt der Schöne, vom Vatikan verfolgt. Offiziell wurden sie wegen satanischer Praktiken angeklagt beziehungsweise von der Kirche verfolgt. Philipp IV. und die Kirchenoberen sahen den großen Einfluß der Tempelritter als eine zunehmende Gefahr an. Auf der anderen Seite hatten die Templer es mit der Zeit zu einem beträchtlichen Vermögen gebracht und besaßen großen Grundbesitz. Viele Tempelritter flohen aus Frankreich, um in den sicheren Regionen Portugals, Englands und Schottlands, in denen der Einfluß des Vatikans nicht so groß war, Schutz zu suchen. Dort schloß sich ein Teil den bereits existierenden Freimaurerlogen an und arbeitete unter der neuen Identität für die protestantische Reformation, um sich für die Verfolgung von der katholischen Kirche zu rächen.(37)

Ein anderer Teil der Tempelritter wurde in Portugal neu gegründet, änderte seinen Namen in die *Ritter Christi* und wurde von Papst Clemens V. rehabilitiert. In Portugal erlangten die *Templer* erneut große Macht.

Phillip IV. ließ am 18. März 1314 ihren Großmeister Jacques De Molay vor der Kathedrale Notre-Dame in Paris auf dem Scheiterhaufen verbrennen.(37)

Es ist heute ein offenes Geheimnis, daß die katholische Kirche, die wir ja eigentlich nicht als einen geheimen Orden bezeichnen können, ihren Gläubigen altes Schriftgut bewußt vorenthält und zudem je nach Belieben und der jeweiligen theologischen Ideologie, in nachchristlichen Konzilen

Inhalte der christlichen Lehre bewußt veränderte. Daß die „nicht kanonisierten“ Schriften den Kirchenoberen bis heute ein Dorn im Auge sind, weil sie noch ausführlicher und umfangreicher über die nicht irdische Existenz der „göttlichen“ Kulturbringer und die gezielte Manipulation an den Menschen berichten, ist somit verständlich. Ebenso verständlich ist das blutige Vorgehen der Kirche gegen die heidnischen und mächtigen Ordensgemeinschaften der Templer, ganz abgesehen von den vielen Feldzügen und Metzeleien, die im „Namen Gottes“ geführt wurden, und dabei standen immer Macht und Besitz im Vordergrund – hinter dem Deckmantel des Glaubens! Bis heute soll sich in der geheimen Vatikanbibliothek eine Vielzahl uralter Dokumente und Bücher aus der Zeit der alten Priesterzentren wie beispielsweise Heliopolis befinden. Was gibt es aus der Sicht des Vatikans zu verbergen, was das Volk nicht wissen darf?

Die weltweiten Berichte über große Persönlichkeiten, Kulturbringer, Eingeweihte und Hohepriester, die im Geheimen und Verborgenen wirken und das Schicksal von Zivilisationen und ganzen Nationen entschieden haben, ist wesentlicher Bestandteil alter Überlieferungen. Die alten Hochkulturen von Lemuria oder auch Atlantis, so sie existiert haben, liegen ebenso im dunkeln der Geschichte wie die Berichte der Sumerer oder die der Ägypter. Aber wenn wir hier von einem Wahrheitsgehalt ausgehen – und wir täten gut daran –, dann zieht sich diese Wahrheit bezüglich dieser vergangenen Zeiten und ihrer Kulturbringer folglich wie ein roter Faden durch die Geschichte der Menschheit und letztlich durch die gesamte Geschichtsschreibung. Wir haben in den ersten Kapiteln erfahren, daß der alttestamentarische „Gott“ nicht ein einzelnes Wesen war, sondern daß es sich dabei um eine „Göttergruppe“ (Elohim) handelte. Die Hebräer änderten die alten Überlieferungen und führten den Monotheismus ein. Die „Elohim-Götter“ erschufen laut der Genesis den Menschen. In vielen Passagen der heutigen kanonisierten Schriften der Bibel finden wir weitere Hinweise auf die Elohim und ihren nicht irdischen Ursprung. Die biblischen Darsteller, wie zum Beispiel Hesekiel, Moses und Henoch, standen in direktem Kontakt mit den Elohim und wirkten als Vermittler zwischen „Göttern“ und Menschen. Auch die vielen, zum Teil sehr detaillierten Berichte über Reisen und Entführungen in den Flugkörpern der Elohim finden wir noch in den heutigen kanonisierten biblischen Überlieferungen.

Vergessen dürfen wir auch nicht die „nicht kanonisierten“ Überlieferungen, von denen es über einhundertzwanzig gibt, über die ich auszugsweise berichtet habe.

Daß die Göttersöhne auf die Erde kamen und sich mit den Erdentöchtern paarten und sie ihnen Kinder gebaren, woraus die Riesen und die Helden der Vorzeit wurden, trifft also den Nagel auf den Kopf und belegt die wesentlich älteren Überlieferungen der Sumerer und die der Ägypter. Ein weiterer Beweis für die Existenz und das Wirken der biblischen Göttersöhne sind die sumerischen Schriftzeugnisse. Erst durch ihre Entdeckung und Entschlüsselung wurde letztlich aufgedeckt, daß die biblische Genesis ein verhältnismäßig junges „Schriftzeugnis“ ist, eine spätere Abschrift, die ihre Wurzeln in den sumerischen Überlieferungen hat. Die Schöpfungsgeschichte aus dem Zweistromland, das „Enuma Elisch“, bietet uns quasi eine Genesis vor der Genesis. Wie wir im zweiten Kapitel sehen konnten, waren die Anunnaki (die biblischen Elohim), *jene, die vom Himmel auf die Erde kamen*, Außerirdische von einem noch unentdeckten Planeten unseres Sonnensystems. Die Anunnaki, die schließlich auf der Erde blieben, waren so gesehen die Begründer von Königtum und Religion, denn durch sie entstand die Götterverehrung! Die Begegnungsstätten der Götter und der Menschen waren von nun an die auf der Erde errichteten Tempel, in denen das Wissen gehütet wurde und die heiligen Rituale zu Ehren der „Elohim-Götter“ stattfanden. Seither sind die als Tempel bezeichneten Stätten der Verehrung zu allen Zeiten – trotz der Veränderungen, die sie, die Menschheit und ihre Religionen erfahren haben – das *Band zwischen Himmel und Erde* (DUR.AN:KI) geblieben. Im frühen Altertum beispielsweise waren Astronomie und Religion sehr eng miteinander verbunden. Die Priester waren Astronomen, und die Astronomen waren Priester. Als Jahwe seinen Bund mit Abraham schloß, hieß er ihn hinausgehen, zum Himmel aufblikken und die Sterne zählen. Dahinter steckte mehr als nur ein Vergleich, denn Abrahams Vater Terach war ein Orakelpriester in Nippur und Ur und somit in die Astronomie eingeweiht.

Das „Enuma Elisch“ liefert uns einen vollständigeren Schöpfungsbericht als die christliche Bibel. Einmal mehr wird das auch durch den alten Sintflutbericht der Bibel bestätigt, denn den biblischen Noah gab es schon in den älteren Berichten aus dem Zweistromland, so hieß er Atrahasis bei den Akkadern, Ziusudra bei den Sumerern oder Utnapischtim im Gilgamesch-Epos – ganz zu schweigen von der Vielzahl anderer, weltweit existierender Sintflutlegenden. Das heute alles zu ignorieren und die Berichte alter Kulturen abzuqualifizieren, scheint sich nahtlos in unser heutiges Weltbild von Macht, Wahn und Manipulation einzufügen.

Machtsymbol Obelisk und das „Auge Gottes“

Bei den vielen Berichten über die Fluggeräte der Elohim, ob nun im Gilgamesch-Epos, den biblischen Überlieferungen oder den ägyptischen Überlieferungen, möchte ich genauer auf die Symbolik der Obelisken und der Pyramide in Form des Pyramidion zu sprechen kommen. Damit schließt sich der Kreis wieder in Heliopolis rund um die Obelisken, den geheimnisvollen Benben, der vermutlich kosmischen Ursprungs war und dem heiligen Benu-Vogel, dem Phönix (Abb. 38).

Bild 64: Der Obelisk in Heliopolis

Abb. 39: Raumfahrzeug des 21. Jahrhunderts

Der Gebrauch von Obelisken (Bild 64 und Abb. 39) in der Architektur geht auf den geheimnisvollen, vorgeschichtlichen Kult des heiligen Benben-Steines in Heliopolis zurück. Dieser Kult verbreitete sich von Heliopolis aus über ganz Ägypten. In den älteren Zeiten waren die Obelisken noch ziemlich selten, dahingegen finden wir sie häufig vor den Tempeln des neuen Reiches.

Obelisken, die auf den ersten Blick wie aufrecht stehende Pfeiler wirken, wurden immer auf einer quadratischen Grundfläche errichtet. Sie wurden aus einem einzigen riesigen Block (Monolith) herausgehauen. Viele Obelisken wurden aus Rosengranit von Aswan hergestellt. Wie sie aus dem Felsen herausgearbeitet, transportiert und an ihrem jeweiligen Platz aufgestellt wurden, ist bis heute nicht endgültig geklärt. Selbst heute, im 21. Jahrhundert, würde uns das vor nicht geringe technische Probleme stellen, denn die Obelisken, die bis zu 32 Meter in die Höhe ragten, wogen mehrere hundert Tonnen. Der größte von ihnen, der seit dem Altertum noch unvollendet in den Steinbrüchen von Aswan liegt, wiegt weit über tausend Tonnen! Den Abschlußstein eines Obelisken bildete das sogenannte Pyramidion, benannt nach seiner Form, die einer kleinen Pyramide gleicht (Bild 65). Über die Herkunft des altägyptischen Wortes „Obelisk", *Techen*, wissen wir bis heute so gut wie nichts. Als die Griechen nach Ägypten kamen und zum erstenmal einen Obelisken sahen, verglichen sie seine lange, schmale Form mit einem Spieß, setzten diesen Ausdruck zum Scherz auch

Bild 65:
restauriertes Pyramidion der roten Pyramide des Snofru

noch in die Verkleinerungsform, und so wurde er dann in fast alle Sprachen übernommen: *Obeliskos*, „(Brat-)Spießchen". Auch der arabische Name *Messala, große (Näh-)Nadel*, beschreibt die Form des Obelisken. Das Pyramidion, der sich nach oben hin verjüngende „Pfeiler", war oft mit Gold verkleidet, wie im übrigen auch die Abschlußsteine vieler Pyramiden ab dem alten Reich, aber ein solches Artefakt war natürlich unter Plünderern sehr beliebt und so liegt uns heute leider keines dieser vergoldeten Pyramidione mehr vor.

Ich habe bereits darauf hingewiesen, daß die Obelisken in Heliopolis unter anderem dem Sonnengott Re mit seinem Haupttempel und somit der „Neunheit" heilig waren. Doch daß die Obelisken in diesem Zusammenhang in erster Linie als Sonnenpfeiler betrachtet wurden, ist höchst zweifelhaft. Vergessen wir nicht, daß der altägyptische Name von Heliopolis *Junu* war, was *Stätte des „Pfeilers"* bedeutet. Gelegentlich findet man dafür auch die ausführlichere Bezeichnung *Junu mehit*, der *nördliche Pfeiler.* Der *südliche Pfeiler, Junu Schemait*, stand übrigens für die Stadt Theben (das heutige Luxor), im alten Ägypten bekannt unter dem Namen *Waset, Szepterstadt.* Theben wurde auch *Heliopolis des Südens* genannt. Sein Hauptgott war Amun, den man menschenartig mit einer hohen Federkrone darstellte. Als er im Laufe der Zeit immer mehr Züge des Re von Heliopolis annahm, verschmolzen diese beiden Götter in Theben schließlich zu einem einzigen: zu Amun-Re mit dem Beinamen *König der Götter.*

Werfen wir einen Blick zurück ins fünfte Kapitel, in dem ich über den großen Gilgamesch berichtet habe, den König – halb Gott, halb Mensch –, der auf der Suche nach der Unsterblichkeit war. Er suchte die „*Wohnung*" der Götter im Zedernwald, im Land TIL.MUN, einem geheimen Ort, der streng bewacht war, und wo er, wie die alten Überlieferungen zu berichten wissen, wohl Zeuge wurde, wie eines der Fluggeräte der Elohim startete. Von seiner Mission nach Uruk zurückgekehrt, war die Königin Ishtar um seine Gunst bemüht. Von ihr erfahren wir in den alten Überlieferungen:

„Herrin des Himmels, sie legt das Himmelsgewand an,
steigt kühn zum Himmel auf; über alle bevölkerten Länder
fliegt sie in ihrem Mu. Herrin, die Du in Deinem Mu
fröhlich Dich schwingst zu den Himmelshöhn.
Über alle die ruhenden Orte fliegt sie in ihrem Mu."(2)

Wie ich schon im fünften Kapitel berichtet habe, widersetzte sich Gilgamesch der Versuchung der schönen Ishtar, woraufhin sie mit ihrem *Mu* wieder in den Himmel aufstieg.

Nach Professor Sitchin stammt das Wort *Mu* von dem semitischen Wort *Schem* und hat zwei Bedeutungen: Als *Schu-mu* kann es *das, wodurch man im Gedächtnis bleibt* heißen, aber auch *das, was ein Mu ist.* Eine andere Ableitung ist *Shamah*, und das wiederum bedeutet, *das, was nach oben geht.* Beide Begriffe beschreiben den Obelisken, den konischen Gegenstand, den wir auch als Gedenkstein oder Stele aus der Vorzeit kennen. Die Bibelübersetzer haben fälschlicherweise das Wort *Schem* immer mit *Name* übersetzt. Wenn im Alten Testament berichtet wird, daß König David *einen Schem*

Abb. 40 und 41:
Verblüffende Ähnlichkeit zwischen einem alten Flugkörper (Abb. 40, links) und einer Trägerrakete mit Raumfahrzeug (Abb. 41, rechts): Bei Abb. 40 ist ein Teil des Flugkörpers unter der Erde positioniert. Der Teil, der sich über der Erdoberfläche befindet, wäre in unserem Vergleich die Kommandokapsel oder das Raumfahrzeug; in beiden Fällen gleicht er einem konischen Gegenstand, vergleichbar mit dem Symbol des Pyramidion.

machte, um seinen Sieg über die Aramäer zu bezeichnen, so bedeutet das nicht, daß er *sich einen Namen machte*, sondern, daß er einen himmelwärts weisenden Gedenkstein setzte.

Sitchin und mittlerweile viele andere Gelehrte weltweit bringen die Obelisken mit den Flugobjekten der „Elohim-Götter" in Verbindung. Die raketenförmigen Flugobjekte dienten als Modell für die Schems, die sogenannten Obelisken, und waren wesentlicher Bestandteil der durch die Elohim entstandenen Götterverehrung auf der Erde. Wie sehr die alten Obelisken heutigen Fluggeräten, sprich Raketen, gleichen, ist doch verblüffend, wie die Abbildungen (Abb. 40 und 41) verdeutlichen. Eine interessante Darstellung haben Forscher im Grab von Huy gefunden. Dieser war während der Regierungszeit Tutenchamuns als Vizekönig in Nubien eingesetzt. Die weltweiten Überlieferungen von lautem Getöse, von Asche und Feuerwolken, die gibt es auch heute noch – oder besser gesagt wieder (Bild 66)!

Ist es möglich, daß es sich bei den Obelisken in erster Linie wirklich um sogenannte „Himmelsbarken" handelte? Auszuschließen ist es sicherlich nicht. Schließlich berichten die unterschiedlichsten Völker, weltweit und völlig unabhängig voneinander, über die von uns viel zitierten Kulturbringer, die in ihren „Himmelsbarken" zur Erde kamen. Das ist nicht weg zu diskutieren und gehört schon gar nicht so mir nichts dir nichts in den Bereich der Mythen und Legenden, nur weil uns bis heute keine eindeutigen Beweise vorliegen oder uns vorenthalten werden und wir meinen oder besser gesagt, uns seit zweitausend Jahren eingeimpft wird, daß wir die Krönung der Schöpfung sind.

Was war das große Geheimnis rund um Heliopolis? War es „nur" das elitäre Wissen der Kulturbringer? War es Schriftgut, die geheimen Schriften, die Henoch alias Thoth von den „Elohim-Göttern" mit auf die Erde brachte und

Bild 66:
Ein „Raketen-Obelisk" des 20. Jahrhunderts, mit *„lautem Getöse und Feuerwolken"*, wie die Alten berichten...

an seinen Sohn Methusalem weitergab? Letztlich können wir diese Frage nicht beantworten – wir müssen sie offenlassen...

Die Präsenz der vorzeitlichen Kulturbringer spielte auch in Heliopolis eine zentrale Rolle, davon ist auszugehen. Aus ägyptischen Inschriften wissen wir, daß der Benben (der „Pyramidenvogel") mit dem konischen Oberteil gleichgesetzt wurde. Das konische Oberteil kann demnach die „Himmelsbarke" oder die „Himmelskammer" gewesen sein, in der die Elohim – im Falle der ägyptischen Überlieferung der Gott Re – vom „*Planet der Millionen Jahre*" auf die Erde kamen. Dieser Gegenstand wird auch durch das Ägyptische Totenbuch bestätigt: „*Du bist erschienen als Benben.*" (Pyramidentext §1652) Diesen Gegenstand, der normalerweise im Allerheiligsten des Tempels aufbewahrt wurde, stellte man einmal im Jahr öffentlich aus. Zum einen, um Pilgerfahrten zu dem Schrein zu ermöglichen und zum anderen, um die heilige Reliquie zu sehen und zu verehren. Durch eine Inschrift des Pharaos Pianchi (um 750 v.Chr.) wissen wir, daß der Benben zu seiner Zeit noch vorhanden gewesen sein mußte, denn der Pharao beschreibt in der Inschrift seinen Besuch in dem Heiligtum. Im Laufe der Jahrtausende ist das heilige Objekt aber verlorengegangen. Nur ein steinernes Replikat hat man gefunden, auf dem der Gott durch die Tür der Himmelsbarke zu sehen ist (Abb. 42). Oft sind die Pyramidione/Benben nur mit dem „göttlichen Auge" dargestellt (Bild 67).

Es ist sicherlich kein Zufall, daß das spätchristliche „Auge Gottes" ebenfalls stets als glänzendes, Strahlenkranz umringtes Pyramidion oder Dreieck in genau derselben Art und Weise dargestellt ist. Auf der Rück-

Abb. 42:
Replikation des Benben.
Hier wird der Benben als Kammer mit einer Tür dargestellt, aus der eine Person herausschaut.

seite der amerikanischen 1-Dollarnote erstrahlt das „Auge Gottes“ sogar auf einer Pyramide, aber dazu gleich mehr.

Auch die Zeichnung (Abb. 40), die aus dem Grab eines ägyptischen Stadthalters stammt, ist sehr beeindruckend. Sie ist möglicherweise ein bildliches Replikat eines sogenannten *Schem* (Mu). Hier ist deutlich zu erkennen, daß ein Teil des *Schem* unterirdisch stationiert war. Nur der obere Teil des Benben befand sich über der Erdoberfläche, verbunden mit einem Schaft, der in den unter der Erdoberfläche stehenden *Schem* führte.

Gilgamesch – der sich aufmachte, um die *„Wohnung der Götter“* zu finden – wußte, wo dieser streng bewachte Ort zu finden war: im Land TIL.MUN, was wörtlich *Land der Raketen* heißt. Noch heute heißt das arabische Wort für Rakete TIL. Das *Land der Raketen* unterstand Utu/Schamach. Dort wurden die *Schems* errichtet, und dort konnte man den Gott zum Himmel aufsteigen sehen, und das tat Gilgamesch schließlich ja auch. Schon in der Einführung seines Berichtes heißt es von Gilgamesch, *„dem Weisen, der alles erlebt hat“*:

„Geheime Dinge hat er gesehen,
was verborgen dem Menschen ist, kennt er.
Er hat sogar Nachricht gebracht
von Zeiten vor der Flut.“(2)

Bild 67: Pyramidion-Abschlußstein (Benben) mit dem allsehenden „göttlichen Auge“.

Ägyptisches Museum, Kairo

Auch aus ägyptischen Überlieferungen erfahren wir, wie streng der Ort beziehungsweise der Benben in Heliopolis bewacht gewesen sein mußte. Aus dem Ägyptischen Pfortenbuch erfahren wir von den sogenannten „Tempelgöttern", die zum Benbenhaus gehörten und dieses bewachten:

„Sie befinden sich außerhalb des Benbenhauses – sie sehen, was Re sieht und haben Zutritt zu seinem geheimen Bild." (35)

Einige Zeilen weiter spricht Re dann selbst zu diesen Tempelgöttern:

„Ihr seid es, die mein Mysterium umgeben, ich aber schütze mein Mysterium, das im Benbenhaus ist."

Kapitel 10
Geheime Machtzentren unter dem Siegel der Pyramide

„...es gibt eine Macht, die so organisiert ist, so subtil, so vollständig, so durchdringend, daß diejenigen, die sprechen, um sie zu verurteilen, besser nur flüstern.“
(US-Präsident Woodrow Wilson)

„Hinter der sichtbaren Regierung sitzt auf dem Thron eine unsichtbare Regierung, die dem Volke keine Treue schuldet und keine Verantwortlichkeit anerkennt. Diese unsichtbare Regierung zu vernichten, den gottlosen Bund zwischen korruptem Geschäft und korrupter Politik zu lösen, ist die Aufgabe des Staatsmannes.“
(US-Präsident Theodore Roosevelt)

Die Obelisken-Symbole heutiger Machtzentren

Überprüfen Sie nun bitte Ihre Sitzposition und ob sich Ihre Rückenlehne in einer senkrechten Position befindet. Schnallen Sie sich gut an, denn gleich heben wir ab. Ich bin sicher, daß beim „Überfliegen“ dieses Kapitels die „inhaltlichen Turbulenzen“ für viele Leser zeitweise etwas stark sein werden. Das Wissen rund um die alten Obelisken steht wie ein Vermächtnis bis heute im Mittelpunkt der großen Machtzentren unseres Planeten.

Heute ist Heliopolis, die einstmals bedeutendste Stadt der Antike, ein Vorort von Kairo. Nur wenig erinnert noch an das bedeutende Priesterzentrum der alten Ägypter. Neben ein paar zerbröckelten Säulen und Balken eines antiken Tempels steht nur noch ein Obelisk von Sesostris I (Bild 68) eines mächtigen Pharaos aus der 12. Dynastie (zirka 1940 v.Chr.). Er ist der letzte von zahlreichen Obelisken, die einstmals in Heliopolis standen. Zwei Obelisken hatte Thutmosis der III., Pharao der 18. Dynastie, errichten lassen. Beide wurden um etwa 12 v.Chr. von den Römern nach Alexandria gebracht und vor dem Caesarium, einem Kaiser Augustus geweihten Tempel, aufgestellt. Die Römer lösten die letzte ägyptische Königin ab und regierten fortan im Land der einstmals mächtigen Pharaonen. Diese letzte Königin war keine Geringere als Kleopatra. Sie war die siebte

Königin ihres Namens – die „Königin der Könige“. Über ihr Leben und Wirken sind ganze Bände geschrieben worden, und ihr wirkliches Schicksal stand kaum hinter dem zurück, das sie durch die Literatur zugewiesen bekam. Sie war die Tochter des Königs Ptolemaios XII Auletes. Da sie ausgezeichnet Ägyptisch sprach und eine große Neigung zu gewissen einheimischen Kulten besaß, war sie mit Ägypten wohl mehr verbunden als ihre Vorgänger aus dem makedonischen Königshaus der Ptolemäer. Die Ptolemäer regierten das Land am Nil seit der Eroberung durch Alexander den Großen im Jahr 332 v.Chr.. Unter Alexander dem Großen, der das Land von den Persern befreite, wurde Alexandria die neue Hauptstadt Ägyptens. Alexandria blühte zu einem bedeutenden Wissenszentrum auf. Hier stand die berühmte Bibliothek von Alexandria.

Bild 68:
Inschrift des Obelisken in Heliopolis:
„Horus, ‚Lebend von der Schöpfung‘, König von Ober- und Unterägypten ‚Cheperkarê‘, die beiden Herinnen ‚Lebend von der Schöpfung‘, Sohn des Rê, ‚Sesotris‘, geliebt von den Mächten von Heliopolis, lebend in Ewigkeit,...“

Als Caesars Heer nach monatelangem Widerstand der Ptolemäer Alexandria einnahm, stand die Stadt in Flammen – samt der alten Bibliothek. In ihr befanden sich etwa 700.000 Schriftrollen, die in den Flammen zerstört wurden. Es ist müßig darüber zu rätseln, daß viele bedeutende Schriften nicht nur jahrhundertealt waren, wie etwa Manethos mehrbändiges Geschichtswerk, die „Aigyptiaka“, sondern noch viel älter waren und weiter zurück reichten bis in die früheste Zeit, in das Heiligtum nach Heliopolis. Möglicherweise wurden in der Bibliothek auch die Schriften des Thoth aus der Zeit vor der Sintflut aufbewahrt. Wir wissen es nicht eindeutig – es ist aber davon auszugehen. Trotz bis heute fehlender Beweiskraft, ist von der Existenz dieser viel zitierten Schriften auszugehen. Die Suche nach den geheimen Kammern und den geheimen Schriften des Thoth hat ja bis heute nicht aufgehört, wie wir bereits gesehen haben.

Eines müssen wir uns im Zusammenhang mit dem Brand der alten Bibliothek noch vor Augen halten: Die Eingeweihten und Priester wußten längst, was die Stunde geschlagen hatte. Als offizielle und letzte Königin der Ägypter war es Kleopatra, die wohl ein Vermächtnis oder sagen wir, als letzte Herrscherin ein Geheimnis mit ins Grab nahm. Bei der Tragödie um die Bibliothek ist sicherlich ein unvorstellbarer Schatz an Wissen für die Nachwelt verlorengegangen. Die wichtigsten und geheimsten Schriften aber, wenn sie sich denn in der Bibliothek und somit in den Händen der Ptolemäer befanden, wären in der Zeit der monatelang anhaltenden Kämpfe um Alexandria längst in Sicherheit gebracht worden. Es ist davon auszugehen, daß das alte Schriftgut nie in die Hände der Ptolemäer gelangte. Es wurde quasi wie ein Königsschatz behütet und stets rechtzeitig, zum Beispiel bei politischen Unruhen oder Herrscherwechseln, in Sicherheit gebracht und wechselte stets zur rechten Zeit den Ort. Die Zeit der Ptolemäer war ohnehin von Intrigen und Morden innerhalb der Königsfamilien übersäht. Ein anderer Höhepunkt war folglich der Sturz in immer größere Unwissenheit. Das wird einmal mehr durch das bis ins Mittelalter gültige Ptolemäische Weltbild deutlich (Claudius Ptolemäus 100-170 n.Chr.). Die Ptolemäer waren vermutlich längst nicht mehr in die alten Mysterien der Ägypter eingeweiht.

Übrigens wurde die berühmte Bibliothek von Alexandria in den Jahrhunderten noch einmal das Zentrum der Gelehrsamkeit. Im Jahre 636 n.Chr. ließ Omar, der dritte Kalif des Islam, nach der Eroberung Alexandrias Millionen von Bücherrollen zur Heizung der städtischen Bäder verbrennen. Der Vorrat soll für sechs Monate gereicht haben. Der Kalif soll gesagt haben: *„Entweder stimmen diese Bücher mit dem Koran überein oder nicht. Stimmen sie mit ihm überein, dann ist der Koran allein genug; ist dies nicht der Fall, dann sind die Bücher verderblich.“*

Viele alte Schriften wurden schon Jahrhunderte zuvor von den übereifrigen Christen der Frühzeit zerstört; zumeist auf den ausdrücklichen Befehl der Bischöfe und mit einem Eifer und Argumenten, die denen des Kalifen ähnelten.

Bild 69:
Der Obelisk auf dem Petersplatz;
davor der Bernini-Brunnen.

Bild 70:
Die Vatikanstadt von oben; im Zentrum der
Piazza San Pietro der Obelisk.

Verfolgen wir die Geschichte um die Obelisken, so stellen wir fest, daß viele Herrscher im Laufe der folgenden Jahrhunderte die Göttersymbole stets in ihren jeweiligen Machtzentren positionierten. Ihre Bedeutung und Verehrung – vor allem als Herrscher- und Machtsymbol – hat nicht an Bedeutung verloren und scheint in den geheimen Kreisen bekannt zu sein.

Auf Rom, die ewige Stadt, die durch viele Beinamen geschmückt wird, trifft einer vor allen anderen zu: „Die Stadt der Obelisken". Dreizehn von ihnen stehen in der italienischen Metropole. Sie alle sind aus Ägypten herbeigeschafft worden. Nur acht der Obelisken blieben für den „Rest der Welt" noch übrig. War das nur eine Laune unter dem Aspekt von origineller Städtearchitektur? Werfen wir einen Blick auf das Zentrum des Vatikanstaates, so stellen wir zu unserer Überraschung fest, daß im Mittelpunkt der Piazza San Pietro ein 42 Meter hoher Obelisk steht, umschlossen vom Symbol des Zodiakus (Bild 69 und 70). Er ist zweifellos der schönste und zugleich der größte Obelisk, der in Rom steht. Bereits im Jahre 37 wurde der Obelisk durch Kaiser Caligula im Zirkus des Nero aufgestellt. Durch

Papst Sixtus V. erlebte er dann im Jahre 1586 unter dramatischen Umständen seine Aufrichtung vor St. Peter. Allein das Mittelstück – ein Monolith – wiegt etwa 822 Tonnen. Bei meinen Recherchen ist mir aufgefallen, daß über diese Besonderheit und ihre mögliche Bedeutung bisher nie gesprochen wurde. Bei Bau und Ausführung der Peterskirche, dessen Innenraum sechsmal so groß ist wie der des Kölner Doms, wurde nichts dem Zufall überlassen. Hier waren so berühmte Baumeister wie Michelangelo am Werk. Die Kirche erhebt sich an jener Stelle, an der Petrus wahrscheinlich den Märtyrertod fand und an der vermutlich sein Grab lag. Im ersten Jahrhundert befand sich hier der schon erwähnte Zirkus des Kaisers Nero und der große Obelisk. Es ist recht sonderbar, daß der Obelisk von Sixtus V. im Zentrum der Piazza San Pietro wieder aufgerichtet wurde – ein heidnisches Symbol im Herzen des Vatikans! Und schließlich ist Petrus unter Neros Regierung im Jahr 64 gekreuzigt worden. Ein anderer Punkt ist noch interessanter und verdeutlicht die Wichtigkeit und das Wissen um die alten Herrschersymbole aus dem alten Ägypten. Zur Zeit der Errichtung auf der Piazza im Jahre 1586 war das naturwissenschaftliche Wissen der Kirchenoberen in vielen Bereichen auf einem Tiefpunkt angelangt. Seit 1.500 Jahren hatte das geozentrische Weltbild von Claudius Ptolemäus Bestand, in dessen System die Erde der Mittelpunkt des Universums ist und nicht die Sonne. Erinnern wir uns an Galilei: Der widersprach nicht nur dem geozentrischen Weltbild von Ptolemäus und somit der Kirche, sondern unterstrich und bewies durch eigene wissenschaftliche Beobachtungen das heliozentrische Weltbild des Nikolaus Kopernikus, nach dem nicht die Erde sondern die Sonne der Mittelpunkt des Universums ist. Gerade in dieser Zeit ließ Sixtus V. ein vermeintlich heidni-

Bild 71:
Ein anderer Obelisk aus Ägypten ist *Cleopatras-Needle*. Er steht in London an der Themse.

sches Symbol auf der Piazza errichten, direkt vor der Peterskirche! Die Obelisken oder Schems, wie sie im Zweistromland genannt wurden, sind einerseits als Sonnenpfeiler verehrt worden, zu Ehren des Sonnengottes Re, dessen Haupttheiligtum der Tempel in Heliopolis war. Ob sie nun Symbole für die Flugkörper der Elohim-Götter darstellten oder „einfach" nur Sonnensymbole – allein die Verehrung des Obelisken als Sonnensymbol steht im krassen Widerspruch zum geozentrischen Weltbild der römisch-katholischen Kirche des 16. Jahrhunderts. Die katholische Kirche hatte sicherlich andere Gründe dafür. Es ist davon auszugehen, daß die Errichtung des Obelisken durch Sixtus V. in den geheimen Kreisen wohl eine zentrale Rolle spielte und bis heute von zentraler Bedeutung ist. In der Öffentlichkeit wird das natürlich bis zum heutigen Tage nicht erwähnt. Andererseits unterstreicht es die weitläufige Annahme, daß der Vatikan bereits zu dieser Zeit durch mächtige und finanzstarke Gruppen infiltriert war. Es ist ein offenes Geheimnis, daß der Vatikan neben der noch nicht veröffentlichten letzten Fatima-Schrift über bedeutendes und uraltes Schriftgut verfügt. Hierbei soll es sich vermutlich neben noch nicht veröffentlichten Schriften über das Leben und Wirken Jesu, auch über Jahrtausende älteres Schriftgut aus Ägypten handeln.

Warum der Vatikan Interesse daran hat, seinen Gläubigen altes Schriftgut vorzuenthalten, das kann man sich an zehn Fingern abzählen. Über die dunklen Seiten des Vatikans und des Papsttums ist besonders in den letzten Jahren genug geschrieben und aufgedeckt worden. Daß der Vatikan eine der reichsten Organisationen der Erde ist und entsprechenden Einfluß auf die Weltwirtschaft und somit auf die gesamte Weltpolitik ausübt, ist unlängst bekannt. Trotzdem möchte ich zum besseren Verständnis noch einen kleinen Seitensprung machen.

Bild 72:
Im Herzen Washingtons am Zentrum der Macht, das Washington Monument.

Bereits Anfang des 15. Jahrhunderts, als Martin Luthers Protest gegen die katholische Kirche begann, lag diese in den Händen von Papst Leo X., dem Sohn Lorenzo di Medicis. Dieser wiederum stand an der Spitze einer reichen internationalen Bank in Florenz. Die Familie Medici war bereits eine Generation früher mit dem Papsttum in Berührung gekommen, als sie einen Erzbischof finanzierte, den späteren Papst Johannes XXIII.. Den Medicis wurde unter Johannes XXIII. die Aufgabe übertragen, Steuern und Zehnten für den Papst einzuziehen. Die Familie Medici verfügte über ein weitreichendes Netz von Steuereinnehmern und Untereinnehmern. Die Gebühren, welche die Medicis dafür kassierten, trugen dazu bei, daß sie zu einem der reichsten und einflußreichsten Bankhäuser Europas wurden. Durch die Einbeziehung einer gewinnorientierten Bank sind viele geistige Aktivitäten der katholischen Kirche immer mehr als geschäftliche Unternehmungen gesehen worden. Ein kurzes Beispiel dazu: Die Katholiken glaubten beispielsweise an die Zahlung von *Ablässen* (Ablaß = Erlaß von Sündstrafen). Ein Ablaß ist demnach das zur Wiedergutmachung einer Sünde gezahlte Geld. Wird die Geldbuße in Verbindung mit einer Beichte gezahlt, kann sie die Schuld häufig mildern, vor allem, wenn das Geld dazu verwendet wird, dem Geschädigten zu helfen. Die meisten Ablässe flossen jedoch in die Kassen der Kirche. Es ist auch verständlich, daß die Steuereinnehmer der Medicis mehr daran interessiert waren, wieviel Geld jemand in der Lage war zu zahlen, als daran, ob der Bußfertige einen geistigen oder seelischen Nutzen daraus zog.

Jan van Helsing schreibt in seinem Buch „Geheimgesellschaften 2", daß der Vatikan seit ein paar Jahrhunderten durch die Illuminati infiltriert ist und bis heute durch diese gesteuert und geführt wird. Ein Indiz dafür ist, so van Helsing, der Name der Stadt, in der der Vatikanstaat liegt: *ROMA*. ROMA ist die Umkehrung von *AMOR.* (*Liebe*). Roma ist somit das Gegenteil der Liebe. Nach den Gesetzen der Affinität und der Polarität hat sich hier folgendes gefunden und gebunden: das antike weltliche Imperium mit dem neuen kirchlichen Imperium – der „Vertreter" Gottes in der Metropole, die „Umkehr der Liebe" heißt. Jan van Helsing schreibt weiter, „*...daß Katholiken das Kreuz des Antichristen schlagen, wenn sie sich bekreuzigen. Sie ziehen mit der rechten Hand von der Stirn zum Sternum und dann von der linken Schulter nach rechts. So wird der waagerechte Balken im unte-*

ren Abschnitt des Kreuzes gemacht, also proportional genau umgekehrt als das Christuskreuz. Sie schlagen das umgekehrte Kreuz und werden wieder einmal nicht über Symbolismus aufgeklärt, geschweige denn, daß sie wissen, was diese Handbewegungen auf das Magnetfeld des Körpers bewirken – die oberen Energiezentren werden durch diese Bewegung von oben nach unten verschlossen und durch den Querschlag versiegelt – also ein Verschluß der Energien. Ebenso wird durch das Kreuzzeichen, das vor allem die Katholiken auf der Stirn der Neugeborenen machen, das dritte Auge gezielt verschlossen, wodurch die Hellsichtigkeit gezielt blockiert werden soll. In diesen Kreisen finden wir die schlimmsten Schwarzmagier."

Ein kurzes Wort möchte ich an dieser Stelle auch noch über Martin Luther verlieren. William Bramley schreibt in seinem Buch „Die Götter von Eden" über „Luther und die Rose": Einer der bedeutendsten Zweige der Illuminati in Deutschland waren die mystischen Rosenkreuzer. Das Rosenkreuzertum war zuerst Anfang des 9. Jahrhunderts von Kaiser Karl dem Großen in Deutschland eingeführt worden. Die erste offizielle Loge der Rosenkreuzer wurde 1100 n.Chr. in der Stadt Worms im Staat Hessen gegründet. Die Rosenkreuzer wurden wegen ihres Engagements in der Alchemie, ihrer komplexen mystischen Symbole und ihrer geheimen Initiationsgrade bekannt. Zwischen den Illuminati und den frühen Rosenkreuzern bestanden enge Verbindungen, so daß der Aufstieg bei den Rosenkreuzern häufig zur Aufnahme bei den Illuminati führte.

Auch Luthers Vorstellungen waren ganz offensichtlich von der Mystik geprägt, die auf der der Rosenkreuzer basierte, so William Bramley. Luthers Hauptmentor bei den Augustinern, Johann von Staupitz, vertrat eine Theologie, die sich stark an die Schriften der bekannten deutschen Mystiker Heinrich Suso und Johann Tauler orientierte. Tauler war einer der meistgelesenen Mystiker des 14. Jahrhunderts. Luther wurde ein eifriger Leser der Werke Taulers. Daß zwischen Luther und dem Netz der Bruderschaft eine direkte Beziehung bestand, zeigt sich in Luthers persönlichem Siegel. Es besteht aus seinen Initialen (ML) zu beiden Seiten zweier bedeutender Symbole der Bruderschaft: der Rose und dem Kreuz. Rose und Kreuz sind die Hauptsymbole des Rosenkreuzerordens.

Zurück zu der Bedeutung der Obelisken: Offiziell wurden sie auf dem Wege der diplomatischen Höflichkeit unter anderem Großmächten wie Frankreich, England und Amerika überreicht und stehen bis heute an zentralen Orten in Paris, London und New York. Zwei davon standen einstmals im Priesterzentrum Heliopolis und wurden dann nach Alexandria gebracht, wo sie vor dem Caesarium die Macht der Römer symbolisierten. Im Jahre 1878 verließen sie Ägypten dann in Richtung London und New York, wo sie bis heute symbolisch in den Zentren der beiden Großmächte in den Himmel hinauf ragen. Übrigens ragt auch hinter dem Weißen Haus in Washington ein Obelisk als Symbol der Macht in den Himmel – wie sollte es auch anders sein (Bild 72).

Die Pyramide und das Siegel der Vereinigten Staaten

Nachdem ich auf die jahrhundertealte Existenz geheimer Orden wie den Templern, den Rosenkreuzern oder Illuminati, den Freimaurern oder anderen im Verborgenen operierenden Gruppen hingewiesen habe, ist sicherlich deutlich geworden, wie groß der Einfluß und das Mitwirken der Kirche und des Vatikans in diesem Zusammenhang sein wird. In den letzten Jahrzehnten ist viel über die dunklen Seiten des autonomen Staates in der Stadt der Liebe geschrieben und aufgedeckt worden. Suchen wir nach Wurzeln, so landen wir stets wieder in Ägypten, wo in Priesterzentren wie Heliopolis das geheime Wissen aufbewahrt wurde. Das Wissen der „Alten" ist auf verschiedenen geheimen Wegen bis in die Gegenwart bewahrt beziehungsweise weitergegeben worden.

Auch wenn viele Leser mich schon jetzt oder spätestens nach meinen nächsten Ausführungen für einen Verschwörungstheoretiker halten werden, bitte ich diejenigen, sich vorher die folgenden Fakten und Tatsachen einmal klar vor Augen zu führen. Das Wort VERSCHWÖRUNG ist meiner Meinung nach unangebracht, vielmehr wäre das Wort MANIPULATION angebracht, denn die scheint sich wie ein dunkler Schatten durch die Geschichte der Menschheit zu ziehen. Ein großes Dilemma ist zudem, daß wir uns von der dunklen und verschleierten Vergangenheit beherrschen lassen und deshalb die unsichtbaren und verschlossenen Wege der Gegenwart nicht mehr verstehen und schon gar nicht erkennen.

Abb. 43 und 44

Es ist heute ein offenes Geheimnis, daß die Vereinigten Staaten von Logenbrüdern gegründet und als Freimaurer-Idealstaat aufgebaut wurden. Thomas Jefferson und George Washington waren Freimaurer, Benjamin Franklin war Freimaurer und Rosenkreuzer und eben diese waren im Besitz des elitären und geheimen Mysterienwissens der „Alten".

Tatsächlich beinhaltet die amerikanische Konstitution die Grundelemente der Menschenrechtsproklamationen der Aufklärung. Bis heute bezeugt das auf jeder 1-Dollarnote abgebildete Staatssiegel der USA die Symbolik und die Macht der Logenbrüder (Abb. 43 und 44). Auf der einen Seite zeigt es eine 13stufige Pyramide, deren Schlußstein fehlt. An seiner Stelle schwebt über ihr das mystische Auge im Dreieck, das „Allsehende Auge" Gottes, das Symbol des Meisters in der Freimaurerei. Das heißt in der Geheimsprache der Logen, daß der fehlende Eckstein der Gesellschaft das „Göttliche" sein muß. Die mystische Zahl ist 13. Bei den Illuminati gibt es 13 Grade. In der Numerologie ist 13 die Krönung der 12 – die perfekte Harmonie. Jesus stand als dreizehnter dem Kreis seiner zwölf Jünger vor und symbolisierte die Transformation (Auflösung/Umwandlung) und das Göttliche. Über dem Pyramidensymbol stehen die lateinischen Worte *„Annuit Coeptis"*, darunter *„Novus Ordo Seclorum"*. Sie bedeuten: *„Die Ankündigung der Geburt"* und *„Eine neue Weltordnung"*. Die andere Seite des Siegels zeigt den weißköpfigen Seeadler, das aber erst seit 1841 – davor symbolisierte der Phönix(!) den Wappenvogel auf der Geldnote. Auch hier steht die heilige Zahl 13 symbolisch im Mittelpunkt. Der Phönix hatte an jedem seiner Flügel 13 Federn, in der rechten Kralle erkennen wir 13 Pfeilspitzen, in der linken einen Zweig mit 13 Blättern. Über ihm steht *„E Pluribus Unum"* (*aus vielen eines*) aus 13 Buchstaben, darüber ein Davidstern aus 13 Sternen und auf der Brust das Banner mit 13 Streifen, die die 13 Gründungsstaaten repräsentieren. Übrigens war auch ein anderer Freimaurer maßgeblich an der Gestaltung der 1-Dollarnote mit beteiligt. Die Rede ist von Henry Wallace; auch er war nicht nur ein einflußreicher Freimaurer sondern auch Landwirtschaftsminister und später sogar Vizepräsident der Vereinigten Staaten. Wallace war vermutlich sehr mit den alten ägyptischen Mysterien verbunden. Er schrieb 1934:

„Es wird wohl eine eindeutigere Anerkennung des großen Architekten des Universums erfordern, bevor der Apexstein (Pyramidion, das „Allsehende Auge") *endgültig an seinem Platz befestigt wird und diese Nation in der vollen Stärke ihrer Macht in der Lage ist, durch die Einweihung der ‚Neuen Weltordnung' die Führung unter den Nationen zu übernehmen."*(41)

Die Illuminati sind eine weltweit führende Geheimorganisation und bestimmen Politik und Finanzen. Sie wird heute auch vielfach als *Schattenregierung* bezeichnet, und das wohl nicht zu unrecht. Sie hat das Ziel, eine einheitliche Weltregierung zu schaffen. Diese Organisation, die Illuminati (Die Lichtträger), wird alles tun, um diese Weltregierung herbeizuführen. Forscher, die sich mit diesem Thema intensiver befaßt haben, gehen noch einen Schritt weiter und behaupten, daß es sich bei dem Symbol der Illuminati – dem „Allsehenden Auge" um das Symbol der schon aus dem Zweistromland bekannten Schems handelt, die Flugkapseln, die später die Pyramidione auf den Obelisken darstellten. Und zugegeben, Hinweise darauf finden wir in der Antike zuhauf, wie wir gesehen haben; ganz abgesehen von den vielen Berichten weltweit über die „Elohim-Götter" und ihre Flugapparate. Diese außerirdische Rasse (die *Greys* = die Grauen) soll nun mit den Illuminati einen Vertrag geschlossen haben, diese zur einheitlichen Weltregierung zu führen. Dieser Kontakt soll in der Zeit zwischen 1930 und 1935 stattgefunden haben. Zu Beginn der Zusammenarbeit hielten die Illuminati die *Greys* für das Beste, was ihnen passieren konnte, denn diese Außerirdischen schienen eine neue Quelle unbegrenzter Macht zu sein. Mit dem Vertrag erhielten die *Greys* das verbriefte Recht, Experimente auf der Erde durchzuführen. Die *Schattenregierung* bekam im Gegenzug die „graue“ Technologie zur Verfügung gestellt, der wir letztlich unseren enormen Fortschritt im 20. Jahrhundert zu verdanken haben.

Die erste Zusammenarbeit fand also vor 1945 statt, denn für den Unsichtbarkeitstest im Rahmen des Philadelphia-Experiments, auf das ich gleich noch zu sprechen kommen werde, nutzten die Wissenschaftler bereits „graue Technologie“. Der Physiker Nikola Tesla, der zeitweilig Projektleiter des Philadelphia-Experiments war, gab zu Protokoll, die forschungsrelevanten Informationen von Außerirdischen erhalten zu haben, was ihm natürlich niemand abkaufte.

Wie dem auch sei und wie verrückt und abgehoben diese These auch im ersten Moment klingen mag, es ist mehr daran als Verschwörung und Science Fiktion, wie wir sehen werden. Aber noch ein Wort zur 1-Dollarnote der USA; da kann man nur staunen und sagen: Herzlich Willkommen im Priesterzentrum Heliopolis, im alten Ägypten. Hier war Sitz der „Götter-Neunheit“, wie wir bereits erfahren haben. In diesem Zusammenhang ge-

Bild 73 und 74:
Die Via della Conciliazione ist die Straße, die direkt zur Peterskirche führt, ins Herz des Vatikanstaates. Links ein 13stufiger Obelisk. Auf dem rechten Bild ist die Pyramiden-Allee gut zu erkennen, die direkt auf die Piazza San Pietro zuläuft.

hen wir noch einmal kurz zurück auf den Petersplatz nach Rom. Ich werde Ihnen noch einen Beleg liefern, der deutlich macht, daß der Vatikan durch die Illuminati infiltriert ist und daß dies symbolisch und numerologisch belegt werden kann.

Die meisten Besucher gelangen über die Via della Conciliazione in das Zentrum des Vatikanstaates, den Petersplatz. Diese Straße wird von einer Pyramiden-Allee gesäumt (Bild 73 und 74). Diese Allee wird links und rechts von jeweils 13 Obelisken gesäumt. Jede der 13 Pyramiden besteht aus 13 Steinblöcken (!) – wie das Pyramidion auf der amerikanischen Geldnote. Die Macht der Schattenregierung (der Illuminati), die im Hintergrund dafür sorgt, daß die *Neue Weltregierung* in Kraft tritt, wird neben der Zahl 13 (Transformation/Umwandlung) durch eine weitere Zahl symbolisiert. Es ist die Zahl 7. Die 7 steht zum einen für das Universum, also für die heilige Ordnung, und zum anderen für *den Weg*. Der Weg beziehungsweise die Umsetzung desselben erfolgt durch die Illuminati und ist virtuell überall vorhanden. In der heiligen Geometrie wird die 7 mit einem Dreieck innerhalb eines Quadrates symbolisiert. Eine Interpretation dieses Symbols besagt, daß es die Harmonie zwischen Geist (Dreieck) und Materie (Quadrat) ausdrückt.

Aber sehen Sie selbst: Jeder der Obelisken mit seinem Pyramidion (Dreieck) hat 13 Stufen, und die stehen auf einem Steinsockel mit jeweils vier Blöcken (Quadrat). Multipliziert ergibt das den numerologischen Wert 7. Auch das „ONE“ auf der amerikanischen Geldnote ergibt diesen Wert 7 – den Weg zur Erreichung der *Neuen Weltregierung* durch die Illuminati. Ich habe noch einen Obelisk für Sie parat: Wenn man jeweils eine Verbindungslinie durch die Obelisken auf der *Via della Conciliazione* zieht, in Richtung Peterskirche,

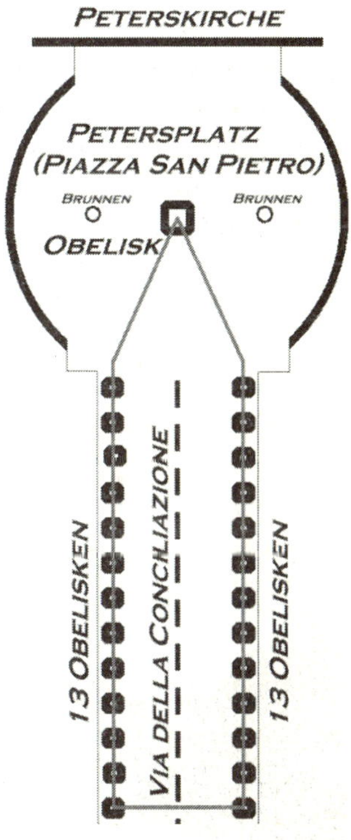

Abb. 45 (rechts):
Der unsichtbare Obelisk im Vatikanstaat; Symbol für die im Hintergrund wirkende Macht in der Stadt der „Liebe“.

und vom jeweils letzten eine weitere Linie zu dem Obelisk auf der Piazza San Pietro, dann erkennen wir einen weiteren Obelisk (Bild 74). Diesen zweidimensionalen Obelisk habe ich im letzten Jahr bei Recherchen im Vatikanstaat entdeckt. Die Obelisken-Allee wurde erst im letzten Jahrhundert errichtet. Wie Abbildung 45 verdeutlicht, haben die Obelisken als Symbol der „Schattenregierung" wohl eine zentrale Bedeutung.

Ich möchte Ihnen auch noch ein paar Hinweise auf das „Allsehende Auge" geben. Pier Compton beschreibt in seinem Buch „The Broken Cross", daß die Illuminati die katholische Kirche infiltriert haben. Er fand die Verwendung des „Allsehenden Auges" Luzifers im Dreieck bei führenden Katholiken und Jesuiten vor. Es wurde beispielsweise auch im Siegel des *Philadelphia Eucharistic Congress* (Abendmahl-Kongreß in Philadelphia) 1976 verwendet. Es befand sich außerdem auf einer Sonderausgabe von Vatikan-Briefmarken im Jahre 1978, mit der symbolischen Beschreibung, daß die Illuminati das Ziel der Weltherrschaft endlich erreicht haben. Compton beschreibt auch, daß Papst Johannes XXIII. das „Allsehende Auge im Dreieck" auf seinem persönlichen Kreuz trug.

Auch heute noch finden wir Hinweise auf die hohe Bedeutung des „Allsehenden Auges" im Vatikan. Ich habe bei Recherchen im Vatikanstaat beispielsweise noch eins im Vatikanmuseum gefunden (Bild 75). Was man bei der Aufnahme nicht genau erkennen kann, ist die dreieckige Form des

Bild 75:
Das „Allsehende Auge" auf einem Wandteppich im Museum des Vatikan; hier wird eine Begebenheit aus dem Leben Urbans VIII. dargestellt.

Bilder 76 bis 78:
Der Obelisk im Zentrum von Stift Göttweig in Furth (links); rechts oben das „Allsehende Auge“ über dem Eingang und in der Kirche über einem der kleinen Altäre.
Bild 79 links unten: das Auge auf der Außenwand des Pfarramtes in Slowenien

Auges und daß es sich auf einem dreieckigen Hintergrund befindet. Der strahlende Schein, den das Auge erzeugt, bedeutet Macht und Stärke.

Auch heute lassen sich noch in verschiedenen Gotteshäusern die „Gottesaugen“ finden. In der Schloßkirche St. Trinitatis zu Weißenfels in Sachsen Anhalt beispielsweise. Ein „Gottesauge“ befindet sich zwischen zwei

Säulenbögen oberhalb des Kapitells. Ein weiteres findet man über dem Hauptaltar unterhalb des Kreuzes.

In Slowenien in der Kirchengemeinde Ljutomer befindet sich ein „Gottesauge" an der Außenwand des Pfarramtes. Es entstand 1997 durch den Maler Ivan Žnidarič auf Wunsch des Gemeindepfarrers (Bild 79).

...Noch ein Beispiel? Ich habe noch eines für Sie – Sie werden staunen! Etwa fünfundsechzig Kilometer nordwestlich von Regensburg, in Furth, steht das Benediktiner Kloster Stift Göttweig. Wie in Rom, im Vatikanstaat, steht auch hier direkt vor der Kirche, im Zentrum des alten Klosters, ein Obelisk (Bild 76). Auch in der Kirche finden wir über einem der kleineren Altäre, wie auf Bild 78 zu erkennen ist, einen Hinweis auf die Bedeutung und die Macht, die hinter dieser Symbolik und der mit ihr in Verbindung stehenden Gruppe liegt.

Übrigens ist noch etwas recht interessant in Verbindung mit der hohen Bedeutung der Pyramidione im alten Ägypten. Nicht nur der Benben aus Heliopolis ist seit Jahrhunderten vor dem endgültigen Zerfall des Pharaonenreiches spurlos verschwunden, auch die vielen vergoldeten Abschlußsteine der bedeutenden Pyramiden wurden nie gefunden. Sicherlich haben auch Plünderer ihren Teil dazu beigetragen, doch daß die Hohepriester der Machtzentren so blauäugig waren und die zunehmende Gefahr und Bedrohung nicht kommen sahen, ist unwahrscheinlich. Das Wissen und die heiligen Gegenstände sind nie in die Hände von Unwissenden und Räubern geraten. Sie wurden stets in den geheimen Gruppen und Ordensgemeinschaften weitergereicht, wie nach meinen Ausführungen nachzuvollziehen ist. Es ist mehr als ein Vermächtnis aus dem alten Ägypten, dessen Spur uns zu den großen Machtzentren unserer Erde und somit auch in das Zentrum der Vatikanstadt geführt hat.

Die Roerich-Expedition

In Verbindung mit der 1-Dollarnote der Vereinigten Staaten und geheimer Machenschaften möchte ich einen Namen nicht unerwähnt lassen: Nikolai Roerich. Dieser war es, der dem damaligen US-Vizepräsidenten vorschlug, das Symbol der Pyramide auf einem Geldschein zu verwenden. Präsident Roosevelt, selbst Freimaurer, stimmte zu. Wer war aber dieser Nikolai Roerich?

Auf der Suche nach dem mythischen Weltenzentrum der Buddhisten – dem geheimnisvollen Shambhala im Herzen Asiens – startete Roerich im März 1925 in Srinagar, Kaschmir, eine der ungewöhnlichsten Expeditionen des vorigen Jahrhunderts. In über drei Jahren bezwang eine Karawane aus 103 Kamelen, Pferden, fünf Lastkarren, einigen Dutzend Lastenträgern und vier Europäern auf uralten Karawanenstraßen die höchsten Pässe der Welt. Nikolai Konstantinowitsch Roerich (1874-1947), der Leiter der Expedition, war ein genialer, auf der ganzen Welt anerkannter und gefeierter Maler. Roerich war zudem Archäologe, Philosoph, Naturgeschichtler, Schriftsteller und Friedensstifter. Auf ihn geht der sogenannte *Roerich-Pakt* zum Schutz von Kulturgütern im Kriegsfall zurück. Er wurde am 14. April 1935 von den Staatsoberhäuptern aller 21 Mitgliedsstaaten der *Panamerikanischen Union* (die beide amerikanischen Kontinente einschloß) im Büro des US-Präsidenten Roosevelt im Weißen Haus in Washington unterzeichnet.

Offiziell hatte sich die Roerich-Expedition das Ziel gesetzt, die Länder und Menschen Zentralasiens und ihr kulturelles Erbe zu erkunden. Doch schon Roerichs Bücher weisen auf das eigentliche Ziel hin. Es war das rätselhafte Shambhala im Herzen Asiens, die Quelle des Wissens der buddhistischen Mythologie. Das „Avatumsaka Sutra" erklärt, daß die Menschheit von Anbeginn Falsches mit Wahrem verwechselt habe. Darum wurde ein geheimes Wissen geschaffen, das von den *Großen Lehrern des Himalaja* bewahrt würde. *„Nur Seher können mit ihnen durch die Reinheit des Herzens kommunizieren"*, erklärte der bekannte Orientalist und Herausgeber des „Tibetischen Totenbuches" Dr. Evans-Wentz. *„Als schweigende Wachposten schauen sie mit göttlichem Mitleid von ihren Bollwerken im Himalaja auf die Welt bis zum Ende des Kali Yuga – des dunklen Zeitalters –, wenn der Tag des Erwachens über alle Nationen hereinbricht."* (65)

Nikolai Roerich war nicht der einzige Europäer, der auf der Suche nach der Quelle der Weisheit ins Morgenland aufbrach. Viele vermuten bis heute hier den Sitz der *Meister der Welt*, einer elitären Bruderschaft, die heimlich die Geschicke der Menschheit lenkt – oft durch Botschafter ihres Wissens, wie Roerich einer war. Buddha, Lao-Tse und selbst Christus sollen okkulten Quellen zufolge in jungen Jahren bei den Meistern gewesen sein. Einer der frühesten Himalaja-Pilger war der berühmte Wundertäter aus dem 1.

Jahrhundert, Apollonios von Tyana. Er war der persönliche Berater des römischen Kaisers Vespasian (69-79 n.Chr.). Kaiserin Julia Domna, Frau des Caracalla (211-217 n.Chr.), war von den Taten des Weisen so begeistert, daß sie ihren Privatlehrer, den Gelehrten Philostratos, beauftragte, eine Biographie über Apollonios zu schreiben. Kaiser Severus Alexander (222-235 n.Chr.) stellte in seinem Tempel neben der Statue Christi und des Orpheus auch ein Standbild des Apollonios auf. Von Dio Cassius und seinem Zeitzeugen Lukian wurde Apollonios als *„zauberkundiger Mann"* bezeichnet, und nach Lactantius errichteten ihm die Epheser einen Altar wie einem Gott. Alten Berichten zufolge soll er, wie Christus, Tote wieder zum Leben erweckt, Kranke geheilt, oft sogar die Wunder Christi übertroffen haben.

Philostratos hat ein interessantes und farbiges Bild des Weisen und Magiers aufgezeichnet, der etwa 4 v.Chr. geboren wurde. Schon in der Schule fiel Apollonios durch seine Intelligenz, sein Gedächtnis und seine frühreifen Bemerkungen auf. Zum Mann herangewachsen, suchte er in Kleinasien die größten Lehrer seiner Zeit auf, um bei ihnen Philosophie zu studieren. Dabei lernte er auch die Bruderschaft der Pythagoräer kennen, die ihn zum Vegetarismus bekehrten und ihn lehrten, seine Befähigung zum Heilen zum Wohl der Menschen einzusetzen. Aufgrund seiner Heilerfolge strömten Hunderte ihm zu, wenn er eine Stadt besuchte. Durch die Pythagoräer wußte er von der Bruderschaft im Osten, von jenen indischen und tibetischen Weisen, und brach nun nach Indien auf. In seiner Begleitung befand sich sein Freund und Schüler Damis von Niniveh.

Nach langer Wanderung und einigen zu bestehenden Abenteuern gelangte er zum *Berg der Weisen*. Diesen geheimnisvollen Berg umgab stets eine Wolke, damit er von keinem, der noch nicht die Reife hatte, gefunden wurde. Die dort lebenden Weisen konnten sich in die Lüfte erheben, und nach den Worten von Philostratos sah Apollonios mit eigenen Augen, wie sie sich zwei Ellen über dem Boden durch die Luft bewegten. Als er den Berg endlich erklommen hatte, bereiteten ihm die Weisen einen freundlichen Empfang. *„Frage uns, was Du willst"*, ließ sich ihr „König" vernehmen, *„denn Du hast die Männer aufgesucht, die alles Wissen"*.

Vom *Berg der Weisen* kehrte Apollonios nach Rom zurück, um das dort erlangte Wissen in den Dienst des Kaisers zu stellen. Er blieb unter Vespasian und Titus in der römischen Hauptstadt, bis ihn der Tyrann Domitian (81-96 n.Chr.), Nachfolger seines Bruders Titus, aufgrund seiner Kritik zum Staatsfeind erklärte und vor Gericht stellen ließ.

„Du wirst mich nicht töten, da es mir nicht bestimmt ist zu sterben", wandte sich Apollonios an den Kaiser, der dem Gericht vorstand. *„Denn allein Göttern ist es nicht bestimmt zu altern und das Los des Todes zu erleiden. Alles andere vergeht im allzu mächtigen Strom der Zeit... Schicke einen, der meinen Leib gefangen nimmt – aber Herr meiner Seele bist Du deswegen nicht. Eigentlich kannst Du auch meinen Leib nicht greifen lassen: Denn da es mir nicht bestimmt ist, wirst Du mich auch nicht töten können!"*(65)

Nach diesen Worten sei Apollonios spurlos aus dem Gerichtssaal verschwunden, als habe er sich in Luft aufgelöst, versichert Philostratos. Ihm zufolge soll sich der beinahe einhundert Jahre alte Weise noch einige Jahre in Kleinasien aufgehalten haben, bevor er von der Weltbühne verschwand. Kehrte er zum geheimnisvollen Shambhala zurück?

Ein anderer „Meister", durch den auch Roerich inspiriert wurde, war der im 18. Jahrhundert lebende Graf von Saint Germain, der große Alchimist. Sein Leben und Wirken weist große Parallelen zu Apollonios von Tyana auf. Auch er war ein Eingeweihter der östlichen Geheimlehren. Der französische Aufklärungsphilosoph Voltaire nannte ihn *„den Mann, der alles weiß und niemals stirbt"*. Der Graf von Saint Germain war in der Tat ein Mann ohne Geburtsurkunde und Totenschein. Er war Alchimist und Philosoph, Literat, Komponist und Geigenvirtuose, das konnten selbst seine Gegner nicht bestreiten. Seine Herkunft war niemandem bekannt. Nachweisbar ist, daß er um 1710 erstmals in Venedig auftauchte. 1758 begegnete ihm die alte Gräfin de Georgy am Hof von Ludwig dem XV. anläßlich eines Balles, zu dem Madame Pompadour geladen hatte. Sie erinnerte sich, diesen Mann schon einmal vor achtundvierzig Jahren gesehen zu haben, als sie ihren Gatten, den damaligen Gesandten des Königs, nach Venedig begleitet hatte. Sie faßte sich ein Herz und fragte den Grafen, ob sein Vater um 1710 in Venedig gewesen sein könnte.

„Aber nein, Madame", antwortete der Graf ruhig, *„es ist sehr viel länger her, daß ich meinen Vater verlor; doch lebte ich selbst Ende des vergangenen und Anfang dieses Jahrhunderts in Venedig und hatte die Ehre, Ihnen damals*

vorgestellt zu werden. Sie waren damals so gnädig, meine kleinen Barkarolen zu schätzen, die wir gemeinsam zu singen pflegten."

„Vergebt mir, aber das kann nicht möglich sein, denn der Comte de Saint Germain, den ich damals kannte, war mindestens 45 Jahre alt, und Sie scheinen dieses Alter noch nicht einmal erreicht zu haben." *„Madame*", antwortete der Graf lächelnd, *„ich bin sehr alt*". *„Aber dann müssen Sie beinahe 100 Jahre alt sein.*" *„Das ist durchaus denkbar.*" (65)

Dieser Dialog wurde von der verwitweten Gräfin de B., einer Hofdame, aufgezeichnet. Sie beschrieb den Grafen als mittelgroß, mit besten Manieren, leicht gebräuntem Teint, schwarzem Haar, lebhaften, intelligenten Gesichtszügen und sehr geistreich. Er war unauffällig aber geschmackvoll gekleidet, und alles, was auf seinen Reichtum hinwies, waren eine Handvoll Diamanten, die er in Ringen und auf seiner Schnupftabakdose trug. Er sprach fließend Französisch, Englisch, Deutsch, Italienisch, Spanisch und Portugiesisch – so gut, daß Einheimische nicht die Spur eines Akzents feststellen konnten. Zudem bestätigten Gelehrte, daß seine Kenntnisse in Latein und Griechisch, Sanskrit, Chinesisch und Arabisch ausgezeichnet seien, etwas, so die Gräfin, was *„mit seinen längeren Aufenthalten in Asien*" zusammenhinge. Als Klavierspieler beherrschte er die kompliziertesten Concerti und war Meister auf einer Reihe anderer Instrumente. Zudem sei er ein großartiger Maler gewesen und habe dazu spezielle Farben entwikkelt, die den Bildern eine größere Brillanz verliehen.

Von 1737 bis 1742 war er am Hofe des Schahs von Persien. 1745 hielt er sich während der Jakobiner-Revolution in England auf. Dort wurde er wegen Spionageverdachtes verhaftet, aber nach kurzer Zeit wieder freigelassen.

Auch danach folgte Saint Germain vielen Einladungen von Staatsoberhäuptern, unter anderem nach Wien und auch wieder nach Frankreich. Hier wurde er Gesprächspartner, Berater und Freund Ludwig des XV. und auch der Madame Pompadour. Den vielen Berichte zufolge war er in Besitz beziehungsweise in Kenntnis des Lebenselixiers (Stein der Weisen). In Laboren, die er an verschiedenen Orten einrichtete, stellte er Diamanten her und konnte auch Gold herstellen. *„Er zeigte mir wahre Wunderdinge – eine große Anzahl von Edelsteinen und farbigen Brillanten von ungewöhnlicher Größe und Vollkommenheit. Ich glaubte, die Schätze der Wunderlampe* *zu erblicken*", berichtete unter anderem Baron Charles-Henry de Gleichen, dänischer Diplomat in Frankreich, über seine Begegnungen mit Saint Germain. Etwa um 1755 unternahm der Graf zum zweiten Mal eine ausgedehnte Reise nach Indien. 1757 kehrte er nach Paris zurück.

1760 wurde Saint Germain vom französischen König zu einer diplomatischen Mission nach Den Haag gesandt. Dort arrangierte er den sensationellen Frieden zwischen Preußen und Österreich, verschaffte sich damit aber Feinde in Frankreich. Danach reiste er zunächst nach London, dann über Deutschland nach Rußland. 1761 kam es zu einem interessanten Briefwechsel mit Voltaire. In einem der Nachwelt erhalten gebliebenen Brief Voltaires an Saint Germain vom 6. Juni 1761 heißt es:

„Ich beantworte ihren Brief, Monsieur, den Sie mir im April geschrieben haben, worin Sie schreckliche Geheimnisse offenbaren, einschließlich des schlimmsten aller Geheimnisse, das es für einen alten Mann, wie mich, geben kann – die Stunde seines Todes. Danke, Germain, Ihre lange Reise durch die Zeit wird von meiner Freundschaft für Sie erhellt werden, bis zum Moment, wenn Sie Ihre Offenbarungen um die Mitte des 20. Jahrhunderts erfüllen werden. Die sprechenden Bilder sind ein Geschenk für die mir noch verbleibende Zeit, darüber hinaus könnte doch Euer wunderbares mechanisches Fluggerät Euch zu mir zurückführen. Adieu, mein Freund."

Voltaire, „Edelmann des Königs"(65)

Etwa zur gleichen Zeit schrieb Voltaire an den Preußenkönig Friedrich den Großen und prophezeite ihm, daß er von Saint Germain – *„dem Mann, der alles weiß und niemals stirbt"*, wie er ihn nannte – *„innerhalb der nächsten 50 Jahre"* aufgesucht würde.

1762 war Saint Germain am Sturz des russischen Zaren Peter III. beteiligt und verhalf Katharina der Großen zum Thron. Danach kehrte er nach Paris zurück und setzte seine alchimistischen Experimente in Chambord fort. 1769 führte sein weg nach Berlin, dann nach Venedig und anschliessend wieder nach Rußland. Von 1774 bis 1776 hielt er sich in Triesdorf auf, suchte 1776 Leipzig und Dresden auf und 1779 Hamburg. Inzwischen hatte sich auch eine tiefe Freundschaft zwischen ihm und dem Landgrafen Carl von Hessen entwickelt, einem Alchimisten, Freimaurer und Rosenkreuzer, der sein Schüler wurde. In dieser Zeit hielt sich Saint Germain meist auf Schloß Louisenlund bei Eckernförde auf. Dort hatte der Landgraf einen „Alchimistenturm“ für die gemeinsamen Experimente eingerichtet, der noch heute besichtigt werden kann.

Zwischen 1776 und 1779 soll Saint Germain dann auch Friedrich den Großen aufgesucht haben.

1793 suchte der Graf dann erneut den Landgrafen von Hessen in Louisenlund auf und soll dort am 27. Februar 1784 gestorben sein. Wenigstens ist dort einer Eintragung im Kirchenbuch von Eckernförde zufolge, *„der sich so nennende Graf von Saint Germain und Weldona* (*Weldona* war einer der vielen weiteren Namen des Grafen) *verstorben und in hiesiger Kirche still beigesetzt.“*

Doch die Sache hat einen Haken! Den Protokollen der *Großen Sitzung des Freimaurerkongresses von Wilhelmsbad* am 15. Februar 1785 zufolge, führten Saint Germain und der Philosoph und Schriftsteller Louis-Claude de Saint Martin (1743-1803) gemeinsam die Delegation der französischen Freimaurer an. Auch Mesmer kam zu diesem Kongreß, an dem Vertreter der Rosenkreuzer, Illuminati und anderer Geheimorden aus ganz Europa teilnahmen. Kirchliche Beobachter bezeichneten ihn als *Konzil der Freimaurerei.* Auf dem im selben Jahr stattfindenden Freimaurerkongreß von Paris nahm Saint Germain ebenfalls teil!

Comtesse d´Adhemar, eine Hofdame und enge Vertraute der französischen Königin, erzählt in ihren „Souvenirs de Marie-Antoinette“ (*Erinnerungen an Marie-Antoinette*), sie habe den Grafen nach seinem angeblichen Tod noch mehrmals gesehen: *„Ich sah Monsieur de Saint Germain zu meiner unbeschreiblichen Überraschung immer wieder: 1793 bei einer Hinrichtung der Königin; am Tag nach dem Tod des Herzogs von Enghien, 1804; im Januar 1813 und am Vorabend der Ermordung des Herzogs von Berri, 1820.“*

Weiter erinnert sich die Comtesse in ihren Memoiren daran, daß der Graf von Saint Germain 1788 noch einmal nach Frankreich kam, um den König und die Königin vor der dunklen Zeit zu warnen, die der französischen Monarchie bevorstand. *„Aber was er sagte war für uns so unvorstellbar, daß wir ihm nicht glaubten“*, schrieb die Comtesse in ihren „Erinnerungen an Marie-Antoinette“. *„Alles ist verloren, Gräfin“*, hatte er eindringlich gesagt. *„In Frankreich wird die Sonne der Monarchie untergehen. Morgen ist es damit vorbei. Chaos, unbeschreibliche Anarchie wird herrschen. Sie wissen,* *daß ich alles versucht habe, um die Ereignisse in eine andere Richtung zu lenken, aber ich wurde nur ausgelacht. Jetzt ist es zu spät.*" Als ihn die Comtesse fragte, woher er käme, nachdem er doch 1784 angeblich verstorben sei, soll Saint Germain nur geantwortet haben: „*Aus China und Japan.*"

Wer war dieser Graf von Saint Germain? Wenn wir davon ausgehen, daß er, den Angaben der Gräfin Georgy zufolge, im Jahr 1710 „*mindestens 45 Jahre alt*" war, müßte er mindestens 155 Jahre alt geworden sein!

Unbestritten ist, daß er einen großen Einfluß auf die Geheimorden jener Zeit ausübte. Er hat die Politik Europas im 18. Jahrhundert maßgeblich beeinflußt, das steht außer Frage. Irene Tetzlaff, seine Biographin, bezeichnete ihn sogar als „*den ersten Wegbereiter der europäischen Einigung*".

Doch wer beauftragte Saint Germain? Und war sein Ausgangspunkt jener geheime Ort des Wissens im Herzen Asiens, wie vermutet wird? Standen Männer wie Nikolai Roerich oder Apollonios von Tyana ebenfalls in Verbindung zu dieser geheimen Bruderschaft? War der Ausgangspunkt ihres Wirkens dieses geheimnisvolle Wissenszentrum Shambhala, das auch heute noch Ziel vieler Expeditionen ist?

In seinen „Kleinen Memoiren" (Wien 1846) schilderte der Freimaurer und Rosenkreuzer Franz Gräffen seine letzte Begegnung mit Saint Germain um 1790. Als der Graf in die Kutsche stieg, erklärte er seinem Schüler und Logenbruder:

„*Ich scheide. Suche mich nicht. Irgendwann einmal wirst Du mich wiedersehen. Morgen Nacht bin ich außer Landes. Ich muß nach Konstantinopel, dann nach England, um zwei Erfindungen vorzubereiten, die im nächsten Jahrhundert gebraucht werden – Eisenbahn und Dampfschiffe, die für Deutschland geplant sind. Die Jahreszeiten werden sich langsam verändern – erst Frühling, dann der Sommer. Das ist die schrittweise Wandlung der Zeit selbst, die Ankündigung, daß der jetzige Zyklus endet. Ich sehe dies alles. Glaube mir, Astrologen und Meteorologen wissen nichts,* ***man muß die Pyramiden studiert haben, wie ich****. Zu Ende dieses Jahrhunderts werde ich aus Europa verschwinden und mich selbst in die Regionen des Himalaja begeben. Ich muß rasten, ausruhen. Genau in fünfundachtzig Jahren werden die Menschen ihren Blick wieder auf mich richten. Lebwohl, mein Freund.*" (Hervorhebung durch den Autor) (65)

„Göttliche" Helfer...

Von Nikolai Roerich erfahren wir in seinen Berichten über ein besonderes Ereignis, das sich am 5. August 1926 zugetragen hat. Die Expeditionsmitglieder sahen am Himmel einen riesigen, schwarzen Geier kreisen. Dann tauchte plötzlich ein leuchtendes Objekt hinter dem Vogel auf, kreuzte mit großer Geschwindigkeit das Lager der Expedition und verschwand wieder am tiefblauen Himmel. Für einen begleitenden Lama war das nichts Ungewöhnliches: *„Ein Zeichen von Shambhala, ein sehr gutes Zeichen, wir werden beschützt."* – *„Habt Ihr Euch die Richtung gemerkt, in die sich die Kugel bewegt hat?"*, wurde Roerich von einem alten weisen Lama gefragt. *„Genau diese Richtung müßt Ihr einschlagen, es ist der Weg nach Shambala"*, erklärte ihm der alte Mönch, *„die schützende Kraft von Shambhala folgt Euch"* – *„In den Zeiten der Krise haben die Shambhala-Krieger in Form von leuchtenden Kugeln gegen die Kräfte des Bösen gekämpft"*, heißt es in einer alten Sage.

In entscheidenden Phasen in der Geschichte sollen unbekannte Flugobjekte eingegriffen haben, um die Geschicke der Menschen zu lenken, um Auserwählte, die Großen der Geschichte und „Gottessöhne" zu unterstützen, aber auch in ihren Grenzen zu halten. Diese weltweiten Berichte und Überlieferungen ziehen sich wie ein roter Faden durch die Jahrtausende. Bei aller Skepsis, die sehr wichtig ist, sind diese Fakten nun mal nicht von der Hand zu weisen – es gibt keinen Grund, diese Berichte in ihrem Konsens grundsätzlich abzulehnen.

Es gibt sehr viele Berichte solcher Art, unter anderem von dem belgischen Jesuitenpater Albert d´Orville. Er bereiste im 17. Jahrhundert als einer der ersten Europäer das damals noch legendäre Land Tibet. Auch er beobachtete ein unbekanntes Flugobjekt. Ein Lama erklärte d´Orville:

„Mein Sohn, was Du gesehen hast, war keine Zauberei. Denn Wesen von anderen Welten befahren seit Jahrhunderten die Meere des Raums und brachten den ersten Menschen, die die Erde bevölkerten, geistige Erleuchtung. Sie verurteilen alle Gewalt und lehrten die Menschen, einander zu lieben, obwohl diese Lehren wie ein Samenkorn sind, das auf Stein ausgesät wurde und nicht keimen kann. Diese Wesen, die hellhäutig sind, werden von uns stets freundlich empfangen und landen oft in der Nähe unserer

Klöster, wenn sie uns Lehren und Dinge enthüllen, die verlorengegangen sind in den Jahrhunderten der Kataklysmen, die das Angesicht der Erde verändert haben."(65)

Einen interessanten Bericht über „göttliche" Helfer erfahren wir auch bei einer der großen Eroberungen Alexanders des Großen. Alexanders Ziel, mit seinem 35.000 Mann starken Heer, war die Eroberung Asiens und die Vernichtung des Persischen Reiches. Alexander der Große war ein hellenistischer, hochgebildeter Herrscher, er war ein Schüler des Aristoteles, des größten Philosophen seiner Zeit. Sein Heer wurde von Naturwissenschaftlern, Künstlern, Literaten und Philosophen begleitet, die die Wunder Asiens dokumentieren und erforschen und griechische Kultur in die „Länder der Barbaren" bringen sollten.

Nach glanzvollen Siegen erreichte sein Heer 332 v.Chr. die phönizische Handelsstadt Tyros im heutigen Libanon, die als uneinnehmbare Festung galt. Die Stadt lag auf einer Insel vor der Küste, ihre Mauern waren 15 Meter hoch und so fest gebaut, daß keine Belagerungsmaschine sie zu beschädigen vermochte. Das unermeßlich reiche Tyros verfügte über die größten Techniker und Kriegsmaschinen seiner Zeit und über reichliche Vorräte, um auch eine längere Belagerung zu überstehen. Dreizehn Jahre lang hatte Babylons König Nabuchodonosor, der biblische Nebukadnezar, diese Stadt vergebens belagert. Sieben Monate lang stand Alexanders Heer vor den Mauern von Tyros – vergeblich. Doch dann kam eine höhere Macht den Griechen zur Hilfe.

Wie der anonyme Verfasser der „Geschichte Alexanders des Großen" berichtet, erschienen eines Tages *„wundersame fliegende Schilde"* über dem mazedonischen Lager. Die fünf geheimnisvollen Objekte formierten sich in V-Formation, mit dem größten *„Schild"* an der Spitze, die anderen waren halb so groß. Dann kreisten sie mehrfach langsam über Tyros, während Tausende Krieger beider Parteien sie staunend beobachteten. Plötzlich *„kam es von dem größten der Schilde wie ein Blitz, der einen Teil der Mauern traf, worauf diese zerbröckelten. Weitere Blitze folgten, und Mauern und Türme zerfielen, als ob sie aus Schlamm erbaut gewesen seien. Dies gab den Belagerern den Weg frei, und sie stürzten wie eine Bresche"*, heißt es in dem antiken Bericht. Die *„fliegenden Schilde"* kreisten über der Stadt, bis sie vollständig eingenommen war. Dann stiegen sie mit größter Schnelligkeit auf, verschwanden und verloren sich in kurzer Zeit im Blau des Himmels. Alexander befahl die völlige Zerstörung der Stadt.

Die Kunde von der wundersamen Eroberung der Festung Tyros eilte Alexander voraus, bevor er sein nächstes Ziel – Ägypten – erreichte. Das Land ergab sich quasi kampflos, und Alexander betrachtete sich als Befreier von der Perserherrschaft und Erneuerer alter pharaonischer Macht.

Geheimes Wissen heute – Geheimbasen und Zeit-Raum-Versuche

Das Mysterium der Pyramiden hat die Menschen bis zur Gegenwart nicht losgelassen. In der Bauarchitektur ist interessanterweise seit etwa zwei Jahrzehnten das Pyramidion ein beliebtes Objekt von Bauherren und Architekten geworden – weltweit. Schauen sie sich nur einmal in den großen Städten Deutschlands um – überall stoßen sie auf die Symbole der Pyramiden.

Eine nahezu „lebensgroße" Nachbildung der großen Pyramide von Gizeh samt der Sphinx steht in Amerika in der „Glücksspiel-Metropole" Las Vegas in Nevada. Dort steht das Luxor (in Ägypten hieß Luxor einstmals Theben = *südlicher Pfeiler* oder *Heliopolis des Südens*), ein riesiges Kasino, das etwa eine Milliarde Dollar an Baukosten verschlungen hat (Bild 80). Es hat genau die Form der großen Pyramide und steht ihr auch an Größe

Bild 80:
Die große Pyramide in Las Vegas; davor die Sphinx.

nicht nach, nur wurde das Luxor nicht aus Steinquadern errichtet. Die dreieckigen Seitenflächen bestehen durchweg aus dunkel getöntem Kunstglas. Vor der Pyramide in Las Vegas steht, ähnlich wie in Kairo, eine Nachbildung der Sphinx von Gizeh, die – wie ihr ägyptisches Vorbild – in exakt östliche Richtung schaut. Nordöstlich vom Gizeh-Plateau erhob sich das alte geheimnisvolle Priesterzentrum Heliopolis. Auch in Nevada blickt die neumoderne Sphinx in Richtung eines geheimnisvollen Ortes. Nur wenige hundert Meter im Osten und gewissermaßen direkt vor der Nase der Sphinx befinden sich einige streng bewachte Tore und dahinter ein sehr ungewöhnlicher Flughafen. Im ersten Augenblick ist an ihm nichts Besonderes zu vermuten, denn sein Gelände geht nahtlos in den Flughafen von Las Vegas über, den Mc-Carren-Airport. Doch die Vorgänge auf diesem kleineren, gut bewachten Gelände sind sehr interessant.

Dieses Gelände gilt als das „Tor zur *Schwarzen Welt*". Von dort aus starten nämlich unmarkierte Linienmaschinen mehrmals täglich, um Spezialpersonal in die Wüste hinaus zu fliegen. Etwa zweihundert Kilometer nördlich von Las Vegas landen die Flugzeuge in einem Niemandsland, einer riesigen, verborgenen Militäranlage. Sie liegt völlig abgeschieden hinter hohen Berggipfeln in einem hermetisch abgesperrten und streng bewachten Bezirk. Kaum etwas ist bislang über diesen geheimen Sperrbezirk durchgesickert. Zeugen, die einige Andeutungen geäußert haben, wurden wegen der Ungeheuerlichkeit ihrer Aussagen öffentlich lächerlich gemacht. Manche Zeugen und Insider haben nur unter der Hand berichtet. Auch die wenigen Anwohner in der Gegend des Gebietes, das oft *Schwarze Welt* genannt wird, haben immer wieder ungewöhnliche Aktivitäten beobachten können. Die Offiziellen der US-Regierung bestätigen lediglich, daß es sich bei dem geheimen Sperrbezirk nur um ein geheimes Testgelände handelt – mehr aber auch nicht. Von der hermetischen Sicherung des Geländes ist auch der Luftraum nicht ausgeschlossen. Wer es versucht, einmal einen Blick aus der Luft auf das Gelände zu werfen, muß damit rechnen, mit seinem Flieger abgeschossen zu werden. Selbst die Air-Force-Piloten der unüberschaubar großen Nellis-Luftwaffenbasis, auf der auch das Sperrgebiet liegt, dürfen nicht über dessen Grenzen hinweg fliegen! Wer es trotzdem wagt, muß mit dem Allerschlimmsten rechnen. Entlang der verbotenen Zone patrouillieren Sicherheitsbeamte Tag und Nacht mit weißen

Jeeps. In den Boden eingegrabene Sensoren melden Erschütterungen weiter, und Überwachungskameras zeichnen an den Zufahrtswegen auf, wenn jemand sich den Warnschildern nähert, auf denen zu lesen ist, daß das Betreten des Geländes lebensgefährlich ist. Zusätzlich ziehen Tarnkappen-Flugzeuge ihre Kreise, um selbst im entferntesten Bergland Spionagemöglichkeiten auszuschließen. In dieser Grauzone vor den Toren der *Schwarzen Welt* sind auch die US-Bürgerrechte außer Kraft gesetzt! Übrigens soll es weltweit über siebzig unterirdische Städte geben, wovon sich allein über sechzig in den Vereinigten Staaten befinden sollen. Zu weiteren amerikanischen subterranen Städten sollen unter anderem auch Stützpunkte in New Mexico, Maryland und Los Alamos zählen, in denen auch genetische Experimente (zum Beispiel Klonversuche) und Forschung im Flugscheibenbau stattfinden sollen.

Die ersten Spuren geheimer Aktivitäten finden sich bereits in den vierziger und fünfziger Jahren. Das riesige Gebiet wurde von der CIA vereinnahmt – als Testgebiet für geheime und fortgeschrittene Geheimflugzeuge. Hier ist auch die Wiege der Tarnkappen-Technologie zur Unsichtbarmachung. Schrittweise und gezielt wurde das Gebiet immer mehr abgeschottet, und bald entstanden zahlreiche Gebäude, Rollbahnen und gigantische Radaranlagen. Inzwischen ist bekannt, daß es in der *Schwarzen Welt* sogar zwei Anlagen gibt, die durch ein Bergmassiv getrennt sind. Die eine liegt im Osten davon und heißt *Area 51* am Groom-Trockensee. Die andere, im Westen des Bergzuges, ist die mittlerweile nicht weniger bekannte S-4-Installation am ebenfalls ausgetrockneten Papoose-See.

Schon seit geraumer Zeit ist es ein offenes Geheimnis, daß auf diesem Testgelände außerirdische Flugscheiben getestet werden, in deren Besitz die US-Regierung, oder sagen wir eine geheime Schattenregierung, nach dem legendären Roswell-UFO-Absturz gekommen sein soll. Für diejenigen Leser, die sich unter dem Absturz von Roswell nichts vorstellen können, hier noch einmal die wichtigsten Fakten.

Der Absturz ereignete sich am 2. Juli 1947 über dem südöstlich von Nevada gelegenen New Mexico. In der Nacht herrschte ein ungewöhnlich starkes Gewitter. Trotz des Lärms, den dieses Unwetter mit sich brachte, fiel dem Rancher William „Mac" Brazel ein ganz besonderer Donnerschlag auf, erinnerte dieser sich später. Brazel fuhr am nächsten Tag das Gelände ab, um zu sehen, ob das Unwetter Schaden angerichtet hatte. Als nächstes fand er ein großflächiges Gebiet, das übersät war mit funkelnden Metallfetzen und seltsamen Stäbchen, die so leicht wie Balsaholz waren – nur viel stabiler – und Resten einer merkwürdigen pergamentartigen Folie. Das Metall ließ sich verbiegen und zusammenknüllen: Ließ man es los, verwandelte es sich umgehend wieder in seine ursprüngliche Form. Was konnte das nur sein, fragte Brazel sich. Er hatte bereits zweimal zuvor abgestürzte Wetterballons auf seinem Grundstück gefunden, aber das hier war etwas ganz anderes.

Brazel entschloß sich, einige Teile auf seinen Lastwagen zu laden und damit nach Roswell zu fahren, um sie dem Sheriff zu zeigen. Sheriff Wilcox wußte nicht viel mit dem Schrott anzufangen und verständigte vorsichtshalber Roswell Army Air Field (RAAF), den wichtigsten Militärstützpunkt, damals Sitz der 509ten Bomberstaffel, der seinerzeit einzigen Atombomberstaffel. Durch die Entscheidung Wilcoxs, das Militär einzuschalten, nahm das Schicksal des mittlerweile berühmten Roswell-Absturzes seinen Lauf. Sheriff Wilcox bereute später seine Entscheidung, das Militär eingeschaltet zu haben, denn er und seine Freunde wurden aktiv unter Druck gesetzt, das ist heute kein Geheimnis mehr. Das Militär reagierte schnell: Nur wenige Tage später wurde das gesamte Absturzfeld hermetisch abgeriegelt. Aus der Luft entdeckten die Militärs bald ein zweites Absturzfeld, unweit des ersten Trümmerfeldes. Doch während hier nur Tausende Trümmerfetzen herumlagen, stießen die Trupps im zweiten Gebiet auf das eigentliche Wrack: ein ungewöhnliches Fluggerät, das recht unversehrt am Fuß eines Abhangs lag. Die Besatzung des Fluggerätes hatte den Absturz offenbar nicht überlebt. Die fremden Wesen waren kleine, grauhäutige Kreaturen mit überdimensional großen Köpfen und ausgesprochen großen Augen. Zahlreichen späteren Zeugenaussagen zufolge besaßen sie nur einen winzigen Mund und kaum sichtbare Ohren- und Nasenöffnungen. Das einzig wirklich Hervorstehende waren eben jene riesigen, mandelförmigen, dunklen Augen. Der übrige Körper wirkte sehr schlank, und an den überlangen Armen befanden sich nur vier Finger.

Am 8. Juli gab das Roswell Army Air Field eine kurze Pressemeldung heraus, die besagte, es sei der Luftwaffe gelungen, in den *„Besitz einer jener fliegenden Scheiben zu gelangen"*. Doch schon am nächsten Tag hieß es, alles sei ein Irrtum, man habe nur einen Wetterballon geborgen. Man präsentierte der Presse sogar Teile eines echten Wetterballons und erklärte, dies seien die anfangs für den einen oder anderen so merkwürdigen Trümmer von Brazels Ranch. Daß auch der Kommandant des Roswell Army Air Field, Colonel William „Butch" Blanchard, und seine Leute, Major Marcel und Captain Cavitt, sich nicht erklären konnten, was sie da eigentlich aufgesammelt hatten, wurde nicht weiter berücksichtigt. Über die Sache wuchs langsam Gras, und es blieb jahrzehntelang bei der Wetterballon-Theorie, bis einige „Zufälle" dafür sorgten, daß der Vorfall wieder aufgerollt wurde und Major Marcel zu berichten begann. Zeuge für Zeuge wurde von hartnäckigen Forschern ausfindig gemacht, und das unglaubliche Bild zeichnete sich in immer unglaublicherer Weise ab: der UFO-Absturz von Roswell am 2. Juli 1947. Übrigens wurde bei anderen Recherchen unter anderem durch den Kongreßabgeordneten Steven Schiff aufgedeckt, daß etliche wichtige Dokumente rund um den Roswell-Absturz aus dem Schriftverkehr von RAAF aus jenen Tagen unerklärlicherweise vernichtet wurden. Dokumente, die möglicherweise mehr Aufschluß darüber hätten geben können, was seinerzeit wirklich geschehen war.

In diesem Zusammenhang noch einmal zurück zur Pressemeldung vom 8. Juli 1947: Ich halte es für einen sehr wichtigen Aspekt in diesem dubiosen Fall, daß die ersten Meldungen über den Absturz, und das nicht nur in diesem Fall, von der offiziellen Presse veröffentlicht wurden. Wie wir wissen, wird die Presse schon immer weltweit kontrolliert und sagt uns was wir glauben sollen, was wahr und falsch ist. Heute sind sich viele Forscher darüber einig, daß die gesamte UFO-Kampagne immer den Zweck hatte, uns von den wirklichen Aktivitäten der Schattenregierung abzulenken, um uns zu verheimlichen, wie weit die Forschung in Wahrheit ist. Schon längst verfügt man über Technologie, die den Menschen befreien würde, wie zum Beispiel *Freie Energie* oder *Reisen ohne Zeit*. Selbst die offizielle Regierung weiß von alledem nichts.

Nun zurück zu Area 51 und S-4: Natürlich ist es nur allzu logisch, daß noch alle existierenden Artefakte samt Besatzung in diesem geheimen Testzentrum aufbewahrt werden. Der Physiker Robert Scott Lazar hat geheimes Wissen rund um die Aktivitäten preisgegeben, die in den letzten Jahren für viel Wirbel gesorgt haben. Lazar behauptet, er habe von Ende

1988 bis Mai 1989 auf S-4 gearbeitet. Dort gebe es in den Berg hinein gebaute Hallen, deren Tore als natürliches Felsmassiv getarnt sind. So etwas wie eine moderne „Halle der Aufzeichnungen“, in der sich ungewöhnliche und geheime Aufzeichnungen befinden, wie der Forscher Andreas von Rétyi recht passend in seinen guten Recherchen über die Geheimbasis schrieb. Laut Lazar sollen in den Felsenhallen von S-4 auch ungewöhnliche Dinge gelagert sein. Die Rede ist von neun fliegenden Scheiben, Raumschiffe außerirdischer Herkunft. Sie konnten nicht alle vom Roswell-Absturz stammen. Entweder handelte es sich um Prototypen, verschiedene Nachbildungen, wie sie die Geheim-Regierung von den originalen Raumschiffen angefertigt hatte, oder aber sie stammen aus noch anderen Quellen. Ihr Alter ist unbekannt.

Robert Lazar berichtete weiter, daß seine Aufgabe darin bestand, die Art des UFO-Antriebs zu erforschen. Er will herausgefunden haben, daß das Raumschiff seine Energie aus einer Materie-Antimaterie-Reaktion bezieht. Ein Generator erzeugt Gravitationswellen, die von drei Verstärkern im Raum konzentriert und auf einen Zielpunkt gerichtet werden können. Der Effekt ist eine Veränderung im Raum-Zeit-Kontinuum, mit dessen Hilfe der Berg gewissermaßen zum Propheten kommt. Das Raumschiff „zieht“ sein Ziel also durch die Krümmung der Raumzeit an sich heran. Dadurch spannt sich ihr Gefüge wie ein Gummiband und reißt das Raumschiff anschließend wie durch ein Sternentor in Nullzeit zu sich herüber. Ein Steinschleuder-Prinzip und sicherlich eine gewagte These, die bei anderen Physikern in der Regel nur Kopfschütteln erzeugt.

Wie dem auch sei, der Grundgedanke von raumzeitlichen Veränderungen würde dazu führen, daß die Raumschiffe aus einem gewissen Winkel betrachtet sogar unsichtbar zu werden scheinen und außerdem bei Tests in wirren Sprüngen über den Nachthimmel zucken. In Nullzeit erscheinen sie plötzlich an einem anderen Ort. Die Raumschiffe beziehungsweise Flugobjekte von S-4 manipulieren die Raumzeit. Sie sind fliegende Zeitmaschinen, so die Meinung von Lazar.

Auf Area 51 finden neben Experimenten zu einer utopisch fortgeschrittenen Flugtechnologie auch Mind-Control-Experimente statt; es geht dabei auch um die Schaffung von Waffen für das dritte Jahrtausend. Dabei handelt es sich um nicht-letale Systeme, die unser Bewußtsein manipulieren und damit einen schleichenden Sieg erreichen. Es geht im Prinzip um genau das, was bei dem Philadelphia-Experiment und auch in Montauk begonnen und vielleicht schon verwirklicht wurde (siehe auch das „Montauk-Projekt").

Es gibt dafür zahlreiche Beispiele und Belege aus den vergangenen Jahrzehnten, wie wir gleich noch sehen werden. Vorab zwei interessante Beispiele aus dem Golfkrieg. Daß die USA in diesem Krieg nicht ihre modernste Waffentechnologie eingesetzt hat, das steht wohl außer Frage, denn dazu bedarf es eines gleichwertigen Gegners. Trotzdem bietet ein „leichter Gegner" immer die Möglichkeit, neue Kriegstechnologien zu testen, zum Beispiel Psychowaffen.

Ein Trupp von Irakern hatte sich in massiven Bunkern verschanzt und sollte nun von den Amerikanern zum Aufgeben bewegt werden. Die Situation war natürlich völlig festgefahren. Doch merkwürdigerweise erschien am Himmel ein Helikopter mit einigen ungewöhnlichen Aufbauten und flog über den Bunker hinweg. Daraufhin öffneten sich die Türen, und die Iraker kamen mit erhobenen Händen und fast verklärten Gesichtern heraus. Was war passiert?

Ein britischer Journalist befragte Brigadegeneral Neil für den Sender BBC und wollte kurz vor dem Vorfall wissen, was man zu tun gedenke, um die Sache zum Ende zu bringen. Neil begann: *„Wir setzen nun die psychologischen...*", brach dann aber den Satz abrupt und mit einem künstlichen Hüsteln ab, entschuldigte sich für die Unpäßlichkeit und fing dann von vorne an: *„Wir werden Hubschrauber mit Lautsprechern einsetzen und sie* (die Iraker) *durch Gespräche zum Herauskommen bewegen.*" Die Formulierung, die Neil vorher benutzen wollte, war offensichtlich eine mit ganz anderer Bedeutung, die mit einem psychologischen Waffensystem zusammenhing.

Schon vor mehreren Jahrzehnten, begann man mit der Erforschung von Infraschall. Man wußte bereits, daß Frequenzen im Bereich von 3 bis 12 Hertz aktiv auf das menschliche Gehirn einwirken und verschiedene Bewußtseinszustände hervorrufen, wie zum Beispiel Tiefschlaf. Diese Frequenzen liegen im nicht hörbaren Bereich und sind daher für das menschliche Gehirn (Ohr) nicht wahrnehmbar.

In diesem Zusammenhang ist ein Artikel aus dem „Magazin 2000", Nr. 97 vom Dezember 1993 sehr interessant, in dem es heißt:

„,Neue Psychotronik-Waffen' – Erinnern Sie sich an die Bilder vom Golfkrieg, als Tausende irakischer Soldaten kapitulierend aus den Schützengräben stiegen, sich sogar Journalisten ergaben, die sich für Soldaten hielten, und welche trotz weißer Fahnen zum willkommenen Kanonenfutter für die amerikanische Artillerie wurden? Jetzt sind immer mehr Militärexperten überzeugt, daß nicht etwa die schlechte Versorgung von Saddams Truppen diese plötzliche und lemminghafte Kapitulation bewirkte, sondern ,Psychotronik-Mind-Control-Waffen der USA. Einige dieser High-Tech-Superwaffen bedie nen sich der Wirkungen von Radiofrequenzwellen auf das menschliche Gehirn. Wie die Januar-93-Ausgabe der Fachzeitschrift ,Aviation Week and Space Technology' berichtet, rüstet jetzt das US-Verteidigungsministerium Raketen mit Gerätschaften aus, die in der Lage sind elektromagnetische Pulse (EMPs) zu erzeugen, um den Feind ,lahmzulegen', ohne sich dabei atomarer, biologischer oder chemischer Komponenten bedienen zu müssen. Dieser Waffentyp hat in erster Linie das Ziel, die elektronischen Systeme des Feindes auszuschalten. Andere Geräte erzeugen Ultraschall, ELF (Extreme Niedrigfrequenzschallwellen)-Schallwellen, die Übelkeit und Erbrechen bewirken und das Orientierungsvermögen der betreffenden Person extrem stören. Diese Waffen haben einen Wirkungsbereich von mindestens 2.500 Kilometern..."
(120)

Ein anderer, nicht weniger interessanter Vorfall ereignete sich in Verbindung mit der Beendigung des Golfkrieges.

Wer auch immer hier seine Hände im Spiel hatte, die Amerikaner können es nicht gewesen sein. Das Ganze ereignete sich einen Tag bevor die Amerikaner offiziell die Beendigung des Krieges bekanntgaben. Einer der amerikanischen Flugzeugträger, die im Kriegsgebiet im Einsatz waren, wurde vollkommen lahmgelegt. Die gesamte Technik und Stromversorgung samt der Notstromsicherung war „Out of Order". Eine Situation, die praktisch undenkbar ist. Einen Flugzeugträger mit seinen etwa 5.000 Mann Besatzung, die technisch auf dem höchsten Stand entwickelt und abgesichert sind, außer Betrieb zu setzen und zur Handlungsunfähigkeit zu zwingen, ist schlichtweg undenkbar, mit entsprechenden Frequenzen aber durchaus möglich.

Offiziell wurde hierzu nur eine kleine Stellungnahme gegenüber der Weltöffentlichkeit abgegeben. In Deutschland erschien nur ein kleiner Artikel in der Tagespresse, in dem bestätigt wurde, daß wegen komplettem Ausfall des Hauptquartiers, die strategische Einsatzleitung auf einen Kreuzer verlegt werden mußte – unglaublich aber wahr!

Abschließend noch ein Wort zu den geheimen Operationen in der Montauk-Luftwaffenbasis:

Ich möchte mich auch hier auf das Notwendigste beschränken und zunächst die Anfänge dieser Forschungsbereiche kurz wiedergeben. Auch hier müssen wir, wie auch schon bei Area 51, in die vierziger Jahre zurückgehen, genauer gesagt in das Jahr 1943. In diesem Jahr fand das wohl beinahe jedem bekannte Philadelphia-Experiment statt. Wir erinnern uns: Auch hier war das Ziel, unter anderem fortschrittliche Kriegsstrategien zu entwickeln. Der Zerstörer USS Eldridge sollte für das Radar unsichtbar gemacht werden, indem er komplett von einer *magnetischen Flasche* umgeben wurde. Dieser Test war ein nahezu gelungener Vorläufer der Tarnkappen- oder Stealth-Technologie. *Projekt Rainbow*, wie das Philadelphia-Experiment auch genannt wurde, hatte den Status einer TOP-SECRET-Operation und sollte dazu beitragen, den zweiten Weltkrieg mit einer dem Feind überlegenen Technik zu beenden. Tatsächlich verschwand die Eldridge vom Radarschirm, als die Magnetflasche aktiviert wurde. Es passierte aber noch etwas viel Interessanteres, denn das Schiff wurde nicht nur unsichtbar, es verschwand zudem sogar physisch aus dem Raumzeit-Kontinuum! Es löste sich auf und materialisierte sich hunderte Meilen entfernt in Norfolk, Virginia.

Die Zeugen des Experiments berichteten einhellig davon, daß die Operation vom naturwissenschaftlich-technischen Standpunkt her betrachtet ein echter Erfolg war. Für die Besatzung des Schiffes gab es allerdings katastrophale Nebenwirkungen. Sie wurden ihres existenziellen, raumzeitlichen Bezugspunktes entrissen. Als das Schiff wieder auftauchte, waren ihre Körper teilweise mit den Stahlstrukturen der Eldridge verschmolzen. Schon in der Entwicklungsphase der Operation gab es von einigen Seiten ernsthafte Bedenken, ob der Versuch wie geplant funktionieren würde.

An der Entwicklung des Projektes waren so bedeutende Persönlichkeiten wie der deutsche Mathematiker David Hilpert, der Mathematiker John von Neumann, Nikola Tesla und nicht zuletzt auch der berühmte Albert Einstein mit seinen Forschungen zur einheitlichen Feldtheorie beteiligt.

Das Forschungsteam um den nominellen Direktor Nikola Tesla, der bereits 1942 aus dem Projekt ausschied, löste sich nach dem mißglückten Versuch 1943 auf. Erst gegen Ende der vierziger Jahre erwachte das Interesse an den Ereignissen von 1943 erneut. Der Neustart des Projektes war durch die Kooperation mit dem US-Militär besiegelt. Die Leute des Brookhaven- Laboratoriums auf Long Island benötigten nun einen möglichst abgelegenen Ort, um die geheimen Operationen durchführen zu können. Für das Militär war das kein größeres Problem, und außerdem konnte man dort froh darüber sein, keine weiteren finanziellen Mittel in das Unternehmen hineinstecken zu müssen. Das Projekt wurde nun *Phönix II* genannt. Doch woher kamen die finanziellen Mittel? Preston Nichols, ein Zeuge der Operation, der die Erinnerung an seine Beteiligung nach der Gehirnwäsche nur ganz allmählich und schrittweise wiedererlangte, vermutet, daß hier Nazigold eine rolle spielte. Er erwähnt in seinem Buch über das Projekt einen Vorfall, der sich 1944 in Frankreich ereignete. Damals wurde ein Zug, der Nazigold im Wert von seinerzeit zehn Billionen Dollar transportierte, in einem Tunnel in die Luft gesprengt.

Das Gold war spurlos verschwunden. Einundfünfzig GIs, die den Transport eskortierten, kamen dabei ums Leben. Der US General George Patton hatte den Auftrag, die Drahtzieher und die Hintergründe des Anschlags aufzudecken. Wo auch immer er recherchierte, wurde er gezielt blockiert. Irgendeine Macht im Hintergrund wußte sehr wirksam zu verhindern, daß auch nur der kleinste Hinweis ans Tageslicht kam. Nicols wiederum behauptet, daß er in Erfahrung bringen konnte, daß das Gold in Montauk auftauchte. Montauk ist genau der Punkt am äußersten Ende von Long Island, an dem die Brookhaven-Gruppe ihre Arbeit mit Phönix II fortsetzte. Deshalb wurde dieses neue Raumzeit-Programm auch vor allem als das *Montauk-Projekt* bekannt. Dieser Ort bot sich nicht nur wegen seiner Abgeschiedenheit ausgezeichnet für das Projekt an, sondern weil er auch über eine alte Militäranlage und ein besonderes Radar verfügte. Dieses Radar war zwar längst überholt, erwies sich aber für die Zwecke der geheimen Experimente als ideal. Mit dem sogenannten SAGE-Radar (SAGE = Semi-Automatic-Ground-Environment), dem ersten computergeschützten Echtzeit-Radarwarnsystem, war dem Montauk-Team die Arbeit mit Frequenzen im Bereich von 425 bis 450 Megahertz möglich. Genau diese Frequenz hatte sich als geeignet erwiesen, um in das menschliche Bewußtsein einzudringen.

1970/71 wurde die bis dahin stillgelegte alte Montauk-Luftwaffenbasis wieder aktiviert, und gegen Ende 1971 konnte das Projekt starten.

Laut Nichols war das oberste Versuchskaninchen fast ausschließlich der Projektmitarbeiter Duncan Cameron, der außergewöhnliche geistige Fähigkeiten besaß. Die längliche, wie eine Banane gekrümmte SAGE-Antenne von Montauk, wurde für die Experimente auf einen rund hundert Meter entfernten Raum gerichtet, in dem sich Cameron befand. Mit der Zeit erlitt dieser schwere Gehirnschäden – durch die permanente Mikrowellenbestrahlung. Bei einer Untersuchung stellte sich heraus, daß er eigentlich hirntot war, was natürlich gar nicht möglich sein konnte. Cameron lebte und dachte normal weiter, aber offensichtlich nur unter Aufbietung ungewöhnlicher mentaler Reserven. Später fielen auch andere Personen, darunter Militärangehörige und Menschen ohne festen Wohnsitz, den Experimenten von Montauk zum Opfer. Die Ergebnisse wurden immer verblüffender. Die Montauk-Leute waren mittlerweile dazu in der Lage, gezielte Gedankenmuster auszulösen und sie zu kopieren und abzuspeichern. Während diese Anordnung spezielle Gedanken erzeugen konnte, war ein anderes Gerät in der Lage, Gedanken zu lesen. Die Montauk-Mannschaft war hellauf begeistert, als sie von einer Konstruktion des ITT-Konzerns erfuhr, der so ein Gerät entwickelt hatte. Für Nichols ist die Herkunft dieser fortgeschrittenen Technologie ein Rätsel. Er erwähnt aber Informationen, die eine außerirdische Quelle nahelegen. Er behauptet, die Forschungen seien von Wesen unterstützt worden, die aus dem Sirius-System kamen.

Die Anlage wirkt verblüffend einfach. Um einen Stuhl waren mehrere Sensor-Spulen in pyramidenförmiger Anordnung angebracht, die das Signal der Person ertasteten. Über sechs Ausgangskanäle gelangten die Daten dann in einen Digitalwandler und von dort weiter in einen Cray-1-Computer. Bald konnten die Gedanken auf dem Monitor dreidimensional und plastisch wiedergegeben werden. Ziel war es, dieses Gerät in einen Gedankensender umzuwandeln, um eine bei den Raumzeit-Experimenten notwendige Ersatzrealität auf die beteiligten Personen zu übertragen. Auf diese Weise entstand der *Montauk-Stuhl.* Über die Sensoren am Stuhl und zusammen geschaltete Computer verlief eine Signalkette, die schließlich von einem Sender übertragen wurde. Nichols beschreibt zahlreiche Details der Konstruktion und auch die vielen Probleme, die bei den ersten Versuchen, vor allem wegen der Abstimmung der einzelnen Komponenten, auftraten.

Nach vielen Fehlschlägen war man schließlich am Ziel angekommen. Das Team hatte das System 1977 sogar so weit perfektioniert, daß es damit Gedankenbilder materialisieren konnte. Wenn Duncan Cameron sich auf einen Gegenstand konzentrierte, konnte er ihn auf der Basis erscheinen lassen. Wenn diese Behauptung Nichols der Wahrheit entspricht, war man in Montauk in technische Bereiche vorgedrungen, die man normalerweise eigentlich mit *Magie* bezeichnen würde. Andere Experimente sollten die Frage beantworten, wie weit sich wirklich fremde Gedanken in das Gehirn eines Menschen einpflanzen ließen. 1978 hatte das Team die Bewußtseinskontrolle völlig im Griff. Dabei erwies sich die Form der Pyramiden, die man in Montauk genau studierte, sowie eine sogenannte Orion-Delta-T-Antenne als sehr bedeutsam.

Wäre es gewagt, hier eine tiefe Verbindung zum alten Ägypten aufzustellen? Andreas von Rétyi hat das in seinen Recherchen getan, und das nicht zu unrecht, denn die Verbindungen und Anachronismen sind nicht abwegig. Aber auch Montauk selbst besitzt etliche Verbindungen zu Ägypten, wie Rétyi belegen kann. Früher existierten dort einige kleine Pyramiden unbekannten Ursprungs. Bei dem Ort, an dem die Pyramiden einst standen soll es sich um einen Ort handeln, der Zeitphänomene unterstützt beziehungsweise fördert. Interessant ist ebenfalls, daß bei den ursprünglichen Bewohnern der Region, den Montauk-Indianern, ein sehr alter Familienname von großer Bedeutung ist. Dieser Familienname heißt *Pharoah.* Auch der Name Montauk und seine mögliche Herkunft ist interessant. Die drei Pyramiden von Gizeh werden heute oft, besonders nach dem Bestseller von Robert Bauval und Adrian Gilbert („Das Geheimnis des Orion") mit den drei Gürtelsternen des Orion gleichgesetzt. Der Name des Sternes, den die Mykerinos-Pyramide repräsentiert lautet: *Mintaka*! Das klingt ähnlich wie Montauk, dessen Bedeutung auch sehr gut zur Pyramide paßt. Der Forscher Dr. J. H. Trumbull, führend auf dem Gebiet der

Erkundung der Algonquin-Indianer, zu denen auch die Montauk zählen, sieht die Wurzeln ihres Namens im Wort *manatuck*. Und das bedeutet soviel wie Hügel! Im Englischen spiegelt sich die Bedeutung ebenfalls wider, in dem Wort für Berg – *mountain*.

Der einstige US-Präsident Thomas Jefferson, ein Freimaurer, machte sich Sorgen, daß mit den Montauk-Indianern auch ihre ganz persönliche Sprache aussterben würde, von der andere sagen, sie sei die *Sprache der Engel* und gehe auf Henoch zurück – *Enochitisch*! – womit wir abschließend wieder bei Henoch/Thoth und den „göttlichen" Kulturbringern oder Elohim angelangt sind, die uns nahezu durch das ganze Buch zu begleiten scheinen.

Abschließend möchte ich noch ein paar Zeilen über Nikola Tesla (1856-1943) verlieren: Tesla wurde in Similjan (Kroatien) geboren und war Erfinder auf dem Gebiet der Elektrizität. Über die vielen Erfindungen Teslas zu schreiben, würde den Rahmen dieses Buches sprengen. Insgesamt hatte der geniale Erfinder etwa 700 Patente.

Nach seiner Emigration in die USA (1884), kam es zu einer kurzen aber unbefriedigenden Zusammenarbeit mit Thomas Edison. Anschließend entschied sich Tesla, mit George Westinghouse zusammenzuarbeiten. Es war eine erfolgreiche Zusammenarbeit. Einer der Höhepunkte war die gemeinsame Inbetriebnahme eines Wechselstromkraftwerkes an den Niagara-Fällen (1892). Nur kurze Zeit später katapultierte sich Tesla in einen „wissenschaftlichen Super-Raum" hinaus. Heute wird allgemein angenommen, daß kein damals lebender Forscher Tesla wissenschaftlich folgen konnte. Er hatte damit begonnen, das Energiefeld zu ergründen und nutzbar zu machen, was heute im allgemeinen als Äther bezeichnet wird. Tesla benutzte das energetische Feld des Äthers für mehrere Formen der Kommunikation und Energiefortleitung. Heute wird diese Technologie als Konversion von Schwerkraft-Energie oder von Tachyonen-Energie bezeichnet. Stellen Sie sich das einmal vor; Energiequellen wie Kohle, Öl, Wasserkraft und elektrische Überlandleitungen wären auf einmal nicht mehr erforderlich. Auch Schiffe, Automobile, Flugzeuge, Fabriken und Häuser könnten die Energie aus dem Energiefeld des Äthers entnehmen, und das auch noch kostenlos. So schön und paradiesisch dieser Gedanke sich anhört, so erschreckend ist er sicherlich andererseits für die Industrie und Wirtschaft.

In einem Vortrag, den Tesla bereits 1891 in New York vor dem American Institute of Electrical Engineers führte, sagte er:

„Ehe viele Generationen vergehen, werden unsere Maschinen durch eine Kraft angetrieben werden, die an jedem Punkt des Universums verfügbar ist. Diese Idee ist nicht neu, wir finden sie in den herrlichen Mythen des Antheus, der Energie aus der Erde ableitet, wir finden sie auch in den feinen Spekulationen eines ihrer glanzvollen Mathematiker... Überall im Weltraum ist Energie. Ist diese Energie statisch oder kinetisch? Wenn statisch, werden unsere Hoffnungen vergeblich sein. Wenn kinetisch – und wir wissen, daß dem sicherlich so ist –, dann ist es nur eine Frage der Zeit, daß die Menschheit ihre Energietechnik erfolgreich an das eigentliche Räderwerk der Natur angeschlossen haben wird.“ (45)

Ende 1898 war Tesla auf seinem Experimentierfeld in Colorado Springs, das durch den Finanzier J. P. Morgan unterstützt wurde, der technischen Realisierung dieser Energiegewinnung aus dem Äther sehr nahe gekommen. Morgan, der sich über die Tragweite dieser Entwicklungen wohl im klaren war, veranlaßte den Abbruch der Arbeiten. Teslas Forschungszentrum in Colorado Springs wurde zerstört.

Tesla erfand einen neuartigen Elektromotor ohne Kommutator (Stromwender) wie beim Gleichstrommotor. Dieser arbeitete nach dem Prinzip rotierender Magnetfelder, erzeugt durch Mehrphasen-Wechselströme. Weiterhin kam es zur Entwicklung und Patentierung von elektrischen Geräten unter Ausnutzung der überlegenen Hochfrequenz-Beleuchtung, Röntgenstrahlen und Elektrotherapie, dem Bau eines großen Energiesenders, Experimenten mit drahtlosen Eigenschaften von hochfrequenten Hochspannungen: Tesla-Spule, Rundfunk, drahtlose Energieübertragung und Erdresonanz. Außerdem untersuchte Tesla Blitzphänomene. Es gelang ihm auch die Erzeugung künstlicher Erdbeben durch eine induzierte Erschütterung des Tachyonenfeldes, mit der Folge der Übertragung von Vibrationen auf alle Materie. So hat Nikola Tesla einen ganzen Straßenblock in New York einem solchen Beben ausgesetzt. Zu seinen Entwicklungen gehörte auch der Bau eines *Solid-State-Converters* (1931), welcher einen speziellen Elektromotor antrieb, der in eine Luxuslimousine eingebaut worden war und die gleichen Fahrleistungen erbrachte wie ein gewöhnlicher Benzinmotor. Der Wagen wurde eine Woche lang mit Tempo testgefahren, mit einem sensationellen Ergebnis: Brennstoffkosten Null!

Seine bedeutendste war aber sicherlich seine Entdeckung von stehenden Wellen und extrem niedrigen Frequenzen, die auch als Tesla-Effekt bezeichnet werden. Seine Experimente bildeten die Grundlage für alle modernen Forschungen auf dem Gebiet der ELF-Kommunikation (Fachsprache: *ELF*-Wellen *Extremley Low Frequencies = extrem niedrige Frequenzen*). Setzt man ein Tachyonenfeld diesen ELF-Wellen aus und richtet es beispielsweise auf einen Menschen, kommt es zur Entkoppelung von elektrischen Funktionen im Gehirn, die zu schweren Störungen im Wachbewußtsein führen. Die neurologischen und die physiologischen Funktionen werden durch eine Verminderung der geistigen Funktion stark beeinträchtigt und machen den Menschen dadurch beeinflußbarer.

Ich habe ein paar Absätze zuvor am Beispiel Golfkrieg über *Mind-Control*-Waffen berichtet und bereits darauf hingewiesen, daß diese und andere Techniken wohl schon seit Jahrzehnten zur Anwendung kommen. Zwischen 1949 und 1969 wurden über 200 Versuche mit biologischen Waffen durchgeführt, davon etwa 80 mit Keimen. Laut CIA-Berichten wurden auch Städte mit Keimen und Bakterien bombardiert. Beispielsweise wurde im Jahre 1950 durch ein Schiff der US-Navy, mit dem die Angriffs- und Verteidigungsfähigkeit biologischer Waffen getestet werden sollte, San Francisco sechs Tage lang mit den als *Serratia* bekannten Bakterien eingenebelt. Es ist heute bekannt, daß die Serratia-Bakterien eine Art Lungenentzündung verursachen, die auch tödlich verlaufen kann. Die Amerikaner wurden jedoch nicht „nur" mit Keimen beschossen. Die NBC gab am 16. Juli 1981 bekannt, daß der Nordwesten der USA seit mehreren Jahren von der Sowjetunion mit Niedrigfrequenz-Wellen bombardiert wurde.

In einem Artikel der *Associated Press* vom 20. Mai 1983 wird berichtet, daß die UdSSR seit mindestes 1960 eine als LIDA bekannte Vorrichtung verwendet, um das menschliche Verhalten mit einer niederfrequenten Radiowelle zu beeinflussen. Die LIDA wird in der UdSSR zur Ruhigstellung eingesetzt und bewirkt einen tranceähnlichen Zustand. Es ist möglich, damit psychische Probleme, Neurosen und Bluthochdruck zu behandeln oder aber auch einen Zustand der Aggression oder Depression hervorzurufen. Durch große Exemplare dieser LIDA werden einzelne Personen,

Städte und sogar ganze Landstriche der Sowjetunion und auch der USA schon seit langem gezielt bestrahlt, um bestimmte Verhaltensweisen hervorzurufen.

Einer der frühen Fälle des „unsichtbaren Krieges", der an die Öffentlichkeit gelangte, war das sogenannte *Moskau-Signal.* Im Jahre 1962 suchte man die US-Botschaft in Moskau nach Wanzen ab und entdeckte einen Mikrowellenstrahl, der direkt auf die Botschaft gerichtet war.

Technologie des 20. Jahrhunderts im alten Ägypten...

Können sie sich das vorstellen? Technologie des 20. Jahrhunderts im alten Ägypten? Wenn dem so wäre, dann würde das sicherlich die stärksten Kritiker ein wenig ruhiger stimmen oder zumindest ein wenig nachdenklicher. Die folgenden Ausführungen sollten in jedem Fall mit den vorher erörterten Raumzeit-Versuchen des ausgehenden 20. Jahrhunderts, die ja immerhin bereits in den vierziger Jahren begannen, sehr nachdenklich stimmen. Unser Weg führt uns also wieder zurück nach Ägypten, in einen Tempel, dessen älteste Abschnitte schon aus der Frühzeit um 2900 v.Chr. stammen. Der Tempel ist der *Neunheit von Abydos* geweiht, die allerdings nur sieben Urgötter umfaßte. Seine alten Mauern sind über und über mit Hieroglyphen bedeckt. Im Sethos-Tempel gibt es Hieroglyphen, die bisher niemand befriedigend erklären konnte. Sie befinden sich in einem Deckenbalken der Eingangshalle und stechen in ihrer Ungewöhnlichkeit sofort ins Auge. Der Betrachter muß nicht zweimal hinsehen, um in diesen Hieroglyphen technische Gerätschaften aus dem 20. Jahrhundert zu erblicken (Bild 81).

Bild 81:
Die Hieroglyphen an dem Deckenbalken des Abydos-Tempel zeigen uns Technologie des 20. Jahrhunderts.

In der oberen linken Ecke der besagten Hieroglyphen sind die Umrisse eines Hubschraubers zu erkennen, der ähnlich wie ein Apache-Attacke-Hubschrauber aus den vierziger Jahren aussieht. Direkt rechts neben dieser Hieroglyphe finden sich noch drei weitere Schriftzeichen, die auf technische Gerätschaften hinweisen. Auf der gleichen Höhe wie der Helikopter, scheint ein gepanzertes Gefährt abgebildet zu sein, darunter folgt die Darstellung eines submarinen Vehikels. Hier erkennt man deutlich eine Heckflosse. Die Art der Abbildung deutet darauf hin, daß sich der Schreiber bemühte, das Objekt als Hohlkörper wiederzugeben. Unter diesen beiden Hieroglyphen erscheint dann noch eine dritte Abbildung, die aussieht wie eine umgedrehte Schußwaffe. Der Lauf ist an der Öffnung leicht verdickt; etwa auf halber Distanz zum Griff ist noch eine halbkreisförmige Ausbuchtung zu erkennen, dann tritt schließlich am Griffansatz ein Bügel hervor, genau wie er am Abzug zu erwarten wäre.

Zufall hin oder her, die Hieroglyphen existieren. Aber wie kommen technische Gerätschaften des 20. Jahrhunderts in das alte Ägypten? Sind die alten Ägypter damals mit einer Technik konfrontiert worden, die nicht von ihnen selbst stammte?

Natürlich müssen diese unangenehmen Fragen auch von modernen Archäologen beantwortet werden. Für die ist die Sache eindeutig: Da es unter den Hieroglyphen kein Zeichen für beispielsweise einen Hubschrauber gab, kann das auch keiner sein – so einfach ist das! Was liegt da näher als sogleich von einer Fälschung zu sprechen. Neuzeitliche Restauratoren, die späteren Besuchern ein Rätsel aufgeben wollten, hätten die Schriftzeichen angefertigt – ein schwacher Erklärungsversuch! Immerhin gehören die Tempelreliefs von Abydos zu den bedeutendsten jener Epoche. Es ist schwer vorstellbar, daß irgendein Archäologe oder Restaurator nur so aus Jux und Spaß an der Freud daran herumexperimentiert hat. Abgesehen davon gab es an diesem Ort in den letzten Jahrzehnten keine Auffrischungsarbeiten.

Übrigens wurden diese Hieroglyphen nicht erst 1998 durch Richard Hoagland entdeckt, was er selbst einmal öffentlich verkündete. Vielmehr fielen diese Schriftzeichen bereits 1990 einer Gruppe von privaten Forschern aus dem Kreis Erich von Dänikens auf, die speziell auf der Suche nach ungewöhnlichen Überlieferungen früherer Zeiten waren.

Bild 82:
Nahaufnahme des Hubschraubers;
rechts ist gut zu erkennen, daß eine Hieroglyphe ausgelöscht wurde.

Bei einer meiner letzten Forschungsreisen in Ägypten habe ich mich in Luxor mit dem Archäologen Dr. Sabri verabredet, um mit ihm über die sonderbaren Hieroglyphen von Abydos zu diskutieren. Auch Dr. Sabri zeigte sich erstaunt über die symbolische Deutlichkeit der Hubschrauber-Hieroglyphe. Dennoch, so ist sich Dr. Sabri mit fast allen Ägyptologen einig, kann es sich hier eigentlich nur um ein Zufallsprodukt handeln, entstanden durch das wiederholte Auslöschen beziehungsweise Verändern bestehender Hieroglyphen durch neue Herrscher. Wie wir wissen, ist es im alten Ägypten oft vorgekommen, daß neue Könige zum Beispiel die Schriftzeichen in den Königskartuschen auslöschten und mit ihren ersetzten. Auch im Sethos-Tempel ist das zweifellos passiert. Der Sohn von Sethos I, der berühmte Pharao Ramses II, soll viele Arbeiten und Ausschmückungen vollendet haben, die noch bis in die Zeit Ramses IV reichten. Im Sethos-Tempel wird das besonders in einem Aspekt deutlich. Unter den späteren Königen, wie etwa unter Ramses II, wurden die Hieroglyphen als Tiefreliefs dargestellt. Ihre Vorgänger haben das hingegen in „erhabenen“ Reliefs getan. Das erklärt natürlich nicht, wie es zu derartigen Hieroglyphen kommen kann.

In Abydos war mir Dr. Yahia El Masry sehr behilflich und gab mir zwei seiner Inspektoren an die Hand. Eine lange Leiter stand für mich auch bereit. Eines konnte ich bei naher Betrachtung der Hieroglyphen sogleich feststellen: Sie sind in einem verhältnismäßig guten Zustand. Unterschiedliche Schichten und abgeblätterten Gipsputz konnte ich nicht erkennen.

Bild 83:
Die Schußwaffe, um 180 Grad gedreht; hier ist gut zu erkennen, wie unfachmännisch die beiden Bügel bearbeitet sind. Von den alten Ägyptern ist man so eine unsaubere Arbeit nicht gewohnt. Sicherlich sollte man auch von Zeit-Raum-Reisenden mehr technisches Know-How erwarten können.

Die Absicht des Unbekannten, hier Technologie des 20. Jahrhunderts darzustellen, befinde ich persönlich als recht eindeutig, besonders im Falle des Hubschraubers – aber das sollte jeder für sich selbst entscheiden.

Natürlich gibt es bei der endgültigen Bewertung viel Für und Wider. Diese Hieroglyphen aber mit Zeit-Raum-Experimenten in Verbindung zu bringen, auch wenn es diese seit vermutlich vielen Jahrzehnten gibt, halte ich in diesem Fall schlichtweg für sehr gewagt. Und – mal ganz ehrlich, liebe Leser – warum sollten Menschen, die durch Zeit und Raum reisen, im Sethos-Tempel ein paar Hieroglyphen ändern, und das auch noch recht mittelmäßig? Warum haben sie nicht eine Rakete dargestellt oder eine Flugscheibe? Tatsache ist aber auch, daß die aktuellen Hieroglyphen aus alten herausgearbeitet wurden; das aber nicht zufällig sondern absichtlich. Ob das nun in den letzten fünfzig Jahren passierte oder vielleicht Jahrhunderte der sogar Jahrtausende früher, ist zum heutigen Tage nicht geklärt. Insgesamt ist bei diesen Hieroglyphen einfach zu unsauber gearbeitet worden, das wird besonders bei der Schußwaffe deutlich (Bild 83). Hier ist deutlich zu erkennen, wie beide vorhandenen Bügel sehr unfachmännisch der alten Hieroglyphe hinzugefügt wurden.

Heute, zu Beginn des 21. Jahrhunderts, werden wir immer mehr mit fremden Welten und außerirdischen Intelligenzen konfrontiert. Daß höhere Technologie schon seit vielen Jahrzehnten in Erprobung und Entwicklung ist, ist wohl unumstritten. Ich denke, wir müssen davon ausgehen, daß das, was man uns sagt, bereits fünfzig Jahre alt ist; also daß die Wissenschaft zirka fünfzig Jahre weiter ist, als man uns sagt. Bedenken Sie nur einmal, wie weit Wissenschaftler wie Tesla bereits vor mehr als einhundert Jahren waren. Auch Raumzeit-Experimente wurden wohl schon seit den frühen vierziger Jahren durchgeführt. Und der Roswell-Absturz?

Diese Experimente könnten natürlich in einem unmittelbaren Zusammenhang zu diesem Vorfall im Abydos-Tempel gesehen werden. Daß nun Forscher versuchen, diese Dinge in einen Zusammenhang zur Antike, zum alten Ägypten und den Kulturen aus dem Zweistromland zu stellen, ist verständlich. Denken wir nur an die ersten Kapitel dieses Buches, an die „Elohim-Götter", die – wie aus den Schriften und Überlieferungen der frühesten Schöpfungsgeschichten hervorgeht – die Menschen auf eine höhere Entwicklungsstufe brachten; die weltweiten Berichte über vorsintflutliche Kulturbringer, die den Menschen Wissen brachten und sich erst allmählich wieder zurückzogen, so wie es besonders im alten Ägypten deutlich ist. Daß geheimes Wissen stets gut bewacht und an geheimen Orten aufbewahrt wird, war nicht nur in der Antike so, das wird auch heute nicht anders praktiziert. In diesem Zusammenhang ist das Wirken geheimer und mächtiger Gruppen in Wirtschaft und Politik ein offenes Geheimnis, und selbst hier sind die Verbindungen zurück in die Antike, ins alte Ägypten und auch in das geheimnisvolle Priesterzentrum in Heliopolis, mit den Geheimnissen um die Schriften Thoths und den heiligen Benben.

Heute halten viele Forscher Filmproduktionen wie etwa *Stargate* nicht nur für reine Ergebnisse der Phantasie; vielmehr stehen auch hinter solchen Filmen ernsthafte Botschaften oder eine langsame Hinführung zu etwas, was unserer Menschheit schon in naher Zukunft bevorsteht. Die führenden Köpfe, die heutigen *Hüter der Geheimnisse*, wissen das längst und setzen dieses Wissen bewußt für ihre politischen Interessen und Machenschaften ein – daß das allerdings zum Wohle der Menschheit geschieht, das wage ich zu bezweifeln. Warten wir ab, was uns die Zukunft an weiteren Überraschung zu bieten hat.

Abschließend möchte ich Ihnen in diesem Zusammenhang noch eine Entdeckung des Paläontologen Professor Slaughter präsentieren.

Jeder Leser mag sich sein eigenes Bild über das Vorhandensein oder Mitwirken außerirdischer Intelligenzen auf unserer Erde machen. Zu beobachten sind in jedem Falle zwei unterschiedliche Richtungen in der großen Medienwelt:

Einerseits die Lächerlichmachung dieses Themas über das Monopol der Medien, andererseits eine mögliche langsame und gezielte Vorbereitung der Menschheit auf das Vorhandensein von und die Zusammenarbeit mit ausserirdischen Intelligenzen auf unserer Erde. Aber können sich Tausende und Abertausende Menschen, die über Sichtungen von Flugscheiben berichtet haben, irren? Entscheiden Sie selbst!

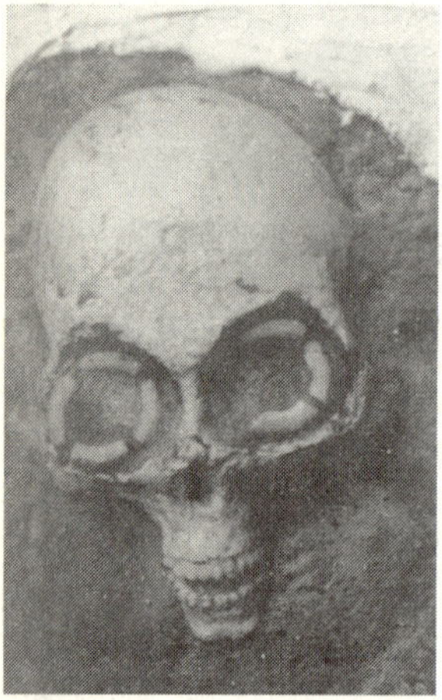

Seit mehr als fünfzig Jahren gibt es zahlreiche Zeugenberichte aus aller Welt. Der französische Astrophysiker Jacques Vallee schätzte die Zahl der Sichtungen bereits 1990 auf weltweit über einhunderttausend.

Bild 84 und 85:
Unten das Skelett des Außerirdischen; oben eine Nahaufnahme des Schädels.

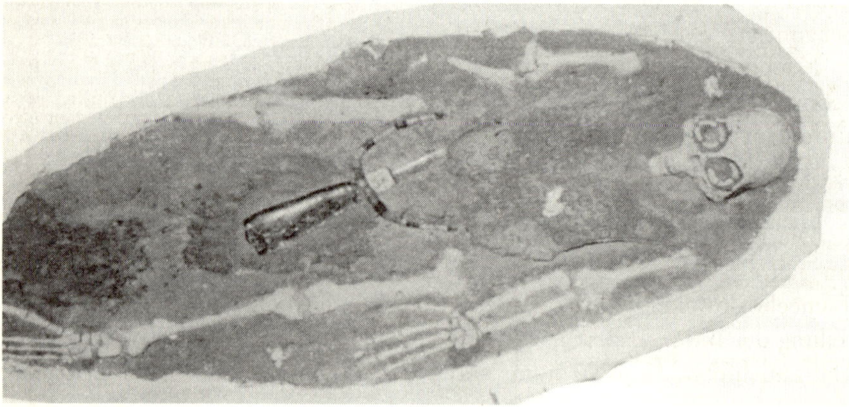

In den vergangenen Jahren habe ich mit vielen Forschern und Wissenschaftlern auch über dieses Thema gesprochen und hatte Einblick in sehr aufschlußreiches Filmmaterial. Für viele Forscher und Wissenschaftler stellt sich überhaupt nicht mehr die Frage, ob es Außerirdische auf unserer Erde gibt – schon seit Jahrzehnten nicht mehr! Mehr als die Hälfte aller heutigen UFO-Sichtungen sind das Ergebnis irdischer(!) Technologie.

Unsere eigene Geschichte kann uns hier sehr behilflich sein. Es wird viele von Ihnen sicherlich überraschen, daß die Erforschung und der Bau der ersten irdischen Flugscheiben bereits mehr als sechzig Jahre zurückreicht. Verantwortlich hierfür war der Flugzeugingenieur Rudolph Schriever, der Anfang 1940 den Heinkel-Flugzeugwerken bei Rostock unterstellt war.

Die Autoren Renato Vesco und David Hatcher Childress berichten in ihrem Werk „Man Made UFOs“, daß Schriever gleich zu Beginn der Konstruktionsabteilung des Werkes unterstellt wurde und unter anderem gelegentliche Testflüge mit neuen Flugzeugtypen durchführte. Vermutlich war Schriever von den Ideen des amerikanischen Flugzeugkonstrukteurs Charles Horton Zimmermann beeinflußt. Sein besonderes Interesse galt scheibenförmigen Flugkörpern, die senkrecht starten und landen konnten. Der Firmeninhaber Ernst Heckel soll Schriever offensichtlich ermutigt haben, einen Prototyp einer fliegenden Untertasse zu entwerfen. Schriever machte sich an die Arbeit. Nach seinen Entwürfen wurde Anfang 1941 ein kleines untertassenförmiges Objekt zur technischen Beweisführung konstruiert. Dieser erste Versuch wurde *Version 1* genannt und wurde als *Flugkreisel* bekannt.

Nachdem der erste Testflug im Juni 1942 abgeschlossen war und die Ergebnisse zufriedenstellend waren, wurden unter höchster Geheimhaltungsstufe dem Reichsluftfahrtministerium entsprechende Mittel zur Verfügung gestellt, um eine bemannte Version in entsprechender Größe zu konstruieren.

Die weitere Erforschung erfolgte unter höchster Geheimhaltungsstufe. Im Jahre 1944 soll das streng geheime Untertassen-Programm in die Tschechoslowakei verlegt worden sein. In einer streng abgeschirmten Abteilung der BMW-Fabrik in Prag wurde der größte Teil der Arbeit erledigt. Die zunehmende Entwicklung und Erforschung führte zur Zusammenarbeit von führenden Wissenschaftlern, wie beispielsweise Dr. Richard Miete und der italienische Physiker Giuseppe Beluzzo. Letzterer hatte bereits verschiedene aerodynamische Konzepte an der Luftfahrtforschungsanstalt Hermann Göring (LFA-HG) entwickelt. Dieser streng geheime Luftfahrt-Forschungskomplex befand sich in Volkenrode bei Braunschweig und war so perfekt getarnt, daß er während des Zweiten Weltkrieges von den Alliierten nicht entdeckt wurde. Der größte Teil der Anlage lag unter der Erde und war mit zwei, dem damaligen Stand entsprechenden Ultraschall-Windtunneln und wissenschaftlichen Einrichtungen ausgestattet, die für die damalige Zeit weit fortgeschritten waren. Der britische Geheimdienst bezeichnete diese Einrichtungen später als die besten der Welt.

Ein weiterer Wissenschaftler, der zu dem Untertassen-Team dazu stoß, war kein Geringerer als der Luftfahrtingenieur Klaus Habermohl, ein Spezialist für Gasturbinen-Technologie. Er arbeitete als wissenschaftlicher Berater für BMW. Nach dem Flugkreisel (V1 = Version 1) und einer grösseren bemannten Version (V2), arbeitete das Forscherteam unter der Leitung von Schriever an einem noch größeren untertassenförmigen Flugobjekt, das unter der Bezeichnung V3 (Version 3) „bekannt“ wurde.

Es wird angenommen, daß die Gesamtverantwortung für das Geheimprojekt des Untertassenbaus bei Heinkel lag, während die Firma BMW, die während der Kriegsjahre in der Hauptstadt mit der Produktion von Kolben- und Düsentriebwerken beauftragt war, ihre Unterstützung für eine Reihe fortgeschrittener Antriebssysteme zur Verfügung stellte.

Ein weiterer Wissenschaftler muß in diesem Zusammenhang genannt werden: der österreichische Erfinder Viktor Schauberger (1885-1958). Der Österreicher behauptete, für die Herstellung verschiedener Teile der Untertassen verantwortlich gewesen zu sein. Schauberger gab später sogar zu, daß ein Teil der Arbeiten von tschechischen Ingenieuren im Konzentrationslager Mauthausen erledigt worden sei. Noch kurz vor seinem Tod im Jahre 1958 erklärte der Wissenschaftler, an einem streng geheimen *Flying-Disc*-Programm der USA in Texas mitgewirkt zu haben.

Neben den erwähnten Projekten, die bereits vor mehr als fünfzig Jahren in Deutschland und zum Teil durch deutsche Ingenieure stattfanden, gab es sicherlich noch sehr viel mehr interessante und fortgeschrittene Projekte, die während des Zweiten Weltkriegs stattfanden, was von den Medien heute aus gutem Grund sehr speziell behandelt wird.

Abschließend möchte ich noch einmal auf den 1999 verstorbenen Paläontologen Professor Bob Slaughter zurückkommen, über den ich bereits in Kapitel 5 berichtet habe. Den wohl erstaunlichsten Fund machte Slaughter in den siebziger Jahren. Es war das Grab eines Außerirdischen in Texas, der bei einem Absturz am 19.4.1897 ums Leben kam. Das Flugobjekt stürzte auf eine Windmühle, die dem Richter J. S. Proctor gehörte. Dieses Ereignis wurde von einigen Menschen beobachtet. Zur eigentlichen Entdeckung kam es nur „zufällig", nachdem schriftliche Dokumente von einer Zeitzeugin entdeckt wurden:

„Die Nasenöffnungen sind sehr klein, auch der Mund und die Zähne. Die Augen sind sehr groß und in den Höhlen sind sklerotische (verhärtete) *Ringe, die die Augenäpfel unterstützen. In der Geschichte der Tierwelt haben manche Tiersorten große Augenäpfel entwickelt, z.B. Vögel, Fische und Dinosaurier. Die Augenskelette schützen die Augenäpfel vor dem Luft- und Wasserdruck. Alle Knochen sind hohl, außer der Rippen, der Hand- und Fußknochen. Sie sind fest. Die langen, abgeschwächten Hände haben entgegengesetzte Daumen und drei Finger, die alle eine Länge haben und die nur ein Gelenk haben (die menschlichen Finger haben zwei Gelenke). Die Füße haben vier Zehen und der große Zeh ist ein bißchen entgegengesetzt, was über eine Abstammung von Wesen spricht, die früher auf Bäumen lebten. Diese Kreatur ist kein Mensch, aber man kann vermuten, daß es sich um einen Hominiden handelt." „Das Skelett trägt eine Art Weste, die aus geflochtenen Glasfasern besteht. Es hat auch einen Gürtel aus Metallperlen. Die Perlen sind aus drei Metallsorten. Dabei ist auch ein zangenförmiges Stück Glas. Es ist durchsichtig, in bläulicher Farbe. Es ist schwerer als normales Glas und hat einen Griff, der aus einer Kupferlegierung besteht und zusätzlich mit Gold überzogen ist. Es ist unklar, wozu man dieses Objekt benutzt. Es ist wohl nicht als Knüppel benutzt worden. Die andere Möglichkeit wäre, es als ein Zepter oder zum Kommunizieren (z.B. ein Kristall für Radiokommunikation) zu benutzen. Das große Gehirn kann für eine hohe Intelligenz sprechen. Die großen Augen weisen zweifellos darauf hin, daß man sie auf den Stufen mit schwachem Licht braucht. Die hohlen Knochen könnten bedeuten, daß der Körper wegen der hohen Schwerkraft (z.B. auf einem großen Planeten) leichter gemacht werden mußte."* (27)

Kapitel 11
Geheimnisvolles Afrika

„Als der weiße Mann anfing, unsere Religion zu zerstören, als er unseren Glauben lächerlich machte und dazu benutzte, die alte Religion zu zerstören, ging in vielen afrikanischen Regionen die Religion in den Untergrund. Und sie nennen sich geheime Gesellschaften. Überall in Südafrika und Zentralafrika und Ostafrika und Westafrika, wo dieses Wissen war, wurde es beschützt und bewahrt durch alte Wächter.“

(Credo Vusamasulu Mutwa)

Zurück im Herzen Afrikas

Nach dem längeren Aufenthalt in Ägypten, führt unsere Spurensuche wieder in das Herz Afrikas und letztlich nach Südafrika. Der Zusammenhang zur ägyptischen Kultur und besonders zur Kultur aus dem Zweistromland findet sich im tiefen und weiten Afrika wieder, wie wir noch sehen werden.

Bereits im siebten Kapitel haben wir im Zusammenhang mit dem Sirius-Rätsel und den Dogon in Mali einen Einblick gewinnen können, wie groß das Wissen alter afrikanischer Völker ist.

Weltweit berichten die alten Überlieferungen verschiedener Völker ein und dieselbe Geschichte. Es ist die Geschichte von hochbegabten Kulturbringern, die in der „Kindheit“ der Menschheitsgeschichte zur Erde kamen und dem Menschen, sprich dem Homo Sapiens, der sich noch in einem frühen Entwicklungsstadium befand, Wissen und Kultur brachten. In Verbindung mit dem Schöpfungsbericht aus dem Zweistromland, dem „Enuma Elisch“, über das ich in Kapitel 2 berichtet habe, wäre sogar anzunehmen, daß der frühzeitliche Mensch gezielt manipuliert wurde, um das *„Joch der Götter“* zu tragen. Die Dogonpriester berichten von Nommo als Kulturbringer, der zurück zu den Sternen flog. Im Zweistromland war es Ea oder Enki, bei den Sumeren hieß er Oannes und in Südamerika kennen wir die Berichte der Viracocha. Die Verwandtschaft der Wortstämme ist ebenfalls interessant, denken wir nur an Nommo und Nudimmud (andere Bezeichnung für Enki), oder Nommo und Nummu (die Göttin und Gemahlin Anus, des Herrschers des Nibirus).

Auch wenn sich die Namen von Kultur zu Kultur verändern, was auch nicht verwunderlich ist, Verhalten, Beschreibung und Auftrag sind in allen Überlieferungen der verschiedenen Völker weltweit gleich.

Im westlichen Teil Afrikas werden die Kulturbringer bei den Bambara-Völkern, nicht weit von den Dogon in Mali, *Shuesi* genannt. Wenn Sie einen alten Bambara darum bitten, Ihnen einen Mitglied der Shuesi zu beschreiben, und Sie dann einen Dogoni fragen, er solle Ihnen ein Mitglied der Nommo beschreiben, werden Sie feststellen, daß es sich um ein und dieselben Wesen handelt. In Burundi, in Zentralafrika, heißen sie Imanugela.

Im Südwesten Nigerias finden wir beispielweise die alte Stadt *Ife*. Sie ist nach wie vor der religiöse Mittelpunkt von etwa dreizehn Millionen *Yoruba*. Auch an diesem alten Ort berichten die alten Mythen, daß die Götter vom Himmel herabgestiegen waren und den Menschen Wissen und Kultur brachten. Von dort zogen die Söhne der ersten Herrscher weiter und gründeten weitere Königreiche der Yoruba.

Die archäologische Situation gestaltet sich bis heute sehr schwierig. Da die alte Stadt seit ihrer Gründung ununterbrochen bewohnt ist, wurden bisher kaum Grabungen vorgenommen. In dem feuchten Urwaldklima blieben nur spärliche Reste aus der Vergangenheit erhalten, aber wie in den meisten afrikanischen Mythologien, wurde das uralte Wissen in der traditionellen Lebensweise, in Tänzen

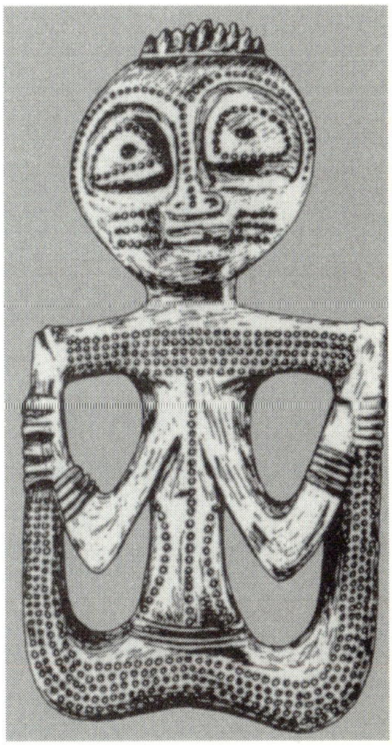

Abb. 46:
Die Meeres- und Perlengöttin sowie die Göttin des Reichtums bei den Yoruba hieß *Olukun*.

und rituellen Handlungen für die Nachwelt erhalten. Ife ist in Afrika berühmt für seine großen Künstler. Ihre naturalistischen Bildwerke aus Terrakotta, Bronze und Ton sind noch heute zu bewundern.

Der große König – oder *Oni* – von Ife, den man für göttlich hielt, hat in seinem Palast sehr zurückgezogen gelebt. Er zeigte sich seinem Volk nur zweimal im Jahr, an den beiden größten Festen: dem des *Orischanla*, des großen Gottes, der die ersten Menschen aus Lehm formte (!) und dem des *Ogun*, des Gottes des Eisens und derer, die damit umgehen (Schmiede, Bronzegießer, Krieger und Bauern). Die Meeres- und Perlengöttin sowie Göttin des Reichtums bei den *Yoruba* hieß *Olukun.* Sie wird mit Fischbeinen und einer Eidechse in jeder Hand dargestellt (Abb. 46).

In Südafrika finden wir Überlieferungen der Zulus, die von den *Chitaurih* berichten, die seit Jahrtausenden auf der Erde leben und die Geschicke der Menschheit beeinflussen. Ob Botswana, Zimbabwe, Sambia oder Mozambique – es verändern sich nur die Namen. Überall finden wir Berichte von Kulturbringern, die von den Sternen kamen.

Passend hierzu sind auch die Überlieferungen der Maasai in Kenia und Tansania. Hier wird der große Götterbote *En* oder *Engai* genannt, ähnlich dem Enki aus dem Zweistromland. Und auch Engai war ein Götterbote, ein Mischwesen, das den Maasai Wissen und Kultur brachte.

In den letzten Jahren habe ich in Ostafrika, Zentral- und Südafrika interessante und zum Teil erstaunliche Berichte von verschiedenen Stammesoberen sammeln können; immer wieder mit dem gleichen Ergebnis, daß die ersten Kulturbringer von fremden Sternen kamen und den Menschen Kultur und Wissen brachten. Diese Überlieferung zieht sich wie ein roter Faden durch die Stammesgeschichten der verschiedenen Völker und Stämme Afrikas und ist im Kern immer dieselbe.

Die Spur des Goldes

Laut dem Enuma Elisch, landeten die ersten Anunnaki in Eridu und gründeten die ersten Siedlungen. Das alles geschah, so wir den alten Überlieferungen Glauben schenken, vor mehr als 400.000 Jahren, also in der Frühzeit der Menschheitsgeschichte.

Die ersten Anunnaki förderten unter schwierigsten Bedingungen Gold und andere Rohstoffe, und das über einen sehr langen Zeitraum. Mit der Zeit wurde ihre Unzufriedenheit immer größer, wie aus den alten Quellen hervorgeht. Den weiteren Verlauf kennen wir aus Kapitel 3 – der Mensch, der *Lulu amelu* (*primitiver Arbeiter*), wurde erschaffen und somit betraten Adam und Eva die Weltbühne.

Das Enuma Elisch berichtet, daß der Bergbau beziehungsweise der Goldabbau der Grund war, daß die Anunnaki zum Planeten Erde kamen. Professor Sitchin berichtet in seinem Buch „Der zwölfte Planet“ von einem ökologischen Problem auf dem Heimatplaneten der Anunnaki.

Ob das nun der eigentliche Grund war, soll uns an dieser Stelle nicht weiter interessieren. Bis heute ist es weder Professor Sitchin noch anderen Forschern gelungen, diesen Punkt endgültig und beweiskräftig zu klären. Interessant sind in diesem Zusammenhang aber auch andere Fakten: zum einen, daß Afrika die Wiege der Menschheit ist. Hier wurden die ersten und ältesten Knochenfunde entdeckt, zum Beispiel versteinerte Schädel von dem Menschenprototypen, wenn man so will, dem Australopithecus africanus. Später wurden die bislang ältesten Artefakte des Homo Sapiens gefunden. In diesem Zusammenhang habe ich in Kapitel 6 erörtert, daß uns verschiedene Forschungsergebnisse, zum Beispiel von Michael Hammer und anderen Wissenschaftlern wie Wallace, Brown und Rebecca Cann, den Beweis liefern, daß es – wie in der biblischen Genesis überliefert wurde – tatsächlich eine *Urmutter Eva* und einen *Urvater Adam* gab. Zudem bestätigten diese Wissenschaftler in ihren Untersuchungen, daß die Ureltern Adam und Eva wohl aus Afrika stammen. Zu guter Letzt liefert auch die Genesis einen Beleg dafür, daß die Ureltern aus Afrika stammen. Vergessen wir nicht, daß viele Überlieferungen der Bibel ihre Vorlagen im Zweistromland zwischen Euphrat und Tigris hatten. Die Sumerer, Assyrer und auch die Babylonier lieferten wesentliche Grundlagen für die biblischen Schreiber. Außerdem haben wir in den letzten zwei Jahrhunderten mehr denn je durch archäologische Funde den Beweis dafür erhalten, daß die Bibel eine Vielzahl an geschichtlichen und historischen Fakten enthält, mehr als die Kirchenväter vermuteten und zu ihrer wachsenden Überraschung Zug um Zug anerkennen mußten. Das Wissen der „Alten“ aus dem Zweistromland, Ägypten und vieler alter Naturvölker Afrikas liefert zudem im Konsens die gleiche zentrale Überlieferung. Ob es die Dogon in Mali, die Zulus, die Maasai oder andere Volksstämme im großen Afrika sind oder die südamerikanischen Völker – alle berichten von Kulturbringern, die in grauer Vorzeit zur Erde kamen.

Zum anderen ist Afrika die Wiege des Bergbaus. Neben dem klassischen Goldland des Altertums – Ägypten – finden wir in Südafrika, in Zimbabwe und im Swaziland die ältesten Minen der Welt.

Sehen wir einmal auf das Weltgolderzeugnis des vergangenen Jahrhunderts, stellen wir fest, daß Südafrika mit Abstand zu den führenden Ländern gehörte. Rein inhaltlich würde die Aussage des alten babylonischen Schöpfungsepos, daß die Anunnaki zur Erde kamen, um Gold und andere Rohstoffe abzubauen, hier also Bestätigung finden.

Gold und Pharaonen

In allen uns bekannten „Hochkulturen" spielte das Gold eine besondere, fast übernatürliche Rolle. Für die alten Ägypter war das Gold etwas sehr Wertvolles. Sein hoher Wert bestand aber von Anfang an nicht in rein wirtschaftlichen Gesichtspunkten. In erster Linie war Gold der Schmuck der Pharaonen und Götter. Aus Gold war der unsterbliche Sonnengott und auch alle anderen Götter, die von ihm abstammen. Die Göttin Hathor beispielsweise war die Verkörperung des Goldes, und der Pharao trug den Titel *Gold-Horus*. Götterbilder wurden entweder mit feinem Gold überzogen oder ganz aus dem „göttlichen" Metall angefertigt.

Einen anderen Aspekt in Verbindung mit der Goldsuche haben wir bereits erörtert. So haben die alten Baumeister die Obelisken, das heißt ihre kleinen Pyramidione mit Gold überzogen. Das gleiche geschah mit den Abschlußsteinen der großen Pyramiden. Leider verfügen wir in Ägypten nicht mehr über vergoldete Artefakte.

Ägypten, Gold, Götter und Pharaonen – das paßt zusammen. Gold war ein göttliches Metall – man sprach auch von dem *Fleisch der Götter* –; es hatte deshalb die Macht, göttliches Leben, das heißt Unsterblichkeit zu verleihen. So sollte es zum Beispiel dem Leib des Tutanchamun, dessen Grab 1922 durch Howard Carter entdeckt wurde, das ewige Leben der Sonne und der Götter verleihen. In vielen Gräbern wurde ersatzweise für

Gold die Farbe Gelb verwendet. Die Gesichtsmasken der Mumien einfacher Leute wurden somit nicht vergoldet sondern mit gelber Farbe bemalt. Bei den großen Königen und Familienmitgliedern wurden die Masken aus reinem Gold hergestellt. Die Goldschmiede stellten aus dem edlen Metall Ketten, Armreifen, Brustschmuck und andere Kunstgegenstände her, zauberkräftige und schützende Amulette, mit denen man die toten Könige und ihre Angehörigen versah. Es war eben den Göttern und den Pharaonen vorbehalten und nicht dem einfachen Volk. Das drückt auch die Inschrift eines Wüstentempels von Sethos I aus, der am Wege zu den Goldbergwerken liegt: „*Was das Gold betrifft, den Leib der Götter, es ist nicht notwendig für euch.*"

Diente das Gold zu Beginn überwiegend zu kultischen Zwecken oder zur Verwendung bei den Bestattungen, so änderte sich über die Jahrhunderte der Stellenwert des begehrten Metalls. Besonders in den Augen der Lebenden stieg der Wert. Im neuen Reich zum Beispiel verlieh der König seinen verdienten Soldaten als Orden die *Goldene Fliege*, seine Beamten wurden mit Goldketten ausgezeichnet.

Etwa seit dem 2. Jahrtausend v.Chr. wurde das „göttliche" Metall zur privaten Handelsware und diente auch als Zahlungsmittel. Die größten Goldvorkommen lagen in den Minen und Bergwerken in der nubischen Wüste, im heutigen Sudan. Auch das Gold des Tutanchamun stammt vermutlich aus Nubien, das läßt sich aus einer Tributszene aus dem Grab des königlichen Kämmerers Hui – Vizekönig von Nubien – schließen.

Der mythische Glanz und die magische Verführungskraft des Goldes hat die ägyptischen Pharaonen beherrscht, wenn man so will. Die Ägypter beschränkten sich schon früh nicht nur auf die Goldgewinnung durch Waschen, sie entwickelten eine erstaunlich moderne Bergbaukunst. Dadurch gelang es ihnen, die Primärvorkommen auszubeuten. Nach modernen Schätzungen wurden bis zu Ramses dem Großen etwa 10.000 Tonnen Gold gewonnen. Eine beeindruckende Größe – heutiger Marktwert: etwa 100 Milliarden Dollar!

Das Erbe der Ägypter als wichtigstes Goldland des Abendlandes traten dann die Römer an, die zur Kaiserzeit mit rund zwei Dritteln an der Weltgolderzeugung beteiligt waren. Nach dem Untergang des Römischen Reiches geriet der Goldbergbau sogar in Vergessenheit – das muß man sich einmal vorstellen! Im Mittelalter beschränkte man sich nur noch auf primitive Waschtechniken – in fast allen Flußtälern Europas.

Das dunkle Vermächtnis des Goldes

Im Jahre 1887 entschloß sich der damalige Reichskanzler Bismarck dazu, klären zu lassen, warum alle großen Weltreiche in der Geschichte untergegangen sind. Für die Untersuchung wurde Professor Ruhland bestimmt. Dieser war Professor für politische Ökonomie an der Universität Freiburg (Schweiz). Bismarck forderte von Ruhland konkrete Ursachen für die Vorgänge, die zu den jeweiligen Zusammenbrüchen der Weltreiche führten. Ruhland kehrte im Jahre 1890 von seinen weltweiten Reisen zurück. Er fand heraus, daß in der Geschichte immer der gleiche Zerstörungsmechanismus beim Untergang der großen Völker und Kulturen stattfand.

Die Ursachen für den Untergang der großen Weltreiche waren immer in der Ökonomie zu suchen; dabei spielten die Zinsen die entscheidende Rolle. Jede Hochkultur war auf Geld aufgebaut. Damals wie auch heute wurde die Währung nur gegen Zahlung von Zinsen weiterverliehen. Dadurch kamen diejenigen, welche am meisten Geld erobern konnten (oftmals auch durch Raub und Betrug) immer mehr in eine privilegiertere Stellung. Je mehr Geld jemand hatte, desto mehr stand ihm zum Verleihen zur Verfügung. Mit zunehmender Zeit entstand ein Automatismus, der uns auch heute wieder bedroht. Das Kapital sammelte sich in immer weniger Händen. Durch die Verschuldung kam es zur Vernichtung des Bauernstandes und zur Entvölkerung des Landes, weil die Ländereien mit der Zeit von den Reichen übernommen wurden. Bei den Römern beispielsweise besaßen bald nur zweitausend Familien ganz Rom.

Katastrophale Folgen waren der Fall. Beispielsweise mußten durch das Verschwinden des heimischen Bauernstandes die Getreidelieferungen aus immer größerer Entfernung herbeigeschafft werden. Das Volk verfiel in immer größere Armut und Dekadenz, hatte keine Beschäftigung mehr und immer weniger zu essen. Es kam zu einem fortschreitenden Sittenverfall. Im weiteren Verlauf kam auch die politische Führung fast vollständig in die

Hände der Bankiers. Fester Bestandteil, man kann auch sagen, die Endstufe vor dem Verfall war in jedem Fall der Krieg.

Sowohl die gesellschaftlichen als auch die wirtschaftlichen Parallelen untergegangener Hochkulturen zu unserer Zeit sind erschreckend, wie Günter Hannich in seinem Buch „Börsenkrach und Weltwirtschaftskrise“ schreibt. Alle Parallelen und Symptome befinden sich in unserer Gesellschaft bereits im Endstadium:

„Auch heute explodiert die Verschuldung: War die Gesamtverschuldung (Kredite von Staat, Wirtschaft und Privathaushalten) in Deutschland 1960 noch bei 311 Mrd. DM, steigerte sich die Last bis 1980 schon auf 2.370 Mrd. DM. Letztes Jahr wurde bereits die Grenze von 10.000 Mrd. Mark durchbrochen. Damit verbunden sind schnell steigende Zinslasten für jeden von uns. Jeder Haushalt muß bereits jährlich direkt oder indirekt über 35.000 Mark nur für die Bedingung der Kredite ausgeben – auch wenn er selbst nicht verschuldet ist. Im Jahr 2010 wird die Zinslast pro Haushalt, bei fortschreitender Entwicklung bereits 77.000 DM betragen. Schnell wird klar, daß wir uns auf einen gewaltigen Zusammenbruch zu bewegen, der zuerst die Wirtschaft, dann die gesamte Gesellschaft zerstören wird...

Das Volk ist hoch verschuldet, die Bauern werden zunehmend unter Druck gesetzt und die Nahrungsmittel werden in immer größeren Mengen aus dem Ausland eingeführt. Durch zunehmende Monopolisierung kommen auch die selbständigen Gewerbetreibenden in die Klemme. Die politischen Affären zeigen deutlich, wie wir bereits gesehen haben, daß die Politik nur noch von den Finanziers aus der Wirtschaft abhängig ist. Auch Brot und Spiele (-> mit Gladiatorenspielen wurden in Rom die hoffnungslosen Massen ruhig gehalten) gehören heute zum Alltag, um die Bevölkerung ruhig zu stellen und Unmut zu verhindern. Die Armen werden mit Sozialhilfe ruhig gestellt und die Masse mit immer niveauloseren Fernsehsendungen abgelenkt. Im Gegensatz nimmt der Reichtum in wenigen Händen immer gewaltigere Formen an, was sich in übertriebenem Luxus und Genußsucht äußert.“ (96)

Die Parallelen, so stellt Günter Hannich fest, sind heute unübersehbar. Und etwas anderes können wir an dieser Stelle noch feststellen: Der Glanz des Goldes hat auch eine Schattenseite, ein dunkles Vermächtnis.

Ob es sich historisch so abgespielt hat und ob der Grund für das Auftauchen der ersten Kulturbringer darin lag, auf der Erde Gold und andere

Rohstoffe abzubauen, wie alte Überlieferungen zu berichten wissen, ist für unsere heutige Zeit zweitrangig.

In jedem Fall spielt das Gold seit Jahrtausenden eine zentrale Rolle und war Voraussetzung für den Geldhandel, das Zins- und Bankwesen. Und das Bankwesen oder vermutlich in diesem Zusammenhang eine sehr kleine Gruppe scheint über die Jahrhunderte hinweg, bis in unsere heutige Zeit, durch ihre dadurch erlangte Macht weltpolitisch die Fäden zu ziehen. Was hat sich also im Laufe der Geschichte geändert? Gibt es heute einen Unterschied zum alten Rom, zu den Griechen oder den Ägyptern? Liegt der Ursprung unseres möglichen erneuten Zerfalls vielleicht doch im *Garten Eden*, im *ersten Arbeitslager der Menschheit*?

Schenken wir den alten Schriftzeugnissen Glauben, dann sind wir – zumindest genetisch – zu großen Teilen ein evolutionärer Fremdling und streng genommen ein Sklavengeschlecht. Wenn wir es ganz streng beurteilen würden, ist das Adam-Geschlecht ein zum Dienen erschaffenes Volk. Das ist in jedem Fall geschichtlich belegbar. Die breite Masse – das Volk also – hat das in jeder der vergangenen Hochkulturen der letzten fünftausend Jahre immer wieder erfahren müssen.

Die ältesten Minen der Welt

Der archäologische Stellenwert Afrikas ist heute größer denn je. Der Stellenwert des Goldabbaus und der Abbau vieler anderer Rohstoffe spielte auch in Südafrika eine besondere Rolle. Die rein archäologischen Grundlagen im gesamten Afrika geben zumindest die Hoffnung, daß in der nahen Zukunft weitere Beweise für oder gegen die klassische Evolutionstheorie und damit für das, sagen wir, ganz natürliche Auftauchen des Homo Sapiens, gefunden werden. Ich halte es nach elf Jahren Spurensuche für sehr wahrscheinlich, daß ein gezielter außerirdischer Einfluß stattgefunden hat und der frühzeitliche Mensch gezielt auf ein höheres Entwicklungsniveau gehoben worden ist. Erst das war die Voraussetzung für die Spezies Homo Sapiens. Das ist die mittlerweile weitverbreitete Meinung und Vermutung vieler Wissenschaftler und Forscher.

Bild 86:
Auf dem Weg zur „Lion Cavern“, die in einer Höhe von 1.675m NN liegt.

Bild 87:
Die Ngwenya Mine in einer Höhe von 1.645m NN – hier wurden in den sechziger und siebziger Jahren durch die Japaner Millionen Tonnen Erz abgebaut. Diese Eisenvorkommen spielten auf dem Weg zur Unabhängigkeit des Swasilandes eine entscheidende Rolle.

Bild 88:
Im Eingang der „Lion Cavern“

Bild 89:
Leonhard Mahabela in der „Lion Cavern“. Er zeigt mir den roten Farbstoff (Libowu).
Sein Vater Jonathan war Bergmann in der Ngwenya Mine und starb 1998. Leonhard selbst ist heute „Ranger“.

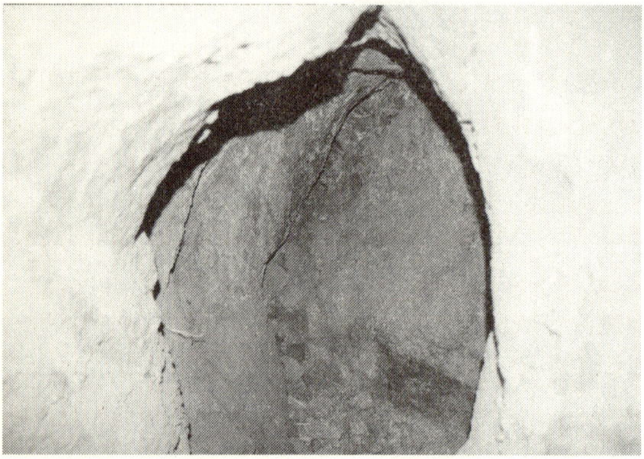

Bild 90:
Die „Lion Cavern“

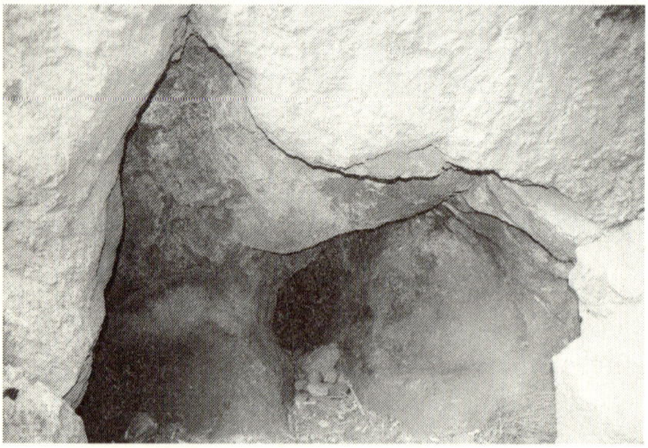

Bild 91:
Die „Lion Cavern“

Heute archäologische Beweise für Jahrtausende alte Hochkulturen zu finden, ist – das kann sich jeder denken – ein sehr schwieriges Unterfangen und zugleich eine große Herausforderung.

Auch wenn uns heute Wissenschaftler wie zum Beispiel Professor Sitchin eine mögliche Spur aufzeigen, so steht – in bezug auf einen möglichen Abbau von Gold und anderer Rohstoffe durch außerirdische Kulturbringer – der endgültige Beweis hierfür in jedem Falle aus.

Die Minengeschichte auf dem afrikanischen Kontinent wurde nicht genug erforscht. Bedauerlich ist auch, daß viele im archäologischen Sinne wertvolle Plätze von den modernen Abbauarbeiten vernichtet worden sind, bevor man sie richtig untersuchen konnte. Sie wurden regelrecht vom modernen Bergbau verschlungen. Heute werden hier kaum Beweise und Fakten zu finden sein.

Es ist seltsam, daß die Bergarbeiter in Zimbabwe von mehr als 1.000 Goldablagerungen wußten. In Südafrika, das lange Zeit über die reichsten Goldminen in der Welt verfügte, wurde nur ein Dutzend davon genutzt. Sie alle sind bezugnehmend auf unsere Spurensuche bei weitem zu jung. Deshalb werden wir uns hier auch nicht länger aufhalten. Interessant ist in diesem Zusammenhang, daß sich in Südafrika, in Zimbabwe und im Swaziland die heute wohl ältesten Minen der Welt befinden. Die Archäologen vermuten heute, daß die Menschen einen kosmetischen Farbstoff aus dem Eisenerz gewonnen haben. Die Einheimischen nennen den Farbstoff *Libowu*, was übersetzt *etwas Rot* heißt. Die älteste Mine, die bis heute gefunden wurde, ist die Ngwenya Mine in einer Höhe von etwa 1.645 Metern über dem Meeresspiegel. Sie befindet sich in den gleichnamigen Bergen im nordwestlichen Swaziland. In der „Lion Cavern“, die oberhalb der Ngwenya Mine liegt, wurden roter Eisenocker (Hämatit) und gelber Eisenocker (Limonit) und ein spezielles Eisen (Specularite) schon vor mehr als 43.000 Jahren (!) gewonnen. Moderne Schätzungen gehen hier sogar von 60.000 bis 100.000 Jahren aus. Alles in allem, abgesehen von den exakten Datierungen, handelt es sich hier um die Mittelsteinzeit! Nach modernen Einschätzungen wird die Mittlere Steinzeit in einen Zeitraum von zirka 200.000 bis 12.000 v.Chr. eingeordnet – die Menschen waren Jäger und Sammler!

Die „Lion Cavern" liegt etwa 1.675 Meter über dem Meeresspiegel. Der Zugang verläuft etwa 15 Meter in den Berg. Er ist fast 10 Meter breit und verjüngt sich schließlich zu einem Punkt. In den sechziger Jahren fand Adrian Boshier in dieser Region merkwürdig aussehendes Steinwerkzeug und zeigte es seinem Lehrer Raymond Dart, der es sofort als Werkzeug für den Bergbau erkannte. Er selbst fand in den zwanziger Jahren ähnliche Werkzeuge in Sambia. Boshier fand Hämmer, Keile und Hacken – alles aus Stein und gut genug, um in dem weichen Hämatit zu graben.

Die angloamerikanische Corporation, mit Sitz in Johannesburg, untersuchte ebenfalls im Swasiland alte Minen, vornehmlich am Bomvu Bergkamm zwischen Oshoek und Mbabane, und fand heraus, daß hier über 100.000 Tonnen Erz gewonnen wurden.

Engai – Götterbote der Maasai

Die Maasai sind wohl die bekannteste Völkergruppe Ostafrikas. Sie sind das Volk der Krieger und Hirten und bewohnen offene Savannengebiete in der Transmara und der Masai Mara im Süden Kenias. Heute schätzt man ihre Bevölkerungszahl auf etwa eine halbe Million, die zu etwa gleichen Teilen in Kenia und Tanzania leben.

Die Maasai kamen vor mehr als tausend Jahren aus dem Norden (Sudan). Über die Jahrhunderte spalteten sich einige Clans während der Einwanderung ab, so daß sich neue Gruppen bildeten wie etwa die Samburu (etwa 80.000 im Norden Kenias).

Bild 92: Maasai-Hirten in der Masai Mara

Die Samburu sind im äußeren Erscheinungsbild als auch der Sozialstruktur den Maasai noch sehr ähnlich. Es gibt noch einen mit den Maasai verwandten Stamm – die Okiek. Auch sie stehen den Maasai noch verhältnismäßig nahe, wenn auch nicht äußerlich und weitestgehend auch nicht mehr in der sozialen Struktur des Stammes. Die Maasai und die Okiek sprechen noch die „gleiche" Sprache, besser gesagt stehen sie sich sprachlich noch sehr nahe. Neben den drei genannten gibt es noch weitere 39 Stämme in Kenia. Sie haben sich in Kultur und Sprache mit der Zeit immer mehr auseinander bewegt.

Noch ein Wort zu den Okiek: Von ihnen gibt es nur noch wenige – weit weniger als fünfzigtausend. Viele von ihnen sind nicht zivilisiert, wie dies die Maasai und die Samburu zu großen Teilen sind. Noch heute leben sie sehr ursprünglich als Jäger in Waldgebieten in Westkenia und zählen zu den letzten Stämmen von Buschmännern im großen Afrika. Erst bei meiner letzten Recherche in der Masai Mara konnte ich Kontakt zu den Okiek herstellen. Gemeinsam mit dem Maasai Simon Kaila Ole Nampaso machte ich mich auf die Suche nach den Okiek. Wir wurden von ihnen sehr freundlich aufgenommen und waren Gast in ihren Waldgebieten. Teile der Okiek sind seßhaft geworden und leben von der Landwirtschaft, immer aber in Waldgebieten. Der Gott der Okiek, *Tororet*, ließ die ersten beiden Gruppen (Lekuruon und Partamesi) an einem Seil in einem Wald auf der Erde nieder. Darin liegt ihre Tradition begründet, daß sie in Wäldern leben und auch ihre Häuser um Bäume herum bauen. Teile der Okiek leben noch ursprünglicher. Sie leben traditionell als Jäger in den Wäldern. Ihr Hauptnahrungsprodukt ist Honig. Junge Okiek haben in ihren Wäldern bis zu sechzig und mehr Bienenstöcke. Im Schnitt essen sie etwa ein Kilo Honig pro Tag.

Bild 93: Ein Maasai-Dorf in der Masai Mara

Ich habe bereits erwähnt, daß Enki aus dem Zweistromland der Engai der Maasai ist. Er ist der Götterbote, der den Berichten zufolge in einem *Wetawi* (fliegendes Objekt) aus dem Weltraum zur Erde kam.

Genauer gesagt kam er aus dem Sternensystem, das die Maasai *Lakell* (Sirius) nennen.

Daß es sich bei Engai um die gleiche Person wie Enki handelt, wird durch die nähere Beschreibung der Stammesoberen deutlich. Sie berichten noch heute, daß Engai ein Mischwesen war – halb Mensch, halb Fisch! Nach Sonnenuntergang konnte er in einem beliebigen See abtauchen.

Bei meinen Zusammenkünften und Befragungen von mehreren Stammesoberen der Maasai und auch der Samburus, sind die Aussagen über die außerirdische Herkunft Engais eindeutig. Der Maasai *Ologisaempere* (großer und starker Maasai), der in einem kleinen Dorf nördlich der Masai Mara lebt, wurde im Jahre 1886 geboren. Der heute 115jährige Maasai genießt nicht nur wegen seines hohen Alters bei den Maasai großes Ansehen. Noch heute sprechen die jüngeren Maasai mit einer gewissen Ehrfurcht über Ologisaempere als einem großen und sehr starken Krieger und Stammesführer.

Auch jüngere Maasai-Oberhäupter wie Simon Kaila Ole Nampaso verfügen zum Teil über erstaunlich umfangreiches und traditionelles Wissen. Wie umfangreich und intensiv dieses alte Wissen an die jüngeren Generationen weitergegeben wird, ist sehr unterschiedlich und von Dorf zu Dorf verschieden.

Die heutigen Generationen haben bereits damit begonnen, das alte Wissen schriftlich festzuhalten.

Bild 94 und 95:
Die Okiek-Buschmänner entzünden auf natürliche Weise Feuer. Der Vorgang dauert etwa neunzig Sekunden. Hier wird trockenes Material entzündet, um den Bienenstock einzuräuchern.

Eine andere nennenswerte Überlieferung konnte ich bei den Luo sammeln. Die Luo sind die drittgrößte Gruppe in Ostafrika. Sie kamen ursprünglich aus dem

Sudan über Uganda in das heutige Kenia. Gemeinsam mit dem Luo Silas Awino war ich in Ostafrika auf den Spuren des ältesten und bekanntesten Luo: *Amoth Owira*. Wie die meisten Luo, lebt auch Amoth östlich des Viktoria Lake in dem kleinen Ort *Siaya*. Bei unserem ersten Eintreffen in Siaya konnten wir Amoth Owira nicht persönlich sprechen, da ihm von seinem Arzt strenge Bettruhe verordnet wurde. Erst nach unseren Recherchen in Norduganda konnten wir auf unserem Rückweg mit Amoth Owira sprechen.

Owira ist nach Angaben seines Sohnes Othino und seines Bruders Ra rondo über 125 Jahre alt. Traditionell hatte Amoth Owira mehr als dreißig Frauen, wovon elf heute noch leben. Außerdem leben noch 29 Söhne und 17 Töchter.

Bild 96: Nach der Ernte wird die frische Wabe gemeinsam probiert.

Bild 97 und 98:
Nachdem das Räuchermaterial erzündet ist, klettert Namanya in den Baum. Der Bienenstock befindet sich in einer Höhe von etwa 15 Metern.
Um an die Waben zu gelangen wird der Bienenstock kurz eingeräuchert. Erst dann kann er die Waben herausnehmen.
Das alles geschieht ohne Hand- oder Kopfschutz.

Neben seinem politisch sehr aktiven Leben wirkte Owira auch an zwei Werken über die Luo mit. Die beiden Bücher wurden von S. Malo und Paul M. Akoko Anfang der dreißiger Jahre des vorigen Jahrhunderts verfaßt. Ein Buch, das Owira selbst schrieb, hat er aus persönlichen Gründen nicht veröffentlicht. In den Überlieferungen spielen – wie so oft – zwei Männer eine Rolle. Bei den Luo sind es aber nicht zwei Brüder, wie beispielsweise in den Berichten aus dem Zweistromland über Enlil und Enki, sondern zwei Medizinmänner, *Gorogalo* und *Luande Magere*.

Bei den alten Überlieferungen der Luo traf ich auf eine Geschichte, die sich in das Bild der Amphibien und Mischwesen, über das ich in den ersten Kapiteln berichtet habe, einfügt. Noch einmal zur Auffrischung: In Kapitel 7 habe ich Ihnen von verschiedenen Götterboten und Kulturbringern berichtet, die weltweit in den Berichten und Überlieferungen der verschiedensten Völker auftauchen. Bei den Sumerern hieß er Oannes. Andere Namen waren Nummu, Nommo oder Nudimmud. In Südamerika wird von dem Kulturbringer Viracocha berichtet. Bei den Maasai hieß der göttliche Kulturbringer Engai – der von den Sternen zur Erde kam. Bei all diesen Kulturbringern erfahren wir, daß sie Mischwesen waren und teilweise auch im Wasser lebten. Denken wir beispielsweise an Enki oder Viracocha, die das Leben der Menschen maßgeblich beeinflußten.

Bei den Luo entdeckte ich eine ähnliche Überlieferung. Hauptdarsteller ist hier eine Frau, ein Mischwesen oder eine Fischfrau, wie die Luo noch heute berichten. Ihr Name war *Simbi Nimamn*. *Simbi* kam aus dem Victoria Lake zu den Menschen. Die Geschichte berichtet davon, daß Simbi in der Zeit der territorialen Kämpfe der Luos gegen die Bantus – Ende des 14. Jahrhunderts – das erste Mal östlich des Victoria Lakes auftauchte.

Begegnung mit Credo Mutwa

Meine Nachforschungen und Recherchen rund um die Goldsuche und die alten Minen in Südafrika haben es mir ermöglicht, einen in Südafrika mittlerweile bekannten und anerkannten Mann kennenzulernen: Credo Vusa´Mazulu Mutwa.

Der mittlerweile 81jährige Zulu lebt zurückgezogen in der Nähe von Johannesburg. Sein Bekanntheitsgrad wuchs Mitte der sechziger Jahre sprunghaft mit der Veröffentlichung seiner ersten beiden Bücher: „Indaba, My Children" und „My People". Die Presse überschlug sich nach seiner ersten Veröffentlichung im Jahre 1964. Die *Sunday Tribune* schrieb von einem *„außergewöhnlichen Beitrag"*, den Mutwa als Schriftsteller leistete.

Die *Personality* schrieb im Dezember 1964: *„Eines der ungewöhnlichsten Bücher, das in Südafrika erschienen ist."* Auch die *Scientific South Africa* überschüttete den Schriftsteller mit viel Respekt und Lob und sprach von Mutwa als Mann mit *„außergewöhnlichem Wissen"*. Eine andere Zeitung, die *Sunday Chronicle*, schrieb ebenfalls im Dezember 1964: ***„Mutwa... who may be destined to become the most famous African of all time."***

Weitere Bücher von Credo Mutwa erschienen in den Achtzigern und Neunzigern: „Let Not My Country Die" und „Song Of The Stars" – die Überlieferung eines Zulu-Schamanen.

Als Zulu-Medizinmann und Intellektueller gehörte Mutwa zu den ersten Naturmedizinern in Südafrika, die die alten Traditionen und das Wissen ihres Volkes sorgfältig und in einem besonderen Stil niederschrieben. Hinzukam, daß Mutwa schon in jungen Jahren den afrikanischen Kontinent bereiste und eigene Recherchen anstellte. Mit den Jahren bekam er als Sangoma (Medizinmann und Seher; höchster Einweihungsgrad) immer mehr Anerkennung, und das über den afrikanischen Kontinent hinaus. Noch heute ist er ein wichtiger Ratgeber und außerdem als Naturmediziner und Heiler seit Jahrzehnten einer der bekanntesten Sangoma in Südafrika.

Die Frage der Fragen

Ist unser Planet in lange zurückliegender Zeit, im Frühstadium der Menschheitsentwicklung, von einer fremden, außerirdischen Zivilisation besucht worden? Das ist eine der vielen *Fragen der Fragen*. Auf diese Frage folgen noch viele weitere. Aus welchem Sternensystem kamen sie? Haben sie die Erde bewußt ausgewählt? Haben sie den frühzeitlichen, bereits auf der Erde lebenden Urmenschen manipuliert? Wie ähnlich waren sie dem Menschengeschlecht? Waren sie der Auslöser für die verschiedenen Hochkulturen? Wann haben sie unseren Planeten wieder verlassen? Wir sehen, daß daraus immer weitere Fragen entstehen, die vielen von uns den berühmten Boden unter den Füßen wegziehen.

Ich hoffe, daß die letzten zehn Kapitel des Buches viele Fragen bei Ihnen ausgelöst haben, denn das war meine Absicht. Auch wenn es für den einen oder anderen Leser Neuland sein wird, das er betreten hat – wichtig ist, daß wir unsere zumeist schnellen „inneren Antworten" zu einer Sache stets überdenken und prüfen, egal ob sie innerlich spontan „Ja" oder „Nein" zu etwas gesagt haben.

Und wie ist das mit der Manipulation? Ist es denkbar, daß der Mensch seit Jahrtausenden mehr oder weniger gesteuert wird und somit in eine gewisse Richtung gelenkt wird? Wenn ja, mit welchem Ziel?

Die Überlieferungen in Zusammenhang mit den Zulus und Credo Mutwa sind von mir bewußt an das Ende des Buches gesetzt worden. Den Grund dafür brauche ich Ihnen an dieser Stelle nicht näher zu erörtern, Sie werden es im Verlauf des Kapitels herausfinden. Ähnlich verhält es sich mit Kapitel 10.

Die Überlieferungen von Credo Mutwa unterstreichen insbesondere, daß die Erde von außerirdischen Zivilisationen besucht wurde. In seinem Klassiker „Indaba My Children" berichtet auch Mutwa von einer kosmischen Katastrophe, also von der Genesis vor der Genesis, so wie es zum Beispiel auch Professor Sitchin in seinem Werk „Der zwölfte Planet" ausführlich beschrieben hat. Mutwa berichtet von Kulturbringern, die von den Sternen auf die Erde kamen und sich mit den Menschentöchtern paarten. Sie bauten Gold und andere Rohstoffe ab und haben, so Mutwa, die Geschicke der Menschheit bis zum heutigen Tage beeinflußt.

Der „Anfang"... und die große Katastrophe...

In „Indaba My Children" berichtet Credo Mutwa über „Die heilige Geschichte des Lebensbaumes" (89):

„Es gab keine Sterne, keine Sonne,
weder Mond noch Erde.
Nichts existierte, nur Nichts.
Ein Nichts, das weder heiß noch kalt war,
weder lebendig noch tot.
Ein Nichts, das schlimmer wie nichts war
Und erschreckend in seiner Leere...“

Mutwa berichtet von einer „Genesis vor der Genesis“ (der biblischen Genesis), ähnlich wie auch der Schöpfungsbericht aus dem Zweistromland, wie in Kapitel 2 aufgezeigt wurde. Es wird vom „*Nichts*“ berichtet, das auf dem „*Fluß der Zeit*“ floß:

„Keiner weiß, wie lange Nichts auf dem
unsichtbaren Fluß der Zeit floß, auf diesem
starken Fluß, der weder Quelle noch Mündung hat.
Den es gab. Den es gibt. Den es immer geben wird.
Und eines Tages – ist es überhaupt richtig ‚eines Tages‘
zu sagen? – wünschte sich der Fluß namens Zeit Nichts.
So wie sich ein Mann eine Frau wünscht.
Und aus dieser merkwürdigen Paarung von Zeit und Nichts
kam ein schwacher Funke des lebendigen Feuers zur Welt.“

Wir können ebensogut vom „Schöpfungsgedanken“ sprechen, der bereits alles noch Entstehende in sich trägt und auf die Möglichkeit der Offenbarung wartet:

„Ich existiere, ich bin was ich bin.
Das war ein lebendiger Gedanke, der durch das Gehirn
des kleinen Funken pulsierte, als er in der Dunkelheit flog
und zu fliehen versuchte, obwohl es unmöglich war.
Er wollte dem leblosen, leeren und dunklen Nichts
entkommen. Der Funke war wie ein winziges Glühwürmchen,
das sich in einer Höhle unter dem Berg verirrt hatte und
wo es keinen Ausweg gab. Ich muß entweder wachsen oder
mein Leben beenden, dachte der Funke. Wenn Nichts mich in
meiner jetzigen Form und in meiner Größe verschlingen möchte,
dann muß ich mich vergrößern, bis ich Nichts gleich bin.“

Im weiteren Schöpfungsbericht wird von der Entstehung der Sterne und Planeten berichtet und auch über die Zeit, in der auf der Erde noch kein Leben war und der Begleiter, der Mond, noch nicht seine Bahnen um die Mutter Erde zog:

„Der ‚große Geist' (Unkulunkulu) riß mit seinen Blitzstrahlen, einer nach dem anderen, den schreienden Himmel auf. Die starken Orkane strichen über die felsigen Täler hinweg, und die gewaltigen Erdbeben machten die Berge der Erde gleich. Sie hoben das Flachland hoch, um neue Berge entstehen zu lassen."

Und die Erde war noch *„wüst und leer"* (Genesis 1, 2):

„Die erschütterte Welt,
wo es noch keine Menschen, kein Gras,
keine Bäume und keine Tiere gab, zuckte
sich vor dieser anstrengenden Stimme
des Höchsten der Höhen zusammen."

Die Erde wurde nach ihrer Entstehung als *weiblicher Aspekt* dargestellt. Es ist die Göttin *Ma* (im Schöpfungsepos „Enuma Elisch" aus dem Zweistromland *Tiamat*).

Deutlich wird auch die Entstehung des Mondes in Mutwas Überlieferung beschrieben:

„...*Der Ball* (der Satellit *Kingu* im „Enuma Elisch")
flog gerade auf sie (die neu entstandene Erde) *zu.*
Und das nächste, was die flüchtende Göttin fühlte, war ein starker
Schlag an ihrem silbernen Kopf. Sie fiel unbewußt runter...
Der riesige Ball prallte von ihrem Kopf zurück und ging in eine
Umlaufbahn, wie der Mond heute hat."

Soweit ein kleiner Auszug aus „Die Geschichte des heiligen Lebensbaumes" von *Credo Mutwa*, die ebenso wie der bekannte Schöpfungsbericht aus dem Zweistromland von der „Genesis vor der Genesis" berichtet. Das ist aber nicht die einzige Übereinstimmung zwischen den Überlieferungen der Zulus in Südafrika und dem „Enuma Elisch".

Boten der Sterne...

Die Afrikaner glauben, so Mutwa, die Sterne wären die Quelle des Wissens und daß alles Wissen der Erde nicht aus den Köpfen der Bewohner stamme, sondern von jenen erleuchteten Wesen, die in ferner Vergangenheit zu uns kamen. In der Sprache zahlloser afrikanischer Stämme bedeutet der Name für *Stern*: *der Wissensgeber*. In der Sprache der Zulus und anderen Nungi-sprechenden Leuten in Südafrika wird ein Stern *Inkanyezi* genannt. Dieses Wort stammt ab von einem Verb und einem Substantiv – *Inka*, was *geben* bedeutet, und *Nyezi* bedeutet *Licht* und *Lichtheiler* oder auch *Mondlicht*. In der Sprache der Sotho-sprechenden Völker Südafrikas wird ein Stern *Naledi* genannt. *Na* bedeutet *geben* und *ledi* bedeutet *himmlische Erleuchtung* – nicht nur physisches Licht, sondern auch spirituelles. Die afrikanischen Völker berichten seit Jahrhunderten, daß es seltsame, sehr mächtige Wesen gibt; manche von ihnen in menschlicher Gestalt, menschlich oder menschenähnlich, und einige von ihnen waren keines von beidem.

Geht es um die Herkunft dieser Kulturbringer, werden im gesamten Afrika zumeist nur zwei Sternenkonstellationen genannt, das Siriussystem und das Orionsystem. Auch der Mars spielt eine nicht unwesentliche Rolle.

In „Song Of The Stars" berichtet Credo Mutwa über einen schrecklichen und lange anhaltenden Krieg in der *„Roten Welt"*:

„Man sagt auch, daß die Frauen in dieser Welt über die Männer herrschten. Eines Tages rebellierten die Männer und ein großer Krieg begann. Eine Schlacht zwischen Männern und Frauen, dabei wurden schreckliche Kräfte freigelassen, einschließlich der Dämonen, die Sterne ‚auffressen' konnten und die wir in unserer Mythologie ‚gungangu' nennen. Ein Held namens ‚Moromudzi' und ein paar andere Helden kämpften mit den Dämonen und verjagten sie aus der Roten Welt. ‚Moromudzi' hatte ein weiches Herz und konnte die Frauen nicht hassen – er suchte Frieden mit ihnen. Eines Tages verliebte er sich in die schöne Kimanmireva, die gemeinsam mit anderen Frauen schwanger wurde. Mit ein paar ausgewählten Männern entschlossen sie sich, aus der Roten Welt zu fliehen. Die Welt wurde während des Krieges fast vollständig vernichtet.

Moromudzi, Kimanmireva und die anderen stiegen in den Bauch eines Drachen, der von einem Stern zum anderen fliegen konnte. Sie waren sehr tapfer, weil sie, weit weg von der Sonne, in die unbekannte Dunkelheit flogen. Nach langer Zeit kamen sie zu einem Stern, den wir ‚Peri Oifici Orimbisi' (Sirius) *nennen und der unter dem Namen ‚Nalediyapiri' und ‚Nanadiyafici' in den Sprachen der Schona und in Zimbabwe bekannt ist. Er wurde auch ‚Inja' genannt, was ‚Hund'* (der Sirius wird heute auch *Hundsstern* genannt) *bedeutet. Wir nennen ihn den ‚Stern des Wolfes'. Da fanden sie eine Wasserwelt, einen Planeten, der diesen Stern umkreiste.*

Es war eine schöne Welt und die Menschen konnten auf den Inseln leben. Diese Welt war aber schon von anderen intelligenten Kreaturen bewohnt, die im Wasser wohnten. Sie sahen wie Amphibien aus und sie ließen die Menschen in ihrer Welt in Frieden leben. Der König dieser Wassermenschen war sehr weise und war sehr beliebt. Er hieß Nommo.

Die beiden Rassen lebten lange Zeit in Frieden. Dann aber passierte etwas, was man eine ‚unverzeihliche Sünde' nennt. Die Menschen begingen Gewalt. Sie brachten eine von den Amphibien um und aßen sie auf. Es war genauso schrecklich, als würdet Ihr einen von Euren Nachbarn erst töten und dann essen.

Nach einer großen Versammlung entschlossen sich die Wassermenschen, einen Krieg mit den Menschen anzufangen. Man sagt, daß während dieses schrecklichen Krieges fast die ganze Menschheit vernichtet wurde und daß der große König Nommo *Mitleid mit den Menschen hatte und seine zwei Söhne, Wowane und Mpanku, sie zu retten schickte. Die Zwillingsbrüder, die fast so stark wie Götter waren, flogen durch die Dunkelheit des Raumes und fanden ein großes Ei. Sie beluden es mit den restlichen, überlebenden Menschen. Die starken Zwillingsbrüder rollten das schwere Ei durch den Himmel in den offenen Raum. Sie rollten es zurück zu dem Stern, von dem die Menschen gekommen waren. Wir wissen nicht warum, aber sie flogen an der Welt des roten Sandes vorbei – wahrscheinlich weil die Menschen sie darum baten und landeten in einer anderen Welt, die Wasser und Erde hatte"* (92)

Hier handelt es sich zweifellos um den Kulturbringer *Nommo*, den wir schon von den Dogon aus Mali (Kapitel 7) kennen.

Eine andere heilige Konstellation, die Afrikaner am nächtlichen Himmel kennen, ist die Orion-Konstellation. Sie ist unter verschiedenen Namen in Afrika bekannt. Einige nennen sie *Mawalembu*, was *die Mutter der Spinnen* bedeutet. Die weisen Männer und Frauen, im besonderen die der farbigen Mandebele aus Transvaal und Zimbabwe, zeigen stets auf die drei Sterne, die den *Gürtel des Orion* bilden. Zwischen diesen Sternen wohnt eine Rasse von großen, silberhäutigen Wesen mit goldenen Lippen und gelben Augen, die *Galube* genannt wird. Die *Galube* kamen vor Tausenden von Jahren zur Erde und brachten den Menschen bei, wie man Feuer macht, wie *„wir unser Essen kochen und auch, wie wir die ansonsten schädlichen Wurzeln und Gewächse in nahrhafte Lebensmittel umwandeln konnten, indem wir sie entgifteten.“*(92)

Als das Königtum vom Himmel kam...

Ein Sangoma berichtet...

Die afrikanische Antwort auf die *Anunnaki* aus dem Zweistromland sind die *Chitaurih.* Credo Mutwa berichtet in seinen Überlieferungen, daß sie Mischwesen sind, die unseren Planeten besuchten, als der Mensch auf der Evolutionsleiter die Stufe des Homo Sapiens noch nicht erreicht hatte.

„Sie kamen aus dem Himmel und brachten viel Lärm mit, schwarzen Rauch und Feuer. Aus diesen Objekten kamen die ‚Chitaurih‘. Zu dieser Zeit konnten die Menschen noch nicht sprechen. Wir hatten diese Gabe zu dieser Zeit noch nicht. Jedoch hatten die Leute große mentale Kräfte. Ein Mann konnte in den Busch gehen und seine Willenskraft benutzen, um ein Tier zu rufen, das er jagen und töten wollte für seine Kinder. Das Tier erschien und der Mann tötete es und brachte es mit nach Hause.“

Diese großen, für uns unerklärlichen Fähigkeiten werden noch heute von Buschmännern wie zum Beispiel den *Okiek* und deren Medizinmännern benutzt, um beispielsweise Tiere über hunderte von Kilometern in die entsprechenden Jagdgebiete zu führen.

Andere Stammesoberhäupter verschiedener afrikanischer Stämme – wie zum Beispiel *Tchizadu* vom Volksstamm der *Bantwana* am Zambezi-Fluß – berichten, diese *„grimmigen Gestalten“*, die *Chitaurih*, seien bereits vor den Menschen auf der Erde erschaffen worden. Sie sind unsere *„älteren Brüder“* und seien sehr *„weise und clever“* geworden. Die *Bantwana* behaupten, sie selbst stammen von Kreaturen ab, die vom roten Stern (Liitolafisi) kamen und sich mit den Frauen der Erde paarten.

Credo Mutwa hat während seiner umfangreichen Reisen und Recherchen auf dem afrikanischen Kontinent über Jahrzehnte die Berichte unzähliger afrikanischer Stammesoberhäupter gesammelt. Er berichtet aber auch über verschiedene Erlebnisse und Begegnungen, die er persönlich mit den *Chitaurih* hatte.

„Es gibt mehr auf dieser Erde, als wir denken. Ich habe die Chitaurih gesehen. Ich habe sie gerochen, ich hatte persönliche Erfahrungen mit ihnen. Es gibt Leute die behaupten, diese Kreaturen seien Götter...

Die Chitaurih sind ein Stamm von Reptilien-Wesen. Es ist zirka 11 Fuß hoch (über 2,50m) *und ist ein sehr schlotteriges Wesen, das keine Knochensubstanz zu haben scheint. Die Finger haben keine Gelenke, sie sehen aus, als wären die Knochen dennoch beweglich. Einige Chitaurih haben drei Klauen mit einem Daumen. Andere haben sechs Klauen mit einem Daumen. Ihre Haut ist schuppig, ihre Augen sind groß und gelb mit geteilten Pupillen. Die geteilten Pupillen glühen in der Dunkelheit. Also wenn ein Chitauri-Krieger, einer der unteren Klassen, sich in einer Höhle versteckt, kann man seine Augen glühen sehen. Aber ein königlicher Chitaurih hat drei Augen. Die zwei gelben Augen, die auf eine seltsame Art, fast eisgleich, wie Juwelen, wie bestimmte gelbe Juwelen, glühen. In der Mitte ihrer Stirn haben sie ein Auge, das sich nicht von oben nach unten schließt und öffnet, sondern von der Seite. Dieses Auge der Chitaurih kann töten. Es ist der Schein, der aus ihm kommt, der tötet. Ihre Schädel sind groß und rund, und ihre Kiefer erinnern an die von Krokodilen. Ihre Zungen ragen zwischen ihren dünnen Lippen heraus. Sie sind wie Menschen geformt, aber viel größer als wir. Sie haben zwei Arme und zwei Beine wie wir. Sie sind hoch intelligent und haben erstaunliche telepathische Fähigkeiten. Einige der Chitaurih haben Hörner, die aus ihrem Kopf wachsen. Einige haben einen Ring aus schmalem Horn um den Kopf, dies sind die untergeordneten Chitaurih. Aber die königlichen unter den Chitaurih haben einen Ring aus scharfem Horn um den ganzen Kopf. Diese höchsten Chitaurih, z.B. der König ‚Mubaba Zamahongo‘, hatten zwei sehr lange Hörner, die vorne seitlich vom Kopf weggingen.“* (92)

Auch Mutwa berichtet davon, daß die Chitaurih, nachdem es ihnen gelang, die Menschen zu unterdrücken, die Herren der Menschen wurden. *„Sie befahlen ihnen, in unterirdische Höhlen zu gehen und Metalle zu fördern sowie Gold, Kupfer, Zinn. Alle möglichen Arten von Metallen waren die Menschen gezwungen zu fördern."*

Auch in diesem Punkt decken sich die Überlieferungen aus dem Zweistromland mit denen der alten afrikanischen Völker. Es gibt aber noch ein anderes bedeutendes Mineral, das von den Chitaurih beziehungsweise von den durch sie unterdrückten Menschen gefördert wurde, so Mutwa.

„Das Mineral war bei Afrikanern bekannt unter dem Namen ‚Mpambani', ein Kristall, das die Weißen ‚Andalusit' nennen. Ein anderer Name, unter dem der Andalusit bei den Zulus bekannt ist, ist entweder Langana oder Langazana, beide Namen bedeuten ‚kleiner Tag' oder ‚kleine Sonne'. Die Afrikaner glauben, daß Kristalle große magische Kräfte besitzen. In der Tat benutzen Afrikaner Kristalle aller Art für Zeremonien des Regenmachens als auch für Heilrituale, die auf das Heilen der verschiedenen Krankheiten abzielen. Von allen Kristallen, die es auf der Erde gibt, glauben unsere Leute, daß der Andalusit Langazana der ist, der die meisten guten Kräfte in sich vereint. Und daß dieser der Kristall ist, auf den die Sonne selbst ihr kreuzförmiges Bild gezeichnet hat, als die Erde erschaffen wurde, glauben wir...

Es ist für viele von Ihnen vielleicht von Interesse zu wissen, daß einer der hellsten Diamanten, der jemals aus Südafrika gekommen ist, nämlich der berühmte ‚Stern-von-Afrika-Diamant' und sein Geschwister-Diamant, der ‚Cullinan-Diamant', eigentlich nicht geschürft wurden, ganz im Gegenteil zu dem, was der Welt darüber erzählt wurde. Sie wurden tatsächlich im Besitz von afrikanischen Heilern gefunden, von denen einer brutal ermordet wurde. Er wurde von weißen Goldsuchern getötet, weil diese ihm den Diamanten stehlen wollten, der heute den Zepter der britischen Monarchen in England ziert. Der erste Diamant von extremer Größe, der auch in Südafrika gefunden wurde, wurde auch gewaltsam einem Khoi-Khoi-Heiler gestohlen, einem Regenmacher, und es war die Entdeckung dieses Diamanten, die zum Run auf den Kimerley-Diamanten geführt hatte, in den frühen Jahren des letzten Jahrhunderts. Lassen Sie mich Ihnen sagen, daß die Geschichte unseres Landes oft einen blutbeschmierten Schleier trug, der viele unglaubliche Verbrechen verhüllt...

Andalusit wird nicht nur von Schamanen in Süd-, Ost- und Zentralafrika für ein einflußreiches Mineral gehalten, es ist auch das einzige Mineral, wovon Researcher wissen, daß es von außerirdischen Kreaturen abgebaut wird...

Es gibt im Norden Transvaals Minen, die dieses bestimmte Material beinhalten; Minen, in denen seit Jahrhunderten abgebaut wird. Vor einigen Jahren, in dem nun nicht mehr existierenden Land Boputatswana, untersuchte eine Fernsehstation den Mineralabbau durch Außerirdische."(92)

Credo Mutwa ist unter den vielen Stammesoberhäuptern der verschiedensten afrikanischen Völker zweifellos der außergewöhnlichste, den ich kennengelernt habe. Der Umfang seiner eigenen, jahrzehntelangen Recherchen in seinem „*geliebten Afrika*" sind – zugegeben – einzigartig und wie mir scheint, bis heute in Umfang und Detail unerreicht. Er ist heute beliebter denn je und Gast in verschiedenen Fernsehsendungen. Seine Beliebtheit und sein überaus großer Bekanntheitsgrad liegen nicht minder daran, daß, wenn es um sein Volk ging, er sich auch öffentlich nie in politischen Fragen zurückgehalten hat. Auch Nelson Mandela hat dem Zulu schon seine Ehre erwiesen.

So unglaublich und andererseits faszinierend diese Auszüge aus Mutwas Überlieferungen und Berichten auch sein mögen, so decken sie sich doch mit vielen zentralen Fragen, die uns in den vergangenen Kapiteln beschäftigt haben. Aber was bedeuten schon Traditionen und alte Überlieferungen afrikanischer Völker, auch wenn sie noch so zahlreich sind? Heute fällt es nicht schwer, selbst so fundamentierte Belege wie zum Beispiel die der Dogon (Kapitel 7) abzuwerten und zu entkräften. Es liegt mir fern, zum Schluß des Buches – gerade zu den Überlieferungen der afrikanischen Völker – eine persönliche Wertung vorzunehmen. Eine Wertung ergibt sich schon durch ihre verblüffende Übereinstimmung. Tatsache ist, daß sie im Kern das widerspiegeln, was zum Beispiel der Schöpfungsbericht aus dem Zweistromland – das Enuma Elisch – widerspiegelt und weltweit in den Mythen unzähliger Völker verankert ist. Es ist die Geschichte von hochbegabten Kulturbringern, die in der „Kindheit" der Menschheitsgeschichte zur Erde kamen und den frühzeitlichen Menschen maßgeblich beeinflußten. Sie brachten ihm Wissen, Kultur und Sprache. Möglicherweise ist das auch als der Zeitpunkt für die Entstehung der Religionen zu sehen. Die

Götterboten, ob nun Elohim oder Anunnaki, schufen das erste moderne Königreich im Zweistromland zwischen Euphrat und Tigris und schufen den modernen Menschen, den *Lulu amelu*, damit er ihnen diene und „*fortan das Joch der Götter trage*", bis zum heutigen Tage...

Selbstlose Liebe – Nachwort des Autors

Nach fast zweijähriger Arbeit an „Den Göttern auf der Spur" sind auch in mir neue Fragen entstanden. In diesem Zeitraum habe ich auch aktuelle und neue Forschungserkenntnisse in dieses Buch mit aufnehmen können. Dazu kamen meine parallelen Recherchen und Expeditionen in diesem Zeitraum, die ergänzend sehr wichtig waren. Als meine freie Forschungstätigkeit 1990 begann, hatte ich natürlich sehr viele Fragen, die auch Sie, so hoffe ich, nach diesem Werk haben. *Fragen suchen Antworten. Durch die Suche nach Antworten beginnen wir zu forschen.* Ich habe dabei auch etwas anderes erfahren können: Bei der Suche nach Antworten entstehen immer wieder neue Fragen, vergleichbar mit einem Baum, der mit zunehmendem Wachstum immer mehr Zweige – wie Fragen – entstehen läßt. Der Baum – und somit unser Wissen – wächst und wird immer größer.

Der Eckpfeiler – oder sagen wir – der rote Faden, der sich durch die ältesten Überlieferungen der Menschheitsgeschichte zieht, daß die ersten Kulturbringer einst von den Sternen kamen und der Evolution der Menschen den entscheidenden Entwicklungsschub gegeben haben, ist mir auf meiner Spurensuche weltweit immer wieder bestätigt worden.

Wie wichtig es ist, über alte Dogmen nachzudenken und diese kritisch zu überprüfen, zeigt nicht nur die Evolutionstheorie, sondern beispiellos auch der Kreationismus, der auch heute noch weltweit ein fast unerschütterliches Glaubensdogma darstellt. Aber die Wahrheit schläft nicht, auch wenn sie zeitweise zu ruhen scheint. Die Zeit kommt, in der sie erwacht wie ein neuer Tag – das ist Evolution!

„Keine Religion ist höher als die Wahrheit."

Wie schön diese Geschichte von der Erschaffung durch den lieben Gott auch klingen mag – die Erde ist ein Produkt der Evolution, auch wenn es eine fremde Einflußnahme in der Menschheitsgeschichte gegeben haben mag, durch die der frühzeitliche Erdenmensch auf ein höheres Entwicklungsniveau gehoben wurde. Wenn es diesen Einfluß von außen gegeben hat, dann wäre das auch eine plausible Erklärung dafür, daß der Mensch Bilder von Gott geschaffen hat, die ihm dazu dienen, über seine Brüder zu herrschen. Dann könnten auch die Religionen geschaffen worden sein, um die Menschen und ganze Völker unter Kontrolle zu halten. Die Religionen und die Macht der Kirchen sind seit Jahrtausenden die Ursache für schreckliche Kriege. Kulturen wie die Mayas und Azteken wurden von der christlichen Kirche ausgelöscht, weil sie sich widersetzten und nicht das glaubten, was die christlichen Kirchenherren lehrten. Das, was wir heute über das dunkle Zeitalter, die vielen Kriege, Metzeleien, Massenhinrichtungen und Folterungen im „Namen Gottes“ wissen, ist bei weitem nicht alles.

Einige Lehrinhalte lassen sich auch heute noch gut auf die Gläubigen übertragen, mit einem altbewährten Mittel: dem „schlechten Gewissen“, das den Gläubigen vermittelt wird. Das Beispiel mit den „Ablässen“ habe ich bereits erwähnt. Auch die Sache mit der Sünde, dem Teufel, der Hölle und dem „getrennt sein von Gott“ wird auch heute noch von Millionen Gläubigen geglaubt und gar nicht mehr tiefer hinterfragt. Die Schöpfung hat weder einen Teufel noch eine Hölle geschaffen! Vielmehr wurden diese von Menschen geschaffen, um anderen Menschen Furcht einzuflößen und um sie letztlich zu kontrollieren.

Erinnern Sie sich an die Szene in Umberto Ecos „Der Name der Rose“ und an die Unterhaltung zwischen dem blinden Abt und dem recherchierenden William von Bakersville? Dabei handelte es sich um ein geheimes Buch über die Poetik von Aristoteles. Bakersville: „*...Es gibt viele Bücher, die die Komödie behandeln, warum ist gerade dieses Buch so gefährlich?*“ Und der Abt antwortet: „*Weil es von Aristoteles ist!*“ Bakersville: „*Was ist so beunruhigend daran, wenn Menschen lachen?*“

Der Abt: ***„Lachen tötet die Furcht, und ohne Furcht kann es keinen Glauben geben. Wer keine Furcht vor dem Teufel hat, der braucht auch keinen Glauben.“***

Ein anderer wichtiger und entscheidender Aspekt wird im Alten Testament selbst geliefert, denn das bestätigt uns eindeutig, daß es in der Genesis der Menschheitsgeschichte gar keinen Gott gab, der die ersten Menschen schuf. Es gab aber vielmehr eine Gruppe von Göttern, die in Eden, im vermeintlichen Paradies, die ersten Menschen gezielt genetisch manipulierten und die sich wohl mit Vorliebe mit den Erdenfrauen paarten. Noch deutlicher wird das durch die noch älteren Überlieferungen des „Enuma Elisch“ aus dem Zweistromland. Dieses bestätigt diese Tatsache nicht nur, sondern liefert uns noch mehr Details über die ersten Kulturbringer, die

Anunnaki, die auf die Erde kamen, um Gold und andere Rohstoffe abzubauen. Weltweit unterstreichen auch andere Schriftzeugnisse und mündliche Überlieferungen die Tatsachen, die uns die biblische Genesis lehrt. Hier sollten, so meine ich, die Ansätze für Wissenschaft und Theologie sein. Die biblische Schrift, die die Grundlage für ein nach wie vor weltweites Dogma liefert, ist zudem eine sehr junge Überlieferung! Die Überlieferungen des Alten Testaments wurden sicherlich nicht ohne Grund von den Kirchenoberen immer wieder verändert.

Gibt es geheimes, Jahrtausende altes Wissen, das heute in den Händen geheimer Gruppen ist? Benutzen die Gruppen dieses Wissen, um die Menschen gezielt zu manipulieren? Ist der Mensch die Krönung der Schöpfung? Und wie ist das mit dem brisanten Thema um Außerirdische? Ist es denkbar, daß es schon im letzten Jahrhundert ein verbrieftes Abkommen zwischen der Geheimregierung und einer außerirdischen Zivilisation gab, das die Voraussetzung für die ungewöhnlich rasante Entwicklung des letzten Jahrhunderts war?

Fragen über Fragen, die ich nicht endgültig beantworten kann. Aber das war auch nicht das Ziel, das ich mit „Den Göttern auf der Spur" erreichen wollte. Ich bin sicher, daß viele meiner Leser sich nicht gezielt mit diesen Fragen und den damit verbundenen Themen beschäftigt haben. Möglicherweise bin ich dafür verantwortlich, daß ich bei der ein oder anderen Leserin oder dem ein oder anderen Leser ein ganzes Weltbild ins Wanken gebracht habe – natürlich besonders die Überlieferungen unseres christlichen Glaubens. Ich bin davon überzeugt, daß Sie sich im Laufe Ihres Lebens mit der Frage der Schöpfung immer wieder auseinandergesetzt haben und sich beispielsweise nicht so einfach mit der Schöpfung durch den lieben Gott in sieben Tagen abfertigen lassen. Daß viele junge Menschen heute der Kirche sehr ablehnend gegenüberstehen und die Kirchenaustritte in den letzten Jahren rapide anstiegen, spricht eine deutliche Sprache und zeigt die zunehmende Erklärungsnot gegenüber jungen Menschen, die zu Beginn eines neuen Zeitalters geboren werden.

Daß es eine geheime, im Hintergrund operierende Regierung gibt, die heute weitläufig als Schattenregierung bezeichnet wird und wohl in direkter Verbindung mit dem Vatikanstaat und somit der katholischen Kirche steht, ist sicherlich für den einen oder anderen Leser, für den diese Thematik neu ist, sehr schockierend.

Bevor ich Sie mit vielen neuen Aspekten und Fragen alleine lasse, möchte ich noch ein paar Worte über einen Menschen verlieren, der uns durch seine Lehre eine Antwort auf all unsere Fragen gegeben hat – *Jesus*.

Der Wahrheitslehrer, der vor etwa zweitausend Jahren durch Palästina zog und den Menschen von seinem „Vater", von der Liebe und der wahren Lebensweise erzählte, ist für mich persönlich Ausdruck höchster Vollkommenheit, die ein Mensch imstande ist zu erreichen. Er hat uns durch sein Vorleben ein VOR-BILD gezeigt, dem wir nachfolgen sollen. Er hat uns auch gesagt, daß, wenn wir unseren Vater suchen, wir ihn nur in uns finden können. Jesus selbst ist „Gott" geworden, das heißt, er hat eine Bewußtseinsstufe erreicht, die wir auch als die reinste und edelste Form der Liebe oder der selbstlosen Liebe bezeichnen können. Heißt das gleichzeitig, daß diese „große Seele" Jesus auch auf diesem Bewußtseinsgrad geboren wurde? Von der Jungfrau Maria? Bei allem Respekt – dieser Jesus ist zweifelsohne wie jedes andere Kind gezeugt worden. Auch Christus ist Teil unserer Schöpfung. Das heißt gleichzeitig, daß jeder Mensch diesem Bewußtseinsgrad entgegen strebt und ihn vielleicht einmal erreichen wird.

Christus ist ein Zustand der Liebe, der selbstlosen Liebe. Genau das hat er uns durch sein Leben – und vor allem durch seine Art zu leben – lehren wollen. Und besonders in seinen Lehren im Neuen Testament unterstreicht uns dieser großartige Mensch Jesus ganz deutlich, daß der Gott, von dem er zeitlebens predigte und den Menschen erzählte, nicht der gleiche ist wie der, von dem wir im Alten Testament erfahren. Wer auch immer der Gott – oder besser gesagt die Götter oder Götterwesen – des Alten Testaments waren, sie haben meiner Meinung nach nichts mit dem Gott gemeinsam, von dem Jesus sprach. Dieses höchste *Christusbewußtsein* ist der höchste Schwingungszustand, der in der materiellen Ebene in der dritten Dimension erreicht werden kann. Somit kann er von jedem Menschen hervorgerufen werden, egal welche Hautfarbe ein Mensch hat, ganz gleich ob er Christ, Atheist, Buddhist oder Moslem ist – schließlich kommen wir nicht mit einer dieser Lehren auf die Welt. In dieser Lehre der selbstlosen Liebe spielt das überhaupt keine Rolle mehr.

Auch die Wunder, die wir über Jesus in der Bibel lesen, sind in diesem hohen Bewußtseinszustand gar keine Wunder mehr, sondern nur mehr Ausdruck dieser hohen, universellen, alles durchdringenden Energie. Doch auch Jesus mußte sich nach seiner Geburt an die universellen Gesetzmäßigkeiten halten, das heißt, daß sich dieser hohe Bewußtseinszustand entwickeln mußte. Bewußtseinszustände folgen in einem jeden Menschen den gleichen universellen Gesetzmäßigkeiten: Er muß lernen und geschult werden – das mußte somit auch Jesus. Den Hinweisen zufolge, die wir aus den alten Überlieferungen haben, führte sein Weg ihn nach Ägypten, gemeinsam mit seinen Eltern. Für mich ist das sehr plausibel, denn über den Zeitraum seiner Jugend und somit seiner entscheidenden Entwicklungsphase geht aus den biblischen Schriften nichts hervor. Es ist sehr wahrscheinlich, daß Jesus einen Großteil seines Lebens in Ägypten verbrachte, in einem Priesterzentrum wie Heliopolis beispielsweise, in dem er unterrichtet wurde über einen Zeitraum von vielen Jahren, in denen er nicht nur geistiges Wissen erlangte, sondern auch seinen Körper durch gezielte Schulung der Meditation, der inneren Versenkung, zur „Erleuchtung“ führte. Das heißt aber auch gleichzeitig, daß es noch zu Zeiten von Jesus, als die Hochblüte der großen ägyptischen Kultur längst vorbei war, Zentren und vor allem eingeweihte Hohepriester gab, die an geheimen, oder sagen wir, nicht für jedermann bekannten Orten ihre Lehre an junge Adepten weitergaben. Dabei spielt sicherlich auch die große Pyramide eine zentrale Rolle. Nach den Gesetzen der altägyptischen Einweihung wurden alle Adepten hier in die letzte Stufe, in den höchsten Bewußtseinsgrad, eingeweiht.

Aber was bedeutet das für uns, für mich, für Sie? Das bedeutet, daß wir, um es mit Jesus Worten auszudrücken, selbst „Gott“ – das heißt diesen hohen, selbstlosen Bewußtseinsgrad der Liebe – werden beziehungsweise erreichen können: „*Wenn Ihr mich seht, seht Ihr Euren Vater.*“

Denken Sie jetzt bitte nicht: Wie soll ich das denn in einem Leben oder in diesem Leben noch schaffen? Das sollen Sie auch gar nicht, das hat auch Christus nicht. Dazu bedarf es eines Zeitraumes, der mehr als nur ein Leben umfaßt. Auch das hat uns Christus gelehrt – mit der Wiederauferstehung beispielsweise, die heute sicherlich falsch interpretiert wird. Jeder Mensch hat sich sicherlich schon mit der Frage beschäftigt, wohin die Seele nach dem Tod geht. Daß sie nun ins Paradies geht, das es so, wie die Kirche das seit zweitausend Jahren lehrt, gar nicht gegeben hat, ist zu bezweifeln. Aber eine Gewißheit haben wir, und die beruht auf dem universellen Prinzip, daß Energie in unserem Universum nicht verlorengehen kann, sondern alle Energieformen ineinander umwandelbar sind. Das heißt, den Bewußtseinsgrad, oder physikalisch ausgedrückt, die *molekulare Struktur* unserer körpereigenen Atome, die wir bis zu unserem Scheiden aus dieser Welt und somit aus der Materie erreicht haben, existiert weiter. Das ist die Wiederauferstehung oder die Reinkarnation, von der wohl auch Jesus sprach und von der wir schon in den ältesten Überlieferungen der Menschheitsgeschichte erfahren.

Elisabeth Haich beschreibt in ihrem einzigartigen Werk „Die Einweihung" auf besonders verständliche Weise das allumfassende göttliche und schöpferische Prinzip.

„...Alles, was eine materielle Form annahm, ist nur darum wahrnehmbar und erkennbar, weil es aus der vollkommenen Einheit, aus dem Gleichgewicht, herausgefallen ist. Aber alles strebt aus der Spaltung in die Einheit und in das Gleichgewicht ewiglich zurück. ‚Gleichgewicht' bedeutet vollkommenen Ruhezustand, Bewegungslosigkeit. ‚Etwas-geworden-sein' – also die ganze sichtbare und erkennbare Schöpfung – ist dagegen der Sturz aus dem Gleichgewicht und das ständige, unaufhörliche Streben in das Gleichgewicht zurück, gleichbedeutend mit ständiger Unruhe, mit ständiger Bewegung. Wenn diese ständige Bewegung nur einen Augenblick innehalten würde, würde die ganze Schöpfung plötzlich in geistige Energie umgewandelt, das heißt als Materie vernichtet. Alle Energien, alle Kräfte im Weltall, sind Bewegungen, die von einem Punkte – der ihr eigener Mittelpunkt ist – in kreisförmigen Wellen ausstrahlend, sich ausdehnend, auslaufen und sich als pulsierende Vibrationen, Schwingungen, offenbaren. Die Kraftoffenbarungen hören nur dann auf, wenn die aus dem Gleichgewicht geratenen Kräfte wieder in den Urzustand des Gleichgewichtes, in die göttliche Einheit zurückgefunden haben. Der Urzustand bedeutet deshalb, daß jede materielle Erscheinung zu existieren aufhört. Die Materie ist deshalb in ihrem innersten Wesen auch Bewegung, und wenn diese Bewegung aufhört, hört auch die Materie auf zu sein. Solange die dreidimensionale, materielle Welt existiert, ist Unruhe, Bewegung ihr unveränderliches Gesetz.

Dadurch daß die schöpferische Kraft sich auf jeder Stufe der unzähligen Möglichkeiten offenbart, entstehen, diesen Stufen entsprechend, auch unzählbar viele verschiedene Arten von Schwingungen, Wellenlängen und Wellenformen, Frequenzen, von denen wir aber, solange wir im Körper sind, mit unserer beschränkten Wahrnehmungsfähigkeit, mit Hilfe unserer Sinnesorgane, nur einen gewissen Teil gewahren. Und ob eine Schwingungsform uns als stofflose ‚Energie' oder als feste ‚Materie' erscheint, ist nur unsere eigene Vorstellung und Empfindung von etwas, das im Grunde nichts anderes als ‚Bewegung', ‚Schwingung', ‚Frequenz' ist. In je kürzeren Wellen eine Energie sich offenbart, desto weniger entsteht in unserem Bewußtsein eine Vorstellung von Materie. Wir benennen jene Schwingungen, die wir mittels unserer Sinnesorgane im Bewußtsein unmittelbar erleben, unseren Empfindungen nach mit verschiedenen Namen: Materie, Schall, Elektrizität, Wärme, Geschmack, Geruch, Licht; die noch höheren, stofflosen Energien und Strahlungen, die wir nur mit unseren höheren Nerven- und Gehirnzentren wahrnehmen können: Gedankenwellen, Ideenwellen, noch höhere, durchdringendere Strahlen und Frequenzen der göttlich-schöpferischen Kraft: das Leben selbst! Diese Frequenzen können wir nur mehr als einen Bewußtseinszustand wahrnehmen.

So wirken überall im Weltall unvorstellbar viele Arten von Schwingungen, von der kürzesten bis zur längsten Wellenlänge. Alle Schöpfungen, angefangen von den Weltkörpern – von den Zentralsonnen der Weltsysteme – bis zum kleinsten Einzelwesen, die ganze Skala der Offenbarungen, sind Wirkungen, verschiedenartig zusammengesetzte Erscheinungsformen dieser Strahlungen. Wir leben inmitten dieser verschiedenen Strahlen, ob wir es wissen oder nicht; noch mehr: Diese Strahlen und Energien haben auch uns Menschen aufgebaut und geformt und wirken ständig in unserem Körper, in unserer Seele und in unserem ganzen Wesen. Das ganze Universum besteht aus diesen verschiedenen Schwingungen. ***Die Quelle dieser schöpferischen Schwingungen nennen wir Gott.***

Gott selbst steht über allem Geoffenbarten und ruht in sich in der zeit- und raumlosen absoluten Gleichgewichtsruhe. Er strahlt sich aber in die materielle Form aus, um diese zu beleben und lebendig zu machen. Da Gott allgegenwärtig ist und das ganze Universum erfüllt, ist alles, was im Universum ist, von Gott durchdrungen. Nichts kann existieren, ohne in Gott zu sein und ohne daß Gott es durchdringt, da Gott überall gegenwärtig ist und ihn nichts aus seiner eigenen Gegenwart verdrängen kann. Folglich bietet auch jeder

Punkt eine Möglichkeit, daß Gott sich durch ihn offenbare, und alles was in der erkennbaren Welt geoffenbart worden ist und existiert, trägt diesen Punkt als den eigenen Mittelpunkt in sich. Von diesem Punkt aus begann die erste Offenbarung, seine Schöpfung, der Fall aus dem Gleichgewicht.

Diesen Aspekt Gottes, der die materielle Welt schafft und sie dadurch lebendig macht, daß der sie durchdringt, also das, was in uns, in allen Lebewesen, das Leben selbst ist, nennen wir das ***‚Höhere Selbst'****. Alle Ausdrücke also wie* ***Gott****,* ***Schöpfer****,* ***Weltselbst*** *oder* ***Höheres Selbst*** *oder das* ***schöpferische Prinzip****, bedeuten eine und die selbe Gottheit in ihren verschiedenen Aspekten.*"(24)

Jetzt kann man auch verstehen, warum Christus sagte, daß wir auch in ihm Gott sehen können. In jedem Mittelpunkt der Form irgendeiner materiellen Erscheinung und natürlich auch eines jeden Menschen ist dieser göttliche, alles durchdringende Schöpfungsaspekt vorhanden. Sehr passend drückte sich hierzu auch ein anderer Weisheitslehrer aus:

„Ihr wollt sehen, wie Gott aussieht?
Geht und schaut in einen Spiegel –
Ihr seht Gott direkt ins Gesicht!"

Wenn wir uns an die Worte Christi erinnern, der nicht nur seine Jünger aufforderte ihm nachzufolgen, dann meinte er damit vor allem seine einfache Lebensweise und seine selbstlose Liebe, die er nicht nur predigte sondern auch vorlebte. Und daß jeder Mensch den kosmischen Gesetzmäßigkeiten folgt und diese hohe Bewußtseinsstufe erreichen wird und auch von sich aus anstrebt, das ist das Vermächtnis seiner einzigartigen Lehre. Wer sagt nicht, daß auch heute auf der Welt Menschen leben, die diesem Bewußtseinsgrad von Jesus sehr nahe sind. Es hat in den vergangenen Jahrhunderten immer wieder Menschen gegeben, die diese selbstlose Liebe praktiziert und eine hohe Bewußtseinsstufe erreicht haben. Ich denke da an Franz von Assisi, Apollonios, Saint Germain oder Ghandi.

Elisabeth Haich sagte über die selbstlose Liebe:
„Du mußt deine persönliche Einstellung, deine persönlichen Neigungen und Gefühle vollkommen aufgeben: ***so lieben können, wie Gott selbst liebt,***

alles lieben, ohne Unterschied lieben! Mit allem in der Einheit des ewigen Seins verbunden lieben. So wie die Sonne mit vollkommener Gleichgültigkeit auf das Schöne und das Häßliche, auf das Gute und das Böse, das Wahre und das Falsche scheint – sie liebt –, so mußt du das Schöne und das Häßliche, das Gute und das Böse, das Wahre und das Falsche ohne Unterschied, mit vollkommener Gleichgültigkeit lieben. Die allerhöchste, göttliche Liebe ist die vollkommen gleichgültige Liebe! Es muß dir vollkommen gleichgültig sein, ob etwas oder jemand schön oder häßlich, gut oder böse, wahr oder falsch ist, du mußt alle mit der gleichen Liebe lieben. Du mußt lernen, daß das Schöne ohne das Häßliche auch nicht da wäre. Du mußt lernen, daß das Gute ohne das Böse auch nicht da wäre. Du mußt lernen, daß das Wahre ohne das Falsche auch nicht da wäre. Und so mußt du alle gleich lieben. Du mußt erkennen, daß das Schöne und das Häßliche, das Gute und das Böse, das Wahre und das Falsche nur einander ergänzende Spiegelbilder des Unaussprechlichen sind, das wir – nur um ein Wort zu haben – GOTT nennen."(24)

Mit meinen einleitenden Worten zu Beginn des Buches verband ich einerseits die Hoffnung, Sie durch aufkommende Fragen zu einem geistigen Reise-Abenteuer mit bisher noch unbekanntem Ziel zu animieren, wobei ich andererseits aber auch versucht habe, durch die durch meine vielen Expeditionen und aufwendigen Recherchen zusammengetragenen Belege den einen oder anderen dunklen Punkt in der Entwicklung der Menschheit ein wenig zu erhellen. Dennoch wird die eine oder andere neue Frage unbeantwortet geblieben sein. Gerade deshalb habe ich in meinem Nachwort versucht, Ihnen zumindest eine Frage zu beantworten – bei all den anderen, die durch meine Themen über außerirdische Kulturbringer, Pyramiden, geheimes Wissen und Manipulation bei Ihnen erweckt wurden, besonders auch in Verbindung mit unserer christlichen Kirche und der Gottesfrage.

Das Gebot der Liebe, der selbstlosen Liebe, führt jeden von uns zu den Antworten, die wir suchen! Diese liegen letztlich nicht in der Ferne, sondern in unseren Herzen.

> *„Auf der Suche nach der Wahrheit,*
> *siehe nie weiter als in dein eigenes Herz!"*
> *(John Lennon)*

Achte auf Deine Gedanken,
denn sie werden Worte.
Achte auf Deine Worte,
denn sie werden Handlungen.
Achte auf Deine Handlungen,
denn sie werden Gewohnheiten.
Achte auf Deine Gewohnheiten,
denn sie werden Dein Charakter.
Achte auf Deinen Charakter,
denn er wird Dein Schicksal.

(Talmud)

Personen- und Sachverzeichnis

Literatur- und Quellenverzeichnis

(1) Sitchin, Zecharia: *Das erste Zeitalter*, München 1994
(2) *Stufen zum Kosmos*, München 1996
(3) *Am Anfang war der Fortschritt*, München 1991
(4) *Die Kriege der Menschen und Götter*, München 1990
(5) *Der zwölfte Planet*, München 1995
(6) *Gesandte des Kosmos*, München 1998
(7) *Der kosmische Code*, Rottenburg 2000
(8) *Götter, Mythen, Kulturen, Pyramiden*, München '90
(9) Diwald, Hellmut: *Luther*, Bergisch Gladbach 1982
(10) Charroux, Robert: *Vergessene Welten*, Düsseldorf 1974
(11) Brackham, Arnold C.: *Der Traum von Niniveh*, München 1981
(12) Klengel-Brandt, Evelyn: *Der Turm von Babylon*, Leipzig 1982
(13) McCall, Henrietta: *Mesopotamische Mythen*, Stuttgart 1993
(14) Taube, Karl: *Aztekische und Maya-Mythen*, Stuttgart 1994
(15) Hart, George: *Ägyptische Mythen*, Stuttgart 1993
(16) Belz, Walter: *Die Mythen der Ägypter*, Düsseldorf 1982
(17) Parrinder, Geoffrey: *African Mythologie*, Verona 1967
(18) Bellinger, Gerhard J.: *Knaurs Lexikon der Mythologie*, München 1989
(19) Ekrutt, Joachim: *Sterne und Planeten*, München 1990
(20) Baker D. / Hardy D.A.: *Der Kosmossternführer*, Stuttgart 1990
(21) Dunlop Storm: *Astronomie für Einsteiger*, Stuttgart 1987
(22) Horn, Prof. Arthur D.: *Götter gaben uns die Gene*, Güllesheim 1997
(23) Hoyle, Fred/Wickramasinghe, Chandra N.: *Evolution aus dem All*, Berlin/Frankfurt am M. 1983
(24) Haich, Elisabeth: *Die Einweihung*, Ergolding 1985
(25) Vollmert, Bruno: *Das Molekül und das Leben*, Hamburg 1985
(26) Grolle, Johann: *Darwins Finken*, Berlin 1999
(27) Slaughter, Bob: *Fossil Remains Of Mythical Creatures*, Dallas 1996
(28) Langbein, Walter-Jörg: *Geheimnisse der Bibel*, Berlin 1997
(29) *Bevor die Sintflut kam*, München 1996
(30) Baigent M./Leigh R.: *Verschlusssache Jesus*, München 1993
(31) Krupp Michael: *Der Talmud, Gütersloh 1995*
(32) *Der Talmud*: Übersetzung von Reinhold Mayer, München 1980
(33) *Der Babylonische Talmud*, Übersetzung von Jakob Fromer, Wiesbaden 1998
(34) *Der Koran*: Übersetzung von Max Henning, Stuttgart 1992
(35) Thomas H. Fuß: *Spezies Adam*, Marktoberdorf 1999
(36) Fischinger, Lars A.: *Götter der Sterne*, Weilersbach 1997

(37) Bramley, William: *Die Götter von Eden*, Wien 1990
(38) Helsing, Jan van: *Geheimgesellschaften und ihre Macht im 20. Jahrhundert, Ewertverlag, Lathen 1994, in der BRD und in der Schweiz verboten*
(39) *Geheimgesellschaften 2*, siehe oben
(40) Cooper, Milton W.: *Die Apokalyptischen Reiter*, Peiting 1996
(41) Rétyi, Andreas von: *Die Stargate-Verschwörung*, Rottenburg 2000
(42) *Geheimbasis 51*, Rottenburg 1998
(43) Beck, C.H.: *Das Abenteuer Archäologie*, München 1967
(44) Black, J./Green, A.: *Gods, Demons, and Symbols of Ancient Mesopotamia*, London 1992
(45) VAP-Verlag: *Lizenzausgabe „Teslas verschollene Erfindungen"*, Wiesbaden 1994
(46) Uhlig, Helmut: *Die Sumerer*, Bergisch Gladbach 1989
(47) Papke, Werner: *Die geheime Botschaft des Gilgamesch*, Augsburg 1993
(48) Thompson, Cremo: *Verbotene Archäologie*, Augsburg 1997
(49) Santillana Gigio de/Dechend, Hertha von: *Die Mühle des Hamlet*,Boston '69
(50) Haase, Michael: *Das Rätsel des Cheops*, München 1998
(51) *Im Zeichen des Re*, München 1999
(52) Haase, M./Sasse, T.: *Im Schatten der Pyramiden*, Düsseldorf 1997
(53) Roestel, Jörg: *Ägyptische Magie*, München, 1988
(54) Bauval, R./Gilbert,A.: *Das Geheimnis des Orion*, München 1994
(55) Buaval, R./ Hancock: G.: *Der Schlüssel zur Sphinx*, München 1998
(56) Hancock, Graham: *Die Spur der Götter*, Bergisch Gladbach 1995
(57) Lemesurier, Peter: *Geheimcode Cheops*, Freiburg 1978
(58) Tompkins, Peter: *Cheops*, München 1973
(59) Lehner, Mark: *Geheimnis der Pyramiden*, München 1999
(60) Habachi, Labib: *Die unsterblichen Obelisken Ägypt*ens, Mainz, 1982
(61) Lorenz, Rainer: *Das Vermächtnis der Ägypter*, Band 1 u. 2, Neuss 1997
(62) Ions, Veronica: *Ägyptische Mythologie*, Wiesbaden 1970
(63) Berlitz, Charles: *Geheimnisse vergessener Welten*, Frankfurt 1972
(64) Sauneron S./Yoyotte J.: *Lexikon der Ägyptischen Kultur*, München '60
(65) Buttlar, Johannes von: *Drachenwege*, München 1990
(66) *Adams Planet*, München 1991
(67) *Der flüsternde Stein*, München 2000
(68) *Sie kommen von fremden Sternen*, Augsburg 1992
(69) *Projekt Aurora*, Köln 1999
(70) Däniken, Erich von: *Die Augen der Sphinx*, München 1989
(71) *Der Götter-Schok*, München 1992
(72) *Wir alle sind Kinder der Götter*, München 1987

(73) *Der jüngste Tag hat längst begonnen*, Augsburg 1998
(74) *Erinnerungen an die Zukunft*, Düsseldorf 1968
(75) Hausdorf, Hartwig: *Die weiße Pyramide*, München 1994
(76) *Das Jahrhundert der Phänomene*, München 1999
(77) *Experiment Erde*, München 1997
(78) Zillmer, Hans-Joachim: *Darwins Irrtum*, München 1998
(79) *Irrtümer der Erdgeschichte*, München 2001
(80) Goldsmith, Donald: *Die Jagd nach Leben auf dem Mars*, München '96
(81) Fiebag, Peter: *Geheimnisse der Naturvölker*, München 1999
(82) Temple, Robert K.G.: *Das Sirius-Rätsel*, Frankfurt am Main 1976
(83) Forde Daryll: *African Worlds*, London 1954
(84) Blavatsky, H.P.: *Die Geheimlehre*, Kosmogenesis, Den Haag o.J.
(85) *Die Geheimlehre*, Anthropogenesis, Den Haag o.J.
(86) *Die Geheimlehre*, Esoterik, Den Haag o.J.
(87) *Isis Entschleiert*, Wissenschaft, Den Haag o.J.
(88) *Isis Entschleiert*, Theologie, Den Haag o.J.
(89) Mutwa, Credo Vusamazulu: *Indaba My Children*, Johannesburg 1964
(90) *My People*, Johanesburg 1965
(91) *Let Not My Country Die*, Pretoria 1986
(92) *Song Of The Stars*, New York 1996
(93) Biedermann, Prof. Dr. Hans: *Knaurs Lexikon der Symbole*, München 1998
(94) Lurker Manfred: *Lexikon der Götter und Symbole der alten Ägypter*, München 1987
(95) Dopatka, Ulrich: *Die große Erich von Däniken Enzyklopädie*, München
(96) Hannich, Günter: *Börsenkrach und Weltwirschaftskriese*, Rottenburg '00
(97) Hawkes Nigel: *Raketen und Raumfahrt*, Mannheim 1998
(98) Vesco, Renato u. childress, Hatcher David: *Man Made UFO's1944-1994*, Adventures Unlimited 1994
(99) **Knaur:** *Das Deutsche Wörterbuch*, München 1997
(100) **Duden:** *Etymologie der deutschen Sprache*, Mannheim 1997
(101) **Duden:** *Das Fremdwörterbuch*, Mannheim 1997

Bibeln:

(102) *Die Bibel,* Übersetzung nach D. Martin Luther, Frankfurt/M 1693
(103) *Die Bibel,* Übersetzung nach D. Martin Luther, Halle a.S. 1898
(104) *Die Bibel,* Übersetzung nach Martin Luther, Stuttgart 1978
(105) *Die Bibel,* Die Gute Nachricht des Neuen und Alten Testaments, Stuttgart 1982
(106) *Neue Jerusalemer Bibel,* Einheitsübersetzung, Freiburg i. B. 1985

Fachzeitschriften:

(107) FOCUS: Nr. 46/1999
(108) FOCUS: Nr. 51/1999
(109) FOCUS: Nr. 14/2000
(110) FOCUS: Nr. 15/2000
(111) G.R.A.L.: Nr. 05/94
(112) G.R.A.L.: Nr. 01/95
(113) G.R.A.L.: Nr. 02/95
(114) G.R.A.L.: Nr. 04/95
(115) P.M. Perspektive: Archäologie, April 2000
(116) P.M. Perspektive: History, 02/2000
(117) P.M. Perspektive: Wunder, Rätsel, Phänomene, 01/1999
(118) Magazin 2000 Plus Spezial 7 / Erde und Schöpfung
(119) Magazin 2000 Plus 2001/1
(120) Magazin 2000, Nr. 7, 1997
(121) GEO: Nr.5/Mai 1999

Bildquellen

Wir haben uns bemüht, alle Rechtsinhaber der gezeigten Bilder zu ermitteln. Sollte uns hier dennoch ein Fehler unterlaufen oder jemand nicht berücksichtigt worden sein, bitten wir um Ihr Verständnis.

Kapitel 1
Bild 1: Richard West (Europäische Südsternwarte, ESO)
Bild 2: Moses aus der Sicht des Malers Rembrandt
Bild 4: Hellmut Diwald, *Luther*, Bergisch Gladbach 1982
Bild 5: Manfred Lucker, *Die Botschaft der Symbole*, Kösel-Verlag, München

Kapitel 2
Bild 8: Gemälde von G. F. Watts
Bild 13 und 14: Vorderasiatisches Museum Berlin
Abb. 1, 2, 3, 5, 6, 7, 8, 9: Zecharia Sitchin, *Der zwölfte Planet*, München 1995
Bild 15: Zecharia Sitchin, *Die Kriege der Menschen und Götter*, München '90

Kapitel 3
Abb. 10: Zecharia Sitchin, *Der zwölfte Planet*, München 1995

Kapitel 4
Abb. 11: Zecharia Sitchin, *Stufen zum Kosmos*, München 1996
Abb. 12: Manfred Lucker, *Die Botschaft der Symbole*, Kösel-Verlag 1990

Kapitel 5
Bild 23: Werner Papke, *Die geheime Botschaft des Gilgamesch*, Augsburg 1993
Bild 24, 25: Ulrich Dopatka, *Die große Erich von Däniken Enzyklopädie*, München 1997
Bild 26, 27, 28, 29: Bob Slaughter, *Fossil Remains of Mythical Creatures*, Dallas 1996
Bild 30: Gerhard J. Bellinger, *Knaurs Lexikon der Mythologie*, München '89
Abb. 14, 15: Henrietta Mc Call, *Mesopotamische Mythen*, Stuttgart 1993

Kapitel 6
Bild 31: Johann Grolle, *Darwins Finken*, Berlin 1999

Kapitel 8
Abb. 19: Adolf Ermann, *Die Religion der Ägypter*, Berlin 1934

Abb. 20, 21: Robert Bauval, Graham Hancock, *Der Schlüssel zur Sphinx*, München
Abb. 22: Zecharia Sitchin, *Stufen zum Kosmos*, Frankfurt am Main 1996
Abb. 23: M. Haase/T. Sasse, *Im Schatten der Pyramiden*, Düsseldorf 1997
Abb. 24, 25, 27, 28, 29: Peter Tompkins, *Cheops*, München 1973
Abb. 30: Evelyn Klengel-Brandt, *Der Turm von Babylon*, Leipzig 1982
Abb. 34: R. Bauval/A. Gilbert, *Das Geheimnis des Orion*, München 1994
Abb. 35: Hancock, Graham, *Die Spur der Götter*
Abb. 36: Erich von Däniken, *Der jüngste Tag hat längst begonnen*, Augsburg 1998

Kapitel 9
Abb. 37, 38: S. Sauneron/J. Yoyotte, *Lexikon der Ägyptischen Kultur*, München 1960
Abb. 39, 41: Nigel Hawkes, *Raketen und Raumfahrt*, Mannheim, 1998
Abb. 40, 42: Zecharia Sitchin, *Stufen zum Kosmos*, München 1996
Bild 66: Nigel Hawkes, *Raketen und Raumfahrt*, Mannheim 1998

Kapitel 10
Bild 79: Marjetka Rausl
Bild 76, 77, 78: Karl-Cesar Knackmuß
Bild 80: Gabi & Klaus Heller, *Spielen und Heiraten in LAS VEGAS*, München 1996
Bild 84,85: Bob Slaughter, *Fossil Remains of Mythical Creatures*, Dallas 1996

Kapitel 11
Abb. 46: Gerhard J. Bellinger, Knaurs Lexikon der Mythologie, 1989

Archiv Stefan Erdmann
Bild: 3, 6, 7, 10, 11, 12, 16, 17, 18, 19, 20, 21, 22, 32, 33, 34, 35, 36, 37, 38, 39, 40, 41, 42, 43, 44, 45, 46, 47, 48, 49, 50, 51, 52, 53, 54, 55, 56, 57, 58, 59, 60, 61, 62, 63, 64, 65, 67, 68, 69, 72, 73, 74, 75, 76, 82, 83, 84, 87, 88, 89, 90, 91, 92, 93, 94, 95, 96, 97, 98

UNTERNEHMEN ALDEBARAN

Jan Udo Holey/Jan van Helsing

Das allgäuer Ehepaar Karin und Reiner Feistle behauptet, schon seit seiner Kindheit von Außerirdischen besucht worden zu sein. Beide waren bis vor ein paar Jahren fest der Überzeugung, daß ihr „Fall“ einer von vielen sei, wie sie nun langsam immer mehr an die Öffentlichkeit dringen, bei denen nachts Menschen von kleinen grauen Wesen mit großen Köpfen „entführt“ werden und sich irgendwelchen „Untersuchungen“ ausgesetzt finden.

Doch das änderte sich schlagartig, als Reiner Feistle zum erstenmal den Kommandanten des Raumschiffes, auf das ihn die kleinen „Grauen“ gebracht hatten, zu Gesicht bekam – er war zwei Meter zwanzig groß, hatte blaue Augen, lange dunkle Haare und sprach deutsch (im Gegensatz zu den „Grauen“, die sich telepathisch mit ihm verständigten).

Das ganze Szenarium der „Grauen“ entpuppte sich als ein großes Tarnmanöver für die großen Besucher aus dem Sonnensystem Aldebaran, die der Menschheit auf der Erde in der kommenden schwierigen Zeit des Umbruchs hilfreich zur Seite stehen, jedoch noch nicht persönlich in Erscheinung treten wollen, da die Mehrzahl der Menschen momentan noch dazu neigen, sie zu „Engeln“ oder „Göttern“ zu erklären und dazu tendieren, diesen ihre Verantwortung zu übertragen.

Doch Karin und Reiner Feistle sind nicht die ersten Deutschen, mit denen die Aldebaraner Kontakt aufgenommen haben.

Unglaublich meinen Sie?
Nun, vielleicht sind Sie nach der Lektüre dieses Buches anderer Meinung.

Bis zum Jahr 2012 – Der Aufstieg der Menschheit

Johannes Holey

Planet und Menschheit stehen heute am Beginn eines neuen Zeitalters, dem Wassermann-Zeitalter. Damit wird zugleich der Beginn einer neuen, höheren Schöpfung eingeleitet. Einer Schöpfung auf der Basis einer höheren Schwingungsfrequenz und der dabei entstehende Prozeß der Transformation ist bereits voll im Gange. Diese Schwingungserhöhungen werden in den Jahren bis 2012 stetig ansteigen und die Geschwindigkeit des Ablaufs der Umwandlung wird weiter rapide zunehmen.

Dieses Buch klärt auf

- Warum trafen viele Prophezeiungen bisher nicht ein?
- Was könnte aber davon bis 2012 doch noch auf uns zukommen?
- Was können wir und die Menschheit dabei noch verbessernd beeinflussen?
- Ist ein neues Verständnis entstanden für traditionelle Prophezeiungen und top-aktuelle Channelings?
- Der Planet Erde, einer von 383 Seelen-Schulungsplaneten in unserem Universum, hält den Dichterekord (den höchsten Grad der materiellen Dichte) und wird bis 2012 einen Bewußtseins-Doppelsprung durch die vierte in die fünfte Dimension bewältigen,
- dabei stehen der Menschheit neues kosmisches und göttliches Licht an dieser Multi-Schnittstelle kosmischer Zyklen-Enden zur Verfügung und
- das Wissen, das wir dafür benötigen, trägt jeder in sich. Die Wege des Freiwerdens desselben werden im Buch vielfältig aufgezeigt,
- wodurch auch der moderne Verstandesmensch zu seiner persönlichen „Rettung" und der der Menschheit selbst-bewußt beitragen kann.
- Praktische Anleitungen führen in eine neue spirituelle Lebensweise.

„Jeder, der dieses zusammenfassende Buch gelesen hat, bekommt einen top-aktuellen Überblick, der sich aus etwa achtzig Werken anderer Autoren und etwa gleichviele Berichte alternativer Forscher zur gleichen Thematik zusammensetzt. Und für jeden, der dieses aufklärende Buch gelesen hat, wird verständlich sein, was sich bei seinem Aufstieg in den höheren Schwingungsbereich vollziehen wird in seinem Leben und in seiner Zukunft und in welcher Form er mitwirken kann und muß, damit die kommenden Ereignisse anstelle von Ängsten Grund zur Lebensfreude bieten werden."

Jan Udo Holey alias Jan van Helsing

ISBN 3-9805733-7-0 • 39,70 DM

ALDEBARAN-Versand
50670 Köln • Weißenburgstr. 10 a
Telefon 02 21 - 737 000 •Telefax 02 21 - 737 001

JESUS 2000 – Das Friedensreich naht

Johannes Holey

Rechtzeitig zur Zeitenwende:
Das christlich-esoterische Erkenntnisbuch

Jesu geniale Lehre, die er zu uns zu Beginn des Fische-Äons brachte, wurde von den Kirchen so manipuliert, daß wir heute eine fast gottlose Welt kurz vor ihrem Kollaps haben.

Jetzt zu Beginn des Wassermann-Äons geht mit dem Orbit unseres Sonnensystems auch die Menschheit einem einmaligen Bewußtseins-Sprung entgegen und benötigt dringend ein überzeugendes, modern interpretiertes Bild der Schöpfung und unseres Lebens.

Dieses Buch, als intensive Analyse des Vergangenen, zeigt zusammengefaßt von der Gnostik/Esoterik des Altertums über die vielen Neuen Offenbarungen und solcher kosmischer Zivilisationen auf, was wir zu unserer Bewußtseins-Entfaltung grundlegend verändern müssen.

Es ist auch ein Buch für jeden suchenden Christen.

DIE UNTERIRDISCHE MACHT

Walter Ernsting

Roman

Berichte über das Wirken einer uralten, geheimnisvollen Macht, die die Entwicklung der Menschheit mit überlegenen technischen Mitteln überwacht und steuert, sind seit Anbeginn der irdischen Geschichtsschreibung überliefert. Dennoch fehlen endgültige, stichhaltige Beweise für diese Tatsache, und nur einige Menschen auf dieser Welt ahnen die Wahrheit.

Als ein Mann unserer Tage durch Zufall auf die Spur der Unbekannten stößt, verändert sich sein Leben radikal. Er selbst wird in den Geheimbund der Weltenlenker aufgenommen, nachdem er die Prüfung bestanden hat.

Dies ist sein sensationeller Bericht!

„Ein beunruhigendes Buch! Wenn dieser Roman tatsächlich einen wahren Kern hat, müßten einige Ereignisse des Weltgeschehens aus einer neuen Perspektive betrachtet werden."

Jan Udo Holey/Jan van Helsing

DIE STERNENLOGE

Karin Feistle

Roman

Die Erde ist nicht der einzige besiedelte Planet dieses Universums. Der irdische Mensch ist nur eine von unzähligen Lebensformen, die den Weltenraum bevölkern und zählt offenbar mit zu den noch am wenigsten entwickelten. Andere Lebensformen sind uns um Jahrtausende voraus und viele versuchen auf mehr oder weniger liebevolle und unmanipulative Weise in die Bewußtseinsentwicklung auf der Erde einzuwirken.

Manuel, ein kleiner Junge, wird von Geburt an von solchen Wesenheiten kontaktiert, durch sein Leben begleitet und geführt, und erkennt über die Jahre hinweg die wunderbare Aufgabe, den Menschen die kosmischen Botschaften dieser Außerirdischen mitzuteilen. Aber sein Lebensweg ist voller Höhen und Tiefen und viel Leid begleitet ihn. Doch der Glaube und die Hoffnung, daß die Menschheit endlich aus ihrem Tiefschlaf erwacht, wird sein innerer Begleiter.

Auf seinem abenteuerlichen Weg lernt er Rassen verschiedenster Planeten kennen, die ihn unterrichten und ihn mit dem harmonischen Leben in ihren eigenen Welten vertraut machen. Doch gibt es offenbar auch noch im Weltenraum destruktive Kräfte, die sich an dem manipulativen Spiel auf der Erde beteiligen. Das Schicksal der Erde hängt an einem seidenen Faden, denn das niedere Bewußtsein der Erdenmenschen läßt einen erbarmungslosen Dritten Weltkrieg entstehen, aus dem nur wenige Menschen lernen. Manuels Weg, zusammen mit den Außerirdischen, wird seine Bestimmung und seine zukünftige Aufgabe. Seine Hoffnung ist die Zukunft der Erde, die Zukunft der neuen Generationen, denn schon in wenigen Jahren werden die Außerirdischen mit ihm und anderen Menschen zurückkehren, um als spirituelle Lehrer zu dienen, den Menschen beim spirituellen Aufstieg zu helfen, und sie auf den Weg des interdimensionalen Geistes zu führen.

ISBN 3-9805733-3-8 • 29,00 DM

ALDEBARAN-Versand
50670 Köln • Weißenburgstr. 10 a
Telefon 02 21 - 737 000 •Telefax 02 21 - 737 001

DAS MONTAUK PROJEKT

Preston Nichols/Peter Moon

Experimente mit der Zeit

Das „Montauk Projekt" deckt das erstaunlichste und am strengsten geheimgehaltene Forschungsprojekt der Geschichte auf. Es begann während des II. Weltkriegs mit dem „Philadelphia Experiment", bei dem die U.S. Navy mit der damaligen Elite der Wissenschaft (Nikola Tesla, Albert Einstein) Versuche durchführte, das Kriegsschiff „USS Eldridge" für feindliches Radar unsichtbar zu machen. Das Projekt wurde unterbrochen, nachdem es am 12. August 1943 zu einer kompletten Teleportation des Schiffes und seiner Besatzung gekommen war.

Das „Montauk-Projekt" verbindet die Modalitäten der modernen Wissenschaft mit den höchsten esoterischen Techniken und katapultiert uns letztendlich über die Schwelle des Universums und unseres Bewußtseins hinaus. Wir alle wissen, daß „da draußen" irgend etwas ist, doch wir wissen nicht genau was. Dieses Buch liefert nicht zuletzt ein paar handfeste Schlüsse darüber.

DIE STERNENLOGE

Karin Feistle

Roman

Die Erde ist nicht der einzige besiedelte Planet dieses Universums. Der irdische Mensch ist nur eine von unzähligen Lebensformen, die den Weltenraum bevölkern und zählt offenbar mit zu den noch am wenigsten entwickelten. Andere Lebensformen sind uns um Jahrtausende voraus und viele versuchen auf mehr oder weniger liebevolle und unmanipulative Weise in die Bewußtseinsentwicklung auf der Erde einzuwirken.

Manuel, ein kleiner Junge, wird von Geburt an von solchen Wesenheiten kontaktiert, durch sein Leben begleitet und geführt, und erkennt über die Jahre hinweg die wunderbare Aufgabe, den Menschen die kosmischen Botschaften dieser Außerirdischen mitzuteilen. Aber sein Lebensweg ist voller Höhen und Tiefen und viel Leid begleitet ihn. Doch der Glaube und die Hoffnung, daß die Menschheit endlich aus ihrem Tiefschlaf erwacht, wird sein innerer Begleiter.

Auf seinem abenteuerlichen Weg lernt er Rassen verschiedenster Planeten kennen, die ihn unterrichten und ihn mit dem harmonischen Leben in ihren eigenen Welten vertraut machen. Doch gibt es offenbar auch noch im Weltenraum destruktive Kräfte, die sich an dem manipulativen Spiel auf der Erde beteiligen. Das Schicksal der Erde hängt an einem seidenen Faden, denn das niedere Bewußtsein der Erdenmenschen läßt einen erbarmungslosen Dritten Weltkrieg entstehen, aus dem nur wenige Menschen lernen. Manuels Weg, zusammen mit den Außerirdischen, wird seine Bestimmung und seine zukünftige Aufgabe. Seine Hoffnung ist die Zukunft der Erde, die Zukunft der neuen Generationen, denn schon in wenigen Jahren werden die Außerirdischen mit ihm und anderen Menschen zurückkehren, um als spirituelle Lehrer zu dienen, den Menschen beim spirituellen Aufstieg zu helfen, und sie auf den Weg des interdimensionalen Geistes zu führen.

RÜCKKEHR NACH MONTAUK

Preston Nichols/Peter Moon

Abenteuer mit der Synchronizität

„Rückkehr nach Montauk“ deckt die okkulten Kräfte auf, die hinter der Wissenschaft und Technologie steckten, die im Montauk-Projekt angewendet wurden. Der Zusammenhang zwischen dem Cameron-Clan und der Entwicklung der amerikanischen Raketenforschung wird aufgedeckt, ebenso die bizarre Geschichte des Transistors und die „Magick“ von Aleister Crowley, Jack Parsons und L. Ron Hubbard.

Rückkehr nach Montauk führt die Montauk-Nachforschungen weiter. Preston Nichols öffnet eine Türe für Peter Moon und läßt so eine Vielzahl von unglaublichen Gestalten und neuen Informationen ans Licht. Ein erstaunliches Szenario wird gezeichnet, das weit über den Rahmen des ersten Buches hinausführt.

Das Montauk-Projekt hatte uns das Rätsel aller Rätsel bewußt gemacht. Dieses zweite Buch beschleunigt dessen Erforschung.

Donau
SCHWARZES M
Istanbul
Marmara-Meer
GRIECHENLAND
Troja
Ägäisches Meer
Bogazköy
Ankara
Mykenai
Athen
KLEINASIEN
Ephesos
Pylos
Rhodos
Knossos
Kreta
Ugarit
(Ras Schamr
SYRIEN
MITTELMEER
Kyrene
Zypern
PHÖNIKIEN
Tyros
Damaskus
Jordan
ISRAEL
JORDANIEN
Alexandria
Jerusalem
Khirbet
Qumran
PALÄSTINA
JUDA
Totes Meer
Nildelta
30 °
NEGEB
W. el Araba
Memphis
Kairo
Sakkara
Medum
Ezeon-Geber
FAJJUM
SINAI
Golf v. Akaba
Oxyrhynchos
Golf von Suez
ÄGYPTEN
Tell el-Amarna
Nil
0 100 200 300 400 km
Rotes Me
Deir el-Bahri
(Tal der Könige)
Theben